O Mundo do Trabalho e as Novidades Normativas na Perspectiva da Magistratura e do Ministério Público

Homenagem ao Ministro Arnaldo Süssekind

Obra Coletiva do IPEATRA

Gérson Marques
Ney Maranhão
Coordenadores

O Mundo do Trabalho e as Novidades Normativas na Perspectiva da Magistratura e do Ministério Público

Homenagem ao Ministro Arnaldo Süssekind

Obra Coletiva do IPEATRA

LTr®

EDITORA LTDA.

Rua Jaguaribe, 571
CEP 01224-001
São Paulo, SP — Brasil
Fone (11) 2167-1101
www.ltr.com.br

Produção Gráfica e Editoração Eletrônica: R. P. TIEZZI
Projeto de Capa: R. P. TIEZZI
Imagem da Capa: Desenhado (1948), obra do artista gráfico holandês Maurits Cornelis Escher (1898-1972)
Impressão: GRAPHIUM EDITORA
LTr 4960.6
Janeiro, 2014

Dados Internacionais de Catalogação na Publicação (CIP)
(Câmara Brasileira do Livro, SP, Brasil)

O Mundo do trabalho e as novidades normativas na perspectiva da magistratura e do Ministério Público: homenagem ao Ministro Arnaldo Süssekind : obra coletiva do IPEATRA / Ney Maranhão, coordenador. — São Paulo : LTr, 2014.

Vários colaboradores.

Bibliografia

ISBN 978-85-361-2808-5

1. Direito do trabalho 2. Direito do trabalho — Brasil 3. Süssekind, Arnaldo, 1917-2012 I. Maranhão, Ney.

13-13149 CDU-34:331(81)

Índice para catálogo sistemático:

1. Brasil : Direito do trabalho 34:331(81)

Colaboradores

Adriana Campos de Souza Freire Pimenta

Alda de Barros Araújo

Antônio Álvares da Silva

Bruno Alves Rodrigues

Carlos Eduardo de Azevedo Lima

Cláudio Dias Lima Filho

Francisco Milton Araújo Júnior

Guilherme Guimarães Feliciano

Igor Cardoso Garcia

Marcelo José Ferlin D'Ambroso

Marco Aurélio Marsiglia Treviso

Maria de Nazaré Medeiros Rocha

Maria Francisca dos Santos Lacerda

Ney Maranhão

Oscar Krost

Paulo Douglas Almeida de Moraes

Pedro Lino de Carvalho Júnior

Rodrigo Goldschmidt

Saulo Marinho Mota

Sérgio Cabral dos Reis

Xerxes Gusmão

Zéu Palmeira Sobrinho

Sumário

Direito Processual

Nota dos Coordenadores

O trabalho humano sempre ocupou papel central na vida em sociedade. E tudo indica que essa importância há de se manter — apesar de, aqui e acolá, ver-se retumbar um ou outro prognóstico em sentido contrário.

Ocorre que também se afigura secular a resistência político-econômica frente a qualquer tentativa de impressão de melhoria à condição social da classe trabalhadora. Há mesmo quem pregue, nesse contexto, pautando-se em um ideal economicista diante do qual a mão de obra se traduz em um mero custo da produção, uma espécie de minimização da tutela do homem trabalhador, tanto em seu patrimônio quanto em sua própria dignidade. E isso mesmo diante do fato de que esse aprimoramento expressa indiscutível comando de nossa Carta Constitucional (art. 7º, *caput*).

Em meio a essa clássica tensão, foi criado, no final de 2007, em Florianópolis/SC, o **Instituto de Pesquisas e Estudos Avançados da Magistratura e Ministério Público do Trabalho — IPEATRA,** instituição sem fins lucrativos composta por Juízes e Procuradores do Trabalho de todo o território nacional e que tem por objetivo instigar a reflexão de questões ligadas ao campo juslaboral, à luz de uma perspectiva de máxima humanização nas relações de trabalho.

Atento aos seus propósitos, vem o IPEATRA, neste momento, perante a comunidade jurídica, prestar sua homenagem ao saudoso Ministro Arnaldo Süssekind, falecido em 2012, jurista de escol e um dos autores da Consolidação das Leis do Trabalho (CLT) — referência normativo-laboral no Brasil e que, este ano, logra êxito em alcançar seu 70º aniversário.

O sincero preito de admiração e gratidão vem materializado, como não poderia deixar de ser, por meio de manifestações plurais e humanistas, a formar um rico e denso trabalho intelectivo cuja estruturação final foi forjada à luz de um elevado grau de reflexão, investigação e crítica. Um tributo, ainda que singelo, a uma mente prodigiosa cuja influência de pensamento entre nós ressoa indiscutível.

Que os predicados da coerência, lucidez e tenacidade, marcas da vida e obra de nosso homenageado, também possam ser encontrados em cada tinta deste livro, de modo a servir de inspiração para iniciativas outras de similar natureza.

Bons estudos!

Fortaleza/CE — Belém/PA, em setembro de 2013.

Gérson Marques
Procurador do Trabalho (MPT-7 — CE)
Presidente do IPEATRA (biênio 2011/2013)

Ney Maranhão
Juiz do Trabalho (TRT-8 — PA/AP)
Membro (Conselheiro) do IPEATRA (biênio 2011/2013)

Direito Material

Em Busca de um Caminho de Dignidade para os Trabalhadores Rurais: uma Análise Permeada pela Teoria Crítica dos Direitos Humanos

ALDA DE BARROS ARAÚJO(*)

Sumário: Introdução. 1. O desenvolvimento da concepção de direitos humanos na contemporaneidade. 1.1. A concepção tradicional de direitos humanos. 1.2. Em busca de uma aproximação à teoria crítica dos direitos humanos. 1.3. Direitos humanos, dignidade e trabalho decente. 1.4. O estado de necessidade e injustiça econômica e cultural e o fenômeno da habituação — o mal a ser combatido. 2.1. Sindicatos de trabalhadores rurais: da formação à proposta de desmembramento. 2.2. A proposta de intervenção do Ministério Público do Trabalho. 2.3. A atuação do Poder Judiciário como vetor de dignidade do trabalhador rural. 2.3.1. Da remuneração das horas extras. 2.3.2. Do adicional de insalubridade. 2.3.3. Do adicional de penosidade. 2.3.4. Do descanso semanal remunerado e das férias anuais. 2.3.5. Do banco de horas. Considerações finais.

INTRODUÇÃO

A proposta deste trabalho consiste em analisar as condições do trabalho rural e, tomando como marco teórico a teoria crítica dos direitos humanos, apresentar propostas que levam ao empoderamento dos trabalhadores a partir de uma estruturação sindical legítima, sugerindo-se vias de ação estatal capazes de contribuir para o alargamento do sentido da dignidade humana dos trabalhadores rurais.

Considerando-se a capacidade de mudança do mundo por meio de ações voltadas para essa finalidade no âmbito interativo comunitário, este trabalho tem como objetivo discutir a questão da efetividade dos direitos sociais dos trabalhadores rurais, a partir do contexto de sua estruturação sindical, bem como o papel das instituições públicas — Ministério Público do Trabalho e Justiça do Trabalho, apresentando-se algumas linhas de interpretação possíveis da legislação nacional capazes de conferir maior nível de efetividade aos direitos da categoria.

(*) Juíza do Trabalho, Titular da 3ª Vara de Maceió — AL. Membro do IPEATRA e da AJD. Professora da EMATRA XIX. Especialista em Direito Processual (UFAL), Especialista em Direito Material e Processual do Trabalho (Faculdade Maurício de Nassau), Especialista em Economia do Trabalho e Sindicalismo (UNICAMP-CESIT). Cursa Máster em Teoria Crítica dos Direitos Humanos, pela Universidad Pablo de Olavide (Sevilha) em convênio com a Anamatra.

Em razão do caráter de indivisibilidade dos direitos humanos, a distinção não significativa para alguns doutrinadores entre direitos humanos e direitos fundamentais, bem como a partir da constatação que os direitos trabalhistas são direitos humanos forjados na luta entre interesses antagônicos, será abordado o tema dos direitos sociais dos trabalhadores rurais, utilizando-se indistintamente os termos direitos humanos, direitos fundamentais, direitos sociais, direitos trabalhistas, sem desconhecer a autora a respeito da existência de teorizações a respeito de cada nomenclatura específica.

A primeira parte tem como objetivo demonstrar o desenvolvimento da concepção contemporânea dos direitos humanos, partindo da teoria tradicional, a fim de subsidiar uma posterior aproximação à teoria crítica de Herrera Flores. Em seguida, traça-se um paralelo entre direitos humanos, dignidade humana e trabalho decente, que servirá de pressuposto ao estabelecimento das premissas básicas que fundamentam o desenvolvimento do tema, sob o pressuposto de que os trabalhadores rurais se encontram em uma situação de injustiça e violência social.

O segundo item tem como intenção sugerir alguns caminhos para um maior nível de dignidade dos trabalhadores rurais e começa pela apresentação da formação dos sindicatos rurais estabelecido no Brasil em 1965, com a devida crítica ao modelo legislativo e proposta de desmembramento, a partir dos conceitos gerais de autonomia privada coletiva e solidariedade de interesses, mediante uma atuação pedagógica do Ministério Público do Trabalho, vez que a categoria tem se apresentado historicamente como carente de políticas públicas de emancipação.

Em prosseguimento, no que toca ao Judiciário Trabalhista, buscam-se interpretações que parecem atender ao princípio da máxima eficácia das normas constitucionais, abordando-se a questão da remuneração por produção e o pagamento de horas extras, pagamento de adicionais de insalubridade e de penosidade, aplicação da teoria da exceção do contrato não cumprido e banco de horas.

Ao fim, intenciona-se contribuir para o alargamento do sentido da dignidade humana dos trabalhadores assalariados no campo, com o intuito de demonstrar que o processo de empoderamento sindical da categoria constitui pressuposto básico à ampliação da garantia dos direitos sociais dos trabalhadores rurais, objetivo que poderá ser acelerado pela participação ativa do Ministério Público do Trabalho e, no que tange à Justiça do Trabalho, por meio da aplicação da norma comprometida com a eficácia dos direitos fundamentais.

1. O desenvolvimento da concepção de direitos humanos na contemporaneidade

1.1. A concepção tradicional dos direitos humanos

A concepção contemporânea dos direitos humanos foi introduzida pela Declaração Universal dos Direitos Humanos de 1948, originada após a 2ª Grande Guerra como resposta aos horrores promovidos pelo nazismo, dando origem a um recente campo do Direito, denominado Direito Internacional dos Direitos Humanos.(1)

Invocando uma fundamentação jusnaturalista, Lucas Verdú defende que os direitos humanos podem ser interpretados como uma fundamentação axiológica da posição do homem no cosmos.(2)

Conceitua direitos humanos da seguinte forma:

Los derechos humanos, si bien son determinaciones politico-positivas, emanadas

(1) PIOVESAN, Flávia. *A Constituição brasileira de 1988 e os tratados internacionais de proteção dos direitos humanos. Direitos humanos* — visões contemporâneas. São Paulo: AJD, 2001. p. 32.

(2) VERDÚ, Pablo Lucas. Los derechos humanos como "religión civil". Derechos humanos y concepción del mundo y de la vida. Sus desafios presentes. *In:* GRAU, Eros Roberto; GUERRA FILHO, Willis Santiago (org.). *Direito constitucional* — estudos em homenagem a Paulo Bonavides. São Paulo: Malheiros, 2001. p. 516.

por órganos estatales y supraestatales, corresponden a una concepción trascendente, de una cosmovisión basada en crencias religiosas o según un enfoque no credencial, se apoyan en el pensamiento kantiano al considerar al hombre como autofín y no como instrumento, como un médio.[3]

A Declaração de 1948 "constitui a mais importante conquista dos direitos humanos universais em nível internacional".[4]

Instituída por meio da Resolução n. 217-A(III), da Assembleia Geral das Nações Unidas, seus dispositivos não constituem obrigações jurídicas aos Estados-partes.[5] Tem forma jurídica de recomendação, o que levou à necessidade de a adoção de um pacto ou tratado a fim de vincular os países signatários.[6]

Para Konder Comparato, no contexto do sistema global, os direitos humanos vêm se desenvolvendo em três etapas bem distintas.[7]

A primeira etapa a partir da Declaração Universal dos Direitos Humanos de 1948, com o reconhecimento dos valores supremos de igualdade, liberdade e fraternidade.

A segunda etapa consiste na adoção do Pacto dos Direitos Civis e Políticos e do Pacto dos Direitos Econômicos, Sociais e Culturais, ambos de 1966.

A terceira etapa, em andamento, consiste na instrumentalização dos mecanismos necessários para assegurar o respeito aos direitos humanos e tratar casos de sua violação, do qual é exemplo a criação do Tribunal Penal Internacional.[8]

A Declaração Universal já dispunha sobre o caráter de universalidade e indivisibilidade dos direitos humanos.[9] No entanto, em sentido contrário, em 1966, em meio à Guerra Fria que dividia o mundo em dois blocos, foram aprovados dois pactos, o Pacto dos Direitos Civis e Políticos, com o rol dos direitos denominados de primeira dimensão; e o Pacto dos Direitos Econômicos, Sociais e Culturais (PIDESC), com os chamados direitos de segunda dimensão,[10] o que na época levou a uma quebra na concepção do indivisibilidade dos direitos humanos.

O sistema global de direitos humanos atualmente está fundado principalmente Declaração Universal de Direitos Humanos de 1948; nos Pactos dos Direitos Civis e Políticos, o Pacto dos Direitos Econômicos, Sociais e Culturais de 1966; na Declaração sobre o Direito ao Desenvolvimento de 1986[11] e na Convenção de Viena de 1993.[12]

Sobre a Convenção de Viena, importa salientar que, quatro anos após a queda do Muro de Berlim, foi aprovada a Declaração reiterando a concepção contemporânea de indivisibilidade dos direitos humanos, fixando-se uma clara ideia de que não pode haver prevalência de uma dimensão sobre outra, visto que para a efetivação das liberdades é necessário que estejam presentes condições de igualdade e vice-versa, conforme se depreende do item 5 de sua Declaração e Programa de Ação, abaixo transcrita[13]:

(3) *Ibidem*, p. 517.

(4) MORAES, Alexandre. *Direitos humanos fundamentais*. 4. ed. São Paulo: Atlas, 2002. p. 36.

(5) *Ibidem*, p. 36.

(6) COMPARATO, Fábio Konder. *A afirmação histórica dos direitos humanos*. 3. ed. São Paulo: Saraiva, p. 224.

(7) *Ibidem*, p. 222.

(8) *Ibidem*, p. 222-223.

(9) PIOVESAN, Flávia. Direito ao trabalho e a proteção dos direitos sociais nos planos internacional e constitucional. *In:* PIOVESAN, Flávia; CARVALHO, Luciana Vaz de (coord.). *Direitos humanos e direito do trabalho*. São Paulo: Atlas, 2010. p. 6.

(10) COMPARATO, Fábio Konder. *A afirmação histórica...*, p. 275-276.

(11) A Declaração sobre o Direito ao Desenvolvimento não foi ratificada pelos EUA.

(12) PIOVESAN, Flávia. *Direito ao trabalho...*, p. 12.

(13) Distr. GENERAL A/CONF.157/23 12 de julio de 1993. ESPAÑOL. Original: Ingles Conferencia Mundial de Derechos Humanos. Viena, 14 a 25 de junio de 1993. Declaracion y Programa de Accion de Viena. Disponível em: <http://www.cinu.org.mx/temas/dh/decvienapaccion.pdf> Acesso em: 28.6.2012, às 11h59min.

5. Todos los derechos humanos son universales, indivisibles e interependientes y están relacionados entre sí. La comunidad internacional debe tratar los derechos humanos en forma global y de manera justa y equitativa, en pie de igualdad y dándoles a todos el mismo peso. Debe tenerse en cuenta la importancia de las particularidades nacionales y regionales, así como de los diversos patrimonios históricos, culturales y religiosos, pero los Estados tienen el deber, sean cuales fueren sus sistemas políticos, econômicos y culturales, de promover y proteger todos los derechos humanos y las libertades fundamentales.(14)

Hector Gros Espiell confere uma noção bem clara a respeito da indispensável indivisibilidade dos direitos humanos, com a seguinte passagem:

> Só o reconhecimento integral de todos estes direitos pode assegurar a existência real de cada um deles, já que sem a efetividade de gozo dos direitos econômicos, sociais e culturais, os direitos civis e se reduzem a meras categorias formais. Inversamente, sem a realidade dos direitos civis e políticos, sem efetividade da liberdade entendida em seu mais amplo sentido, os direitos econômicos, sociais e culturais carecem, por sua vez, de verdadeira significação.(15)

Nesse sentido, a distinção entre direitos individuais e sociais, entre os chamados diretos de primeira e segunda dimensão, tem importância histórica, uma vez que a característica de indivisibilidade dos direitos humanos prevalece no ordenamento jurídico internacional, principalmente a partir da Declaração de Viena.

Com esse foco será desenvolvido o tema, sem quaisquer distinções a respeito da dimensão dos direitos, objeto de estudo, que se referem mais especificamente à garantia de direitos ditos sociais dos trabalhadores rurais.

Apenas para situar espacialmente o enfoque que será conferido ao tema, convém mencionar ainda que os direitos humanos estão integrados em um sistema nacional e internacional e comporta, em consequência, dois níveis, o direito positivo e o suprapositivo.(16)

No primeiro plano estão situados os chamados direitos fundamentais, ou seja, os direitos humanos declarados internamente pelos Estados, seja por meio de suas constituições ou pela adoção de documentos internacionais, como tratados, pactos ou convenções.(17)

No nível suprapositivo, encontram-se os direitos humanos que não chegaram ainda a integrar os ordenamentos internos, ou seja, não foram ainda positivados, mas que vigem na consciência jurídica coletiva.(18)

O Brasil segue a tendência de integração ao ordenamento nacional dos direitos humanos declarados em tratados ou convenções internacionais, bem como se submete ao Tribunal Penal Internacional, de acordo com o art. 5º, §§ 2º e 4º da Constituição da República Brasileira (CRB).

Dentre as características clássicas dos direitos humanos, que podem variar de acordo com os autores, encontram-se universalidade, imprescritibilidade, inalienabilidade, irrenunciabilidade, inviolabilidade, efetividade, interdependência e complementariedade.(19)

Herrera Flores apresenta críticas contundentes ao caráter de universalidade e ao

---

(14) Todos os direitos humanos são universais, indivisíveis e interdependentes e estão relacionados entre si. A comunidade internacional deve tratar os direitos humanos de forma global e de maneira justa e equitativa, em pé de igualdade e conferindo-lhes a todos o mesmo peso. Deve ter-se em conta a importância das particularidades nacionais e regionais, assim como a dos diversos patrimônios históricos, culturais e religiosos, porém os Estados têm o dever, sejam quis forem seus sistemas políticos, econômicos e culturais, de proteger todos os direitos humanos e as liberdades fundamentais. (Tradução livre).

(15) *Apud* PIOVESAN, Flávia. *Direito ao trabalho...*, p. 8.

(16) COMPARATO. Fábio Konder. O papel do juiz na efetivação dos direitos humanos. *In:* ASSOCIAÇÃO JUÍZES PARA A DEMOCRACIA. *Direitos humanos:* visões contemporâneas. São Paulo, 2001. p. 17.

(17) *Ibidem*, p. 17.

(18) *Idem*.

(19) MORAES, Alexandre. *Direitos...*, p. 41.

essencialismo, lembrando que essas características atribuem a todos os seres humanos a qualidade de sujeitos de direitos, compreendendo o ser humano como sujeito de direito pelo simples fato de ter nascido,[20] o que evidentemente entra em contradição com a vida real.

Analisando-se essas e outras características, como irrenunciabilidade, inviolabilidade, efetividade e complementariedade, em confronto com a realidade social, percebe-se tratar-se de mero reconhecimento formal, fincado no paradigma do humanismo abstrato, que propõe ser a condição humana sustentada em uma tríplice garantia moral, metafísica e a-histórica[21], substrato único ao gozo dos direitos humanos.[22]Ocorre que a ratificação dos Tratados Internacionais pelos Estados Nacionais, a universalidade atribuída aos direitos humanos enquanto direitos intrínsecos à pessoa e a previsão nos ordenamentos jurídicos nacionais, não garantem a efetivação dos direitos humanos. Eis a antiga e tormentosa questão da efetividade ou eficácia social.[23]A concepção clássica de direitos humanos é de suma importância, constitui a base teórica, revela o desenvolvimento histórico e econômico da humanidade, porém se mostra insuficiente porque não é capaz de solucionar os problemas da efetividade. Apesar de a categoria de fundamentalidade de proteção dos direitos apontar para uma especial dignidade de proteção dos direitos num sentido formal e material,[24] é preciso questionar: além das previsões de direitos nas diversas constituições e dos mecanismos incipientes de controle e fiscalização dos direitos humanos pelos organismos internacionais, especialmente quanto aos direitos sociais,[25] como efetivar na realidade esses direitos?

Luciana Caplan lembra com propriedade que "Os direitos humanos visam assegurar o acesso a bens e não constituem a si próprios como finalidade".[26] Daí porque é indispensável não perder de vista a noção de corporalidade do ser humano, entendido como um ser que tem necessidades de bens materiais e imateriais para a realização de sua dignidade, que deve ser considerada objetivamente e não de forma metafísica.

Nesse sentido aponta Herrera Flores: "Después de más de cincuenta anos de vigencia de una Declaración de Derechos Humanos que de autoproclama como universal, los derechos humanos sieguen sin cumplirse en gran parte de nuestro mundo".[27]

O que se percebe é que a formulação teórica tradicional continua insuficiente para conferir efetividade aos direitos humanos, especialmente aos direitos sociais, o que reclama uma nova concepção, fundada no humanismo concreto, não abstrato.[28]

Em meio a esse panorama, parte-se para uma tentativa de aproximação à teoria crítica, marco teórico que subsidiará o desenvolvimento do argumento proposto neste trabalho.

1.2. Em busca de uma aproximação à teoria crítica dos direitos humanos

Conforme visto no item anterior, a concepção tradicional dos direitos humanos é fundada

(20) HERRERA FLORES, Joaquín. *La reinvención de los derechos humanos.* Andalucia: Atrapasuenos, 2008. p. 32.

(21) *Ibidem. Los derechos humanos como productos culturales:* critica del humanismo abstracto. Madrid: Los Libros e La Catarata, 2005. p. 26.

(22) *Ibidem. La reinvención...*, p. 32.

(23) BARROSO, Luís Roberto. *Interpretação e aplicação da constituição.* 5. ed. São Paulo: Saraiva, 2003. p. 247.

(24) CANOTILHO, J. J. Gomes. *Direito constitucional.* 6. ed. Coimbra: Almedina, 1993. p. 498.

(25) BERRAONDO, Mikel. *Proteccion y garantía de los derechos humanos en ambitos internacionales.* Disponível em: <http://profmoraes.files.wordpress.com/2012/02/texto-5-quinta-semana-protec3a7ao-garantia-dos-dh.pdf> Acesso em: 28.6.2012, às 13h15min.

(26) CAPLAN, Luciana. O direito do trabalho e a teoria critica dos direitos humanos. *In:* SILVA, Alessandro *et al. Direitos humanos:* essência do direito do trabalho. São Paulo: LTr/AJD, 2007. P. 259.

(27) HERRERA FLORES, Joaquin. *Los derechos humanos...*, p. 21.

(28) *Ibidem*, p. 26.

principalmente na Declaração de 1948 e nos Pactos Internacionais que redundaram, na prática, em uma quebra ao princípio da indivisibilidade, retomado a partir da Declaração de Viena de 1993. Constatando-se que a premissa clássica que os direitos humanos são reconhecidos pelo mero fato de o ser humano ter nascido,(29) não atende ao problema da efetividade, procura-se uma aproximação à teoria crítica e sua valorosa contribuição à busca incessante pela efetividade dos direitos enquanto bens materiais e imateriais pressupostos a uma vida digna.

Retomando-se a característica clássica de universalidade, Piovesan informa que "o processo de universalização dos direitos humanos permitiu a formação de um sistema internacional de proteção desses direitos".(30)

Não obstante se entenda que o caráter de universalidade dos direitos humanos foi necessário após a derrocada da ideologia que apregoava a superioridade de uma raça sobre outras a fim de se formar um sistema de proteção internacional, conforme assinalado acima, percebe-se que atualmente a simples afirmação de que todos os seres humanos são sujeitos de direitos pode levar a uma acomodação quanto à necessidade de luta pela efetivação desses direitos.(31)

Dentre as concepções teóricas tradicionais, Caplan remete a Bobbio, para quem o debate acerca da fundamentação dos direitos humanos é irrelevante, sendo necessário apenas que se dispense atenção à sua concretização.(32)

Partindo-se do pressuposto tradicional, a professora conclui ser impossível tecer qualquer análise crítica e contextualizada do real significado dos direitos humanos, mantendo-se essa categoria em sua perspectiva individualista e transcendental, incapaz de explicar o paradoxo da inefetividade dos direitos humanos.(33)

A crítica ao universalismo e ao essencialismo, portanto, são fundamentais para se compreender a concepção de direitos humanos enquanto processos culturais.

Para Joaquín Herrera Flores:

> En el processo de su redacción, sus autores se empeñaron em plantear uma definición "universal" de la naturaleza humana. Ante las múltiples dificultades que sunonía esta tarea y las diferentes resistencias com que se encontraron, optaron, al modo occidental-liberal de pensamiento, por "abstraer" las circunstancias, las plurales y distintas circunstancias em las que se desarrollam las vidas das personas.(34)

Para o jusfilósofo espanhol, esse é o motivo pelo qual se criou uma visão ideal e metafísica da pessoa, pois se todos somos titulares de direitos e liberdades pelo mero feito de termos nascido, parece que somos nós mesmos os responsáveis em assegurar a eficácia do que já dispomos.(35)

A teoria crítica propõe uma concepção cultural dos direitos humanos que, nessa qualidade, pode reagir política, social, jurídica e economicamente, não ante a um fenômeno natural e/ou que transcende à própria *praxis* humana, mas a um fenômeno cultural, político, social e histórico.(36)

Para Herrera Flores, o ponto de partida não devem ser os "direitos", mas os "bens" exigíveis para viver com dignidade, sendo o problema principal como converter direitos humanos em bens e não o contrário,(37) contrapondo-se

(29) HERRERA FLORES, Joaquin. *La reinvención ...*, p. 32.
(30) PIOVESAN, Flávia. *Direito ao trabalho...*, p. 9.
(31) HERRERA FLORES, Joaquin. *La reinvención...*, p. 89.
(32) CAPLAN, Luciana. *O direito do trabalho...*, p. 257.
(33) *Ibidem*, p. 257.
(34) HERRERA FLORES, Joaquin. *La reinvención...*, p. 89.
(35) *Ibidem*, p. 89.
(36) HERRERA FLORES, Joaquin. *Los derechos humanos...*, p. 20.
(37) *Idem. La reinvención...*, p. 23.

de maneira muito clara a qualquer concepção jusnaturalista.

Isso porque para Herrera Flores, os direitos humanos são concebidos como processos. "El resultado, siempre provisional, de las luchas que los seres humanos ponen en práctica para poder acceder a los bienes necesarios para la vida."[38]

Herrera Flores conceitua direitos humanos, pois, como o produto do encontro cultural, a síntese provisória das tramas de relações sociais, políticas, econômicas. Em suas palavras:

> Los derechos humanos, pues, deben ser vistos como la convención terminológica y político-jurídica a partir de la cual se materializa esa voluntad de encuentro que nos induce a construir tramas de relaciones — sociales, políticas, económicas y culturales — que aumenten las potencialidades humanas.[39]

Essa é a razão para que se resista ao discurso do essencialismo, uma das características clássicas dos direitos humanos. Para Herrera Flores, é chegada a hora de questionar se tal marco conceitual e ideológico nos facilita ou dificulta práticas sociais de promoção dos direitos no contexto pós-guerra fria e de legitimações economicistas e sociais.[40]

Percebe-se, portanto, que não se trata de uma concepção estática de direitos humanos, mas sim dinâmica, que se depreende dos contextos de relações travadas na sociedade e que dependem da correlação de forças em um determinado momento e espaço.

Nas lições de Courtis, enquanto produto cultural, os direitos humanos estão submetidos a alguns aspectos, quais sejam: causal/estrutural, segundo o qual não se começa a atuar culturalmente nem a produzir valor desde zero, havendo uma herança em relação ao que as gerações anteriores produziram; metamórfico/transformador, diante da possibilidade e a capacidade de mudar o mundo recebido; interativo/comunitário, pois a reação ocorre culturalmente, sempre em cooperação coletiva, não apenas com aqueles com quem se compartilham as mesmas pautas e esquemas culturais, mas também com os que reagem de um modo diverso do nosso, característica das lutas antagônicas.[41]

É dessa maneira que se compreendem os direitos humanos na teoria crítica, como o resultado de lutas provisórias, um processo interativo, dinâmico, evolutivo, que tem como substrato a capacidade de empoderamento do ser em seu meio social.

Uma importante contribuição da doutrina nacional, assimilada da teoria crítica, pode ser extraída a partir da concepção da professora Flávia Piovesan, para quem "Os direitos humanos refletem um construído axiológico, a partir de um espaço simbólico de luta e ação social".[42]

Portanto, ancora-se também em doutrina nacional abalizada a concepção de direitos humanos enquanto resultado provisório de lutas e de ação social, cabendo invocar a tarefa dos atores sociais e dos agentes públicos quanto à responsabilidade de efetivação dos direitos humanos, cerne deste trabalho.

Antes, porém, será contextualizada a noção de dignidade humana, que permeia toda a análise.

1.3. Direitos humanos, dignidade e trabalho decente

No tópico precedente, viu-se que a teoria crítica dos direitos humanos propõe uma concepção dinâmica e fundada em bens materiais e imateriais necessários à uma vida digna, o que

(38) *Ibidem*, p. 22.

(39) *Ibidem*, p. 102.

(40) *Ibidem*, p. 93.

(41) COURTIS, Christian. *Los derechos sociales como derechos*. Disponível em: <http://www.campanaderechoeducacion.org/justiciabilidad/downloads/documentosCLAVE/documentosanaliticos/derechos_sociales_como_derechos_christian_courtis.pdf> Acesso em: 28.6.2012, às 13h28min.

(42) PIOVESAN, Flávia. *Direito ao trabalho...*, p. 4.

remete à investigação a respeito do sentido da dignidade humana.

Ingo Sarlet define dignidade humana como:

> A qualidade intrínseca e distintiva reconhecida em cada ser humano que o faz merecedor do mesmo respeito e consideração por parte do Estado e da comunidade, implicando, neste sentido, um complexo de direitos e deveres fundamentais que assegurem a pessoa tanto contra todo e qualquer ato de cunho degradante e desumano, como venham a lhe garantir as *condições existenciais mínimas para uma vida saudável*, além de *propiciar e promover participação ativa e corresponsável nos destinos da própria existência e da vida em comunhão com os demais seres humanos.* [(43)] (sem grifos no original)

Flávia Piovesan afirma que a dignidade humana é o princípio maior, fundante e nuclear do Direito dos Direitos Humanos.[(44)]

É função do direito a proteção da dignidade humana, "da nossa condição de único ser no mundo, capaz de amar, descobrir a verdade e criar beleza"[(45)] enfatiza Konder Comparato.

No Brasil, a dignidade humana foi alçada a fundamento do Estado Democrático de Direito pela CRB.[(46)]

Canotilho lembra que, na condição de principio de democracia social, "a dignidade da pessoa humana é considerada noutros países como um principio objetivo e uma 'via de derivação' política de direitos sociais".[(47)]

Para Herrera Flores, é necessário olhar o ser humano enquanto sujeito que necessita de bens materiais e imateriais.[(48)] Para o mestre, o conteúdo básico dos direitos humanos não é o direito a ter direitos, e sim o conjunto de lutas pela dignidade, cujos resultados deverão ser garantidos por normas jurídicas, políticas públicas e uma economia aberta às exigências da dignidade.[(49)]

Monteiro de Brito vincula direitos humanos à dignidade e dignidade do trabalhador à noção de trabalho decente, que compreende um rol de direitos mínimos. Defende que a noção de direitos mínimos pode ser extraída a partir de normas internacionais, como o PIDESC e das Convenções Fundamentais da Organização Internacional do Trabalho.[(50)]

Sua concepção de trabalho decente é a seguinte:

> É o conjunto mínimo de direitos do trabalhador que corresponde à existência de trabalho; à liberdade de trabalho; à igualdade no trabalho; ao trabalho em condições justas, incluindo a remuneração, e que preservem sua saúde e segurança; à proibição do trabalho infantil; à liberdade sindical; e à proteção contra os riscos sociais.[(51)]

A noção de trabalho decente relacionada a um "conjunto mínimo" parece importante ao definir um padrão abaixo do qual os ordenamentos jurídicos estariam infringindo as normas internacionais reguladoras do trabalho. Por outro lado, essa noção lembra a concepção de "mínimo existencial"[(52)] e, se tomada como

(43) SARLET, Ingo. *Dignidade da pessoa humana e direitos fundamentais na Constituição de 1988.* 3. ed. Porto Alegre: Livraria do Advogado, p. 59-60.

(44) PIOVESAN, Flávia. *Direito ao trabalho...,* p. 21.

(45) COMPARATO, Fábio Konder. *O papel do juiz...,* p. 15.

(46) CONSTITUIÇÃO DA REPÚBLICA FEDERATIVA DO BRASIL, art. 1º, III.

(47) CANOTILHO, J. J. GOMES. *Direito constitucional.* 6. ed. Coimbra: Almedina, 1993. p. 477.

(48) HERRERA FLORES, Joaquín. *La reinvención...,* p. 27.

(49) *Ibidem,* p. 28.

(50) BRITO, José Claudio Monteiro. Trabalho com redução à condição análoga à de escravo; análise a partir do trabalho decente e seu fundamento, a dignidade da pessoa humana. *In:* NOCCHI, Andrea Saint-Pastours *et al.* (org.). *Trabalho escravo contemporâneo:* o desafio de superar a negação. 2. ed. São Paulo, LTr, 2011. p. 123.

(51) *Ibidem,* p. 124.

(52) TORRES, Ricardo Lobo. A metamorfose dos direitos sociais em mínimo existencial. *In:* SARLET, Ingo (org.). *Direitos fundamentais sociais:* estudos de direito constitucional, internacional e comparado. Rio de Janeiro: Renovar, 2003. p. 1.

um conceito estático, acaba por negar o caráter de progressividade dos direitos econômicos, sociais e culturais prevista no PIDESC, do qual deriva diretamente ao princípio do não retrocesso social.(53)

Ao lado da proteção social mínima, consubstanciada na proteção negativa contra a incidência de tributos sobre os direitos sociais mínimos e de proteção positiva consistente na entrega de prestações estatais materiais em favor dos pobres,(54) Ricardo Lobo Torres ressalva que "os direitos sociais máximos devem ser obtidos na via do exercício da cidadania reivindicatória e da prática orçamentaria, a partir do processo democrático".(55)

Dessa forma, percebe-se que em se tratando os direitos trabalhistas de direitos humanos,(56) não cabe a formatação ao espaço do mínimo existencial, devendo ser buscado o que se denominou acima como "direitos sociais máximos", a partir das lutas democráticas entre empregados e empregadores, que constitui o conflito básico inerente às relações de trabalho no sistema capitalista.

Assim sendo, a conceituação de trabalho decente, fundada em normas internacionais, especialmente no PIDESC, deve ser compreendida de forma dinâmica, progressiva, não como um padrão mínimo a partir do qual, atendidos os seus requisitos, estariam alcançados os objetivos da ordem econômica e social relacionados aos trabalhadores.

Pensar a dignidade humana enquanto atributo capaz de conferir "condições existenciais mínimas para uma vida saudável, além de propiciar e promover participação ativa e co-responsável nos destinos da própria existência e da vida em comunhão com os demais seres humanos"(57) pressupõe adotar a ideia de que os direitos humanos devem servir para aumentar a nossa potência, não podendo esses direitos ser concebidos previamente a uma ação social. Para tanto, constitui pressuposto a substituição da "ontologia da passividade" — nada podemos modificar, posto que a realidade está acima de nossa capacidade de atuar na sociedade, pela "ontologia da potência" — a ação política cidadã, sempre em tensão com as tendências que tendem a coisificar as relações sociais.(58)

Para Herrera Flores, na busca da dignidade é necessário que se desenvolva "atitude", assim considerada como a consecução de disposição para fazer; e "aptidão", vista como a aquisição de suficiente poder e capacidade de realizar o que estamos dispostos previamente a fazer.(59)

Nas palavras do mestre,

> El universalismo de la dignidade no supone imponer a los otros nuestra forma de explicar, interpretar e intervenir en el mundo, sino en crear las condiciones para que todos los seres humanos puedan desarrollar sus actitudes e sus aptitudes para *empoderarse,* es decir, para alcanzar una posición que posibilite disposiciones favorables al despliegue del hacer y tener el suficiente poder para poner en práctica esa capacidad humana de hacer. A partir de ahí, todo es plural, diferente y está sometido a los diferentes entornos de relaciones frente a los cuales reaccionamos culturalmente.(60)

Se os direitos humanos como produtos culturais ocidentais facilitam e generalizam a todos e a todas "atitudes" e "aptidões" para poder fazer, estamos ante à possibilidade de criar caminhos de dignidade.(61)

(53) CANOTILHO, J. J. Gomes. *Direito constitucional...*, p. 468.

(54) TORRES, Ricardo Lobo. *A metamorfose...*, p. 2.

(55) *Idem.*

(56) CAPLAN, Luciana. *O direito do trabalho...*, p. 260.

(57) SARLET, Ingo. *Dignidade humana...*, p. 59-60.

(58) HERRERA FLORES, Joaquín. *La reinvención...*, p. 69.

(59) *Ibidem. Los derechos humanos...*, p. 28.

(60) *Ibidem,* p. 28-29.

(61) *Ibidem,* p. 30.

De acordo com Herrera Flores, trabalhar com e para os direitos humanos significa ir contra a banalização das desigualdades e injustiças globais, sendo essa a função social do conhecimento.[62] Sustenta o mestre que é necessário e urgente trabalhar no campo das ideias, sobretudo tendo como objeto a investigação da situação daqueles tradicionalmente excluídos do que se denomina modernidade.[63]

Em razão do sentido de dignidade enquanto processo que compreende o desenvolvimento de atitudes e aptidões, tanto em se tratando dos atores sociais envolvidos quanto da necessidade de atuação do Estado, mais especificamente do Ministério Público do Trabalho e da Justiça do Trabalho, serão apresentados aspectos e sugeridas alterações na estrutura sindical dos trabalhadores rurais e identificadas algumas situações em que são possíveis interpretações jurisdicionais mais compatíveis com o princípio da dignidade humana.

Com isso, busca-se contribuir para a busca do caminho do empoderamento dos trabalhadores e de maior dignidade no campo, eis que na atualidade a categoria se encontra em estado de necessidade e injustiça econômica e cultural, com resquícios da fase do povoamento do Brasil e do estabelecimento do ciclo da cana-de-açúcar.

1.4. O estado de necessidade e injustiça econômica e cultural e o fenômeno da habituação — o mal a ser combatido

Para Márcio Pochmann, a condição social dos trabalhadores do setor sucroalcooleiro encontra-se na base da pirâmide salarial, em padrão de emprego próximo ao asiático (baixos salários, alta jornada de trabalho e rotatividade no emprego).[64]

O professor campineiro prenuncia que até 2020, possivelmente o setor sucroalcooleiro deverá ser operado por cerca de 50 empresas, consorciadas em menos de dez grupos econômicos, com forte predominância do capital estrangeiro e significativa determinação nos rumos da economia nacional, representando cerca de 5% a 8% do PIB, quase duas vezes mais que o setor automobilístico.[65]

Nesse contexto, defende Pochmann que o Brasil deve adotar medidas governamentais que podem contrariar interesses econômicos, porém são indispensáveis como antídotos ao "novo dependentismo que se amplia em torno ao agronegócio no Brasil".[66]

Dentre uma série de medidas propostas, o professor indica o desenvolvimento de um conjunto de indicadores de trabalho decente, dentro das proposições da OIT, tornando "possível monitorar, avaliar e corrigir possíveis distorções constatadas no desempenho econômico e na dimensão social no âmbito do setor sucroalcooleiro".[67]

De acordo com a definição de Alejandro Médici, estão os trabalhadores sujeitos a um estado de violência social "en las relaciones sociales cuando los seres humanos se ven influidos de tal manera que sus realizaciones efectivas, somáticas y mentales, están por debajo de sus realizaciones potenciales".[68]

É fácil concluir que a concepção de dignidade humana não comporta um tratamento abaixo do nível de satisfação dos direitos fundamentais, partindo-se inclusive da polêmica definição de mínimo existencial e do conceito

(62) HERRERA FLORES, Joaquín. *La reinvención...*, p. 96.

(63) *Ibidem*, p. 95.

(64) POCCHMAN, Márcio. *Força de trabalho e tecnologia no Brasil* — uma visão com foco atual na produção de cana-de-açúcar. Rio de janeiro: Revan, 2009. p. 13.

(65) *Ibidem*, p. 10.

(66) *Ibidem*, p. 11.

(67) *Ibidem*, p. 147.

(68) MÉDICI, Alejandro. *Globalización y violência social. Los derechos humanos como obstáculos a la valorización del capital a escala mundial.* p. 1. Texto mimeografado.

de trabalho decente, igualmente redutor, mas que na hipótese sequer chegam a ser alcançados.

As situações de trabalho análogo ao de escravo encontradas em todo o país, o baixo patamar salarial, a sonegação de direitos básicos como FGTS e contribuições previdenciárias, a redução de direitos por meio de acordos ou convenções coletivas, a falta de legitimidade da ação sindical e de estrutura estatal para a fiscalização e repressão de tais condutas, levam a categoria a uma situação de permanente desamparo e injustiça econômica e social.[(69)]

Certamente, as condições acima verificadas em sua análise conjunta configuram o que Phillipe Gomes Jardim denomina em sua dissertação de mestrado "trabalho em condições degradantes"[(70)] ousando-se sugerir neste momento a utilização de outro termo para essa situação, qual seja, "dupla degradação", a ser considerada quando o trabalho degradante por suas condições normais se torna mais degradante ainda em razão de outras situações impostas pelo empregador, sobretudo o nível de descumprimento da lei em questões de segurança, meio ambiente de trabalho e quitação de parcelas legalmente previstas.[(71)]

Explicitando-se ainda o que seria a situação de violência social, Médici sustenta que ocorre quando se aumenta ou não se reduz a distância entre o potencial e o efetivo, produzindo-se sofrimento objetivamente evitável, sendo o nível potencial aquele possível com um certo nível de recursos e conhecimentos.[(72)]

Manter uma população analfabeta a fim de sustentar o ciclo da cana-de-açúcar representa uma política de Estado que gera uma violência social indescritível. Em Alagoas, por exemplo, prevalece a alta concentração de terras nas mãos da minoria privilegiada, 56% da população vive em situação de risco social,[(73)] e o estado ostentou o título de menor Índice de Desenvolvimento Humano — IDH, entre 1991 a 2000.[(74)]

Cícero Péricles de Carvalho demonstra que 62% da população de Alagoas é considerada pobre e metade de seus habitantes é considerada alvo do Programa Fome Zero. Em 2002, sua renda *per capita* constituiu a 3ª menor do nordeste e representou 40% da média nacional, sendo ainda 20% menor que a média nordestina.[(75)]

Dados do IBGE, compilados em 2010, a partir da Pesquisa Nacional por Amostras em Domicílio (PNAD 2009), demonstram que em Alagoas, dentre os pesquisados, o total de pessoas de 25 anos ou mais de idade, distribuídos em razão do número de anos ou grupos de estudo, situava-se da seguinte forma: sem estudo ou até um ano — 27,2%; de 1 a 3 anos de estudo — 18,7%; de 4 a 7 anos — 23,2%; com 8 anos — 4,8 %; entre 9 e 10 anos — 3,4%; com 11 anos — 13,8%; de 12 a 14 — 2,9%; com 15 anos ou mais — 5,9%.[(76)]

Significa dizer que nas duas primeiras categorias, ou seja, até 3 anos de estudo, temos 45,9%, representando um altíssimo índice de analfabetismo.

Em relação à média de anos de estudo das pessoas com 10 anos ou mais de idade e sexo, em Alagoas, detém 10 anos ou mais de estudo 5,4% da população, sendo 5,0% de homens e 5,8% de

(69) PIOVESAN, Flávia. *Ações afirmativas no Brasil:* desafios e perspectivas. Disponível em: <http://www.periodicos.ufsc.br/index.php/ref/article/view/9927/9142> Acesso em: 18.7.2012, às 15:06.

(70) JARDIM, Philippe Gomes. Disponível em: <http://dspace.c3sl.ufpr.br/dspace/bitstream/handle/1884/10978/philippe.pdf?sequence=1> Acesso em: 18.7.2012, às 13:32.

(71) Philippe Gomes Jardim, em sua dissertação de mestrado, utiliza os termos trabalho degradante e trabalho em condições degradantes de formas distintas. No primeiro caso, trata-se do labor em si degradante, como o trabalho perigoso ou insalubre. No segundo, quando não há remuneração em razão do fator de degradação, exemplo, quando a empresa deixa de pagar os adicionais de insalubridade ou periculosidade. *Vide* referência acima.

(72) MÉDICI, Alejandro. *Globalización...*, p. 1.

(73) LIRA, Fernando José de. *Formação da riqueza e da pobreza em Alagoas.* Maceió: Edufal, 2007. p. 194.

(74) *Ibidem*, p. 195.

(75) CARVALHO, Cícero Péricles. *Economia popular* — uma via de modernização para Alagoas. Maceió: Edufal, 2005. p. 9.

(76) Disponível em: <http://www.ibge.gov.br/home/download/estatistica.shtm> Acesso em: 29.8.2012, 14h02min.

mulheres; e com 15 anos ou mais de estudo 5,7%, sendo 5,3% de homens e 6,0% de mulheres.[77]

Assevera Fernando Lira:

> Como vimos, o modelo econômico vigente em Alagoas é o mesmo desde a época do engenho banguê e mantém a lógica de privilegiar, com educação e emprego, os mais ricos em detrimento dos mais pobres, condenando a maioria da população a viver em permanente estado de miséria.[78]

Os dados apresentados e o histórico atrelamento do poder político ao poder econômico confirmam as suposições.

É forçoso reconhecer que o padrão de efetividade dos direitos laborais na agroindústria canavieira, em regra, é similar em todo o Brasil, como já advertiu Pocchman, sendo importante lembrar o que asseverou Davi Nardy Antunes "não há país com o grau de industrialização semelhante ao do Brasil com tamanha desigualdade social".[79]

Necessário retomar a tradição histórica brasileira para explicar as raízes da desigualdade social com o professor Antunes, que ratifica a herança escravocrata e o grande latifúndio do Brasil Colônia, de grande funcionalidade para apropriação das riquezas da colônia,[80] como causas da desigualdade no Brasil.

Quando falta a satisfação de direitos sociais básicos, caracteriza-se um *estado de necessidade constitucional*, autorizando os juízes constitucionais a excepcionalmente outorgar as prestações de forma direta ou uma indenização a cargo dos poderes públicos em casos de perigo de viabilidade da autonomia de uma pessoa, conforme sustenta Gerardo Pisarelo.[81]

Flávia Piovesan defende a adoção de políticas sociais afirmativas nas áreas de educação e do trabalho em razão da face da pobreza brasileira:

> Por fim, em um país em que os afrodescendentes são 64% dos pobres e 69% dos indigentes (dados do IPEA), em que o índice de desenvolvimento humano geral (IDH, 2000) figura o país em 74º lugar, mas que, sob o recorte étnico-racial, o IDH relativo à população afrodescendente indica a 108ª posição (enquanto o IDH relativo à população branca indica a 43ª posição), faz-se essencial a adoção de ações afirmativas em benefício da população afro-descendente, em especial nas áreas da educação e do trabalho.[82]

A similitude entre pobreza, analfabetismo e condição de afrodescendente que caracteriza os trabalhadores rurais no Brasil acarreta de certa forma o fenômeno descrito por Herrera Flores em relação à condição da mulher como *overlapping opressions*, ou opressões superpostas,[83] desafiando políticas afirmativas e de proteção estatal.

Considerando-se a construção dos direitos humanos como um processo de lutas e que a busca individual ou coletiva por uma sociedade diversa da considerada juridicamente deve seguir as formas validadas pela sociedade em que se vive,[84] segue a pesquisa a fim de propor formas de atuação dentro do sistema que se reputam capazes de avançar no processo de

(77) *Idem.*

(78) LIRA, Fernando José de. *Formação...*, p. 193.

(79) ANTUNES, Davi José Nardy. *Gasto social e desigualdade social.* Disponível em: <http://pt.scribd.com/doc/36259288/Gasto-Social-e-Desigualdade-Social-versao-livro> Acesso em: 18.7.2012, às 15:30.

(80) Ibidem,

(81) PISARELO, Gerardo. *Los derechos sociales en el constitucionalismo democrático.* Disponível em: <http://www.juridicas.unam.mx/publica/rev/boletin/cont/92/art/art7.htm> Acesso em: 18.7.2012, às 15:14.

(82) PIOVESAN, Flávia. *Ações afirmativas...*

(83) HERRERA FLORES, Joaquín. De habitaciones propias y otros espacios negados. *Cuadernos Deusto de Derechos Humanos,* Bilbao: Universidad de Deusto, Instituto de Derechos Humanos, n. 33, p. 18, 2005.

(84) ORIONE, Marcos. *A teoria da constituição à luz da teoria da norma* — um enfoque com destaque para as normas de direitos sociais. Texto mimeografado, p. 5.

conquistas dos direitos humanos da categoria dos trabalhadores rurais.

Afinal, conforme adverte Paulo Bonavides, "fora da constituição, não há instrumento nem meio que afiance a sobrevivência democrática das instituições",[85] de modo que as propostas a ser apresentadas, sejam relativas à estrutura sindical, à intervenção do Ministério Público ou concernentes à aplicação do ordenamento jurídico pelo Poder Judiciário, constituem opções hermenêuticas dentro do sistema constitucional brasileiro.

Tomando-se como pressuposto que o contexto atual é de formação do II Ciclo da cana-de-açúcar, em que o Brasil continua a servir aos interesses internacionais, numa nova fase de dependentismo econômico,[86] deve-se aproveitar não apenas para buscar o fortalecimento da economia brasileira, mas também para a elevação do nível de dignidade dos trabalhadores.

Constitui pressuposto das ideias a serem lançadas a urgente necessidade de expurgar a cultura de banalização do mal, de banalização do descumprimento dos deveres trabalhistas.

Leonardo Wandelli, inspirado em Hanna Arendt, discorre sobre banalização do mal e ensina:

> Entende-se por banalização do mal "não somente atenuação da indignação contra a injustiça e o mal, mas, além disso, o processo que por um lado, desdramatiza o mal (quando ele jamais deveria ser desdramatizado) e, por outro, mobiliza progressivamente um número crescente de pessoas a serviço da execução do mal, fazendo delas colaboradores".[87]

Para entender um pouco porque ocorre a banalização do mal, foi necessário recorrer ao conceito psicológico da habituação, o que será inserido *en passant* para não se correr o risco de adentrar indevidamente em seara alheia ou fugir muito do tema.

O ser humano está sujeito a um processo mental denominado habituação. Trata-se de um fenômeno generalizado entre os animais, desde protozoários até os seres humanos, que corresponde a uma das formas mais elementares de plasticidade comportamental, significando o "decremento da resposta que é resultante de uma estimulação repetitiva".[88]

Para Costa, "Habituação é um decréscimo de intensidade de uma resposta comportamental que ocorre quando um novo estímulo é apresentado repetidas vezes".[89]

Segundo Sako, quando:

> [...] o comportamento humano que está sendo submetido a uma estimulação monótona (isto é, a um estimulo que se repete a intervalos regulares ou que se repete continuamente) não permanece o mesmo ao longo da estimulação; em geral, as respostas eliciadas no fim do treino com a estimulação são mais fracas do que aquelas eliciadas no inicio.[90]

Acontece a habituação, portanto, quando se verificam decréscimos de responsividade decorrentes de uma estimulação monótona, atribuídos a processos do sistema nervoso central.[91]

Pelo exposto, percebe-se que se trata de mecanismo do sistema nervoso central que leva

---

(85) BONAVIDES, Paulo. *Do país constitucional ao país neocolonial, a derrubada da constituição e a recolonização pelo golpe de estado institucional.* 3. ed. São Paulo: Malheiros, 2004. p. 13.

(86) POCHMANN, Márcio. *Força de rrabalho...*, p. 11.

(87) WANDELLI, Leonardo Vieira. *Despedida abusiva* — o direito (do trabalho) em busca de uma nova racionalidade. São Paulo: LTr, 2004. p. 94.

(88) SAKO, Takechi. *Habituação e sensibilização comportamental.* Disponível em: <http://www.revistasusp.sibi.usp.br/pdf/psicousp/v6n1/a11v6n1.pdf> Acesso em: 27.3.2011, às 13:39.

(89) COSTA, R. M. E. M. *Ambientes virtuais na reabilitação cognitiva de pacientes neurológicos e psiquiátricos.* Tese D.Sc, Coppe Sistemas-UFRJ, Rio de Janeiro, 2000. Disponível em: <http://www.ime.uerj.br/~rcosta/DiretoriodaTese/Capitul2.PDF> Acesso em: 27.3.2012, às 13:54.

(90) SAKO, Takechi. *Habituação...*

(91) *Idem.*

o indivíduo a uma resposta decrescente em razão dos mesmos estímulos. No entanto, autores apresentam como mecanismos contra o processo de habituação o que denominam estímulos extras, que classificam como desabituação, sensibilização, e pseudocondicionamento.[92]

Sem qualquer pretensão de aprofundamento do fenômeno próprio ao estudo comportamental nos ramos de psiquiatria e psicologia, percebe-se que é possível estabelecer empiricamente uma correspondência entre o fenômeno da habituação e aquele denominado "banalização do mal", eis que no ser humano acontece a diminuição da "responsividade", ou seja, da resposta em face dos abusos e do descumprimento dos deveres legais por parte do Estado, bem como das obrigações nas relações privadas.

Não obstante ser o mecanismo de habituação próprio aos seres vivos, deve-se fazer um esforço de sensibilização constante, para que não ocorra o estado de habituação à banalização do mal, à banalização do descumprimento dos deveres trabalhistas.

O estado de constante dramatização e irresignação, conforme acentua Wandelli, que pode ser relacionado a um estado de permanente "sensibilização" é que impulsiona a luta pela efetividade dos direitos humanos, fator que pode ajudar a fugir a um dos padrões de juízes apontados por Dallari: "cúmplice, acomodado ou formalista".[93]

Nesse sentido, partindo-se do pressuposto de uma relação formal de trabalho, convém rechaçar a habituação ao descumprimento constante da legislação protetiva do trabalho. Importante estar permanentemente atento aos reiterados comportamentos ilícitos, procurando-se não considerar ordinárias e normais atitudes como a prática constante de horas extras ou muito menos a extração de jornada extraordinária sem pagamento. Se existe inadimplência quanto aos depósitos de FGTS, a horas de percurso, se não há concessão de férias em tempo hábil ou em qualquer outra situação de descumprimento da legislação protetiva, incorre o empregador em descumprimento de deveres legais que o impede de invocar certas regras para fins de reduzir ainda mais o pequeno rol de direitos assegurados ao trabalhador.

Do evidente estado de necessidade e injustiça econômica e cultural e de violência social, bem como levando em consideração a necessidade de expurgar a cultura de banalização das normas trabalhistas, parte-se para a conclusão de que sem políticas afirmativas de claro intervencionismo estatal, o processo de emancipação dos trabalhadores rurais pode ser muito lento, incompatível com a velocidade das mudanças tecnológicas e exigências sociais, fatores que desafiam a intensificação das ações já adotadas ordinariamente pelo do MPT, como a fiscalização, o manejo de ações civis coletivas, a interdição de estabelecimentos, além da atuação propositiva quanto ao esclarecimento dos trabalhadores a respeito da possibilidade de desmembramentos de sindicatos rurais, tema a ser abordada no capítulo seguinte.

2. *Em busca de um caminho de dignidade para os trabalhadores rurais*

2.1. Sindicatos de trabalhadores rurais: da formação à proposta de desmembramento da categoria como pressuposto ao processo de empoderamento

Caracterizado o estado de vulnerabilidade dos trabalhadores rurais, submetidos historicamente a uma política econômica de necessidade e injustiça econômica e cultural e de violência social, fortalecida pela inexistência de uma efetiva contraposição de classe, haja vista a torpe atuação da grande parte dos sindicatos de trabalhadores ao longo dos anos, analisa-se a formação das entidades representativas da categoria e os vícios imanentes a partir do primeiro instrumento legal que previu a sua organização no Brasil.

(92) *Idem.*

(93) DALLARI, Dalmo de Abreu. *O poder...*, p. 38.

Partindo-se da concepção de direitos humanos como processos de lutas antagônicas, em que os direitos sociais trabalhistas seriam o resultado provisório de lutas entre as categorias oponentes, bem como da noção de trabalho decente, fundada dentre outros matizes, na configuração da liberdade sindical, é imprescindível que as categorias possuam uma organização legítima e atuante.

No âmbito legal, a estrutura sindical brasileira, vista sob o ângulo horizontal, é formada por categorias paralelas: a profissional, formada pelos trabalhadores; e a econômica, pelos em--pregadores.[94]

Quando se imagina o conceito e função de um sindicato, a solidariedade de interesses é o elemento que primeiro chama a atenção.

Com razão Giuliano Mazzoni defende:

> [...] podemos afirmar que nos encontramos diante de associações com a natureza de sindicato, em todos os casos em que as mesmas sejam compostas somente de trabalhadores ou apenas de empregadores, pertencentes à mesma indústria, trabalho ou profissão, e com o fim de perfazer a regulamentação coletiva e a defesa dos interesses comuns.[95] (sem negritos no original).

O art. 511 da Consolidação das Leis do Trabalho (CLT), em seus §§ 1º e 2º, define o que se pode entender por solidariedade de interesses econômicos e profissionais.

Observe-se o que dispõe a CLT:

> Art. 511, § 1º A solidariedade de interesses econômicos dos que empreendem atividades idênticas, similares ou conexas, constitui o vínculo social básico que se denomina categoria econômica.
>
> Art. 511, § 2º A similitude de condições de vida oriunda da profissão ou trabalho em comum, em situações de emprego na mesma atividade econômica ou em atividades econômicas similares ou conexas, compõe a expressão social elementar compreendida como categoria profissional.

Portanto, a letra da lei exige como característica básica que as categorias sejam compostas apenas por trabalhadores ou apenas por empregadores, conforme se depreende ainda da análise do próprio caput do art. 511 da CLT.

A identidade de classe e a solidariedade de interesses são pressupostos tão óbvios à formação de uma categoria profissional, que muitas vezes esse tema passa despercebido quando se trata da categoria de trabalhadores rurais.

A autonomia privada coletiva constitui outro pressuposto indispensável à atuação sindical e pode ser conceituada como "a possibilidade de ação de grupos socialmente organizados na defesa de seus interesses coletivos, numa atuação harmônica com a ordem jurídica estatal".[96]

Autonomia privada coletiva para Giuliano Mazzoni pode ser entendida como:

> [...] o poder que apresenta uma dada coletividade de pessoas, colocadas no mesmo *status* profissional ou em comunidades de interesses, de adjudicar-se um ordenamento, em estatuto, visualizar fins e tentar obtê-los, sem que, com isso, se dê lugar, necessariamente, a um ente dotado de personalidade jurídica.[97]

O enquadramento sindical dos trabalhadores rurais no Brasil foi feito pela Portaria MTPS n. 75, de 1965, convertida em Decreto-lei n. 1.166/71, e congregava trabalhadores assalariados, permanentes ou não, bem como pequenos proprietários rurais, arrendatários, meeiros, parceiros agrícolas, assim considerados aqueles que exploram, em regime de economia familiar, sem o uso de empregados, uma certa área de terra,

(94) CHAVES, Luciano Athayde. O sindicado do direito brasileiro. *In:* DUARTE, Bento Herculano (coord.). *Manual de direito do trabalho. Estudos em homenagem ao prof. Cássio de Mesquita Barros.* São Paulo: LTr, 1998. p.724.

(95) MAZZONI, Giuliano. *Relações coletivas de trabalho, relações coletivas de trabalho.* Tradução Antonio Lamarca. São Paulo: Revista dos Tribunais, 1972. p. 2.

(96) CHAVES, Luciano Athayde. *O sindicato...*, p. 710.

(97) MAZZONI, Giuliano. *Relações...*, p. 65-66.

que seria delimitada por um módulo flexível, de acordo com critérios oferecidos pelo Estatuto da Terra, para efeito de incidência do Imposto sobre a Propriedade Territorial Rural (ITR).

A Convenção n. 141 da OIT, promulgada no Brasil por meio do Decreto n. 1.703, de 17.11.1995, em seu art. 2º, dispõe que a categoria de trabalhadores rurais é composta por trabalhadores assalariados, bem como parceiros-cessionários, meeiros e pequenos proprietários residentes, desde que não empreguem mão de obra permanentemente e não empreguem mão de obra sazonal numerosa.[98]

Coube ao sindicato de trabalhadores rurais a certificação para comprovação do exercício de atividade rural para fins de aposentadoria dos trabalhadores rurais, assim entendidos tanto os assalariados quanto os pequenos proprietários rurais, arrendatários etc., eis que lhes era reconhecida a integração ao Fundo de Assistência e Previdência do Trabalhador Rural (FUNRURAL), instituído pela Lei Complementar n. 11/71.[99]

Tal certificação ainda é mantida atualmente, consoante se depreende do art. 106, III, da Lei n. 8.213/91, condicionada apenas à homologação do Instituto Nacional de Seguridade Social (INSS).

Constata-se o forte atrelamento do sindicato de trabalhadores rurais ao Estado em razão da função delegada do poder público, característica própria do sindicalismo na época de seu reconhecimento no Brasil e mais fortemente cobrado na época da ditadura militar, função essa que ainda persiste de forma mais tênue neste caso em razão da necessidade atual de homologação por parte do INSS.

No Brasil, salvo em relação aos sindicatos que promoveram o desmembramento, notadamente nas regiões sul e sudeste, constata-se grande parte dos sindicatos de trabalhadores rurais mantêm o mesmo enquadramento legal previsto no Decreto-lei n. 1.166/71, sendo na prática compostos por duas categorias distintas, empregados e empregadores, o que os caracteriza como sindicatos ecléticos, eis que, como visto, a categoria inclui os pequenos proprietários que, por força de lei, também podem ser empregadores, conforme Lei n. 8.213/91, art. 11, inciso VII, "c", § 7º.

A formação eclética dos sindicatos de trabalhadores rurais, que acaba agregando empregados e empregadores, pode levar à falta de autonomia privada, porquanto não raras vezes os sindicatos de trabalhadores são dirigidos por pequenos proprietários.

Se o pequeno proprietário, presidente do sindicato de trabalhadores, senta em mesa com o sindicato patronal para fixar condições de trabalho e o preço da tonelada de cana, por exemplo, acaba fixando parâmetros que ele mesmo terá que cumprir quando contrata empregados, mesmo que isso ocorra apenas nos períodos de safra.

Mesmo quando a Usina se responsabiliza pelo plantio e corte da cana, o valor dessas despesas é deduzido ao final do repasse aos pequenos fornecedores, que acabam por suportar os custos da mão de obra.

Prestando-se atenção à estrutura sindical rural dos trabalhadores, percebe-se que atualmente não é mais possível manter duas categorias distintas em um único enquadramento.

Se esse modelo inicial serviu historicamente naquela ocasião, o que contou inclusive com a posterior validação pela Convenção n. 141 da OIT, pode-se compreender que na prática tal enquadramento serviu apenas como forma de diminuir a capacidade de luta dos trabalhadores,[100] porquanto entre os trabalhadores assalariados e os pequenos proprietários e afins

(98) OIT. Convenção n. 141. Disponível em: <http://www.mte.gov.br/rel_internacionais/conv_141.pdf> Acesso em: 28.2.2012, às 9h e 47min.

(99) KOVALCZUK FILHO, José Enéas. *Manual dos direitos previdenciários dos trabalhadores rurais*. São Paulo: LTr, 2012. p. 33.

(100) PANCOTI, José Antonio. *Aspectos do enquadramento sindical rural*. Disponível em: <http://bdjur.stj.gov.br/xmlui/bitstream/handle/2011/18350/Aspectos_do_Enquadramento_Sindical.pdf?sequence=2> Acesso em: 20.1.2012, 14:34.

falta solidariedade de interesses, levando a uma inexistência de autonomia privada coletiva.

Dessa forma, constata-se que existe um paradoxo na composição da categoria, que pode explicar em parte a falta de combatividade de sindicatos da categoria, fator que impede o surgimento de uma ação coletiva forte e legítima, dotada de autonomia privada coletiva plena, capaz de protagonizar o processo de empoderamento tão necessário à luta pela emancipação dos trabalhadores dessa categoria.

Flávia Piovesan lembra: "O pleno exercício dos direitos políticos pode implicar o "empoderamento" das populações mais vulneráveis, o aumento de sua capacidade de pressão, articulação e mobilização políticas".(101)

Pela condição social de empregadores, os pequenos proprietários deveriam estar enquadrados em categoria econômica ou, no mínimo, constituírem categoria diversa dos trabalhadores assalariados, como já ocorre em diversos estados brasileiros.

O desmembramento das categorias, com a criação de sindicatos apenas de empregados, possibilita o exercício de seus direitos políticos, pressuposto inicial ao processo de empoderamento desses trabalhadores.

Em suma, percebe-se que em razão de um enquadramento sindical estatal estabelecido com escopo de arrefecimento da luta sindical no campo,(102) a manutenção atual da mesma estrutura sindical leva à também histórica falta de solidariedade de interesses, requisito indispensável ao desenvolvimento da autonomia privada coletiva capaz de justificar o enquadramento desses sindicatos como representantes legítimos dos trabalhadores e como sujeitos aptos à luta pela efetivação dos direitos humanos no âmbito de sua categoria, sendo necessário que ocorra o desmembramento dos sindicatos ecléticos em sindicatos de pequenos proprietários e sindicatos de trabalhadores assalariados.

No Brasil já há sindicatos apenas de empregados assalariados, bem como as respectivas federações.(103)

A partir da constatação da inexistência de solidariedade de interesses nos sindicatos ecléticos, necessário que sejam seguidos os exemplos de sindicatos do sul e sudeste, que promoveram o seu desmembramento.

Com os processos de desmembramentos, seriam reconhecidas duas categorias distintas: uma de trabalhadores rurais assalariados e outra de trabalhadores rurais autônomos, pequenos proprietários, produtores rurais em economia familiar, arrendatários e similares, permanecendo com o último a função de certificação do tempo de serviço para fins previdenciários.

Atualmente, há precedentes de julgamento envolvendo cobranças de contribuições sindicais tanto na Justiça Comum reconhecendo-se a validade dos desmembramentos.(104)

Considerando-se a competência da Justiça do Trabalho para lides envolvendo questões intersindicais, há que se chamar a atenção para esse tema, porquanto podem surgir questões de disputas sindicais, ações anulatórias, cobrança de contribuições sindicais, reconhecimento de estabilidade sindical, entre outras, em que a questão da validade do desmembramento pode ser invocada como matéria principal ou incidental.

Tal proposta foi objeto de aprovação na assembleia plenária do XV Congresso Nacional dos Magistrados do Trabalho, realizado em Brasília, em maio de 2010, tendo a seguinte ementa:

> O enquadramento sindical estatal no âmbito rural levou os sindicatos de trabalhadores rurais a representar tanto empregados quanto empregadores, esses entendidos como os produtores rurais em economia familiar,

(101) PIOVESAN, Flávia. *Direito ao trabalho...*, p. 11.

(102) PANCOTI, José Antonio. *Aspectos...*

(103) Constitui exemplo a Federação dos Empregados Assalariados em São Paulo — FETAESP.

(104) STJ. Embargos de Divergência no Recurso Especial n. 38527(1997/0024023-1), Relator Ministro Demócrito Reinaldo. Disponível em: <www.stj.jus.br> <https://ww2.stj.jus.br/processo/ita/listarAcordaos?classe=&num_processo=&dt_publicacao=31/05/1999&num_registro=199700240231> Acesso em: 18.7.2012, às 19:10.

que sempre puderam dispor de empregados, mesmo que eventualmente. Tal circunstância leva à falta de identidade e de solidariedade social da categoria e redunda na ausência de autonomia privada coletiva, bem demonstrada na realidade pela inexistência de uma atuação sindical efetiva. Possibilidade de validação de desmembramentos de sindicatos de trabalhadores assalariados e sindicatos de trabalhadores rurais autônomos, pequenos proprietários, produtores rurais em economia familiar, arrendatários e similares, em atenção ao princípio da liberdade sindical.(105)

A presente proposta, fruto da observação diária quanto ao altíssimo nível de descumprimento de direitos básicos dos trabalhadores, da situação de vulnerabilidade que se encontram em razão da falta de escolaridade, da vulnerabilidade social, das condições de trabalho degradantes e do próprio trabalho degradante a que são submetidos — "dupla degradação", da falta de uma economia diversificada, de uma consciência inexistente enquanto categoria, tem a finalidade de possibilitar que os trabalhadores dêem um passo rumo ao processo de empoderamento, seguindo exemplos que já existem no Brasil, promovendo desmembramentos de sindicatos formados apenas por trabalhadores assalariados, num processo que pode ser incentivado pelo Ministério Público do Trabalho, conforme será demonstrado a seguir.

2.2. O desmembramento de sindicatos e proposta de intervenção do Ministério Público do Trabalho

Partindo-se da constatação de que os sindicatos de trabalhadores rurais vêm demonstrando não deter legitimidade de representação em face da restrita autonomia privada coletiva nos casos de sindicatos ecléticos, da condição de vulnerabilidade da categoria em razão da situação de opressões superpostas, bem como em função de ser a tarefa de elevação do nível de efetividade dos direitos sociais de toda a sociedade, propõe-se inicialmente a atuação do Ministério Público do Trabalho, enquanto agente legítimo e capaz de lutar por um nível de maior efetividade dos direitos sociais, facilitando e incentivando o processo de empoderamento da categoria.

Precisamente porque, apesar de consistir em uma realidade ambígua, o Estado não é apenas um instrumento a serviço dos dominantes.(106)

Como afirma Bourdieu: "O Estado não é completamente neutro, completamente independente dos dominantes, mas tem uma autonomia tanto maior quanto mais antigo ele for, quanto mais forte, quanto mais conquistas sociais importantes tiver registrado em suas estruturas etc.".(107)

As prerrogativas e deveres funcionais do Ministério Público do Trabalho e o dever institucional da magistratura em promover a realização dos direitos humanos impõem uma atuação no sentido de elevar o padrão de dignidade humana, aqui especificamente em se tratando dos trabalhadores rurais, historicamente vinculados a um padrão de vida próprio ou muito próximo ao escravismo.

Quando se observam as pequenas conquistas da categoria, percebe-se que se devem mais à atuação estatal que à atuação sindical, fato ratificado por Pochmann, quando assevera:

> As tentativas de reação das entidades de representação de interesses dos trabalhadores se mostram importantes, mas nem sempre suficientes para alterar o grau de desequilíbrio existente nas relações de trabalho no setor sucroalcooleiro e oleaginoso paulista. Papel importante, nesse sentido,

(105) Disponível em: <www.anamatra.org.br> e <http://www.conamat.com.br/conamat/teses_aprovadas.aspx> Acesso em: 28.2.2012, às 10h42min.

(106) BOURDIEU, Pierre. *Contrafogos:* táticas para enfrentar a invasão neoliberal. Tradução Lucy Magalhães. Rio de Janeiro: Jorge Zahar, 1998. p. 48.

(107) *Ibidem*, p. 48.

cumpre à fiscalização do Ministério do Trabalho e Emprego e do Ministério Público do Trabalho, bem como da Justiça do Trabalho.[108]

Propõe-se, de início, como medida de empoderamento, que ocorram os desmembramentos dos sindicatos ecléticos em sindicatos de trabalhadores assalariados, que demandam como primeiro fator o esclarecimento dos trabalhadores em relação à sua representação coletiva, mediante organização de assembleias e a proteção contra qualquer ameaça de violência.

Tal fato social não é fácil de ser desencadeado de forma espontânea. A deficiência do nível de educação formal, com a maior parte da categoria de trabalhadores analfabeta, o interesse contrário dos órgãos superiores, como federações, confederações ou centrais sindicais, a falta de assistência jurídica adequada, constituem fatores que tornam o processo bastante difícil caso não haja a atuação de um agente externo, como o Ministério Público do Trabalho.

Dessa forma, propõe-se a atuação do MPT no âmbito sindical como facilitador de desmembramentos.

E, ao contrário de significar a interferência indevida do Estado em virtude do princípio da liberdade sindical, pressupõe o reconhecimento de que a categoria dos trabalhadores rurais se encontra em situação de necessidade cultural ou de vulnerabilidade, carente de políticas públicas no sentido de facilitar o processo de empoderamento da categoria.

Nesse sentido, é salutar que haja um processo de esclarecimento da categoria sobre a possibilidade de desmembramento sindical a fim de que os trabalhadores decidam se desejam tomar o caminho da autonomia. Essa decisão, obviamente, não é do MPT, mas dos próprios interessados. Para tanto, devem ser criados mecanismos de esclarecimentos para essa parcela dos trabalhadores a fim de que, no exercício de sua liberdade de associação, decidam os rumos que desejam tomar.

As dificuldades são grandes, a começar pela fragmentação dos trabalhadores após os períodos de safra e o alto índice de violência na atividade. Não são intransponíveis, porém. O trabalho é hercúleo e exige determinação.

Pode haver bons frutos a partir de reuniões programadas nas igrejas e em outros movimentos sociais.

Propõe-se que o MPT decida colocar o tema em sua agenda política, assumindo a tarefa como parte integrante de sua missão institucional, assim como já o faz em diversas áreas, como de interesse da criança e adolescente, de meio-ambiente do trabalho e outras.

Chegando a lide ao Judiciário, há que se reconhecer a ampliação das possibilidades de desmembramentos válidos, não apenas para aquelas situações de categorias similares e conexas, reconhecendo-se também aos sindicatos de trabalhadores rurais a possibilidade de desmembramento, sem infringência ao princípio da unicidade sindical, especialmente porque inexiste na situação atual a identidade de interesses entre pequenos proprietários e trabalhadores assalariados, conforme já demonstrado.

Ao lado da validação de desmembramentos, ao Judiciário são propostas interpretações mais consentâneas com a efetividade dos direitos fundamentais, numa busca incessante pela máxima eficácia dos direitos sociais, tema a ser desenvolvido no último item da pesquisa.

2.3. A atuação do Poder Judiciário como vetor de dignidade do trabalhador rural

Ao lado da atuação do órgão ministerial como facilitador do processo de empoderamento sindical da categoria de trabalhadores rurais e cabendo aos demais poderes constituídos a defesa e a concretização das normas constitucionais, será estabelecido o enfoque quanto ao papel do Poder Judiciário Trabalhista, de acordo com as tendências doutrinárias e jurisprudenciais que

(108) POCHMANN, Márcio. *Força de trabalho...*, p. 107.

parecem mais adequadas à efetividade dos direitos da categoria dos trabalhadores rurais.

Na proposta de somar de esforços para concretização dos princípios constitucionais e efetivação dos postulados dos direitos humanos, em uma conjuntura sociopolítico-econômica desfavorável, a garantia de um Judiciário independente e comprometido com seus deveres constitucionais faz a diferença, porquanto "a finalidade última do ato de julgar consiste em fazer justiça, não em aplicar cegamente as normas do direito positivo".[109]

Conforme ensina Juarez de Freitas, no sistema brasileiro todo juiz é juiz constitucional, cabendo a cada magistrado continuar dotado de dignidade de juiz constitucional.[110]

A ideia não é de adotar como base de interpretação a Escola do Direito Livre, da qual fala com temor Del Vecchio, em que a autoridade judiciária não estaria obrigada a se ater à lei preestabelecida.[111]

Ao contrário, sugerem-se discussões e soluções para os problemas da falta de efetividade das normas fundamentais de proteção ao labor no campo dentro do próprio sistema, por meio de uma interpretação especificamente constitucional e com vistas à realização de seu conteúdo, notadamente em razão das peculiaridades do texto constitucional e da natureza de seus princípios.[112]

Assim, considerando-se que o sistema constitucional brasileiro adota o modelo da constituição dirigente, trazendo no bojo de seu texto promessas de melhoria das condições de vida da sociedade,[113] e levando-se em conta que o juiz brasileiro é um juiz constitucional, cabendo-lhe a interpretação e controle da constitucionalidade das leis e dos demais atos normativos e administrativos, tem-se por imprescindível o papel do Poder Judiciário na efetivação dos preceitos contidos no documento político do país.

Konrad Hesse preleciona:

> Finalmente, a interpretação tem significado decisivo para a consolidação e preservação da força normativa da Constituição. A interpretação constitucional está submetida ao principio da ótima concretização da norma (*Gebot Optimaler Verwirklichung der Norm*).[114]

Quanto à hermenêutica dos direitos humanos, Piovesan traz à tona quatro princípios gerais relevantes: principio da interpretação teleológica, principio da interpretação efetiva; principio da interpretação dinâmica e evolutiva e o principio da proporcionalidade.[115]

Destaca-se o princípio da interpretação efetiva, do qual decorre "o principio da "interpretação ótima" da Constituição, cabendo ao intérprete maximizar e potencializar o alcance das normas veiculadoras de direitos humanos, evitando interpretações restritivas e reduzidas afetas a esses direitos".[116]

Cumpre lembrar que o Estado passa por uma profunda crise, desde a própria crise conceitual, fundada nos contornos do conceito de soberania, até as crises estrutural, institucional e política.[117]

Nesse sentido, importante salientar que compete ao juiz culminar o processo de positivação jurídica no processo.[118]

---

(109) COMPARATO, Fábio Konder. *O papel do juiz...*, p. 29.

(110) FREITAS, Juarez. *O intérprete e o poder de dar vida à constituição:* preceitos de exegese constitucional, p. 226.

(111) DEL VECCHIO, Giorgio. *Lições de filosofia do direito.* 5. ed. Coimbra: Armênio Prado, 1979. p. 482,

(112) COELHO, Inocêncio Mártires. *Interpretação constitucional.* Porto Alegre: Sergio Antonio Fabris, 1997. p. 26.

(113) BERCOVICI, Gilberto. A problemática da constituição dirigente: algumas considerações sobre o caso brasileiro. *Revista de Informação Legislativa,* Brasília, a. 36, n. 142, p. 35-51, abr./jun. 1999.

(114) HESSE, Konrad. *A força normativa da constituição.* Trad. Gilmar Mendes. Porto Alegre: Sergio Antonio Fabris, 1991. p. 22.

(115) PIOVESAN, Flávia. *Direito ao trabalho...*, p. 24-5.

(116) *Ibidem,* p. 25.

(117) MORAIS, José Luis Bolzan. *As crises do estado e da constituição e a transformação espacial dos direitos humanos.* Porto Alegre: Livraria do Advogado, 2002. p. 23 e 58.

(118) FREITAS, Juarez. *O intérprete...*, p. 230.

A crise estrutural sem seus aspectos fiscal, ideológico e filosófico, põe em questão a própria subsistência do Estado Social.[119]

A crise institucional, que se reveste sob o aspecto de crise constitucional, traz a ideia de que a constituição representa um entrave ao funcionamento do mercado, daí todo um processo de desconstitucionalização promovido pelo neoliberalismo.[120]

Para Streck e Morais, o caráter reestruturante da sociedade almejado pelo Estado Democrático de Direito desloca a esfera de tensão do Poder Executivo e do Poder Legislativo para o Poder Judiciário.[121]

Sob essa perspectiva, sobressai o poder político dos juízes, sustentado por Dalmo Dallari. Defende o professor Dallari que o juiz recebe através da Constituição a legitimação formal de suas decisões e essa legitimação deve ser complementada permanentemente pelo povo, o que ocorre apenas quando o juiz cumpre seu papel constitucional, protegendo eficazmente os direitos e decidindo com justiça.[122]

Chamando a atenção para a atuação judicial em caso de violações de direitos humanos, Dallari vislumbra espécies de comportamento dos juízes, desde os cúmplices do sistema por convicção ou interesse pessoal, os demasiado formalistas, os acomodados. Vale citar um trecho de sua análise que, embora longo, empolga pela coragem, pelo discernimento e pela visceralidade:

> Condicionados por uma visão extremamente formalista do direito, esses juízes concebem o respeito das formalidades processuais como o objetivo mais importante da função judicial. Não se sensibilizam pelas mais graves violações dos direitos humanos, desde que sejam respeitadas as formalidades. Por isso se pode dizer que os juízes formalistas são cúmplices inconscientes dos violadores de direitos humanos e concorrem de maneira significativa para garantir sua impunidade. Um vizinho muito próximo do formalista é o juiz acomodado, o que se afirma apolítico e entende que não é tarefa sua fazer indagações sobre a justiça e os efeitos sociais das leis. Esse é, possivelmente, o caso da maioria dos juízes. Foram eles que aceitaram, passivamente, e sem qualquer perturbação na consciência, os "atos institucionais" impostos como leis superiores pelas ditaduras da América Latina em décadas recentes. São eles que em todo o mundo aplicam sem reflexão, como se fosse indiscutivelmente normal a "lei do governo", sem importar-lhes de que governo, nem tampouco a justiça ou injustiça da imposição, desde que tenha uma aparência legal. Esse é o comportamento que mais frequentemente compromete o prestígio do Poder Judiciário, contribuindo muito para que ele seja visto como "uma forma legal de promover injustiças", segundo as palavras de Marcel Camus e James Baldwin.[123]

A partir da premissa da máxima eficácia da interpretação constitucional concretizante dos direitos humanos, bem como da decisão de fugir aos padrões de comportamento acima relacionados — cúmplice, acomodado ou formalista, propõem-se interpretações que podem conferir uma maior efetividade dos direitos humanos dos trabalhadores rurais. Algumas já foram reconhecidas por meio de decisões do TST, o que demandou um processo de reflexão da Corte Superior e da intensa provocação da base do Judiciário; outras precisam ainda ser melhor refletidas, ampliadas e amadurecidas. Mas nem por isso deixam de ser expostas neste trabalho.

(119) MORAIS, José Luis Bolzan. *As crises...*, p. 23.

(120) *Ibidem*, p. 48.

(121) STRECK, Lênio Luiz; MORAIS, José Luiz Bolzan. *Ciência política e teoria geral do estado*. 3. ed. Porto Alegre: Livraria do Advogado, 2003. p. 98.

(122) DALLARI, Dalmo de Abreu. *O poder dos juízes*. São Paulo: Saraiva, 1996. p. 87.

(123) *Ibidem*, p. 38.

O que importa é chamar a atenção para alguns aspectos que, na visão da autora, podem conferir maior efetividade aos direitos sociais dos trabalhadores rurais, seja pelo levantamento do que já existe na ordem jurídica brasileira, seja pela proposição de novas formas de interpretação e aplicação do direito.

2.3.1. Da remuneração das horas extras

No que diz respeito ao aspecto principal do contrato de trabalho, a remuneração, por todo o processo de degradação do sujeito-trabalhador, levando-o a morte em muitas ocasiões,(124) importa caracterizar o salário por produção como uma afronta ao princípio da dignidade humana.

Durante muitos anos ao labor por produção dos trabalhadores rurais foi aplicado o sistema dos trabalhadores comissionados, deferindo-se apenas o adicional de horas extras em razão do labor em sobrejornada, sob a inspiração da Súmula n. 340 do Tribunal Superior do Trabalho (TST)(125) e da antiga redação da Orientação Jurisprudencial (OJ) n. 235 da Seção Brasileira de Dissídios Individuais I (SBDI I).(126)

A partir da noção de que o trabalho em sobrejornada no corte de cana não mantém o mesmo nível de produção das primeiras horas do dia, bem como em virtude das condições degradantes do labor no corte de cana, foi aprovada tese na assembleia de juristas reunida no Tribunal Superior do Trabalho, por ocasião da 1ª Jornada de Direito Material e Processual do Trabalho, em novembro de 2007, que redundou no Enunciado n. 20, a seguir exposto:

> RURÍCOLA. PAGAMENTO INTEGRAL DAS HORAS EXTRAS. NÃO INCIDÊNCIA DA SÚMULA N. 340 DO TST. É devida a remuneração integral das horas extras prestadas pelo trabalhador rurícola, inclusive com o adicional de, no mínimo 50%, independentemente de ser convencionado regime de "remuneração por produção". Inteligência dos arts. 1º, incisos III e IV e 3º, 7º, XIII, XVI e XXIII, da CF/88. Não incidência da Súmula n. 340 do C. TST, uma vez que as condições de trabalho rural são bastante distintas das condições dos trabalhadores comissionados internos ou externos e a produção durante o labor extraordinário é manifestamente inferior àquela da jornada normal, base de cálculo de horas extras para qualquer tipo de trabalhador.(127)

No processo de consolidação desta tese, podem-se conferir arestos do TST neste sentido, conforme exemplifica decisão proferida em 21.9.2011, nos autos do Recurso de Revista n. TST-RR-128340-33.2006.5.05.0342 (Convertido de Agravo de Instrumento de mesmo número), de lavra da 1ª Turma, tendo como Relator o Ministro Vieira de Melo Filho, reconhecendo-se o direito às horas extras e ao respectivo adicional, afastando-se a aplicação da OJ n. 235 da SBDI I.(128)

No caso concreto, o TST entendeu que excluir o pagamento das horas extras em hipótese de labor por produção do trabalhador braçal do setor sucroalcooleiro implica em afronta à dignidade e a precarização das relações no campo. No bojo do acórdão mencionado, há referência ao fato de que o trabalhador para conseguir chegar a salário de R$ 1.000,00, tem que cortar em média 10 toneladas de cana por dia e que a manutenção da aplicação da OJ n. 235 implicaria em ofensa à dignidade do trabalhador.

Tal posicionamento foi ratificado em razão da recente alteração do texto da OJ n. 235

(124) GOSDAL, Theresa Cristina. *Mortes por exaustão...*

(125) Redação: Comissionista. Horas extras. O empregado, sujeito a controle de horário, remunerado à base de comissões, tem direito ao adicional de, no mínimo, 50% pelo trabalho em horas extras, calculado sobre o valor-hora das comissões recebidas no mês, considerando-se como divisor o número de horas efetivamente trabalhadas.

(126) Redação: Horas extras. Salário por produção. O empregado que recebe salário por produção e trabalha em sobrejornada faz jus à percepção apenas do adicional de horas extras.

(127) *1ª Jornada de Direito Material e Processual na Justiça do Trabalho* — Enunciados Aprovados. São Paulo: LTr, 2008. p. 38.

(128) TST. Disponível em: <http://aplicacao5.tst.jus.br/consultaunificada2/inteiroTeor.do?action=printInteiroTeor&highlight=true&numeroFormatado=RR%20-%20128340-3.2006.5.05.0342&base=acordao&numProcInt=747620&anoProcInt=2009&dataPublicacao=23/09/2011%2007:00:00&query=> Acesso em: 27.3.2012, às 15:21.

da SBDI I, conforme revisão de jurisprudência levada a efeito pela Resolução TST n. 182/2012, publicada no DEJT de 20, 23 e 24.4.2012, cujo texto atualmente é o seguinte:

> OJ N. 235. HORAS EXTRAS. SALÁRIO POR PRODUÇÃO. O empregado que recebe salário por produção e trabalha em sobrejornada tem direito à percepção apenas do adicional de horas extras, exceto no caso do empregado cortador de cana, a quem é devido o pagamento das horas extras e do adicional respectivo.[129]

Dessa forma, verifica-se que parte da Corte Superior Trabalhista brasileira já atentou para o fato de que o pagamento apenas de adicional de horas extras pelo excesso de trabalho prestado pelo trabalhador rural em atividade de corte de cana constitui em afronta à sua dignidade.

O reconhecimento ao direito de horas extras integrais aos cortadores de cana deve levar a uma ampliação aos demais setores da atividade rural eventualmente remunerados à base de produção, sendo imprescindível a sensibilização constante para a questão, além da luta das categorias.

2.3.2. Do adicional de insalubridade

No que diz respeito ao adicional de insalubridade em razão da exposição a raios solares, vinha prevalecendo a antiga redação da OJ n. 173 da SBDI I, que até então dispunha não ser devido o adicional de insalubridade ao trabalhador que desempenha atividades a céu aberto, por falta de previsão legal.[130]

A matéria foi objeto de várias discussões no âmbito da Corte Superior Trabalhista, como exemplifica a decisão a seguir, que levou a uma alteração da OJ n. 173.

Acompanhe-se a evolução jurisprudencial.

O TRT da 6ª Região reconheceu a incidência de adicional de insalubridade em razão da exposição a raios solares e fuligem da cana, conforme decisão do E. TRT da 6ª Região, nos autos do RO que deu origem ao RR 940005120075060261, Relator: Fernando Eizo Ono, Julgamento: 21.9.2011, Órgão julgador: 4ª Turma, Publicação DEJT 7.10.2011, cuja decisão foi reformada na Corte Superior.

A 1ª Turma do TST, nos autos TST-RR-9800-63.2008.5.09.0562, em decisão da lavra do relator Ministro Vieira de Melo Filho, decidiu pela manutenção ao adicional de insalubridade fundado em laudo pericial que constatou a incidência de calor e umidade excessivos, em decisão proferida em 9.11.2011. Nesse caso, entendeu que não se tratava da aplicação da OJ n. 173, eis que o labor foi enquadrado na NR-15, em seu Anexo 3, conforme ementa a seguir:

> RECURSO DE REVISTA — ADICIONAL DE INSALUBRIDADE — CORTE DE CANA-DE-AÇÚCAR — CALOR E UMIDADE EXCESSIVOS. O Anexo n. 3 da NR-15 expedida pelo Ministério do Trabalho e Emprego afirma que serão consideradas atividade insalubre as operações que exponham os trabalhadores ao calor intenso, levando em consideração as atividades executadas. Além disso, a exposição à umidade excessiva também autoriza o deferimento do adicional de insalubridade, nos termos do Anexo n. 10 da referida norma regulamentar. Na hipótese, como atesta o Tribunal Regional com base no laudo pericial técnico, o trabalhador em lavoura de cana-de-açúcar está submetido a calor e umidade em nível superior aos tolerados, condição efetivamente prejudicial à saúde. Inaplicável ao caso a Orientação Jurisprudencial n. 173 da SBDI-1 do TST, pois o direito ao adicional de insalubridade no caso não deriva do simples trabalho ao ar livre ou de variações climáticas.[131]

Percebe-se nitidamente um avanço na questão relativa ao adicional de insalubridade

(129) Disponível em: <http://www.tst.jus.br/pmnoticias/-/asset_publisher/89Dk/content/id/1566551> Acesso em: 20.7.2012, às 14:42.

(130) Redação: Adicional de insalubridade. Raios solares. Indevido. Em face da ausência de previsão legal, indevido o adicional de insalubridade ao trabalhador em atividade a céu aberto (art. 195, CLT e NR-15, MTb, Anexo 7).

(131) Disponível em: <www.tst.jus.br/http://aplicacao5.tst.jus.br/consultaunificada2/inteiroTeor.do?action=printInteiroTeor&highlight=true&numeroFormatado=RR%20-%209800-63.2008.5.09.0562&base=acordao&numProcInt=59080&anoProcInt=2010&dataPublicacao=18/11/2011%2007:00:00&query=> Acesso em: 27.3.2012, às 15:46.

em razão da exposição ao agente físico calor, condicionada ao reconhecimento em laudo pericial e enquadramento na NR-15, posição confirmada pela recente alteração da OJ n. 173 do C. TST, cuja redação atual é a seguinte.[132]

> ADICIONAL DE INSALUBRIDADE. ATIVIDADE A CÉU ABERTO. EXPOSIÇÃO AO SOL E AO CALOR. I — Ausente previsão legal, indevido o adicional de insalubridade ao trabalhador em atividade a céu aberto por sujeição à radiação solar (art. 195 da CLT e Anexo 7 da NR-15 da Portaria n. 3.214/78 do MTE). II — Tem direito à percepção ao adicional de insalubridade o empregado que exerce atividade exposto ao calor acima dos limites de tolerância, inclusive em ambiente externo com carga solar, nas condições previstas no Anexo 3 da NR-15 da Portaria n. 3.214/78 do MTE.

A incidência de insalubridade ficará condicionada, portanto, ao enquadramento a ser feito em razão dos parâmetros estabelecidos no Anexo 3 da Norma Regulamentadora n. 15, do MTB, que dispõe acerca de tipo de atividade e limites de tolerância em relação ao calor em regime de trabalho intermitente, com períodos de descanso em outro local, de acordo coma taxa de metabolismo do trabalhador no local de trabalho.[133]

2.3.3. Do adicional de penosidade

No que se refere ao adicional de penosidade, previsto no art. 7º, XXIII, da CRB, a jurisprudência brasileira trilha no sentido da necessidade de regulamentação infraconstitucional, adotando-se ainda a classificação da referida norma constitucional como de eficácia limitada.[134]

Os casos em que têm sido reconhecido o referido adicional, há previsão em normas coletivas ou regulamentos de empresa, conforme noticia a pesquisa de jurisprudência.[135]

Quanto ao reconhecimento da penosidade na atividade rural canavieira, no bojo do julgamento do TST-RR-160200-44.2009.5.15.0156, de 11.10.2011, o Ministro Relator Lélio Bentes, em decisão que valida o pagamento de horas extras com adicional, reconhece que o labor dos trabalhadores rurais é penoso, porquanto desenvolvido a céu aberto, com utilização de indumentária pesada e ferramentas afiadas, demandando grande esforço físico, além de movimentos repetitivos, importando em grave risco para a saúde e segurança do trabalhador.[136]

É forçoso reconhecer a omissão legislativa no que diz respeito à regulamentação do adicional de penosidade, já que nesses 24 anos de Constituição, não houve a o estabelecimento via infraconstitucional do referido adicional, vindo os Tribunais decidindo pela necessidade de regulação legal, adotando-se ainda a classificação da referida norma constitucional como de eficácia limitada.[137]

Considerando-se a eficácia imediata dos direitos fundamentais, Ingo Sarlet defende que o art. 5º, § 1º, da CRB, representa um mandado de otimização. Sem descuidar das propostas radicais que sustentam a sua aplicabilidade ampla para conferir eficácia a todas as normas

(132) Disponível em: <http://www.tst.jus.br/documents/10157/2b196ee1-5d44-43ea-b197-51ba0e30da21> Acesso em: 17.9.2012, à 00:04.

(133) Disponível em: <http://portal.mte.gov.br/data/files/FF8080812BE914E6012BEF32FE207A4A/nr_15_anexo3.pdf> Acesso em: 17.9.2012, a 00h26min.

(134) *Vide* como exemplo, decisão do TRT do RS. Disponível em: <http://gsa3.trt4.jus.br/search?q=cache:GrybYZzKpYgJ:iframe.trt4.jus.br/nj4_jurisp/jurispnovo.ExibirDocumentoJurisprudencia%3FpCodAndamento%3D40376618+inmeta:DATA_DOCUMENTO:2007-07-20..2012-07-20+adicional+de+penosidade+depende+de+regulamenta%C3%A7%C3%A3o+infraconstitucional++&client=jurisp&site=jurisp&output=xml_no_dtd&proxystylesheet=jurisp&ie=UTF-8&lr=lang_pt&access=p&oe=UTF-8> Acesso em: 20.7.2012, às 16:53.

(135) *Vide* acórdão: <www.trt3.jus.br<https://as1.trt3.jus.br/juris/consultaBaseSelecionada.htm> Acesso em: 20.7.2012, às16:23.

(136) *Vide* acórdão, disponível em: <www.tst.jus.br <http://aplicacao5.tst.jus.br/consultaunificada2/inteiroTeor.do?action=printInteiroTeor&highlight=true&numeroFormatado=RR%20-%20160200-44.2009.5.15.0156&base=acordao&numProcInt=31629&anoProcInt=2011&dataPublicacao=21/10/2011%2007:00:00&query=> Acesso em: 27.3.2012, às 17:32.

(137) *Vide* nota n. 134.

de direitos fundamentais ou a interpretação oposta no sentido de que o referido dispositivo não possui a força de transformar uma norma incompleta em direito imediatamente aplicável, posiciona-se de maneira intermediária no sentido de que "no concernente aos direitos fundamentais, a aplicabilidade imediata e eficácia plena assumem a condição de regra geral, ressalvadas exceções que, para serem legítimas, dependem de convincente justificação à luz do caso concreto".[138]

Sustenta o constitucionalista, em análise à decisão proferida pelo STF quanto à eficácia do art. 37, VII (direito de greve dos servidores públicos), que o direito seria autoaplicável, eis que não haveria nenhum obstáculo à sua concretização.

Os obstáculos oponíveis como empecilhos válidos quando da análise de direitos prestacionais seriam apenas a inexistência de recursos ou a necessidade de implementação de programas sociais e econômicos,[139] que não é a hipótese do adicional de penosidade.

A partir da análise a respeito da aplicabilidade do art. 5º, § 1º, da CRB, bem como considerando que a condição de aplicabilidade imediata é o que difere os direitos fundamentais das demais normas constitucionais,[140] é possível chegar à ideia de que o adicional de penosidade pode ser deferido, aplicando-se analogicamente as disposições a respeito do adicional de periculosidade, na linha do Projeto de Lei n. 1.003/1988.

Refletindo mais uma tentativa de regulamentação legal da matéria, o Projeto de Lei n. 4.242, de 2008, de autoria do então Deputado Federal Maurício Rands, acrescentava o art. 196-A à CLT, prevendo adicional de 25% sobre a remuneração, foi apensado ao Projeto de Lei n. 1.003/1988, de autoria do então Deputado Paulo Paim, que previa o adicional de 30% sobre o salário, aposentadoria especial de 15 a 25 anos de serviço, sem prejuízo aos adicionais de insalubridade ou periculosidade que viessem a ter direito.[141]

Percebe-se que desde a promulgação da Carta Constitucional houve tentativas de regulamentação do adicional de penosidade, sem que até o momento o Poder Legislativo tenha se manifestado sobre a matéria. A mora implica em inconstitucionalidade por omissão, na forma do art. 103, § 2º, da CRB.

A respeito ao possível argumento da discricionariedade judicial, convém mencionar o professor Eros Roberto Grau, que nega qualquer forma de discricionariedade. Para ele, quando o juiz se depara com hipóteses de lacunas normativas, toma decisões vinculado aos princípios gerais do direito, não produzindo normas livremente.[142]

Logo, conferir eficácia ao dispositivo previsto no art. 7º, XXIII, protegendo o trabalhador rural em razão do labor em condições de penosidade, longe de significar discricionariedade judicial, implica em efetivar os comandos constitucionais, aumentando o nível de eficácia de direitos fundamentais da categoria, ampliando-se o sentido da dignidade humana por meio do acesso aos bens materiais e imateriais.

2.3.4. Do descanso semanal remunerado e das férias anuais: aplicação da teoria da exceção do contrato não cumprido

Outro ponto ser destacado e que interfere sobremaneira na vida dos trabalhadores rurais diz respeito aos inúmeros casos de descontos por faltas injustificadas em repouso semanal remunerado e em férias, levando muitas vezes o empregado a perder o direito ao gozo do descanso anual.

Tais descontos têm como premissa o art. 130 da CLT e a Lei n. 605/49.

(138) SARLET, Ingo W. *A eficácia dos direitos fundamentais.* 4. ed. Porto Alegre: Livraria do Advogado, 2004. p. 265.

(139) *Ibidem*, p. 266.

(140) *Ibidem*, p. 262.

(141) Disponível em: <http://imagem.camara.gov.br/Imagem/d/pdf/DCD27FEV1998.pdf#page=29> Acesso em: 27.3.2012, às 16:33.

(142) GRAU, Eros Roberto. *Ensaio e discurso sobre a interpretação/aplicação do direito.* São Paulo: Malheiros, 2002. p. 187.

Necessário estabelecer, como premissa para que ocorra algum desconto para fins de perda do direito à remuneração do descanso semanal ou ao gozo de férias pelo trabalhador, que seja integralmente cumprida a legislação pelo empregador. Isso implica em reconhecer a aplicabilidade da teoria da exceção do contrato não cumprido (*exceptio non adimpleti contractus*) prevista no art. 476 do Código Civil, em razão do caráter bilateral do contrato de trabalho. Veja-se abaixo:

> Nos contratos bilaterais, nenhum dos contratantes, antes de cumprida a sua obrigação, pode exigir o implemento da do outro, uma vez que nos contratos bilaterais, as prestações devem guardar entre si uma relação de reciprocidade e interdependência, cada uma delas se constituindo na causa jurídica da outra.(143)

Ou seja, caso o empregador exija trabalho extraordinário com frequência, mesmo mediante pagamento de horas extras, não poderá descontar repouso remunerado ou a falta para a redução do cálculo das férias, em razão do descumprimento anterior da legislação trabalhista, eis que as obrigações quanto ao limite da jornada e comparecimento ao trabalho são sinalagmáticas, ainda mais em se considerando que se trata de atividade extenuante, considerada inclusive penosa e degradante.

Assim, em qualquer hipótese de descumprimento da legislação trabalhista pelo empregador com relação à jornada de trabalho e também em caso de inexistência de intervalo interjornada regular, ficaria desautorizado a fazer qualquer dedução de parcelas em razão de faltas injustificadas em razão da aplicação da exceção do contrato não cumprido, uma vez que se tratam de obrigações que guardam relação de reciprocidade e interdependência.

O argumento parte ainda da constatação fática quanto ao caráter extenuante do trabalho no campo que, aliado a uma sobrejornada, leva o trabalhador muitas vezes a não ter condições físicas de comparecer ao trabalho no dia seguinte. Validar os descontos dessas faltas que, embora legalmente injustificadas, decorrem do descumprimento de deveres patronais, como a manutenção de labor em jornada legal, em um meio ambiente salubre e propício ao desenvolvimento social do trabalhador, significa premiar o empregador que descumpre as obrigações que decorrem dos parâmetros mínimos de um padrão de dignidade humana fundado no ordenamento interno e internacional de regulação do trabalho.

Pode-se entender ainda que ao empregador não cabe o desconto do repouso semanal remunerado em razão da inconstitucionalidade superveniente ou não recepção da Lei n. 605/49. É que o art. 7º, XV, da CRB, garante o direito a repouso semanal remunerado, sem qualquer condicionante.

Ademais, caso se entenda que cabe alguma penalidade em caso de falta injustificada, naquelas situações em que o empregador não descumprir obrigações relativas à jornada de trabalho (do contrário seria aplicada da teoria da exceção do contrato não cumprido), em se tratando de salário por produção, se o empregador dividir o valor da produção semanal pelo número de dias em que o trabalhador deveria ter laborado, restará computado o desconto daquele dia de falta, apenas de maneira proporcional. Com essa metodologia, garante-se o direito à remuneração do repouso semanal ao mesmo tempo em que o empregador desconta o dia de falta do cálculo do pagamento do descanso.

2.3.5. Do banco de horas

No que diz respeito a cláusulas coletivas que importem unicamente em redução de garantias, defende-se que sejam rechaçadas em razão do caráter *contra legem* quando não representarem uma negociação legítima e afrontarem

(143) COSTA, Ricardo Oliveira; LOPES, Paulo Marcelo de Aquino *et al.* Exceção de contrato não cumprido. *Jus Navigandi*, Teresina, ano 10, n. 800, 11 set. 2005. Disponível em: <http://jus.com.br/revista/texto/7260> Acesso em: 27.3.2012, às 16:51.

o princípio da adequação setorial negociada, da qual discorre Delgado.(144)

A análise será restrita ao instrumento entitulado banco de horas, previsto no art. 59, § 2º, da CLT.

Não obstante mais comum no âmbito da indústria, o trabalho no campo não está livre do estabelecimento de banco de horas, razão pela qual se insere o tópico no presente trabalho, uma vez que a utilização indiscriminada de banco de horas tem representado uma das piores formas de precarização do trabalho, atentando contra as normas de saúde e higiene do trabalho, além do imenso prejuízo causado à sua convivência social e familiar. A análise a seguir disposta não é própria à categoria dos trabalhadores rurais, podendo ser estendida a todos os trabalhadores urbanos.

Embora as partes tenham certa flexibilidade para ajustar alterações de jornada e salário em âmbito coletivo, na forma da exceção prevista na parte final do inciso XIII do art. 7º, da CRB, a adoção de medidas flexibilizantes deve atender às necessidades reais da empresa, com a finalidade social de manutenção de empregos e não apenas para servir de incremento da lucratividade, sob pena de configurarem cláusulas meramente precarizantes das relações de trabalho, o que está vedado pelo ordenamento jurídico constitucional em razão da força normativa dos princípios da dignidade da pessoa humana e do valor social do trabalho, assim como das próprias regras inseridas no art. 7º da CF, além dos demais princípios deduzidos do ordenamento internacional trabalhista, como a proibição de retrocesso social.

Verifica-se comumente que o estabelecimento do banco de horas não tem nenhuma finalidade senão a redução dos custos da empresa e alargamento de sua margem de lucro.

O banco de horas, bem como outras medidas de natureza excepcionais, foi instituído para reduzir a possibilidade de desemprego em massa em determinados momentos em que a redução da demanda pudesse acarretar uma possível necessidade de dispensa coletiva.

Nesse contexto, surgiu nas montadoras de automóvel na Itália, sempre com a inicial redução da jornada e posterior compensação a partir da retomada da demanda de mercado.

A medida provisória que instituiu o banco de horas no Brasil, posteriormente convertida na Lei n. 9.601/98, tinha aparentemente a finalidade de preservar empregos, visto que foi acompanhada do contrato por prazo determinado, que dispunha a respeito da criação de novos postos de trabalho, embora com redução drástica de garantias trabalhistas.

A utilização indiscriminada de banco de horas, desvinculada dos objetivos de preservação de emprego e necessidade real da empresa, atenta contra as garantias constitucionais que fixam a duração do trabalho. É importante repetir que a compensação de jornada deve ser encarada sempre de maneira excepcional, sob pena de se fazer letra morta de dispositivo que representa uma das principais bandeiras do direito do trabalho, que é justamente a limitação do tempo de serviço prestado pelo empregado.

Ademais, na prática, a compensação vem ocorrendo sempre à base de uma hora extra por uma hora de compensação, acarretando em renúncia ao adicional legal de horas extras, sem contar na mais ampla impossibilidade de previsão quanto às folgas, pois muitas vezes o trabalhador é dispensado mais cedo para casa em razão de um movimento menor no estabelecimento, não usufruindo de uma folga de dia inteiro e sem possibilidade de se programar para um compromisso pessoal.

Tal matéria foi objeto de tese aprovada no XIII CONAMAT, em 2006, na cidade de Maceió, em que houve a aglutinação de teses apresentadas pela autora e pela colega Juíza do Trabalho no Rio Grande do Sul Valdete Souto severo, que redundou a seguinte ementa:

> O banco de horas é inconstitucional, pois viola princípios fundamentais previstos na Constituição federal (art. 7º, XIII, XVI e XXII

(144) DELGADO, Mauricio Godinho. *Curso de direito do trabalho*. 4. ed. São Paulo: LTr, 2005. p. 1319-21.

da CF), bem como o princípio da proibição de retrocesso social, decorrente de ratificação do pacto Internacional dos Direitos Econômicos, Sociais e Culturais, o princípio da irrenunciabilidade salarial (equipara hora normal à hora extra), bem como o critério para pagamento do salário previsto no art. 459 da CLT (caráter comutativo do contrato).

Por esses motivos, deve ser rechaçada a utilização de banco de horas, salvo a raríssima situação de dificuldade financeira da empresa capaz de acarretar de desemprego em massa, em que a negociação coletiva, a partir de uma representação sindical legítima e autônoma, poderá avaliar a situação, concedendo-se inicialmente folgas aos empregados para posterior compensação das horas descansadas, sempre considerando a proporcionalidade devida para a inclusão do adicional de horas extras, quando for o caso.

Considerações finais

Essas são algumas proposições a respeito do que a autora entende como capazes de conferir um nível de eficácia mais próximo ao princípio da otimização das normas de direitos sociais, extraídas a partir do estudo da hermenêutica constitucional clássica dos direitos humanos, bem como a partir da construção teórica crítica no sentido de buscar meios de empoderamento, dotando os atores sociais de mecanismos para a imprescindível luta nela construção da efetividade dos direitos humanos, que se revela de forma objetiva e reflete os bens materiais e imateriais capazes de revelar a plena potencialidade dos seres humanos.

Inexiste pretensão ao esgotamento do tema, inclusive porque em se tratando de direitos sociais deve prevalecer o caráter de progressividade que por si só impede qualquer estagnação.

De todo o exposto, podemos concluir que a criação da disciplina "Direito Internacional dos Direitos Humanos" tem grande importância e significado enquanto mecanismo estruturante e de disseminação dos direitos humanos entre os povos.

Seguindo o curso da Teoria Crítica, marco teórico do presente trabalho, importa reconhecer que os direitos humanos são formados a partir do resultado provisório das lutas antagônicas e essa, na qualidade de teoria impura, chama os fatores sociais, econômicos, políticos e culturais ao diálogo sobre a luta e efetividade dos direitos humanos.

Feita a análise a respeito da estruturação sindical dos trabalhadores rurais, em cuja categoria se encontram também os pequenos proprietários que, por conseguinte, são muitas vezes empregadores, propõe-se como ação afirmativa que os trabalhadores sejam esclarecidos e decidam se desejam o desmembramento da categoria, facilitando o processo de empoderamento, de efetiva legitimidade e autonomia sindical, com já ocorre em outros locais, em que há sindicatos e federações apenas de empregados rurais assalariados.

O processo de esclarecimento e facilitação de desmembramentos seria assumido pelo MPT, na condição de agente capaz de interferir politicamente nas relações de trabalho, nos moldes de suas atribuições e competências.

À Justiça do Trabalho caberia o reconhecimento da validade desses desmembramentos, bem como interpretações mais eficazes das normas constitucionais no sentido de atribuir-lhes uma ótima eficácia, cumprindo-se o que dispõe o art. 5º, § 1º, da CRFB, concretizando-se, assim, os postulados dos direitos humanos previstos nos ordenamentos jurídicos nacionais e internacionais.

Ainda nesse sentido, urge o reconhecimento da remuneração por produção como afronta ao principio da dignidade humana e o pagamento integral das horas extras, com adicional, conforme recentemente reconhecido pela cúpula do Judiciário Trabalhista em razão da recente alteração da redação da OJ n. 235 da SBDI I.

Igualmente importante o reconhecimento da atividade como insalubre e penosa em razão das condições de trabalho, notadamente a exposição a calor, umidade, além de todas as demais intempéries, além dos animais peçonhentos aos quais estão diariamente expostos.

A aplicação da teoria da exceção do contrato não cumprido tem aplicabilidade em razão da natureza sinalagmática do contrato de trabalho, que tem obrigações correspondentes, impedindo-se descontos de faltas injustificadas em repouso remunerado e em férias em situações de descumprimento das obrigações legais por parte do empregador.

Importa ainda rechaçar a tendência de flexibilização e redução de garantias fundamentais por meio dos acordos e convenções coletivas de trabalho, especialmente o malfadado banco de horas.

Com essas propostas, busca-se contribuir para o processo de empoderamento dos trabalhadores rurais, especialmente aqueles do setor da agroindústria açucareira, facilitando o acesso aos bens materiais e imateriais que tornam a vida digna de ser vivida, como defendeu tão bem o professor Joaquin Herrera Flores.

Permanece a clara percepção da limitação quanto às propostas formuladas, vindo o tempo, novas experiências e novas configurações sociais somar no futuro outros olhares a respeito dos temas. Contudo, acredita-se que visão ora proposta pode significar um avanço quanto ao nível de dignidade da categoria, pressuposto indispensável à efetividade dos preceitos insculpidos na Constituição brasileira.

Referências bibliográficas

ANTUNES, Davi José Nardy. *Gasto social e desigualdade social.* Disponível em: <http://pt.scribd.com/doc/36259288/Gasto-Social-e-Desigualdade-Social--versao-livro> Acesso em: 18.7.2012, às 15:30.

BARROSO, Luís Roberto. *Interpretação e aplicação da constituição.* 5. ed. São Paulo: Saraiva, 2003.

BERCOVICI, Gilberto. A problemática da constituição dirigente: algumas considerações sobre o caso brasileiro. *Revista de Informação Legislativa*, Brasília, a. 36, n. 142, p. 35-51, abr./jun. 1999.

BERRAONDO, Mikel. *Proteccion y garantía de los derechos humanos en ambitos internacionales.* Disponível em: <http://profmoraes.files.wordpress.com/2012/02/texto-5-quinta-semana-protec3a7ao-garantia-dos-dh.pdf> Acesso em: 28.6.2012, às 13h15min.

BONAVIDES, Paulo. *Do país constitucional ao país neocolonial:* a derrubada da constituição e a recolonização pelo golpe de estado institucional. 3. ed. São Paulo: Malheiros, 2004.

BOURDIEU, Pierre. *Contrafogos:* táticas para enfrentar a invasão neoliberal. Tradução Lucy Magalhães. Rio de Janeiro: Jorge Zahar, 1998.

BRITO, José Claudio Monteiro. Trabalho com redução à condição análoga à de escravo; análise a partir do trabalho decente e seu fundamento, a dignidade da pessoa humana. *In:* NOCCHI, Andrea Saint Pastours; VELLOSO, Gabriel; FAVA, Marcos (org.). *Trabalho escravo contemporâneo:* o desafio de superar a negação. 2. ed. São Paulo: LTr.

BURAWOY, Michel. A Transformação dos regimes fabris no capitalismo avançado. *Revista Brasileira de Ciências Sociais* — RBCS, 13, Rio de Janeiro: Anpocs, p. 29-90, 1990.

CANOTILHO, J. J. Gomes. *Direito constitucional.* 6. ed. Coimbra: Almedina, 1993.

CAPLAN, Luciana. *O direito do trabalho e a teoria critica dos direitos humanos. In:* SILVA, Alessandro; SOUTO MAIOR, Jorge Luis; BOUJIKIAN FELIPPE, Kenarik; SEMER, Marcelo (coord.). *Direitos humanos:* essência do direito do trabalho. São Paulo: LTr/AJD, 2007.

CARVALHO, Cícero Péricles. *Economia popular* — uma via de modernização para Alagoas. Maceió: Edufal, 2005.

CHAVES, Luciano Athayde. O sindicado do direito brasileiro. *In:* DUARTE, Bento Herculano (coord.). *Manual de direito do trabalho. Estudos em homenagem ao prof. Cássio de Mesquita Barros.* São Paulo: LTr, 1998.

COELHO, Inocêncio Mártires. *Interpretação constitucional.* Porto Alegre: Sergio Antonio Fabris, 1997.

COMPARATO, Fábio Konder. *A afirmação histórica dos direitos humanos.* 3. ed. São Paulo: Saraiva.

______. O papel do juiz na efetivação dos direitos humanos. *In:* ASSOCIAÇÃO JUÍZES PARA A DEMOCRACIA. *Direitos humanos:* visões contemporâneas. São Paulo.

COSTA, Ricardo Oliveira; LOPES, Paulo Marcelo de Aquino *et al.* Exceção de contrato não cumprido. *Jus Navigandi*, Teresina, ano 10, n. 800, 11 set. 2005. Disponível em: <http://jus.com.br/revista/texto/7260> Acesso em: 27.3.2012, às 16:51.

COSTA, R. M. E. M. *Ambientes virtuais na reabilitação cognitiva de pacientes neurológicos e psiquiátricos.* Tese D.Sc, Coppe Sistemas-UFRJ, Rio de Janeiro, 2000. Disponível em <http://www.ime.uerj.br/~rcosta/DiretoriodaTese/Capitul2.PDF> Acesso em: 27.3.2012, às 13:54.

COURTIS, Christian. *Los derechos sociales como derechos.* Disponível em: <http://www.campanaderechoeducacion.org/justiciabilidad/downloads/documentosCLAVE/documentosanaliticos/derechos_sociales_como_derechos_christian_courtis.pdf> Acesso em: 28.6.2012>, às 13h28min.

DALLARI, Dalmo de Abreu. *O poder dos juízes.* São Paulo: Saraiva, 1996.

DELGADO, Mauricio Godinho. *Curso de direito do trabalho.* 4. ed. São Paulo: LTr, 2005.

DEL VECCHIO, Giorgio. *Lições de filosofia do direito.* 5. ed. Coimbra: Armênio Prado, 1979.

FREITAS, Juarez. O intérprete e o poder de dar vida à constituição: preceitos de exegese constitucional. *In:* GRAU, Eros Roberto; GUERRA FILHO, W. Santiago (org.). *Direito constitucional* — estudos em homenagem a Paulo Bonavides. São Paulo: Malheiros, 2001.

GOSDAL, Theresa Cristina. *Mortes por exaustão no trabalho:* uma análise sob a ótica da contratualidade. Texto mimoegrafado.

GRAU, Eros Roberto. *Ensaio e discurso sobre a interpretação/aplicação do direito.* São Paulo: Malheiros, 2002.

HERRERA FLORES, Joaquín. De habitaciones propias y otros espacios negados. *Cuadernos Deusto de Derechos Humanos,* n. 33, Bilbao: Universidad de Deusto. Instituto de Derechos Humanos, 2005.

______. *La reinvención de los derechos humanos.* Andalúcia: Atrapasueños, 2008.

______. *Los derechos humanos como productos culturales:* critica del humanismo abstracto. Madrid. Los Libros e La Catarata. 2005.

HESSE, Konrad. *A força normativa da constituição.* Trad. Gilmar Mendes. Porto Alegre: Sergio Antonio Fabris, 1991.

JARDIM, Philippe Gomes. *Neoescravidão*: as relações de trabalho escravo contemporâneo no Brasil. Monografia de mestrado. Disponível em: <http://dspace.c3sl.ufpr.br/dspace/bitstream/handle/1884/10978/philippe.pdf?sequence=1> Acesso em: 18.7.2012, às 13:32.

KOVALCZUK FILHO, José Enéas. *Manual dos direitos previdenciários dos trabalhadores rurais.* São Paulo: LTr, 2012.

LIRA, Fernando José de. *Formação da riqueza e da pobreza em alagoas.* Maceió: Edufal, 2007.

MAZZONI, Giuliano. *Relações coletivas de trabalho.* Tradução Antonio Lamarca. São Paulo: Revista dos Tribunais, 1972.

MÉDICI, Alejandro. *Globalización y violencia social. Los derechos humanos como obstáculos a la valorización del capital a escala mundial.* Texto mimeografado.

MORAES, Alexandre. *Direitos humanos fundamentais.* 4. ed. São Paulo: Atlas, 2002.

MORAIS, José Luiz Bolzan. *As crises do estado e da constituição e a transformação espacial dos direitos humanos.* Porto Alegre: Livraria do Advogado, 2002.

______ ; STRECK, Lênio Luiz. *Ciência política e teoria geral do estado.* 3. ed. Porto Alegre: Livraria do Advogado, 2003.

ORIONE, Marcos. *A teoria da constituição à luz da teoria da norma* — um enfoque com destaque para as normas de direitos sociais. Texto mimeografado.

PANCOTTI, José Antônio. *Aspectos do enquadramento sindical rural.* Disponível em: <http://bdjur.stj.gov.br/xmlui/bitstream/handle/2011/18350/Aspectos_do_Enquadramento_Sindical.pdf?sequence=2> Acesso em: 20.7.2012, às 16:06.

PIOVESAN, Flávia. *A Constituição brasileira de 1988 e os tratados internacionais de proteção dos direitos humanos. Direitos humanos* — visões contemporâneas. São Paulo: AJD, 2001.

______ . Direito ao trabalho e a proteção dos direitos sociais nos planos internacional e constitucional. *In:* PIOVESAN, Flavia; CARVALHO, Luciana Vaz de (coord.). *Direitos humanos e direito do trabalho.* São Paulo: Atlas, 2010.

______. *Ações afirmativas no Brasil:* desafios e perspectivas. Disponível em: <2004.http://www.periodicos.ufsc.br/index.php/ref/article/view/9927/9142> Acesso em: 18.7.2012, às 15:06.

PISARELO, Gerardo. *Los derechos sociales en el constitucionalismo democrático.* Disponível em: <http://www.juridicas.unam.mx/publica/rev/boletin/cont/92/art/art7.htm> Acesso em: 18.7.2012, às 15:14.

POCHMANN, Márcio. *Força de trabalho e tecnologia no Brasil* — uma visão com foco atual na produção de cana-de-açúcar. Rio de Janeiro: Revan, 2009.

SAKO, Takechi. *Habituação e sensibilização comportamental.* Disponível em: <http://www.revistasusp.sibi.usp.br/pdf/psicousp/v6n1/a11v6n1.pdf> Acesso em: 27.3.2011, às 13:39.

SARLET, Ingo W. *A eficácia dos direitos fundamentais.* 4. ed. Porto Alegre: Livraria do Advogado, 2004.

______. *Dignidade da pessoa humana e direitos fundamentais na Constituição de 1988.* 3. ed. Porto Alegre: Livraria do Advogado, 2004.

STRECK, Lênio Luiz; MORAIS, José Luiz Bolzan. *Ciência política e teoria geral do estado.* 3. ed. Porto Alegre: Livraria do Advogado, 2003.

TORRES, Ricardo Lobo. A metamorfose dos direitos sociais em mínimo existencial. *In:* SARLET, Ingo (org.). *Direitos fundamentais sociais:* estudos de direito constitucional, internacional e comparado. Rio de Janeiro: Renovar, 2003.

VERDÚ, Pablo Lucas. Los derechos humanos como "religión civil". Derechos humanos y concepción del mundo y de la vida. Sus desafios presentes. *In:* GRAU, Eros Roberto; GUERRA FILHO, Willis Santiago (org.). *Direito constitucional* – estudos em homenagem a Paulo Bonavides. São Paulo: Malheiros, 2001.

WANDELLI, Leonardo Vieira. *Despedida abusiva* – o direito (do trabalho) em busca de uma nova racionalidade. São Paulo: LTr, 2004.

O "Simples Trabalhista" e a Precarização no Âmbito das Relações de Trabalho

CARLOS EDUARDO DE AZEVEDO LIMA(*)

Tramita, desde maio de 2011, na Câmara dos Deputados, o Projeto de Lei (PL) n. 951/2011, de autoria do Deputado Júlio Delgado (PSB/MG), encontrando-se atualmente em discussão o substitutivo apresentado pelo Deputado Jorge Corte Real (PTB-PE), tendo como relator, na Comissão de Desenvolvimento Econômico, Indústria e Comercio (CDEIC), da Câmara dos Deputados, o Deputado Guilherme Campos (PSD-SP), já tendo sido realizada, inclusive, audiência publica na referida Comissão daquela Casa Legislativa, da qual participou, dentre outras entidades, a Associação Nacional dos Procuradores do Trabalho (ANPT), ocasião na qual teve a oportunidade de apresentar, de forma enfática, a sua preocupação com o projeto.

De fato, observa-se tramitar atualmente no Congresso Nacional — e na Câmara dos Deputados com maior ênfase que no Senado Federal — uma série de PLs de cunho nitidamente precarizante, que, de modo inquestionável, não têm outro intuito senão, sob a pretensa justificativa relativa à alegada necessidade de se reduzir os custos inerentes à folha de pagamento, trazem incontáveis — e muitas vezes inconstitucionais — prejuízos a toda uma gama de trabalhadores, cortando-se-lhes direitos históricos.

Isso o que se verifica, por exemplo, em relação ao PL n. 4.330/04, que trata da terceirização de forma ampla e, em muitos de seus dispositivos, faz isso a despeito da garantia de condições dignas de trabalho. Não menos preocupante é a situação atinente ao PL que institui o chamado "Código de Trabalho", o qual, sob o pretenso pretexto de minimizar os custos empresariais para a competição comercial, flexibiliza em demasia a legislação trabalhista nacional sem que tenha havido sequer um maior debate com a sociedade a respeito.

Especificamente no que tange ao PL n. 951/2011, objeto do presente texto, há de se ressaltar, prefacialmente, que nós concordamos com a ideia central do projeto ora em discussão, consistente na necessidade de se buscar alternativas para combater a informalidade no mercado de trabalho, trazendo para o mercado formal um número tão expressivo de trabalhadores, que, conforme dados apresentados na justificação da matéria pelo autor do projeto, já atingiria 15 milhões de brasileiros.

(*) Procurador do Trabalho, lotado na Procuradoria Regional do Trabalho da 21ª Região (Natal/RN). Presidente da Associação Nacional dos Procuradores do Trabalho (ANPT).

Concordamos, também, que precisamos pensar em alternativas que venham a reduzir os encargos das microempresas e das empresas de pequeno porte — as quais, aliás, já recebem, não se pode olvidar, um tratamento diferenciado em nosso ordenamento jurídico, notadamente no que tange às esferas tributária e previdenciária —, inclusive buscando meios que venham a diminuir os custos de contratação, dentre outros.

Não reputamos conveniente nem tampouco razoável, contudo, que essa redução de encargos e de custos para as empresas se dê à custa da precarização das condições de trabalho, da subtração de direitos históricos dos trabalhadores, da supressão de direitos que lhes assiste nem muito menos da abertura de possibilidades que, certamente, em muito favorecerão o aumento significativo de fraudes, realidade, aliás, que já se verifica de modo assaz preocupante hodiernamente, mas que tende a se tornar ainda pior caso aprovado o referido projeto.

Ademais, não se pode concordar com a criação de "trabalhadores de segunda ou terceira categoria", que passariam a ser os empregados de microempresas e das empresas de pequeno porte, haja vista, pelo chamado "Simples Trabalhista", passarem a ser deles sonegados inúmeros direitos, a despeito do que se dá em relação aos demais trabalhadores, chegando-se ao ponto, até mesmo, de reduzir a 25% do que percebem os demais trabalhadores a alíquota dos depósitos na conta vinculada (FGTS), conforme será melhor explicitado a seguir.

Veja-se bem: não se está desconhecendo que grandes empresas têm melhores condições e, portanto, até podem conceder — e é extremamente recomendável que o façam — uma maior quantidade de benefícios aos seus trabalhadores (a exemplo de plano de saúde, inclusive odontológico, completo, previdência complementar, cursos de aperfeiçoamento, dentre inúmeros outros benefícios), mas não que só elas tenham de cumprir a legislação atualmente existente no que tange à concessão de direitos já reconhecidos aos obreiros, passando-se a relativizar tais obrigações quando se tratar de trabalhadores de microempresas e empresas de pequeno porte.

Na justificação do projeto, fala-se, por exemplo, que os altos custos trabalhistas "impõem despesas insustentáveis, o que desestimula o emprego formal e estimula o emprego informal". Ora, mas o cumprimento da legislação constitui obrigação de todos, não havendo que se falar em desestímulo à observância do ordenamento jurídico, já que a ninguém é dado desobedecê-la, como todos sabemos.

Passemos, pois, à análise de alguns dispositivos constantes do projeto.

Há de se frisar, em verdade, que a análise se dá em relação ao substitutivo, que constitui o texto atualmente em tramitação, e, nesse sentido, vale frisar que concordamos com a ideia exposta no relatório do seu autor, o Deputado Jorge Corte Real (PTB-PE), no sentido de se facultar a inclusão no Simples Trabalhista — desde que, obviamente, o enfoque passasse a ser de outras medidas, como redução de tributos e de encargos junto ao Poder Público, para estimular as contratações e a formalização dos contratos de trabalho nas empresas que reconhecidamente detém menos recursos, mas nunca com supressão de direitos dos trabalhadores — de todas as micro e pequenas empresas e não apenas daquelas que possuem trabalhadores informais, até porque deixaria em situação desfavorável justamente aquelas que já têm todos os seus trabalhadores regularizados, ou seja, caso viessem a ser beneficiadas com o tratamento diferenciado apenas aquelas empresas que têm trabalhadores em situação irregular, informal, estar-se-ia prejudicando aquelas que tivessem empreendido todos os esforços necessários (ainda que lidando com dificuldades semelhantes ou até maiores que as outras que têm em seus quadros trabalhadores informais) para ter todo o seu quadro de empregados em situação regular.

Feito esse registro, e passando, pois, à análise propriamente dita de alguns dos dispositivos constantes do PL n. 651/2011, principiamos com a questão atinente à **redução para o índice de 2% em relação ao FGTS** dos trabalhadores, constante do art. 3º do substitutivo, com o que não se pode, seguramente, concordar, por razões mais que óbvias até, haja vista ser inconcebível que todos os trabalhadores recebam depósitos correspondentes a 8% de suas respectivas remunerações, ao passo em que os trabalhadores abrangidos pelo projeto ora sob discussão teriam direito a apenas 1/4 de tais depósitos, uma vez verificada a situação especificada no PL.

A inadmissibilidade de tal redução mostra-se ainda mais flagrante quando se observa que essa significativa diminuição nos depósitos alusivos ao FGTS se destina aos casos em que o trabalhador não tenha conta individualizada ou, na existência desta, nela não tenham sido efetivados depósitos há mais de dois anos. Ora, o que se constata é que essa previsão penaliza duplamente aquele que já vem tendo seus direitos subtraídos e, justamente por isso, por não virem sendo observadas as normas atinentes ao FGTS, ele será mais uma vez penalizado, deixando de fazer jus ao percentual de 8% e, durante o período de 5 anos (!!), perceberá apenas 25% desses valores.

Frise-se, por oportuno, que não há de se dar qualquer guarida a eventual alegação no sentido de que isso não seria automático porque a aplicação do dispositivo estaria condicionada à "aceitação do contratado" quanto ao percentual proposto, conforme previsto na alínea "b" do inciso VIII do art. 3º do substitutivo. Primeiro, porque não há qualquer resquício de dúvida de que o trabalhador não teria como deixar de aceitar tal condição, sob pena de não ser sequer contratado. Por outro lado, ainda que essa hipótese (da não aceitação) fosse factível no mundo real, passar-se-ia a ter, numa mesma empresa, exercendo a mesma função e em condições idênticas de trabalho, um empregado tendo normalmente seus depósitos na conta vinculada de FGTS com respeito ao percentual de 8% de sua remuneração, ao passo em que outros, que tivessem subscrito sua aceitação com a redução do percentual (reitera-se a pergunta: há alguma dúvida de que o trabalhador não tem como exercer a sua autonomia e deixar de aceitar, sob pena de não ser contratado ou, já o tendo sido, vir a ser desligado dos quadros da empresa? Obviamente que a resposta negativa se impõe), teriam depósitos da ordem de apenas 2%, num tratamento distinto entre esses dois trabalhadores aqui mencionados à guisa de ilustração, sem que houvesse qualquer justificativa para tanto.

Outra questão que preocupa e que, ao nosso sentir, não se fundamenta nem muito menos se justifica diz respeito à possibilidade de se dar o **pagamento do 13º salário em até 6 parcelas**, o que traz inegáveis prejuízos ao trabalhador, além de prejudicar, também, a própria razão de ser, de existir da gratificação natalina, prevista para ser uma verba extraordinária, a ajudar o trabalhador e sua família com despesas também extraordinárias, notadamente no período do final do ano (mas não apenas neste), sentido este que se mostra indiscutivelmente perdido com a diluição do pagamento da verba em até 6 parcelas. Oportuno destacar, ademais, que até mesmo para o comércio e para a macroeconomia do país os prejuízos trazidos por tal dispositivo (previsto no art. 2º, II, "b", do substitutivo) são inquestionáveis, uma vez que essa diluição do pagamento do décimo terceiro acaba com o reconhecido efeito de movimentar, de maneira efetiva e substancial, a economia no período em que, costumeiramente, os trabalhadores percebem sua gratificação natalina.

Destaque-se, mais uma vez, que a suposta necessidade de acordo escrito com o empregador para que seja possível esse parcelamento não constitui nenhuma garantia para o trabalhador, uma vez que sabemos que o poder de o trabalhador vir a negar-se a subscrever o instrumento é praticamente nulo, para dizer o mínimo.

Não são menores, com o devido respeito, as críticas que merecem ser feitas em relação à possibilidade de **fixação do horário normal de trabalho do empregado durante o gozo do aviso-prévio**. Sabe-se, em verdade, que o horário diferenciado nesse período tem justamente por escopo permitir que o trabalhador possa vir a buscar uma nova colocação no mercado de trabalho. Não há, pois, como se admitir que se venha a desvirtuar essa finalidade legal, que é, inclusive, lógica. Mas é exatamente isso o que busca fazer o art. 2º, II, "a", do substitutivo.

O art. 9º do substitutivo traz outra questão preocupante, concernente à redução do intervalo intrajornada, para menos de 1 hora, ao passo em que o art. 2º, I, "b" do substitutivo nos leva à possibilidade de **supressão do pagamento das horas extraordinárias** (o que se torna ainda mais preocupante por prever o longo prazo de 1 ano para compensação), o que nos parece extremamente inadequado, na falta de melhor vernáculo.

Nesse sentido, convém que não seja olvidado que questões atinentes a jornada de trabalho têm relação direta com a saúde do trabalhador e, também, com a própria segurança do trabalho, já sendo demonstrado pelas estatísticas que os acidentes ocorrem com muito maior incidência com trabalhadores que laboram em sobrejornada, não sendo oportuno vir a tratar dessa questão da maneira como proposta no projeto, ainda mais em se considerando que esse tratamento diferenciado seria destinado apenas aos trabalhadores que fossem empregados de microempresas ou empresas de pequeno porte, ou seja, aqueles tratados, na realidade fática (notadamente na hipótese de aprovação de algum projeto da espécie deste que ora se analisa), como "trabalhadores de segunda categoria".

Tratando-se de questões concernentes à segurança, à saúde e à medicina do trabalho, extremamente preocupante se mostra, também, o fato de o § 5º do art. 3º do substitutivo **imputar exclusivamente ao SUS e aos Ministérios do Trabalho e da Previdência a adoção das medidas necessárias para cumprimento dos programas de segurança e medicina do trabalho**, o que, na prática, significa que medida alguma será adotada, ficando as obrigações como algo meramente formal, o que é lógico concluir que ocorrerá caso se deixe de responsabilizar o empregador pela adoção das providências que venham a se mostrar necessárias para resguardar o meio ambiente laboral. Não se pode olvidar, nesse sentido, os ensinamentos de Sérgio Cavalieri Filho, segundo o qual "responsável é aquele que tira proveito da atividade danosa, com base no princípio de que, onde está o ganho, aí reside o encargo — *ubi emolumentum, ibi ônus*".[1]

Tudo isso, destaque-se, vai tornar ainda mais grave e letal uma triste realidade em que se constata milhões de trabalhadores sendo vitimados todos os anos, muitas vezes mortalmente, o que, lamentavelmente, só tende a piorar, e muito, com essa tentativa de se retirar a responsabilidade das microempresas e das empresas de pequeno porte em relação ao meio ambiente de trabalho ofertado aos seus obreiros.

Acreditamos, ainda, que diversos dispositivos constantes do substitutivo, como aquele (a exemplo do seu art. 2º, VII) que permite a **celebração de contrato de trabalho por prazo determinado indiscriminadamente** (independentemente de se tratar de serviço cuja natureza ou transitoriedade justifique a preterminação do prazo, ou de atividades empresariais de caráter transitório, que são justamente, junto com o contrato de experiência, os casos que justificam a contratação por tempo determinado), assim como a possibilidade, prevista no art. 10, de **o TRCT não mais precisar contar com a assistência da entidade sindical ou da autoridade do MTE** — quando houver "opção escrita do empregado dispensando esses procedimentos" —, irão favorecer, inquevocamente, o surgimento de FRAUDES.

Primeiro porque, em relação a esta última questão, não há, na prática, como o trabalhador vir a resistir à subscrição dessa mencionada "opção escrita". Por outro lado, em relação à questão do trabalho por prazo determinado, a condição é que "o contrato implique acréscimo no número de empregados formais da empresa", como se, pelo simples fato de se aumentar o número de empregados, seja a que custo for, tudo passasse a ser permitido, tudo valesse. Seria esse fundamento o mais adequado? Entendemos, na verdade, que a resposta negativa se mostra imperativa.

Reputamos, ademais, extremamente perigoso, e também como porta aberta para a existência de fraudes a estipulação de **ARBITRAGEM para a resolução de conflitos individuais de trabalho**, prevista no art. 2º, VI,

(1) CAVALIERI FILHO, Sérgio. *Programa de responsabilidade civil.* 7. ed. São Paulo: Atlas, 2007. p. 182.

do substitutivo. Em verdade, nosso posicionamento, quanto a essa questão, apresenta-se no sentido de que a arbitragem não deve ser adotada em casos individuais na seara trabalhista, pela própria situação desfavorável e de hipossuficiência do trabalhador. É bem verdade que há situações admitidas e que guardam similitude, como se dá em relação às Comissões de Conciliação Prévia, por exemplo, mas sempre se há de ressaltar a possibilidade de, se necessário, levar a discussão da questão ao Judiciário posteriormente, sem se vedar, sob nenhuma hipótese, a possibilidade do controle jurisdicional, o que, aliás, já é assegurado pelo texto constitucional, que há, obviamente, de ser observado.

Chama a atenção o disposto no art. 7º do substitutivo, o qual trata da **extinção da pretensão punitiva do Estado que tiverem trabalhadores informais e que vierem a formalizá-los em até 1 ano**. Primeiramente, porque se considera esse prazo demasiadamente longo, já que nada justifica que se leve um ano para se registrar um trabalhador. Até se poderia concordar, como estímulo à formalização, se fosse determinada a regularização imediata, e sempre ressaltando que a inexistência de multas diz respeito, exclusivamente ao Estado, mas não àquelas que sejam eventualmente devidas aos trabalhadores. Não se pode olvidar, ademais, que os ônus da atividade empresarial são do empregador, do empresário, não podendo ser tais ônus transferidos para os trabalhadores.

Quanto a algumas outras questões, pretendemos não tecer maiores comentários, embora façamos questão de, desde já, fazer alguns poucos e breves registros. Dentre esses, reportamo-nos ao disposto no art. 2º, III, do substitutivo, que trata da concessão dos benefícios da **assistência judiciária**, indiscriminadamente, aos empreendedores individuais, microempresas e empresas de pequeno porte, o que nos parece exagerado, até porque está-se a cuidar de empresas com receita bruta de até R$ 3.600.000,00 (três milhões e seiscentos mil reais) por ano, sendo o caso, talvez, de se fazer distinção entre as hipóteses em que seja a assistência efetivamente necessária, não se estando aqui a discutir, esclareça-se, se somente os empregados poderiam ser beneficiários.

A **redução do depósito recursal**, a nosso ver, conquanto também se mostre como medida possível, merece, contudo, uma reflexão mais aprofundada, notadamente quanto aos percentuais propostos de redução, que chegam a 75% para as microempresas e a 50% para as empresas de pequeno porte, conforme previsto no art. 2º, V, do substitutivo. Faz-se essa observação, em especial, porque, nessas faixas de faturamento, a redução se dá de maneira generalizada, o que não se reputa como o mais adequado. Ademais, não há como se olvidar que o depósito recursal não possui, na Justiça do Trabalho, natureza jurídica de taxa judicial ou emolumento, mas sim de "garantia de execução futura". Esse o entendimento do TST, segundo o qual, inclusive, ainda nos casos em que se concede a assistência judiciária ao empregador, esse benefício não alcançaria o depósito recursal, a exemplo do que decidiu a Suprema Corte Trabalhista nos autos do Processo RR n. 338/2002-654-09-00.3 Data de Julgamento: 13.6.2007, Relator Ministro: João Batista Brito Pereira, 5ª Turma, Data de Publicação: DJ 22.6.2007.

Do mesmo modo, em relação à **faculdade de se fazer substituir ou representar perante a Justiça do Trabalho "por terceiros que conheçam dos fatos, ainda que não possuam vínculo trabalhista ou societário"**, prevista no inciso IV do art. 2º do substitutivo, não vemos maiores problemas, desde que, obviamente, condicione-se tal "substituição" ou "representação" à concessão de amplos poderes, sob pena de acabar favorecendo manobras protelatórias, não raras vezes verificadas com o intuito de postergar ou até mesmo inviabilizar a solução dos casos sob a alegação de não se ter poderes suficientes para, por exemplo, celebrar um acordo, ou, o que é ainda pior, buscar-se a invalidação do instrumento posteriormente, sob a alegação (costumeiramente apresentada em nítida demonstração de má-fé) de que o subscritor do acordo não tinha poderes para celebrá-lo, inobstante tenha sido indicado para representar a empresa na audiência.

Observa-se, em suma, que muitas são as questões a serem melhor aprofundadas em relação ao texto do projeto e de seu substitutivo, merecendo especial destaque o fato de que, conquanto se concorde com a imprescindibilidade de adoção de medidas que venham a levar à extinção ou pelo menos à diminuição da informalidade no mercado de trabalho, não se pode tolerar que tais medidas sejam adotadas à custa de uma cada vez mais crescente precarização das condições de trabalho, suprimindo-se dos trabalhadores inúmeros direitos, nem muito menos se há de admitir a criação de trabalhadores de "segunda categoria", conforme já se ressaltou alhures e aqui se reitera.

O combate à precarização nas relações de trabalho e, de forma especial, de proposições legislativas de cunho nitidamente precarizante em trâmite no Congresso Nacional demanda um acompanhamento diuturno, a fim de se evitar que a realidade hodiernamente constatada no que tange a essa desenfreada busca de supressão de direitos e de conquistas trabalhistas históricas, que já é grave, torne-se ainda pior.

Motorista e o Controle no uso de Drogas e Bebidas Alcoólicas. Confronto entre o Direito Fundamental à Privacidade e o Direito Fundamental à Segurança no Trânsito

Francisco Milton Araújo Júnior(*)

"Pelo que não sejais insensatos, mas entendei qual seja a vontade do Senhor. E não vos embriagueis com vinho, em que há contenda, mas enchei-vos do Espírito, falando entre vós com salmos, e hinos, e cânticos espirituais, cantando e salmodiando ao Senhor no vosso coração, dando sempre graças por tudo a nosso Deus e Pai, em nome de nosso Senhor Jesus Cristo, sujeitando-vos uns aos outros no temor do Senhor" (Filipenses — Capítulo 5, v.15/21)

1 — Considerações iniciais

Notícias inesperadas e dolorosas sobre a ocorrência de acidentes de trânsito e, em muitos casos, a consequente desestruturação familiar provocada pelas sequelas corporais ou mesmo pela ocorrência do óbito da vítima, batem a porta dos lares no Brasil e no mundo de forma cada vez frequente.

A análise de dados estatísticos, como os da Organização Mundial da Saúde, demonstra que 1,2 milhões morrem nas estradas mundiais por ano, o que proporciona o reconhecimento dos acidentes de trânsito como a primeira causa de mortes entre as pessoas com faixa etária de 15 a 29 anos e a terceira entre pessoas com idade entre 30 e 44 anos(1).

Dados oficiais do Ministério da Saúde mostram que, entre 2002 e 2010, o número total de óbitos por acidentes com transporte terrestre no Brasil cresceram 24% (vinte e quatro por cento), passando de 32.753 para 40.610 mortes por ano(2).

(*) Juiz Federal do Trabalho — Titular da 2ª Vara do Trabalho de Macapá/Ap. Mestre em Direito do Trabalho pela Universidade Federal do Pará — UFPa. Especialista em Higiene Ocupacional pela Universidade de São Paulo — USP. Professor das disciplinas de Direito do Trabalho e Processo do Trabalho na Faculdade SEAMA/AP e colaborador da Escola Judicial do TRT DA 8ª REGIÃO — EJUD8.

(1) Disponível em: <www.who.int/gho/road_safety/en/index.htm> Acesso em: 10.9.2012.

(2) Disponível em: <portalsaude.saude.gov.br/portalsaude/noticia/2933/162/transito-mata-mais-de-40-mil-brasileiros.html> Acesso em: 10.9.2012.

Os acidentes de trânsito também proporcionaram no Brasil 145 mil internações no Sistema Único de Saúde, 15% (quinze por cento) a mais do que no ano de 2009, o que representa um investimento de R$ 190 milhões do Ministério da Saúde só com procedimentos hospitalares específicos para atendimento das vítimas de acidentes de trânsito[(3)].

A análise mais acurada dos acidentes demonstra que a utilização de drogas lícitas e ilícitas pelo condutor do veículo, em especial do álcool, é um dos fatores preponderantes para ocorrência do evento danoso.

De acordo com a pesquisa realizada pelo Programa Acadêmico sobre Álcool e outras Drogas da Universidade Federal do Rio de Janeiro (UFRJ), nos acidentes de trânsito, em cerca de 75% (setenta e cinco por cento) dos casos encontrou-se a presença de álcool, sendo que, com vítimas fatais, os testes de alcoolemia realizado por legistas do Instituto Médico Legal do Rio de Janeiro nos 94 (noventa e quatro) mortos em acidentes, apenas em 11 (onze), o que equivale a 11,77 (onze vírgula setenta e sete por cento), não haviam ingerido bebida alcoólica e, por conseguinte, nas 83 (oitenta e três) vítimas restantes (equivalente a 88,3% (oitenta e oito vírgula três por cento)), foi detectada a presença de álcool no sangue, sendo que, desses com teste positivo, 60,2% (sessenta vírgula dois por cento) dos casos envolvidos apresentavam níveis igual ou superior a 6 (seis) decigramas por litro de sangue, o que viola o Código de Trânsito Brasileiro[(4)].

Toda essa problemática envolvendo acidentes de trânsito e o consumo de drogas, principalmente o álcool, tem proporcionado atualização da legislação pátria com o intuito de proporcionar mecanismos jurídicos mais adequados ao anseio social por segurança no trânsito.

Nesse sentido, observa-se que o Código de Trânsito Brasileiro (Lei n. 9.503/97) sofreu profundas alterações com a Lei n. 11.705/2008, que, dentre outros aspectos, alterou o art. 306, para fixar o ilícito penal de condução de veículo automotor, em via pública, em estado de concentração de álcool por litro igual ou superior a 6 (seis) decigramas, ou sob influência de qualquer outra substância psicoativa que determine a dependência.

Cabe destacar que, na esteira da evolução legislativa, o Poder Judiciário também tem fixado interpretações jurídicas que se coadunem em resguardar a segurança do cidadão no trânsito.

Nesse sentido, ressalta-se a decisão proferida pela 2ª Turma, do Egrégio Supremo Tribunal Federal, que, em voto da lavra do Ministro Ricardo Lewandowski, de forma unânime e inovadora, reconheceu que o condutor do veículo embriagado, ainda que concretamente não cause dano, comete crime de perigo abstrato, ao violar os termos do art. 306, Código de Trânsito Brasileiro, conforme se pode verificar na ementa:

"*HABEAS CORPUS*. PENAL. DELITO DE EMBRIAGUEZ AO VOLANTE. ART. 306 DO CÓDIGO DE TRÂNSITO BRASILEIRO. ALEGAÇÃO DE INCOSNTITUCIONALIDADE DO REFERIDO TIPO PENAL POR TRATAR-SE DE CRIME DE PERIGO ABSTRATO. IMPROCEDÊNCIA. ORDEM DENEGADA.

I — A objetividade jurídica do delito tipificado na mencionada norma transcende a mera proteção da incolumidade pessoal, para alcançar também a tutela da proteção de todo o corpo social, asseguradas ambas pelo incremento dos níveis de segurança nas vias públicas.

II — Mostra-se irrelevante, nesse contexto, indagar se o comportamento do agente atingiu, ou não, concretamente, o bem jurídico tutelado pela norma, porque a hipótese é de crime de perigo abstrato, para o qual não importa o resultado. Precedente.

(3) Disponível em: <portalsaude.saude.gov.br/portalsaude/noticia/2933/162/transito-mata-mais-de-40-mil-brasileiros.html> Acesso em: 10.9.2012.

(4) Disponível em: <http://www.diariodasaude.com.br/news.php?article=alcool-esta-presente-em-75—das-mortes-no-transito&id=3092 Acesso em: 10.9.2012.

III — No tipo penal sob análise, basta que se comprove que o acusado conduzia veículo automotor, na via pública, apresentando concentração de álcool no sangue igual ou superior a 6 decigramas por litro para que esteja caracterizado o perigo ao bem jurídico tutelado e, portanto, configurado o crime.

IV — Por opção legislativa, não se faz necessária a prova do risco potencial de dano causado pela conduta do agente que dirige embriagado, inexistindo qualquer inconstitucionalidade em tal previsão legal.

V — Ordem denegada" (*Habeas Corpus* 109.269 — Minas Gerais — Sessão do dia 27.9.2011)

Prosseguindo no caminhar da atualização legislativa, observa-se que a Lei n. 12.619/2012 também alterou o Código de Trânsito Brasileiro, ao estabelecer novo regramento na sistemática da jornada dos motoristas profissionais nos arts. 67-A, 67-B e 67-C, bem como alterou a Consolidação das Leis do Trabalho (CLT), fixando, dentre os deveres profissionais do motorista profissional, "submeter-se a teste e a programa de controle de uso de droga e de bebida alcoólica, instituído pelo empregador, com ampla ciência do empregado" (art. 235-B, inciso VI).

Nesse ponto, verifica-se que a recente fixação do exame toxiológico e/ou de alcoolemia para motoristas profissionais pela Lei n. 12.619/2012, que introduziu o art. 235-B, inciso VI, na CLT, tem enfrentando resistências na sua implementação, na medida em que, ao privilegiar o direito fundamental do cidadão à segurança no trânsito, viola o também direito fundamental à privacidade do trabalhador.

Propõem-se, portanto, analisar, no presente trabalho, exatamente essa área de tensão entre o direito fundamental do cidadão à segurança no trânsito e o direito fundamental à privacidade do trabalhador a partir da aplicabilidade ou não do art. 235-B, inciso VI, na CLT.

2 — *Proteção jurídica da privacidade*

2. 1 — Aspectos históricos

A preocupação com a preservação da intimidade, do psique, do segredo pessoal, da vida privada, como individualidades próprias do homem, de acordo com Paulo José da Costa Junior(5), apenas passaram a desencadear calorosos debates nos Tribunais e estudos jurídicos no século XIX.

O Tribunal Civil do Sena, na França, foi o primeiro órgão judicial a reconhecer a proteção da privacidade como atributo inerente ao ser humano.

A lide envolveu uma atriz do cinema francês, Elisabeth Rachel Felix, que, pouco antes de falecer vítima de tuberculose, foi retratada por artistas no estado de debilidade em que se encontrava.

Posteriormente, a pintura passou por várias exposições, como também foi submetida à várias reproduções, quando, então, a irmã de Elisabeth Rachel Felix ajuizou ação no Tribunal Civil do Sena, em 1858, que, acolhendo os fundamentos da autora, determinou a apreensão da obra e das cópias ao reconhecer que o homem, ainda que famoso, possui o direito de manter em anonimato a sua intimidade e a sua vida privada.

Nos Estados Unidos, em 1890, os advogados norte-americanos Samuel Dennis Warren e Louis Dembitz Brandeis escreveram o artigo *The Right to Privacy*, sendo publicado no Harvard Law Review(6).

O artigo doutrinário de Samuel Dennis Warren e Louis Dembitz Brandeis, motivado pela busca de fundamentos jurídicos que resguardasse a vida privada da família de Warren, foi pioneiro na defesa do direito à privacidade, ou seja, no direito de estar só, no direito à liber-

(5) Na análise da sistemática da evolução história da proteção jurídica da privacidade, utizar-se-á o desencadeamento cronológica fixado por Paulo José Costa Junior — COSTA JUNIOR, Paulo José. *O direito de estar só:* tutela penal da intimidade. 4. ed. São Paulo: Revista dos Tribunais, 2007. p. 11-14.

(6) Íntegra do artigo disponível em: <http://www.law.louisville.edu/library/collections/brandeis/node/225> Acesso em: 14.5.2012.

dade de exercer os privilégios civis (*the right to be let alone, the right to liberty secures the exercise of extensive civil privileges*)[7].

Samuel Dennis Warren e Louis Dembitz Brandeis reconhecem que a proteção jurídica da privacidade torna-se inevitável, especialmente considerando que os avanços sociais têm intensificado a produção intelectual e permitido novas formas de manifestação de sentimentos e emoções, embora ressaltem que o direito a privacidade não é absoluto, comportando flexibilidade no caso de permissibilidade legal, interesse público ou anuência do próprio indivíduo envolvido[8].

Após intensos debates doutrinários e análises jurisprudenciais da matéria, a tutela da privacidade passou a ser reconhecida internacionalmente na Declaração Universal de Direitos do Homem, em 10 de dezembro de 1948, por meio da Resolução 217 A, da Assembleia Geral das Nações Unidas, que consagrou no seu art. XII que "Ninguém será objeto de ingerências arbitrárias em sua vida privada, sua família, seu domicílio ou sua correspondência, nem de ataques a sua honra ou a sua reputação. Toda pessoa tem direito à proteção da lei contra tais ingerências e ataques"[9].

Em 4 de abril de 1950, os governos signatários e membros do Conselho da Europa, reunidos em Roma, publicaram a Convenção para Proteção dos Direitos do Homem e das Liberdades Fundamentais que consagrou o direito à privacidade, ao estabelecer no art. 8º a seguinte redação:

"Direito ao respeito pela vida familiar.

1. Qualquer pessoa tem direito ao respeito da sua vida privada e familiar, do seu domicílio e da sua correspondência.

2. Não pode haver ingerência de autoridade pública no exercício desse direito senão quando esta ingerência estiver prevista em lei e constituir uma providência que, numa sociedade democrática, seja necessária para a segurança nacional, para a segurança pública, para o bem-estar do país, a defesa da ordem e prevenção das infrações penais, a proteção da saúde ou da moral, ou a proteção dos direitos e liberdades de terceiros."[10]

Em 1966, os países membros o Organização das Nações Unidas, seguindo as diretrizes da Convenção para Proteção dos Direitos do Homem e das Liberdades Fundamentais do Conselho da Europa, estabeleceram o Pacto Internacional de Direitos Civis e Políticos, que dispõe no seu art. 17 a seguinte redação:

"1. Ninguém poderá ser objeto de ingerência arbitrárias ou ilegais em sua vida privada, em sua família, em seu domicílio ou em sua correspondência, nem ofensas ilegais à sua honra ou reputação.

2. Toda pessoa terá direito à proteção da lei contra essas ingerências ou ofensas."[11]

No âmbito das Américas, a Convenção Americana sobre Direitos Humanos (Pacto São José da Costa Rica), em 22 de novembro de 1969, estabeleceu no art. 11 a proteção do direito à privacidade nos seguintes termos:

(7) WARREN, Samuel Dennis; BRANDEIS, Louis Dembitz. *The right to privacy*. Disponível em: <http://www.law.louisville.edu/library/collections/brandeis/node/225> Acesso em: 10.9.2012.

(8) Redação original: "This development of the law was inevitable. The intense intellectual and emotional life, and the heightening of sensations which came with the advance of civilization, made it clear to man that only a part of the pain, pleasure, and profit of life lay in physical things. Thoughts, emotions, and sensations demanded legal recognition, and the beautiful capacity for growth which characterizes the common law enabled the judges to afford the requisite protection, without the interposition of the legislature ... The right to privacy does not prohibit any publication of matter which is of public or general interest ... The right to privacy does not prohibit the communication of any matter, though in its nature private, when the publication is made under circumstances which would render it a privileged communication according to the law of slander and libel ... The right to privacy ceases upon the publication of the facts by the individual, or with his consent". WARREN, Samuel Dennis; BRANDEIS, Louis Dembitz. *Op. cit.* Disponível em: <http://www.law.louisville.edu/library/collections/brandeis/node/225> Acesso em: 10.9.2012.

(9) Disponível em: <http://portal.mj.gov.br/sedh/ct/legis_intern/ddh_bib_inter_universal.htm> Acesso em: 10.9.2012.

(10) Disponível em: <http://www.echr.coe.int/NR/rdonlyres/7510566B-AE54-44B9-A163-912EF12B8BA4/0/POR_CONV.pdf> Acesso em: 10.9.2012.

(11) Disponível em: <http://portal.mj.gov.br/sedh/ct/legis_intern/pacto_dir_politicos.htm> Acesso em: 10.9.2012.

"1. Toda pessoa tem direito ao respeito de sua honra e ao reconhecimento de sua dignidade.

2. Ninguém pode ser objeto de ingerências arbitrárias ou abusivas em sua vida privada, na de sua família, em seu domicílio ou em sua correspondência, nem de ofensas legais à sua honra ou reputação.

3. Toda pessoa tem direito à proteção da lei contra tais ingerências ou tais ofensas."[12]

Importante destacar que o Brasil, representado pelo Presidente da República, ratificou o Pacto Internacional de Direitos Civis e Políticos e a Convenção Americana sobre Direitos Humanos, sendo aprovado os textos dos diplomas internacionais, respectivamente, por meio do Decreto n. 592, de 6 de julho de 1992 e Decreto n. 678, de 6 de novembro de 1992.

A evolução da proteção da privacidade no transcorrer da história da humanidade, seja por meio de produções doutrinárias, por decisões dos Tribunais ou por normas internacionais / nacionais, ainda tende a ter novos capítulos na seara dos conflitos sociais, especialmente quando se considera que o avanço tecnológico tem propiciado novas áreas de tensão que atingem a privacidade.

2.2 — Definição

A privacidade, como direito fundamental resguardado na Declaração Universal de Direitos do Homem (art. XII) e na Carta Magna de 1988 (art. 5º, inciso X), possui características como: de ser inato ao homem (adquirido com o nascimento — vincula-se a aquisição da personalidade civil), indisponível (não se submete ao comércio), irrenunciável (não se sujeita a renuncia do seu titular)[13], imprescritível (não se submete a prazos prescricionais para o seu exercício).

A privacidade, de acordo com Carlos Alberto Bittar[14], por se constituir como direito inerente ao homem, integra os direitos da personalidade.

Carlos Alberto Bittar[15] classifica os direitos da personalidade em físicos, psíquicos e morais, ressaltando que a privacidade integra os direitos psíquicos da personalidade, na qual é composto pelo direito à liberdade de pensamento, de expressão, de culto, dentre outros; direito à privacidade; direito à integridade psíquica (incolumidade da mente) e direito ao segredo ou ao sigilo (inclusive profissional).

Ao se reconhecer a privacidade como direito fundamental oponível à terceiros (Estado e particulares) que irradia por todo o ordenamento jurídico e vincula entes públicos e privados, observa-se que a multiplicidade das dimensões da privacidade (privacidade física, privacidade do domicílio, privacidade de comunicação, privacidade decisional e privacidade informacional) [16] implica na dificuldade de fixação da definição jurídica de privacidade e, ainda, na diferenciação entre privacidade, intimidade e vida privada.

Nesse aspecto, observa-se que a Teoria das Esferas ou Teoria dos Círculos Concêntricos elaborada pela Doutrina Alemã[17] possibilita visualizar como melhor clareza a diferença entre privacidade, intimidade e vida privada, e as respectivas definições.

A Teoria das Esferas reconhece que a vida particular do indivíduo é composta de 3 (três) esferas, de modo que os círculos concêntricos diminuem progressivamente na medida em que a privacidade for se restringindo.

(12) Disponível em: <http://www.planalto.gov.br/ccivil_03/decreto/D0678.htm> Acesso em: 15.5.2012.

(13) O art. 11 do Código Civil, estabelece "Com exceção dos casos previstos em lei, os direitos da personalidade são intransmissíveis e irrenunciáveis, não podendo o seu exercício sofrer limitação voluntária".

(14) BITTAR, Carlos Alberto. *Os direitos da personalidade*. 7. ed. Rio de Janeiro: Forense Universitária, 2004. p. 68-69.

(15) *Op. cit.*, p. 68-69.

(16) *Vide* tópico 2.3 — Proteção Normativa.

(17) Segue-se o dimensionamento da Teoria das Esferas ou Teoria dos Círculos Concêntricos elaborada pela Doutrina Alemã a partir dos estudos contidos na obra de Paulo José Costa Junior (COSTA JUNIOR, Paulo José. *O direito de estar só:* tutela penal da intimidade. 4. ed. São Paulo: Revista dos Tribunais, 2007. p. 29-35).

Deste modo, considerando a privacidade como gênero, verifica-se que a primeira espécie consiste na esfera de maior abrangência, ou seja, compreende a vida privada *stricto sensu* (*Privatsphäre*), na qual, envolvendo comportamentos e acontecimentos próprios da vida privada do indivíduo que não se deseja que se tornem públicos, são do conhecimento do próprio indivíduo e das pessoas com quem convive regularmente.

Juliana Augusta Medeiros de Barros comenta que "o homem, enquanto integrante de um corpo social, sente necessidade, em certas situações, de preservar determinados acontecimentos inerentes à sua vida, a sua tranquilidade de espírito e à sua paz interior, tornando-os alheios à coletividade. Esses episódios, fatos ou processos que se quer preservar passam a fazer parte da esfera privada (*Privatsphäre*) da sua vida. Nesse âmbito, estariam inseridos os atos, notícias e manifestações de comportamento ou acontecimentos que o indivíduo não deseja que se tornem de domínio público. O que está alem da esfera privada encontra-se ao alcance da coletividade"[18]

A segunda espécie de consiste na esfera da intimidade *lato senso* (*Vertrauensphäre*) ou esfera confidencial (*Vertraulichkeitssphäre*), na qual, também envolvendo comportamentos e acontecimentos próprios da vida privada do indivíduo que não se deseja que se tornem públicos, apenas sendo do conhecimento do próprio indivíduo e das pessoas com as quais possui relação de confiança e de intimidade.

A terceira espécie de consiste na esfera da intimidade *stricto senso* ou esfera do segredo (*Geheimsphäre*), na qual, também envolvendo comportamentos e acontecimentos próprios da vida privada do indivíduo que não se deseja que se tornem públicos, sendo do conhecimento apenas do próprio indivíduo e, excepcionalmente, de poucos amigos.

A partir do arcabouço doutrinário da Teoria Alemã das Esferas ou Teoria dos Círculos Concêntricos, pode-se compreender:

> II — **privacidade**, como gênero das espécies vida privada e intimidade, consiste no direito fundamental de resguardar o indivíduo contra toda e qualquer violação da sua vida privada ou intimidade por terceiros (Estado e particulares), irradiando a presente proteção jurídica pelo ordenamento jurídico e vinculando entes públicos e privados.
>
> II — **vida privada**, como espécie que integra o maior círculo concêntrico da privacidade, envolve os comportamentos e acontecimentos da pessoal e familiar do indivíduo que são do conhecimento do próprio indivíduo e das pessoas com quem convive regularmente;
>
> III — **intimidade**, como espécie mais restrita da privacidade, consiste no pensamento, nas reflexões, nos segredos, nas angústias, nas déias, ns emoções que permeiam e pertencem ao indivíduo.

O direito à privacidade, portanto, na esteira do reconhecimento como direito fundamental pelo ordenamento internacional e pátrio, deve ensejar a aplicabilidade imediata das normas jurídica que assegurem a proteção da vida privada e da intimidade, a teor do art. 5º, § 1º, da Constituição Federal.

2.3 — Proteção normativa

O Brasil, seguindo a tendência internacional[19], consagrou na Magna Carta de 1988 a proteção da privacidade como garantia constitucional, estabelecendo que "são invioláveis a intimidade, a vida privada, a honra e a imagem das pessoas, assegurando o direito a indeniza-

(18) BARROS, Juliana Augusta Medeiros de. *A utilização de meios eletrônicos no ambiente de trabalho:* a colisão entre os direitos à intimidade e à privacidade do empregado e o poder diretivo do empregador. São Paulo: LTr, 2012. p. 57.

(19) Em Portugal, a Constituição de 25 de abril de 1974, que sofreu revisão constitucional no ano de 2005, estabelece no art. 26 a reserva a intimidade da vida privada e familiar, como também, no art. 35, disciplina a utilização da informática no acesso de dados cidadãos. Na Constituição da Alemanha, de 23 de maio de 1949, estabeleceu a proteção da intimidade a partir do reconhecimento do livre desenvolvimento da personalidade humana (art. 2.1). A Constituição da União Europeia, de 16 de dezembro de 2004, reconheceu a proteção dos dados pessoais (art. I-51).

ção pelo dano material ou moral decorrentes de sua violação" (art. 5º, inciso X).

Observando a sistemática de proteção da privacidade consagrada pelo texto constitucional brasileiro, verifica-se que a privacidade pode ser classificada de acordo com o âmbito da proteção, ou seja, pode ser classificada em privacidade física, privacidade do domicílio, privacidade de comunicação, privacidade decisional e privacidade informacional[20].

Considerando a limitação temática do presente trabalho, a análise se limitará aos aspectos da privacidade física e privacidade informacional.

A privacidade física consiste na proteção do corpo do indivíduo contra todo e qualquer ato ou procedimento invasivo não autorizado que comprometa a sua incolumidade.

Analisando-se as lides judiciais que possam possibilitar a necessidade de exames médicos obrigatórios, como por exemplo, a de investigação de paternidade, observa-se que a própria sistemática do Código Civil demonstra a desnecessidade da realização forçada do exame de DNA (*deoxybonucleic acid* ou ácido desoxirribonucléico), na medida em que estabelece nos arts. 231 e 232, respectivamente, que "aquele que se nega a submeter-se a exame médico necessário não poderá aproveitar-se de sua recusa" e "a recusa à perícia médica ordenada pelo juiz poderá suprir a prova que se pretendia obter com o exame".

Cabe destacar que a proteção da privacidade, inclusive física, não se constitui em direito absoluto, de modo que em situações que a intervenção cirúrgica e demais procedimentos médicos sejam necessários em razão de envolver perigo de vida, consoante estabelece o art. 188, parágrafo único, do Código Civil.

Nesse aspecto, verifica-se inclusive que se torna desnecessário a buscar de tutela jurisdicional para legitimar a intervenção médica quando envolver iminente perigo de vida, consoante estabelece a seguinte decisão judicial:

> APELAÇÃO CÍVEL. TRANSFUSÃO DE SANGUE. TESTEMUNHA DE JEOVÁ. RECUSA DE TRATAMENTO. INTERESSE EM AGIR. Carece de interesse processual o hospital ao ajuizar demanda no intuito de obter provimento jurisdicional que determine à paciente que se submeta à transfusão de sangue. Não há necessidade de intervenção judicial, pois o profissional de saúde tem o dever de, havendo iminente perigo de vida, empreender todas as diligências necessárias ao tratamento da paciente, independentemente do consentimento dela ou de seus familiares. Recurso desprovido. (Apelação Cível n. 70020868162, Quinta Câmara Cível, Tribunal de Justiça do RS, Relator: Umberto Guaspari Sudbrack, Julgado em 22.8.2007)

No caso da submissão do motorista ao teste de controle de uso de drogas, estabelecido no art. 235-B, inciso VI, na CLT, verifica-se que, como forma de resguardar a privacidade física do trabalhador, deve-se utilizar apenas e tão somente métodos que assegurem a incolumidade física do onbreiro, ou seja, deve-se priorizar a utilização de métodos, como que utilizem sopro, fios de cabelo soltos, urina, dentre outros, de modo a não causar qualquer trauma físico, como seria o caso da coleta de sangue.

A privacidade informacional configura-se na proteção dos dados pessoais sensíveis, ou seja, na proteção dos dados pessoais que possam ocasionar discriminação dos seus titulares em razão, por exemplo, da origem racial ou étnica, da opinião política, das convicções religiosas, da filiação sindical, da debilidade da saúde, da opção sexual, dentre outros.

No âmbito internacional, verifica-se que Portugal, buscando proteger a privacidade informacional, editou a Lei de Proteção dos Dados Pessoais (Lei n. 67/98), estabelecendo tratamento específico de proteção aos dados pessoais sensíveis ao dispor: "É proibido o tratamento de

(20) Classificação estabelecida por Tatiana Malta Vieira em "O Direito à Privacidade na Sociedade da Informação: efetividade desse direito fundamental diante dos avanços da tecnologia da informação" — Dissertação de Mestrado aprovada pelos membros da banca examinadora em 14.3.2007, na Universidade de Brasília. Disponível em: <http://repositorio.bce.unb.br/bitstream/10482/3358/1/2007_TatianaMaltaVieira.pdf > Acesso em: 21.5.2012.

dados pessoais referentes a convicções filosóficas ou políticas, filiação partidária ou sindical, fé religiosa, vida privada e origem racial ou étnica, bem como o tratamento de dados relativo à saúde e à vida sexual, incluindo os dados genéticos" (art. 7º, n. 1).

O ordenamento jurídico brasileiro ainda não possui legislação específica de proteção dos dados sensíveis, porém cabe destacar que a edição da Lei n. 12.527, de 18 de maio de 2011, conhecida como Lei de Acesso à Informação no Brasil, ao assegurar o direito à informação em órgãos públicos, resguarda expressamente a proteção da informação sigilosa e da informação pessoal (art. 6º, inciso III).

Nesse sentido de resguardar informações de cunho pessoal e sigiloso é que reside a principal problemática de aplicação do teste de controle de uso de drogas ao motorista estabelecido no art. 235-B, inciso VI, na CLT, na medida em que, ainda que a própria norma celetista condicione a sua realização a ampla ciência do empregado do procedimento a ser realizado, observa-se que a possibilidade do empregador obter dados de ordem pessoal, como a debilidade da saúde em razão do uso de drogas e/ou bebida alcoólica, violada a privacidade informacional do trabalhador independente do método a ser utilizado pelo empregador.

Verifica-se, portanto, que, no caso da privacidade física, a não utilização de métodos evasivos garante a preservação da incolumidade física do motorista, porém, no caso da privacidade informacional, independente do método a ser utilizado pelo empregador para a realização do exame toxiológico e/ou de alcoolemia, serão violadas informações de cunho pessoal e sigiloso do trabalhador.

Ao analisar sistematicamente a proteção da privacidade consagrada pelo texto constitucional brasileiro, observa-se que a Carta Republicana de 1988 estabeleceu arcabouço normativo alicerçado nas garantias universais de proteção do homem, reconhecendo o Estado e os membros da sociedade não apenas como corresponsáveis pela proteção contra atos arbitrários e abusivos, mas também como partícipes na concretização dos direitos que integram a privacidade humana.

Desse modo, dentro da análise da área de tensão entre o direito fundamental do cidadão à segurança no trânsito e o direito fundamental à privacidade do trabalhador a partir da aplicabilidade ou não do art. 235-B, inciso VI, na CLT, verifica-se que o ponto de maior atrito constitui-se no âmbito da privacidade informacional, haja vista que, utilizando-se métodos não evasivos de pesquisa toxicológicas, pode-se resguardar a integralidade da privacidade física.

3 — Tutela jurídica do direito à segurança no trânsito

A tutela jurídica da segurança encontra-se consagrada como direito fundamental pelos arts. 5º, *caput*(21); 6º, *caput*(22); e no art. 144(23), da Carta Magna de 1988, como também é assegurada pelo art. 32, item 2(24), da Convenção Americana de Direitos Humanos (Pacto de São José da Costa Rica) que foi ratificada pelo Brasil e, por conseguinte, passou a integrar o ordenamento jurídico brasileiro(25).

Observa-se que a compreensão da segurança, enquanto direito fundamental, remete

(21) Art. 5º Todos são iguais perante a lei, sem distinção de qualquer natureza, garantindo-se aos brasileiros e aos estrangeiros residentes no País a **inviolabilidade do direito à vida, à liberdade, à igualdade, à segurança** e à propriedade, nos termos seguintes (grifo nosso).

(22) Art. 6º **São direitos sociais a educação, a saúde, o trabalho, a moradia, o lazer, a segurança**, a previdência social, a proteção à maternidade e à infância, a assistência aos desamparados, na forma desta Constituição (grifo nosso).

(23) Art. 144. A **segurança pública, dever do Estado, direito e responsabilidade de todos,** é exercido para a preservação da ordem pública e da incolumidade das pessoas e do patrimônio (grifo nosso).

(24) Art. 32. 2. Os direitos de cada pessoa são limitados pelos direitos dos demais, **pela segurança de todos e pelas exigência de bem comum,** em uma sociedade democrática (grifo nosso).

(25) Decreto da Presidência da República n. 678, de 6 de novembro de 1992.

ao reconhecimento e ao resguardo da vida humana em condições dignas, ou seja, a segurança se enquadra entre os direitos fundamentais mínimos necessários para desconstituir todo e qualquer ato de cunho degrante e desumano, e, por conseguinte, assegurar a materialização do bem-estar social.

Paulo Gustavo Gonet Branco comenta que "a vida humana — como valor central do ordenamento jurídico e pressuposto existencial dos demais direitos fundamentais, além de base material da própria dignidade humana — impõe medidas radicais para a sua proteção ... Assim, no caos em que a vida se vê mais suscetível de ser agredida, não será de surpreender que, para defendê-la, o Estado se valha de medidas que atingem a liberdade de outros sujeitos de direitos fundamentais"(26).

Nessa perspectiva de reconhecimento do direito à vida como valor central de proteção da norma, verifica-se a delimitação do exercício de liberdade, como a regulamentação da locomoção, passa a ser plenamente justificável para assegurar o direito ao trânsito seguro e ao próprio direito à vida.

Desse modo, constata-se que a tutela da vida alicerça e fundamenta o direito à trafegabilidade segura do usuário nas vias terrestre, fluvial, marítima e aérea, de modo que o Estado, como detentor do dever de garantir a segurança social, passa a instituir normas regulamentadoras de utilização das vias por meio dos poderes constituídos.

No caso específico do trânsito, ao Estado incumbe estabelecer regras a serem observadas pelos condutores dos veículos, bem como fiscalizar o cumprimento para garantir o direito à segurança no trânsito.

O trânsito em condições seguras constitui-se, consoante estabelece o art. 1º, § 2º, do Código de Trânsito Brasileiro, "direito de todos e dever dos órgãos e entidades componentes do Sistema Nacional de Trânsito, a estes cabendo, no âmbito das respectivas competências, adotar as medidas destinadas a assegurar esse direito".

Cássio Mattos Honorato comenta que "no espaço de trânsito seguro, o exercício dos direitos e das liberdades individuais encontram-se regulamentado pelo Estado por meio de normas que atuam como instrumentos assecuratório de padrões mínimos de segurança a todos no trânsito; ou seja, como garantia constitucional com o fim de abrigar dos abusos do poder e das violações possíveis de seus concidadãos os direitos constitutivos da personalidade individual"(27).

Nesse contexto do direito ao trânsito seguro *versus* exercício da liberdade individual, observa-se que o cerne da questão consiste no exercício responsável e solidário do direito, como assegura com muita propriedade o art. 1º da Declaração Universal de Direitos do Homem, aprovado pela ONU em 1948, com a seguinte redação:

> "Art. 1º Todos nascem livres e iguais em dignidade e direitos. São dotados de razão e consciência e devem agir em relação uns aos outros com espírito de fraternidade."

Sobre a temática da solidariedade e fraternidade, Maria Celina Bodin de Moraes destaca que "o século XX asssitiu ao desenvolvimento de novos direitos, os quais na esteira dos direitos da liberdade e da igualdade, vieram trazer uma nova dimensão, de fraternidade ou solidariedade, às constituições e aos ordenamentos ocidentais de modo geral ... entre esses direitos, que não têm por destinatário um indivíduo, um grupo ou um Estado específico, mas o próprio gênero humano, num momento expressivo de sua afirmação como valor supremo em termos de existencialidade concreta ... o sentimento de estarmos, todos nós, a bordo do um mesmo barco, fustigados por ameaças e tribulações globais

---

(26) BRANCO, Paulo Gustavo Gonet; MENDES, Gilmar Ferreira; COELHO, Inocêncio Mártines *et al. Curso de direito constitucional.* 4. ed. São Paulo: Saraiva, 2009. p. 400.

(27) HONORATO, Cássio Mattos. *Trânsito seguro:* direito fundamental de segunda dimensão. Disponível em: <http://www.stf.jus.br/arquivo/cms/processoAudienciaPublicaAdin4103/anexo/TRANSITO_SEGURO_Direito_Fundamental__CASSIO_HONORATO__Texto_impresso_RT_911_em_Set_2011.pdf> Acesso em: 28.9.2012.

que nos fazem, necessariamente, solidários uns aos outros"[28].

O direito à liberdade, então, deve ser utilizado adequadamente em consonância com o "espírito de fraternidade" e com o princípio da solidariedade, de modo a se harmonizar, na órbita das relações sociais, com o exercício dos demais direitos fundamentais, dentre os quais se inclui o direito ao trânsito seguro.

Observa-se que o direito ao trânsito seguro, como direito fundamental, possui como característica a universalidade[29], ou seja, de aplicabilidade a todo e qualquer ser humano usuário do trânsito independentemente da nacionalidade, cultura, raça, sexo, religião, classe social, dentre outros aspectos, incorporando-se, por via de consequência, no patrimônio imaterial do homem.

Nesse aspecto, registra-se que o próprio Código de Trânsito Brasileiro (art. 1º, § 2º), ao reconhecer o trânsito seguro como "direito de todos", expressamente externaliza a universalidade, que, conforme já mencionado, consiste em característica própria dos direitos fundamentais.

Juliano Viali dos Santos comenta que "o direito ao trânsito em condições seguras é essencial à sadia qualidade de vida, representando um valor indispensável à personalidade humana, característico direito fundamental ... sendo que o Código de Trânsito Brasileiro erigiu o direito em condições seguras como um valor jurídico autônomo, específico daqueles constitucionalmente assegurado pelo genérico da segurança, com direito subjetivo de todos e também de cada um, ou seja, um direito metaindividual"[30].

O direito fundamental ao trânsito seguro, portanto, como espécie do direito à trafegabilidade segura específica nas vias terrestre, constitui-se em garantia intrínseca a todo ser humano usuário do trânsito, consistindo no direito de utilizar plenamente as vias de trânsito sem qualquer violação da integridade física e mental do usuário, sendo o Estado responsável por regulamentar e fiscalizar o trânsito como forma de assegurar o pleno exercício do direito pelo cidadão.

4 — Colisão entre o direito fundamental do cidadão à segurança no trânsito e direito fundamental à privacidade do trabalhador

A análise histórica da materialização legislativa dos direitos fundamentais demonstra que, quando da Declaração dos Direitos do Homem e do Cidadão pela Assembléia Nacional Francesa, em 1789, os representantes do povo francês já reconheciam a possibilidade da ocorrência de limitação e tensão entre os direitos fundamentais, de modo a fixarem critérios para solução da colisão a partir de critérios legais, conforme se pode verificar na leitura do art. 4º, do mencionado diploma, que dispõe:

> "A liberdade consiste em poder fazer tudo aquilo que não prejudique outrem: assim, o exercício dos direitos naturais de cada homem não tem por limites senão os que asseguram aos outros membros da sociedade o gozo dos mesmos direitos. Estes limites apenas podem ser determinados pela Lei."

Observa-se que o legislador francês, ao estabelecer o direito fundamental da liberdade, reconheceu a sua extensão até o limite em que não cause prejuízo a terceiros, devendo exercido em harmonia e em concomitância com os outros agentes sociais.

---

(28) MORAES, Maria Celina Bodin de. *O princípio da solidariedade*. Disponível em: <http://www.idcivil.com.br/pdf/biblioteca9.pdf> Acesso em: 28.9.2012.

(29) Sobre a característica da universalidade dos direitos fundamentais, Antonio Enrique Pérez Luño (*Perspectivas e tendências atuais do estado constitucional*. Tradução de José Luís Bolzan de Morais e Valéria Ribas do Nascimento. Porto Alegre: Livraria do Advogado, 2012. p. 10) — comenta que "o reconhecimento implícito de valores ou normas jurídicas fora da área em que inicialmente foram promulgadas, a partir de uma vocação ou virtualidade global. Os valores próprios do Estado constitucional possuem, portanto, uma inequívoca vocação universalista e cosmopolita".

(30) SANTOS, Juliano Viali dos Santos. *Trânsito em condições seguras*. Paradigma e acepções jurídicas do art. 1º do Código de Trânsito Brasileiro. Porto Alegre: EDIPUCRS, 2009. p. 45.

O dispositivo em comento também estabeleceu com critério de fixação de limites da liberdade a reserva legal, ou seja, a delimitação do seu exercício a partir de critérios fixados em lei.

Verifica-se que a estrutura jurídica de Declaração dos Direitos do Homem (1789) encontra-se alicerçada no reconhecimento da supremacia da lei para fixar critérios de solução dos conflitos, conforme se pode constata da breve leitura exemplificativa dos seguintes dispositivos:

> "Art. 10. Ninguém pode ser inquietado pelas suas opiniões, incluindo opiniões religiosas, contando que a manifestação delas não perturbe a ordem pública estabelecida pela Lei.
>
> Art. 11. A livre comunicação dos pensamentos e das opiniões é um dos mais preciosos direitos do Homem; todo o cidadão pode, portanto, falar, escrever, imprimir livremente, respondendo, todavia, pelos abusos desta liberdade nos termos previstos na Lei."

O arcabouço teórico da supremacia da lei (positivismo jurídico) foi sistematizado por Hans Kelsen, nas primeiras décadas do século XX, na obra *Teoria Pura do Direito*, na qual estruturou a ordem jurídica de forma coesa, fechada e, por conseguinte, sem a influência dos valores ideológicos ou morais que são próprios de outras ciências como a psicologia e a sociologia.

Hans Kelsen ressalta que "quando a si próprio se designa como 'pura' Teoria do Direito, isto significa que ela se propõe garantir um conhecimento apenas dirigido ao Direito e excluir deste conhecimento tudo quando não pertença ao seu objeto, tudo quanto não possa, rigorosamente, determinar como Direito. Quer dizer que ela pretende liberar a ciência jurídica de todos os elementos que lhe são estranhos (...) a Teoria Pura do Direito tem uma pronunciada tendência anti-ideológica. Comprova-se esta sua tendência pelo fato de, na sua discrição do Direito positivo, manter este isento de qualquer confusão com um Direito 'ideal' ou 'justo' (...) Nesse sentido é a Teoria do Direito radicalmente realista, isto é, uma Teoria do Positivismo Jurídico. Recusa-se valorar o Direito positivo"[(31)].

De acordo com Luís Roberto Barroso e Ana Paula de Barcelos, "o positivismo filosófico foi fruto de uma crença exacerbada no poder do conhecimento científico. Sua importação para direito resultou no positivismo jurídico, na pretensão de se criar uma ciência jurídica, com características análogas às ciências exatas e naturais. A busca de objetividade científica, com ênfase na realidade observável, e não na especulação filosófica, apartou o direito da moral e dos valores transcendentes. Direito é norma, ato emanado do Estado com caráter imperativo e força coativa"[(32)].

Na sistemática do positivismo jurídico, a interpretação jurídica baseia-se no método clássico do processo silogístico de subsunção dos fatos à norma, na qual se utiliza a lei como premissa maior, os fatos como a premissa menor e a sentença como a conclusão.

Desse modo, arrematam Luís Roberto Barroso e Ana Paula de Barcelos, no positivismo jurídico "o papel do juiz consiste em revelar a vontade da norma, desempenhando uma atividade de mero conhecimento, sem envolver qualquer parcela de criação do direito para o caso concreto"[(33)].

O direito positivo axiologicamente neutro, de acordo com Hans Kelsen, integra a ordem jurídica que é formada por um "sistema de normas cuja a unidade é constituída pelo fato de todas elas terem o mesmo fundamento de validade. E o fundamento de validade de uma ordem normativa é uma norma fundamental da qual se retira a validade de todas as normas pertencentes a essa ordem. Uma norma singu-

---

(31) KELSEN, Hans. *Teoria pura do direito*. Tradução João Baptista Machado. 7. ed. São Paulo: Martins Fontes, 2006. p. 1 e 118.

(32) BARROSO, Luís Roberto; BARCELOS, Ana Paula de. *O começo da história:* a nova interpretação constitucional e o papel dos princípios no direito brasileiro. Interpretação constitucional. Organizador: Virgílio Afonso da Silva. 1. ed. São Paulo: Malheiros, 2007. p. 277-278.

(33) *Op. cit.*, p. 274.

lar é uma norma jurídica enquanto pertence a uma determinada ordem jurídica, e pertence a uma determinada ordem jurídica quando a sua validade se funda na norma fundamental"[34].

Nesta sistemática, verifica-se que Hans Kelsen, como forma de estabelecer coesão e coerência ao sistema normativo, cria uma estrutura fechada e hierarquizada entre as normas, ou seja, uma pirâmide normativa, de modo que, como critério de validação, as normas inferiores necessitam fundamentar-se nas normas superiores, sendo a norma fundamental (*Grundnorm*) a de maior valor hierárquico.

Cabe destacar que a limitação da solução dos conflitos vinculados estritamente aos termos estabelecidos pelo texto legislativo e, por conseguinte, distante dos valores sociais, em algumas situações, tende a desencadear situações ambíguas e de flagrante injustiça.

Nesse aspecto, analisando as incongruências do positivismo jurídico e a necessidade da observância dos valores sociais na leitura da norma, Ronald Dworkin utiliza como exemplo o caso Riggs contra Palmer, de 1889, na qual o "Tribunal de Nova Iorque teve que decidir se um herdeiro nomeado no testamento de seu avô poderia herdar o disposto naquele testamento, muito embora ele tivesse assassinado seu avô com esse objetivo. O Tribunal começou o seu raciocínio com a seguinte decisão: É bem verdade que as leis que regem a feitura, a apresentação de provas, os efeitos dos testamentos e a transferência de propriedade, se interpretados literalmente e se sua eficácia e efeito não puderam, de modo algum e em quaisquer circunstâncias, ser limitados ou modificados, concedem essa propriedade ao assassino. Mas o Tribunal prosseguiu, observando que todas as leis e os contratos podem ser limitados na sua execução e seu efeito por máximas gerais e fundamentais de direito costumeiro. A ninguém será permitido lucrar com sua própria fraude, beneficiar-se com seus próprios atos ilícitos, basear qualquer reivindicação na sua própria iniquidade ou adquirir bens em decorrência de seu próprio crime. O assassino não recebeu sua herança"[35].

Observando o caso Riggs contra Palmer, verifica-se que a aplicação estrita da regra formal possibilitaria a legitimação judicial a um assassino de poder lucrar com a sua conduta ilícita, porém o Tribunal de Nova Iorque, realizando a leitura moral do caso concreto e buscando a aplicação da justiça e da equidade, não reconheceu o direito de herança ao assassino a partir da aplicação do princípio geral do direito de que ninguém pode beneficiar-se da sua própria torpeza[36] ou, como afirma Ronald Dworkin, a partir do fundamento de que "o nosso direito respeita o princípio segundo o qual nenhum homem pode beneficiar-se dos erros que comete"[37].

A leitura moral proposta por Ronald Dworkin proporciona o reconhecimento da influência dos valores sociais na análise da norma como forma de possibilitar decisões judiciais fundamentadas na justiça e na equidade, bem como estabelece que o sistema jurídico complexo, formado não apenas de regras, como também de princípios e de políticas (*policies*)[38].

---

(34) *Op. cit.*, p. 33.

(35) DWORKIN, Ronald. *Levando os direitos a sério*. Tradução de Jefferson Luiz Camargo. São Paulo: Martins Fontes, 2007. p. 37.

(36) No original em latim: *Nemo turpitudinem suam allegare potest*.

(37) *Op. cit.*, p. 40.

(38) De acordo com Ronald Dworkin, ainda que o sistema jurídico seja formado por regras, princípios e políticas (*policies*), os agentes do direito apenas devem utilizar as regras e princípios, haja vista que os fundamentos políticos são próprios dos cidadãos eleitos pelo povo que possuem legitimidade democrática, ou seja, "as decisões políticas, segundo esse argumento, devem ser tomadas por funcionários eleitos pela comunidade como um todo, que possam ser substituídos periodicamente da mesma maneira (...) Os juízes não são eleitos nem reeleitos, e isso é sensato porque as decisões que tomam ao aplicar a legislação tal como se encontra devem ser imunes ao controle popular. Mas decorre daí que não devem tomar decisões independentes no que diz respeito a modificar ou expandir o repertório legal, pois essas decisões somente devem ser tomadas sob o controle popular. Esse é o conhecido argumento da democracia" (DWORKIN, Ronald. *Uma questão de princípio*. Tradução de Luís Carlos Borges. São Paulo: Martins Fontes, 2005. p. 17).

Ronald Dworkin estabelece distinção lógica entre regras e princípios, de modo que "os dois conjuntos de padrões apontam para decisões particulares acerca da obrigação jurídica em circunstâncias específicas, mas distingue-se quanto à natureza da orientação que oferecem. As regras são aplicáveis à maneira do tudo ou nada. Dados os fatos que uma regra estipula, então ou a regra é válida, e neste caso a resposta que ela fornece deve ser aceita, ou não é valida, e nesse caso em nada contribui para a decisão ... os princípios possuem uma dimensão que as regras não têm — a dimensão do peso ou da importância. Quando os princípios se intercruzam (por exemplo: a política de proteção aos compradores de automóveis se opõe aos princípios de liberdade de contrato), aquele que vai resolver o conflito tem de levar em conta a força relativa de cada um"[39].

As regras, que de modo geral estabelecem condições claras sobre a sua aplicabilidade, submetem-se a sistemática "tudo ou nada" (*all or nothig*), haja vista que as regras não permitem que a sua validação seja apenas parcial, inclusive havendo conflito entre regras uma delas não pode ser válida e neste caso o sistema jurídico deve estabelecer quais os critérios de precedência entre as regras, ou seja, "um sistema jurídico pode regular esse conflitos através de outras regras, que dão precedência à regra promulgada pela autoridade de grau superior, à regra promulgada mais recentemente, à regra mais específica ou outra coisa desse gênero. Um sistema jurídico também pode preferir a regra que é sustentada pelos princípios mais importante (Nosso sistema [norte-americano] utiliza essas duas técnicas)"[40].

Os princípios, por sua vez, constituem-se no padrão normativo relacionado à moralidade que estabelece a correção valorativa da norma a partir da vinculação entre a moral e o direito, de modo a proceder a melhor compreensão e/ou atualização da regra nos casos reconhecidamente de difícil solução.

Nesse diapasão, Ronald Dworkin preleciona que "o Tribunal cita princípios para justificar a adoção e a aplicação de uma nova regra. No caso Rigs, o Tribunal citou o princípio de que nenhum homem pode beneficiar-se de seus próprios delitos como um parâmetro fundamental, à luz do qual se pode ler a lei sobre os testamentos e, assim procedendo, justificou uma nova interpretação dessa lei ... é necessário, embora não suficiente, que o juiz considere que a mudança favorecerá algum princípio, dessa maneira o princípio justifica a modificação"[41].

Os princípios, ao contrário das regras, possuem uma dimensão de peso específico aplicável à situação determinada, de modo que, havendo conflito entre os princípios, resolve-se utilizando o princípio que melhor se adequa a busca pela justiça e pela equidade no caso concreto, porém o princípio afastado permanece válido e poderá prevalecer em outra situação conflituosa.

Analisando os litígios, Ronald Dworkin identifica a ocorrência dos "casos fácies" (*easy cases*) e dos "casos difíceis" (*hard cases*).

Os casos fácies caracterizam-se pela aplicação clara e precisa da regra, não havendo controvérsia quanto ao padrão normativo que deve ser adotado na solução da lide.

Sobre os casos fácies, Ronald Dworkin comenta que "é evidente que o limite de velocidade na Califórnia é de 90 quilômetros por hora, pois é obvio que qualquer interpretação competente do código de trânsito desse Estado leva a essa conclusão .... o próprio Hércules[42] se daria por satisfeito em reconhecer: que não

(39) DWORKIN, Ronald. *Levando os direitos a sério*. Tradução de Jefferson Luiz Camargo. São Paulo: Martins Fontes, 2007. p. 39 e 42.

(40) *Op. cit.*, p. 43.

(41) *Op. cit.*, p. 46, 59-60.

(42) Sobre Hércules, Ronald Dworkin explica que para analisar criticamente a teoria positivista "inventou um jurista de capacidade, sabedoria, paciência e sagacidade sobre-humanas, a quem chamei de Hércules" (*Levando os direitos a sério*. Tradução de Jefferson Luiz Camargo. São Paulo: Martins Fontes, 2007. p. 165).

precisamos fazer perguntas quando já conhecemos as respostas"[43].

Os casos difíceis constituem-se pela indefinição na aplicação da norma, seja em razão da ambiguidade das palavras utilizadas pela legislação, ou em razão do não enquadramento das peculiaridades do caso concreto na regra, ou em razão dos fatos trazidos ao processo pelas partes não sejam contemplados pelo regramento legal, de modo que as variáveis do caso concreto impossibilitam a aplicação clara e precisa da regra, ou seja, os casos difíceis ocorrem "quando uma ação judicial específica não pode ser submetida a uma regra de direito clara, estabelecida de antemão por alguma instituição"[44].

Os casos difíceis são solucionados a partir da aplicação dos princípios que integram o ordenamento jurídico, de modo que, mesmo nos casos difíceis, o magistrado deve buscar nos princípios, como direito preestabelecido pelo sistema jurídico, a identificação da solução da lide, vez que em casos difíceis "os princípios desempenham um papel fundamental nos argumentos que sustentam as decisões a respeito de direitos e obrigações jurídicos particulares"[45].

Ressalta-se que não há hierarquia entre os princípios, de modo que deve o magistrado, frente ao conflito entre princípios, ponderar os valores morais envolvidos na situação litigiosa e, com base na argumentação jurídica, reconhecer o princípio que melhor coaduna-se com a aplicação da justiça e da equidade.

Nesse aspecto, José Joaquim Gomes Canotilho comenta que "ponderar princípios significa sopesar a fim de se decidir qual dos princípios, num caso concreto, tem maior peso ou valor os princípios conflitantes. Harmonizar princípios equivale a uma contemporização ou transação entre princípios de forma a assegurar, nesse caso concreto, a aplicação coexistente dos princípios em conflito. Por isso, a ponderação reconduz-se, no fundo, como já foi salientado na doutrina (*Guastini*), à criação de uma hierarquia axiológica móvel entre princípios conflitantes"[46].

Partindo desse alicerce teórico, verifica-se que a tensão entre o direito fundamental à privacidade do trabalhador e ao trânsito seguro estabelecida pela controvérsia de aplicação do exame toxiológico e/ou de alcoolemia ao motorista não comporta solução baseada no positivismo jurídico, na medida em que não reconhece a possibilidade sopesamentos dos princípios colidentes, o que poderia desencadear decisão distante do anseio social de justiça e equidade.

Verifica-se tambem que o processo silogístico de subsunção se torna inaplicável em razão da sua própria incongruência metodológica, haja vista que ocorreria, no mínimo, dificuldade em decidir quando da submissão do art. 235-B, inciso VI, na CLT, à Pirâmide Kelseniana da Hierarquia das Normas, pois, nessa situação, poderia ser considerar simultaneamente a mesma norma celetista constitucional e inconstitucional, ou seja, poderia se concluir que estaria em consonância com o direito à segurança, estabelecido no art. 6º, *caput*, da Constituição Federal, e, portanto, seria o dispositivo seria reconhecido como constitucional, porém também poderia se reconhecer a inconstitucionalidade da norma em comento em face de se encontrar em desacordo com o direito à privacidade consagrado no art. 5º, inciso X, da Carta Magna.

Ultrapassando a aplicabilidade do silogismo de subsunção, verifica-se que a aplicabilidade do art. 235-B, inciso VI, na CLT, ao proporcionar a colisão entre o direito fundamental à privacidade do trabalhador e ao trânsito seguro, possibilita o enquadramento na teoria de Ronald Dworkin como "caso difícil" (*hard case*), exigindo do interprete a ponderação dos valores e princípios colidentes através da utilização do que Robert Alexy denomina de "máxima da proporcionalidade".

(43) DWORKIN, Ronald. *O império do direito*. Tradução de Jéferson Luiz Camargo. São Paulo: Martins Fontes, 2007. p. 317.

(44) DWORKIN, Ronald. *Levando os direitos a sério*. Tradução de Jefferson Luiz Camargo. São Paulo: Martins Fontes, 2007. p. 39 e 42.

(45) DWORKIN, Ronald. *Op. cit.*, p. 46.

(46) CANOTILHO, José Joaquim Gomes. *Direito constitucional e teoria da constituição*. 6. ed. Coimbra: Almedina, 2002. p. 1227.

A "máxima da proporcionalidade" consiste na aplicação de 3 (três) máximas parciais, isto é, "da adequação, da necessidade (mandamento do meio menos gravoso) e da proporcionalidade em sentido estrito (mandamento do sopesamento propriamente dito)"[47].

No critério da adequação, o intérprete deve verificar qual o princípio a ser aplicado é o mais compatível para que se alcance a finalidade pretendida.

No critério da necessidade, deve o operador do direito verificar qual dos princípios a ser utilizados restringe da menor forma possível outro direito fundamental e alcança a mesma finalidade pretendida.

No critério da proporcionalidade em sentido estrito, deve o interprete proceder o sopesamente entre os princípios que se encontram em colisão e identificar qual o conteúdo do princípio que deve prevalecer na situação concreta.

Nesse sentido, considerando a colisão entre o princípio jurídico que assegura à privacidade do trabalhador e princípio que resguarda o trânsito seguro, bem como com base na aplicação da máxima proporcionalidade, verifica-se que o direito à vida, como sustentáculo do direito ao trânsito seguro, deve ter precedência sobre os direitos individuais, inclusive sobre o direito à privacidade, porém, nesse elo de tensão, deve-se restringir minimamente o direito à privacidade e alcança a máxima efetividade do direito ao trânsito seguro.

Cabe destacar as palavras de Guilherme Guimarães Feliciano na qual preleciona que "é sempre uma solução de eficácia ótima, tendente a preservar o mínimo irredutível de todos os direitos fundamentais em colisão e a assegurar-lhes a máxima efetividade possível. Quando esses direitos são de mesma hierarquia, o princípio da diferença permite apará-los e conciliá-los em termos razoáveis, sem sacrifícios definitivos ou dogmas de subordinação"[48].

O Código Civil português, tratando expressamente da colisão de direitos, estabelece o seguinte regramento:

"Art. 335 (Colisão de direitos)

1. Havendo colisão de direitos iguais ou da mesma espécie, devem os titulares ceder na mesma medida do necessário para que todos produzam igualmente o seu efeito, sem maior detrimento para qualquer das partes.

2. Se os direitos forem desiguais ou de espécie diferente, prevalece o que deve considerar-se superior."

Na colisão de direitos em debate, a prevalência do direito do direito ao trânsito seguro sobre o direito a privacidade do trabalhador decorre do direito do reconhecimento do patamar superior do direito à vida sobre os direitos individuais, devendo-se buscar os mecanismos necessários para reconhecer a efetividade do direito fundamental prevalecente e o mínimo irredutível do direito sobreposto.

No caso concreto, deve prevalecer a realização do exame toxiológico e/ou de alcoolemia para motoristas profissionais pela Lei n. 12.619/2012, que introduziu o art. 235-B, inciso VI, na CLT, garantido, entretanto, o mínimo do direito fundamental à privacidade do trabalhador a partir da adoção da seguinte sistemática:

1 — como forma de resguardar a privacidade física do trabalhador, deve-se utilizar apenas e tão somente métodos que assegurem a incolumidade física do ombreiro, ou seja, deve-se priorizar a utilização de métodos, como que utilizem sopro, fios de cabelo soltos, urina, dentre outros, de modo a não causar qualquer trauma físico, como seria o caso da coleta de sangue;

2 — como forma de assegurar o mínimo da privacidade informacional do motorista profissional, deve o exame toxiológico e/ou de alcoolemia do programa de controle de uso de drogas e bebidas alcoólicas instituído pelo empregador ser realizado unicamente por médico, de modo que, em observância ao art.

(47) *Op. cit.*, p. 116-117.

(48) FELICIANO, Guilherme Guimarães. *Direito à prova e dignidade humana.* 1. ed. São Paulo: LTr, 2007. p. 105.

105 do Código de Ética Médica, deve o médico responsável pelos exames limitar-se a informar ao empregador se o trabalhador está apto ou não para desempenhar sua atividade profissional, considerando os parâmetros fixados no art. 306 do Código de Trânsito Brasileiro (Lei n. 9.503/1997).(49)

Bibliografia

BALTIERI, Danilo Antônio. *Tratamento farmacológico do alcoolismo*. São Paulo: Lemos, 2004.

BARROS, Juliana Augusta Medeiros de. *A utilização de meios eletrônicos no ambiente do trabalho:* a colisão entre os direitos à intimidade e à privacidade do empregado e o poder diretivo do empregador. São Paulo: LTr, 2012.

BARROSO, Luís Roberto; BARCELOS, Ana Paula de. *O começo da história:* a nova interpretação constitucional e o papel dos princípios no direito brasileiro. interpretação constitucional. 1. ed. Organizador: Virgílio Afonso da Silva. São Paulo: Malheiros, 2007.

BÍBLIA SAGRADA. Traduzida em português por João Ferreira de Almeida. 2. ed. São Paulo: Sociedade Bíblica do Brasil, 1993.

BITTAR, Carlos Alberto. *Os direitos da personalidade*. 7. ed. Rio de Janeiro: Forense Universitária, 2004.

ANCO, Paulo Gustavo Gonet; MENDES, Gilmar Ferreira; COELHO, Inocêncio Mártines *et al. Curso de direito constitucional*. 4. ed. São Paulo: Saraiva, 2009.

CANOTILHO, José Joaquim Gomes. *Direito constitucional e teoria da constituição*. 6. ed. Coimbra: Almedina, 2002.

COSTA JUNIOR, Paulo José. *O direito de estar só:* tutela penal da intimidade. 4. ed. São Paulo: Revista dos Tribunais, 2007.

DWORKIN, Ronald. *Uma questão de princípio*. Tradução de Luís Carlos Borges. São Paulo: Martins Fontes, 2005.

_______. *Levando os direitos a sério*. Tradução de Jefferson Luiz Camargo. São Paulo: Martins Fontes, 2007.

_______. *O império do direito*. Tradução de Jéferson Luiz Camargo. São Paulo: Martins Fontes, 2007.

FELICIANO, Guilherme Guimarães. *Direito à prova e dignidade humana*. 1. ed. São Paulo: LTr, 2007.

HONORATO, Cássio Mattos. *Trânsito seguro:* direito fundamental de segunda dimensão. Disponível em: <http://www.stf.jus.br/arquivo/cms/processoAudienciaPublicaAdin4103/anexo/TRANSITO_SEGURO_Direito_Fundamental__CASSIO_HONORATO__Texto_impresso_RT_911_em_Set_2011.pdf> Acesso em: 28.9.2012.

JABER FILHO, Jorge Antonio; ANDRÉ, Charles. *Alcoolismo*. Rio de Janeiro: REVINTER, 2002.

KELSEN, Hans. *Teoria pura do direito*. 7. ed. Tradução João Baptista Machado. São Paulo: Martins Fontes, 2006.

LUÑO, Antonio Enrique Pérez. *Perspectivas e tendências atuais do estado constitucional*. Tradução de José Luís Bolzan de Morais e Valéria Ribas do Nascimento. Porto Alegre: Livraria do Advogado, 2012.

MORAES, Maria Celina Bodin de. *O princípio da solidariedade*. Disponível em: <http://www.idcivil.com.br/pdf/biblioteca9.pdf> Acesso em: 28.9.2012.

SANTOS, Juliano Viali dos Santos. *Trânsito em condições seguras*. Paradigma e acepções jurídicas do art. 1º do Código de Trânsito Brasileiro. Porto Alegre: EDIPUCRS, 2009.

VIEIRA, Tatiana Malta. *O direito à privacidade na sociedade da informação:* efetividade desse direito fundamental diante dos avanços da tecnologia da informação. Dissertação de Mestrado aprovada pelos membros da banca examinadora em 14.3.2007, na Universidade de Brasília. Disponível em: <http://repositorio.bce.unb.br/bitstream/10482/3358/1/2007_TatianaMaltaVieira.pdf> Acesso em: 21.5.2012.

(49) Art. 306. Conduzir veículo automotor, na via pública, estando com concentração de álcool por litro de sangue igual ou superior a 6 (seis) decigramas, ou sob a influência de qualquer outra substância psicoativa que determine dependência.

Relação de Emprego com a Administração Pública: Equívocos da Súmula n. 363 do TST e Competência da Justiça do Trabalho(*)

Guilherme Guimarães Feliciano(**)

Resumo: O artigo advoga a revisão da Súmula n. 363/TST, propondo um novo modelo para o tratamento dos casos de contratação ilegal de empregados públicos, menos casuístico, com foco na coerência científica e no compromisso com o primado da dignidade humana.

Abstract: The paper suggests the revision of Abridgement n. 363/TST, considering a new model for the treatment of the cases of illegal contracts of public officers, less casuistic, with focus in the scientific coherence and also in the commitment with the supremacy of the human dignity.

Palavras-chave: 1. Emprego público. 2. Nulidades no Direito do Trabalho. 3. Trabalho proibido. 4. Enunciado n. 363 do Tribunal Superior do Trabalho.

I. Introdução

1. Já começam a ser potentes, nas primeiras instâncias das diversas Regiões da Justiça do Trabalho brasileira, as vozes que pedem uma modificação radical no teor exegético da Súmula n. 363 do Tribunal Superior do Trabalho. Esse sentimento comum reverberou nas primícias de maio (2006), por ocasião do XIII Congresso Nacional de Magistrados da Justiça do Trabalho, realizado na cidade de Maceió/AL. Três

(*) O presente artigo corresponde, em parte, à tese *Efeitos positivos dos contratos nulos de emprego público: distinguir o joio do trigo*, apresentada e aprovada no 2º Encontro Científico dos Magistrados da Justiça do Trabalho da 15ª Região (II Pré-CONAMAT — Bauru/SP, 31.03.2006), na 4ª Comissão do XIII Congresso Nacional de Magistrados da Justiça do Trabalho (XIII CONAMAT — Maceió/AL, 4.5.2006) e, finalmente, na **plenária do XIII CONAMAT** (Maceió/AL, 5.5.2006). A ementa conclusiva aprovada em plenária corresponde às alíneas "c", "d" e "e" da conclusão deste artigo (*infra*). Para o mais, atualizou-se o texto, quanto à competência da Justiça do Trabalho para ações de improbidade, com elementos que refletem a trajetória errática da jurisprudência superior dos anos seguintes, de 2008 até 2013.

(**) Juiz do Trabalho Titular da 1ª Vara do Trabalho de Taubaté (15ª Região), é Doutor em Direito Penal pela Faculdade de Direito da Universidade de São Paulo. Professor Associado II do Departamento de Direito do Trabalho e da Seguridade Social da Faculdade de Direito da Universidade de São Paulo. Coordenador da Pós-Graduação em Direito e Processo do Trabalho da Universidade de Taubaté. Diretor de Prerrogativas e Assuntos Jurídicos da ANAMATRA (Associação Nacional dos Magistrados do Trabalho), gestão 2013-2015. Membro da Academia Taubateana de Letras (cadeira n. 18).

Juízes do Trabalho encaminharam teses nessa precisa direção, todas aprovadas na respectiva Comissão Temática e, ao depois, na Plenária do XIII CONAMAT.

2. Há, realmente, algum *non sense* na inteligência ali sufragada. Reconhece-se a nulidade, obstativa da formação do vínculo empregatício, mas se concedem, paradoxalmente, direitos típicos daquele vínculo, como o respeito ao salário mínimo/hora e a obrigação de depositar o FGTS. Isso é mais que simplesmente prevenir o enriquecimento sem causa. Afinal, qual o critério científico dessa "seletividade" pretoriana?

3. Parece-nos, em verdade, estar faltando. Daí se pretender, com este trabalho, propugnar uma nova construção dogmática para o problema, conferindo-lhe tratamento mais sistemático e racional, compromissado com os princípios maiores da ordem constitucional em vigor.

II. O joio e o trigo. Trabalho ilícito e trabalho proibido

4. Em sede jurisprudencial, a celeuma em torno da contratação irregular de empregados públicos, ao arrepio das regras constitucionais e legais de investidura, foi resolvida pela Seção de Dissídios Individuais do C.TST no final da década de noventa. Para tanto, editou-se a Orientação Jurisprudencial n. 85 (SDI-1), depois transformada, por ato do Pleno, na Súmula n. 363[(1)]. Nada obstante, a *vexata quaestio* reclama novo dimensionamento, pelas próprias contradições inerentes à inteligência da referida súmula.

5. No Direito Civil, põe-se a *summa divisio* entre atos *nulos* e *anuláveis*, sendo *nulos* os atos jurídicos praticados por pessoas absolutamente incapazes; os atos jurídicos cujo objeto é ilícito, indeterminado ou impossível; os que não revestem a forma prescrita em lei (incluídas as solenidades *ad substanciam tantum*); os de motivo determinante comum e ilícito; os que objetivarem fraudar lei imperativa; e, finalmente, os que a lei ou a Constituição declararem nulos, ou proibirem sem cominar sanção, ou aos quais negarem efeitos (art. 166, I a VII, do NCC). *Anuláveis*, de sua parte, são os atos jurídicos emanados por agente relativamente incapaz e os eivados por vícios de consentimento (erro, dolo, coação, lesão e estado de perigo) ou por vícios sociais, i.e., simulação ou fraude (art. 171, I e II, do NCC). À luz dessas considerações, e por força do art. 37, II e § 2º, da Constituição Federal, o contrato de trabalho do servidor não concursado, abstraídas as exceções constitucionais (art. 37, II, *in fine*, V e IX), é *nulo ab ovo*. Os *efeitos* dessa nulidade, contudo, não podem ser os mesmos divisados na perspectiva civilista, porque a teoria das nulidades comporta adequações nos lindes do Direito do Trabalho (*diversidade relativa dos efeitos das nulidades*). No plano constitucional, chega-se à mesma ordem de conclusões pela interpretação sistemática das normas constitucionais de nulidade: quando o constituinte originário pretendeu obstar qualquer efeito jurídico ao ato nulo, declarou-o expressamente, como se lê no art. 231, § 6º, da CRFB (acerca das terras tradicionalmente ocupadas pelos índios):

> São nulos e extintos, não produzindo efeitos jurídicos, os atos que tenham por objeto a ocupação, o domínio e a posse das terras a que se refere este artigo, ou a exploração das riquezas naturais do solo, dos rios e dos lagos nela existentes, ressalvado relevante interesse público da União, segundo o que dispuser lei complementar, não gerando a nulidade e a extinção direito a indenização ou ações contra a União, salvo, na forma da lei, quanto às benfeitorias derivadas da ocupação de boa-fé (*g.n.*).

Não o declarou, porém, no § 2º do art. 37, conquanto pudesse fazê-lo — donde se entender que a regulação dos efeitos da nulidade ali predisposta foi reservada para o legislador in-

(1) "**Contrato nulo. Efeitos.** A contratação de servidor público, após a CF/1988, sem prévia aprovação em concurso público, encontra óbice no respectivo art. 37, II e § 2º, somente lhe conferindo direito ao pagamento da contraprestação pactuada, em relação ao número de horas trabalhadas, respeitado o valor da hora do salário mínimo, e dos valores referentes aos depósitos do FGTS."

fraconstitucional (cabendo ao Poder Judiciário, à míngua de lei ordinária, colmatar a lacuna correspondente).

6. Tradicionalmente, os que se guiavam pela OJ n. 85 e que seguem, agora, a Súmula n. 363 do C.TST evocavam, para amparar seu entendimento, o art. 158 do Código Civil de 1916 (atual art. 182 do NCC)[(2)(3)]. O referido preceito estabelece que, não sendo possível restituir as partes ao *status quo ante*, deve-se indenizá-las com o equivalente. Ocorre que o equivalente ao trabalho prestado, em sede trabalhista, não são apenas os salários, mas todos os títulos decorrentes do vínculo empregatício; caso contrário, o trabalho pessoal e não eventual prestado sob subordinação e mediante salários, na forma do art. 3º da CLT, não diferiria da mera locação de serviços (*locatio conductio operarum*), disciplinada pelos arts. 1.216 e ss. do CC/16 e pelos 594 e ss. do NCC/2002. Com efeito, é na *"locatio conductio operarum"* e nas figuras afins que a prestação de serviços preordena tão somente uma contraprestação pecuniária simples ("retribuição"), sem outros acessórios e à míngua de quaisquer garantias sociais (*ut* arts. 594 *in fine*, 597 e 603 do NCC). Eis a primeira razão pela qual as reflexões clássicas sobre a nulidade do contrato de trabalho nos casos de servidores não concursados desafiam reparos.

7. A Emenda Constitucional n. 19/98 (Reforma Administrativa) trouxe consigo modificações relevantes para o tema em comento. Ao introduzir o **princípio da eficiência** (art. 37, *caput*), o legislador colimou, entre outros objetivos, legitimar ações institucionais impopulares inspiradas no art. 41, § 1º, III (perda de cargo em procedimento de avaliação periódica de desempenho) e no art. 169, § 4º (perda de cargo para contenção de despesa pública com pessoal), ambos da CRFB. Nada obstante, cabe ao intérprete conferir sentido socialmente útil ao novel princípio, para que dele se possam extrair consequências práticas e injunções à própria Administração Pública. «Eficácia» é noção mais cara à Ciência da Administração que ao Direito. Ganha relevo, por isso, o célebre escólio de Peter Drucker[(4)] sobre *eficácia* e *eficiência*. *Eficiência* significa *"fazer as coisas certo"*; corresponde à *capacidade de minimizar o uso de recursos para alcançar os objetivos da organização* (que, no caso do Estado e de suas administrações, é *o bem comum*). Nessa medida, se a exoneração de servidores públicos (por «baixo desempenho» ou por questões orçamentárias) comprometer o bom funcionamento dos serviços públicos ou o próprio equilíbrio social (que se ressente de demissões massivas quando grassam a recessão e o franco desemprego), não estará a Administração primando pela satisfação do *bem comum* e, desse modo, desatenderá ao princípio da eficiência. Noutras palavras, de nada vale reduzir custos e não atingir os objetivos selecionados pelo constituinte originário — entre os quais a solidariedade social, o desenvolvimento nacional, a erradicação da pobreza e das desigualdades sociais e a promoção do bem comum (art. 3º, I, II, III e IV da CRFB). Estado mínimo, porém deficiente na consecução dos serviços públicos essenciais, atenta contra o *telos* constitucional, que não contempla os superávits primários ou tampouco a contenção do déficit público (esse último é um objetivo valioso, inclusive de traço legal-constitucional — *ut* Lei Complementar n. 101/2000 e arts. 163 a 169 da CRFB —, mas não é um *fundamento* da ordem constitucional e demo-

(2) "Anulado o negócio jurídico, restituir-se-ão as partes ao estado em que antes dele se achavam, e, não sendo possível restituí-las, serão indenizadas com o equivalente."

(3) 3 Nesse sentido, confira-se: "Servidor público admitido sem concurso. A admissão de servidor público sem observação de concurso público fere frontalmente o disposto no art. 37, inciso II, da Constituição, quando não se tratar de nomeação para cargo em comissão declarado em lei de livre nomeação e exoneração. Em se tratando de nulidade absoluta, opera retroativamente, por expressa disposição da lei, atuando como se o ato malsinado jamais houvesse existido. Todavia, *a contratação irregular de servidor público torna impossível a recondução das partes ao estado anterior* e, neste caso, o trabalhador tem direito aos salários do período trabalhado e mais a nenhuma outra parcela de natureza trabalhista. *Interpretação do art. 158 do Código Civil Brasileiro"* (TST, RR 165.897/95.3, ac. 1ª T. 4.608/96, Min. Ursulino Santos — *g. n.*).

(4) Cf., de PETER DRUCKER. *Managing of results.* New York: Harper & Row, 1964 e *The effective executive.* New York: Harper & Row, 1967, *passim.* Cf., ainda, STONER, James A. FR.; FREEMAN, Edward. *Administração.* 5. ed. Trad. Alves Calado. Rio de Janeiro: Prentice Hall do Brasil, 1995. p. 136.

crática em vigor). O princípio da eficiência pode, portanto, ser evocado em favor do cidadão: não há **eficiência administrativa** sem **responsabilidade social**. Isso há de valer, *e. g.*, para as demissões massivas de "não concursados".

8. Em face do art. 37 da Constituição Federal, há pelo menos três hipóteses de contratação *nula* de servidores públicos:

(a) nulidade por violação pura e simples à norma do art. 37, II, 1ª parte, da CRFB (investidura para cargos, empregos ou funções públicas, por tempo indeterminado, sem aprovação prévia em concurso público, ressalvados os cargos em comissão, de livre nomeação e exoneração);

(b) nulidade por violação oblíqua à norma permissiva do art. 37, inciso II, *in fine*, c.c. inciso V, *in fine*, da CRFB (contratação sem concurso público a pretexto de ocupação de cargos declarados em lei de livre nomeação e exoneração, em funções cujas características técnicas ou estratégicas não envolvem direção, chefia ou assessoramento)[(5)];

(c) nulidade por violação à norma permissiva do art. 37, IX, da CRFB (contratação por prazo determinado, sem concurso público, a pretexto de atender necessidade temporária de excepcional interesse público, à míngua de lei específica regulando a matéria ou em desacordo com seus preceitos). Nesse último caso, desde o momento em que se protraem ao desamparo da lei municipal, estadual ou federal, os contratos de trabalho viciam-se irremediavelmente por nulidade absoluta — o que, todavia, não fulmina direitos adquiridos no lapso contratual anterior ao exaurimento do interstício legal ou à nota de irregularidade (*utile per inutile non vitiatur*).

9. Em todas as hipóteses *supra*, se houve trabalho subordinado, oneroso, pessoal e não eventual, houve **relação de emprego** (art. 3º, *caput*, da CLT), a despeito do elemento subjetivo que informou o comportamento das partes. Daí porque, nesses casos, todos os consectários da relação de emprego são em princípio devidos (inclusive anotação em CTPS, contagem do tempo de serviço para fins previdenciários, horas extraordinárias, verbas resilitórias e FGTS), apesar da nulidade do contrato de trabalho. Isso se explica, a uma, pela incidência, na espécie, do **princípio da primazia da realidade** (que realiza, nessa medida, o princípio da dignidade da pessoa humana)[(6)]. A duas, explica-se porque ato jurídico *nulo* é algo diverso de ato jurídico *inexistente*, assim como *nulidade* e *ineficácia* são conceitos ontologicamente distintos. A Constituição Federal impinge a nulidade à contratação de servidor sem concurso público, mas *não a declara de nenhum efeito* — e a interpretação das normas constitucionais deve primar pela **máxima efetividade** das normas de direitos fundamentais[(7)] (como são as normas do art. 7º da CRFB, que definem os **direitos sociais**[(8)], típicos direitos humanos de segunda geração). Logo, a inteligência da Súmula n. 363/TST no mínimo

(5) Ou seja, cargos, empregos e funções públicas que não reclamam *especial confiança administrativa* (reservada, na expressão constitucional, "apenas às atribuições de direção, chefia e assessoramento"). É o caso, e.g., de funções públicas de *portaria* ou de *limpeza* de prédios públicos, declaradas em lei de livre nomeação e exoneração: evidencia-se, pela quebra ostensiva do **princípio da razoabilidade**, o logro dissimulado aos princípios da impessoalidade e da moralidade administrativa, não raro com vistas ao favorecimento de apaniguados ou ao empreguismo público.

(6) Princípio jurídico que também é **valor constitucional imanente** e **fundamento da República Federativa do Brasil** (art. 1º, III, CRFB). Sobre a correlação entre o princípio da primazia da realidade e o princípio da dignidade da pessoa humana, cfr., por todos, RODRIGUEZ, Américo Plá. *Princípios de direito do trabalho*. 4. tir. Trad. Wagner Giglio. São Paulo: LTr, 1996. p. 233: "Dado que o efeito principal do contrato é a prestação da atividade humana, parece claro que esse fato — que, em certo grau, *participa da dignidade procedente da natureza humana* — deve *primar sobre um elemento puramente intelectual e especulativo*, como pode ser o texto de um contrato" (ou, acresça-se, o «acordo de vontades» em um ajuste verbal).

(7) A isso se denomina **princípio da máxima efetividade**. Veja-se, por todos, CANOTILHO, J. J. Gomes. *Direito constitucional e teoria da constituição*. 3. ed. Coimbra: Almedina, 1999. p. 1151: "Este princípio, também designado por **princípio da eficiência** ou princípio da interpretação efetiva, pode ser formulado da seguinte maneira: a uma norma constitucional deve ser atribuído o sentido que maior eficácia lhe dê. É um princípio operativo em relação a todas e quaisquer normas constitucionais [...] sobretudo invocado no âmbito dos direitos fundamentais (*no caso de dúvidas deve preferir-se a interpretação que reconheça maior eficácia aos direitos fundamentais*)" (*g. n.*).

(8) Sobre o caráter fundamental dos direitos humanos sociais, que nos parece indiscutível, cf., por todos, ALEXY, Robert. *Theorie der grundrechte*. 3. aufl. Suhrkamp: Frankfurt am Main, 1996. p. 454-472; no Brasil, SARLET, Ingo Wolfgang. *A eficácia dos direitos fundamentais*. 6. ed. Porto Alegre: Livraria do Advogado, 2006. p. 56-57.

desconsidera um princípio hermenêutico elementar na aplicação das normas constitucionais. Ademais, as chamadas verbas resilitórias, assim como o Fundo de Garantia do Tempo de Serviço e o próprio direito à segurança social têm, todos, *status* constitucional, eis que previstos nos arts. 7º e 194 da Constituição (respectivamente, "Dos Direitos Sociais" e "Da Seguridade Social"); por força de uma simples *interpretação sistemática* (válida para qualquer espécie normativa), não seria razoável imaginar que a regra do art. 37, § 2º, da Constituição Federal pudesse, por si só, elidir as garantias sociais constitucionais em alguma situação concreta.

10. Por tudo isso, melhor partir-se da conhecida dicotomia entre **trabalho ilícito** e **trabalho proibido**(9) para proceder à análise dos efeitos das nulidades no âmbito da relação de emprego. Em ambos os casos, o vício do contrato está em seu ***objeto***. No primeiro caso, porém, esse objeto é **ilícito**, enquanto, no segundo caso, é **juridicamente impossível**. Conquanto na órbita do Direito Civil o efeito final de uma e outra nulidade seja idêntico, no Direito do Trabalho identificam-se consequências diversas. Têm objeto ilícito os contratos de trabalho que visem a préstimos inconciliáveis com o núcleo essencial e irredutível da dignidade humana (como, *e. g.*, a prestação de favores sexuais ou a plena disponibilidade corporal ou biológica à pessoa do contratante); também são ilícitos os contratos que visem à realização de condutas penalmente típicas (crimes ou contravenções penais *in tese*). Nessas hipóteses, não há qualquer direito em favor do "trabalhador", como tem reconhecido o C. TST em casuísticas específicas (cf., *e. g.*, a OJ n. 199 da SDI-I/TST(10)). Já por trabalho juridicamente impossível (*proibido*) compreende-se aquele em que o objeto do contrato, em si mesmo, não contém qualquer ilicitude, porque a atividade empreendida pelo laborista é intrinsecamente incensurável; nada obstante, circunstâncias extrínsecas ao próprio trabalho têm o condão de torná-lo *proibido* (*v. g.*, a idade do trabalhador, a sua condição de imigrante ilegal ou o não cumprimento de formalidades exigidas pela legislação). Nesses casos, **até que a nulidade seja declarada, o pacto laboral deve surtir todos os efeitos legais**, exatamente porque é impossível restituir-se ao trabalhador o *status quo ante* (art. 182 do NCC). Tal compreensão é pacífica quando se trata, p. ex., de empregado menor de dezesseis anos (*vide* art. 7º, XXXIII, da CRFB).

11. As três hipóteses de contratação nula junto à Administração (item 8, *supra*) configuram, em princípio, hipóteses de **trabalho proibido**, já que as funções exercidas geralmente não são, em si mesmas, ilícitas (magistério, vigilância, portaria, assessoramento, direção veicular, serviços gerais etc. (11)). Diante disso, todos os consectários do contrato são devidos ao trabalhador, até que se declare a nulidade. Já não será assim, porém, se o contrato celebrado for concretamente **ilícito** (caso dos «funcionários-fantasmas» e das atividades escusas financiadas com dinheiro público).

12. A casuística demonstra, de outra parte, que ao dispensar servidores admitidos sem prévio concurso público, as prefeituras municipais usualmente se limitam a romper o contrato de trabalho, sem justa causa do empregado (**resilição unilateral**). É que se a Administração não declara a nulidade da contratação (Súmula n. 346/STF) mediante ato administrativo de igual ou superior hierarquia à daquele pelo qual investiu o servidor (*unumquodque dissolvitur eo modo quod fuerit colligatum*), tecnicamente não terá *rescindido* o contrato (a **rescisão** é a moda-

(9) Sobre essa distinção, leia-se, por todos, MAGANO, Octavio Bueno. *Direito individual do trabalho*. 4. ed. São Paulo: LTr, 1993. p. 202-203.

(10) "Jogo do bicho. Contrato de trabalho. Nulidade. Objeto ilícito. Arts. 82 e 145 do Código Civil" (8.11.2000). Mas, em alguns Regionais, já se julgou em sentido contrário.

(11) São todos serviços concretamente prestados ao ensejo de contratos de trabalho nulos celebrados em diversos Municípios do Estado de São Paulo. A informação provém da experiência pessoal do Autor, na condição de Juiz do Trabalho da Décima Quinta Região, ao longo de quinze anos de carreira.

lidade de extinção contratual própria dos casos de nulidade[(12)]), mas, antes, ter-se-á cingido à **resilição** (= denúncia vazia); e se simplesmente *resile* o contrato de trabalho, é porque o pacto prossegue surtindo seus integrais efeitos até o fim — inclusive os decorrentes da resilição unilateral por iniciativa do empregador (títulos resilitórios: aviso-prévio indenizado, verbas proporcionais, indenização de 40% sobre o FGTS depositado etc.).

13. A boa-fé do trabalhador deve ser sempre presumida (art. 113 do NCC), mas à Administração Pública abre-se a possibilidade de comprovar que houve, na contratação irregular, **conluio** entre o servidor contratado e o administrador ímprobo. Se lograr prová-lo, elidindo a presunção de boa-fé, eximir-se-á da obrigação de quitar os direitos trabalhistas, já que se configura um tipo de *fraude* muito comum, apta a contaminar o objeto mesmo do contrato. Isso porque, amiúde, a conduta concertada do servidor e do administrador ímprobo admite subsunção à tipologia do Direito Penal (notadamente arts. 171, 317, 319, 321, 328, 332 e/ou 333 do Código Penal). Nessas circunstâncias, impõe-se negar qualquer efeito trabalhista típico ao pacto laboral, aplicando *in totum* a inteligência da Súmula n. 363 do C. TST na redação original (prevenindo, no limite, o enriquecimento sem causa), ou mesmo — a depender da hipótese — recusando a própria retribuição pecuniária dos supostos serviços (como, *e.g.*, no caso dos "funcionários-fantasmas").

14. O administrador que, por dolo ou culpa (negligência/imprudência), contrata servidores sem lhes exigir a prévia aprovação em concurso público de provas ou de provas e títulos, fazendo tábula rasa da norma constitucional inserta no art. 37, II, incorre em **ato de improbidade administrativa** (art. 11 da Lei n. 8.429 de 2.6.1992[(13)]). Cabe ao magistrado trabalhista, em atenção ao art. 37, §§ 2º e 4º — que determina a *punição* das autoridades públicas pelos atos de improbidade em geral e pela inobservância *in specie* das formalidades do art. 37, II e III —, oficiar aos órgãos do Ministério Público Estadual (se se tratar de autoridade administrativa municipal ou estadual) ou Federal (se se tratar de autoridade federal), com cópia da sentença condenatória e dos demais elementos de convicção amealhados, visando ao ajuizamento, pelo *Parquet*, da competente **ação civil pública de improbidade**. Poder-se-á obter, assim, o ressarcimento do erário.

15. Tais ações de improbidade, ademais, *podem* e *devem* ser ajuizadas *na própria Justiça do Trabalho*, eis que inequivocamente se trata, nesses casos, de *ações oriundas das relações de trabalho* — na espécie, *relações de emprego* irregularmente estabelecidas entre órgãos públicos e trabalhadores comuns —, sendo parte um *ente da administração pública direta ou indireta da União, dos Estados, do Distrito Federal e dos Municípios*, como prevê o art. 114, I, da CRFB, na redação da EC n. 45/2004. A diferença é que este ente público ora poderá figurar como *autor*, ao lado do Ministério Público Federal ou do Trabalho, e ora poderá figurar como *réu*, ao lado do próprio *administrador ímprobo* (o que, aliás, não causa qualquer espécie; em casos de assédio moral ou

(12) GOMES; GOTTSCHALK chegaram a sustentar que "em Direito do Trabalho não oferece interesse a distinção que a doutrina faz entre rescisão e resilição, já que a nulidade determinante da rescisão não se opera retroativamente no contrato de trabalho" (GOMES, Orlando; GOTTSCHALK, Elson. *Curso de direito do trabalho.* 14. ed. Rio de Janeiro: Forense, 1996. p. 356, nota n. 2). Como se vê, isso não é verdadeiro: saber se a hipótese é de *resilição* (denúncia vazia) ou de *rescisão* (em virtude de nulidade) tem interesse para aferir o direito do trabalhador a, p. ex., receber certos títulos resilitórios (aviso prévio indenizado, indenização de 40% sobre FGTS), que só seriam devidos em caso de resilição espontânea e não motivada. Com efeito, não haveria sentido em se admitir que a Administração declare a nulidade dos contratos celebrados (Súmula n. 346/STF) e, ao mesmo tempo, exigir-lhe que mantenha esse contrato por mais trinta dias (art. 487, II, da CLT), apesar dos vícios. Feriria o princípio da moralidade administrativa (art. 37, *caput*, da CRFB).

(13) Em todos os casos, o administrador obra com improbidade por violação aos deveres de honestidade e imparcialidade, que correspondem, respectivamente, aos *princípios da moralidade administrativa* e da *impessoalidade*, visados pelo art. 11 da Lei n. 8.429/92. Assim, p. ex., se o administrador contrata uma leva de servidores sem ao menos realizar o concurso público, *deixa de praticar, indevidamente, ato de ofício* (art. 11, II da Lei n. 8.429/92). Se, por outro lado, realiza o certame, mas admite pessoas que não foram aprovadas ou classificadas, ou as admite ao arrepio da classificação geral, ou se, ademais, permite o vazamento de informações para favorecer alguns inscritos, *frustra-se a licitude de concurso público* (art. 11, V, da Lei n. 8.429/92).

sexual, *mutatis mutandis*, é cada vez mais recorrente o ajuizamento de ações indenizatórias em face do empregador *e* do assediador, em regime de solidariedade passiva).

16. A tese da competência da Justiça do Trabalho para as ações de improbidade derivadas de vícios de contratação de empregados públicos e/ou de sonegação coletiva de direitos sociais tem sido admitida em diversos tribunais regionais do trabalho, merecendo referência, pela quantidade de julgados e pela qualidade da construção teórica, o Tribunal Regional do Trabalho da 14ª Região (Rondônia e Acre). Infelizmente, porém, o Tribunal Superior do Trabalho não tem revelado a mesma sensibilidade constitucional. Cite-se e reproduza-se, no particular, recentíssimo julgado da relatoria da Min. Maria de Assis Calsing, assim ementado:

> RECURSO DE REVISTA. INCOMPETÊNCIA DA JUSTIÇA DO TRABALHO. AÇÃO DE IMPROBIDADE ADMINISTRATIVA. CONTRATAÇÃO SEM REALIZAÇÃO DO CONCURSO PÚBLICO. IMPOSIÇÃO DE SANÇÕES PENAIS E ADMINISTRATIVAS. Cinge-se a controvérsia em averiguar a competência da Justiça Trabalhista para apreciar e julgar demanda que discute a prática de ato de improbidade administrativa por parte da autoridade pública que efetivou contratações de médicos, por meio de empresa interposta, sem a realização de concurso público. A EC n. 45/2004, ao conferir nova redação ao inciso I do art. 114, ampliou a competência da Justiça Laboral para processar e julgar "as ações oriundas da relação de trabalho, abrangidos os entes de direito público externo e da administração pública direta e indireta da União, dos Estados, do Distrito Federal e dos Municípios". Conforme se depreende da redação do referido preceito constitucional, a competência desta Justiça Especializada abrange o conhecimento de ações envolvendo os "entes da administração pública". Ora, por "entes da administração pública", devem ser entendidas as pessoas jurídicas de direito público ou privado e não as pessoas físicas que praticam atos em nome das referidas pessoas jurídicas. Isso porque, ante o princípio da impessoalidade, o ato é praticado pela pessoa jurídica em que se encontra inserida a pessoa física (agente político ou público). Dessarte, **a Justiça do Trabalho não tem competência para processar e julgar ações quando se busca responsabilizar pessoalmente o agente político ou público e não o ente da Administração Pública.** Recurso de Revista conhecido e desprovido (TST, RR n. 3035120125090411 303-51.2012.5.09.0411, 4ª T., rel. Maria De Assis Calsing, j. 12.6.2013, *in* DEJT 14.06.2013 — *g.n.*).

Aduza-se, por oportuno, ser da pacífica doutrina nacional, como também da jurisprudência consolidada do Supremo Tribunal Federal (v., *e. g.*, ADI n. 2.797/DF), o entendimento de que a Lei n. 8.429/92 não traz, em seu bojo, qualquer sanção estritamente *penal* (embora muitos dos atos de improbidade nela descritos possam configurar, concomitantemente com os próprios ilícitos administrativos, também *crimes contra a Administração Pública* — peculato, corrupção passiva, prevaricação, concussão etc. —, sobretudo nos casos dos arts. 9º e 10 da Lei de Improbidade). Ao revés, são todas sanções de natureza *civil* e/ou *administrativa*. Daí que, ao contrário do que se poderia concluir a partir da atecnia da ementa, o fato de o Supremo Tribunal Federal ter *excluído a competência penal da Justiça do Trabalho*, em sede de interpretação conforme à Constituição (ADI n. 3684/DF, rel. Min. Cezar Peluso), *não há qualquer óbice constitucional a que a Justiça do Trabalho conheça de ações de improbidade*.

17. Não foi outro, ademais, o entendimento do próprio Supremo Tribunal Federal, no ano de 2008, em decisão monocrática da lavra do Ministro Gilmar Mendes, então presidente, com base no art. 13, VIII, do RI/STF. Na ocasião, compreendeu-se que **as ações de improbidade administrativa são de natureza cível e não penal;** consequentemente, **podem ser processadas e julgadas pela Justiça do Trabalho, sem qualquer afronta à Constituição Federal**. É o que se lê nos autos da Reclamação n. 6.237-6, em que se indeferiu pedido liminar do Estado de Santa Catarina e da empresa SC Gás que tencionava cassar decisões proferidas pela 1ª Vara do Trabalho de Florianópolis em três ações de improbidade movidas pelo Ministério Público do Trabalho contra a SC Gás e seus administradores. *In verbis*:

O Estado de Santa Catarina ajuíza reclamação, com pedido de liminar, em face das decisões liminares na Ação Civil Pública de Improbidade Administrativa n. 3910-2008-001-12-00-0 e na Ação Cautelar n. 39006-2008-001-12-00-2 e do despacho na Ação de Execução de Título Extrajudicial n. 3908-2008-001-12-00-1, decisões proferidas pelo Juiz da 1ª Vara do Trabalho de Florianópolis/SC.

Na decisão liminar nos autos da Ação Civil Pública de Improbidade Administrativa, o juízo da 1ª Vara do Trabalho determinou que fossem tornados indisponíveis os bens imóveis registrados em nome dos réus, à exceção da SCGás, a citação dos réus, a intimação do requerente, do Estado de Santa Catarina e do Ministério Público junto ao Tribunal de Contas do Estado (fls. 36-40).

Nos autos da Ação Cautelar, o juiz trabalhista deferiu parcialmente a liminar para que a ré, por seus gestores: a) afaste todo funcionário comissionado, autônomo, licitado, trabalhador contratado ou arregimentado por outra forma que não a aprovação em concurso público; b) convoque os aprovados no Concurso Público — Edital SCGAS n. 1/2006; c) abstenha-se de contratar, autorizar, ou por qualquer meio, tomar mão de obra de qualquer entidade interposta para prover atividade que não aquelas permitidas na Súmula n. 331 do TST; d) abstenha-se de promover a terceirização da atividade-fim; e) suspenda todos os contratados de terceirização, de prestação de serviços especializados, ou qualquer outro pacto que implique a realização de atividade abrangida pelos cargos para os quais foi realizado concurso público; f) afaste os comissionados admitidos em burla da chamada dos aprovados no concurso público; g) junte a nominata e o quantitativo do pessoal terceirizado; h) renove o prazo de validade do concurso público Edital n. 001/2006; i) comunique a todos os aprovados o teor desta decisão liminar (fls. 79-88).

O despacho nos autos da Ação de Execução de Título Extrajudicial determinou a citação da SC GÁS para que cumpra o item "b" do Termo de Ajuste de Conduta n. 295/03 imediatamente; para que cumpra o item "c" do Termo de Ajuste de Conduta n. 295/03, no prazo de trinta dias (fls. 11-112).

O Estado de Santa Catarina afirma que o Ministério Público do Trabalho está processando os administradores da SC GÁS com base em crime de improbidade administrativa na Justiça do Trabalho. Sustenta que improbidade administrativa é matéria penal, segundo orientação da Rcl 2.138/DF e, portanto, não pode ser processada na Justiça do Trabalho.

Alega-se, em síntese, que os atos impugnados afrontam a decisão proferida pelo Supremo Tribunal Federal na ADI-MC n. 3.684/DF, Relator Cezar Peluso, *DJ* 3.8.2007, que declarou a incompetência da Justiça do Trabalho para processar e julgar ações penais.

Pede-se, ao final, a concessão de medida liminar para o fim de cassar todas as decisões, presentes e futuras (inclusive inquérito da polícia federal que resultar dessas ações) que o juiz da 1ª Vara do Trabalho de Florianópolis proferir na ADIV 3910-2008-001-12-00-0, AC 3910-20008-001-12-00-0 e Ação de Execução 3908-2008-001-12-00-1.

Decido.

Embora cause estranheza o fato da Justiça do Trabalho se considerar competente para processar e julgar ação de improbidade administrativa contra dirigentes de Sociedade de Economia Mista por violação ao art. 37, II, da Constituição, em um primeiro exame, a decisão reclamada não parece afrontar qualquer decisão desta Corte Suprema capaz de ensejar a propositura de Reclamação.

No caso, a decisão impugnada não aparenta ter violado o acórdão proferido pelo Pleno deste Tribunal na ADI-MC n. 3.684/DF:

"EMENTA: COMPETÊNCIA CRIMINAL. **Justiça do Trabalho. Ações penais. Processo e julgamento. Jurisdição penal genérica. Inexistência. *Interpretação conforme* dada ao art. 114, incs. I, IV e IX, da CF, acrescidos pela EC n. 45/2004. Ação direta de inconstitucionalidade. Liminar deferida com efeito *ex tunc*.** O disposto no art. 114, incs. I, IV e IX, da Constituição da República, acrescidos pela Emenda Constitucional n. 45, não atribui à Justiça do Trabalho competência para processar e julgar ações penais."

Ademais, esta Corte, no julgamento da ADI n. 2.797/DF, assentou o entendimento segundo o qual as ações de improbidade administrativa são de natureza cível:

"EMENTA: (...) IV. Ação de improbidade administrativa: extensão da competência especial por prerrogativa de função estabelecida para o processo penal condenatório contra o mesmo dignitário (§ 2º do art. 84 do C P Penal introduzido pela Lei n. 10.628/2002): declaração, por lei, de competência originária não prevista na Constituição: inconstitucionalidade. 1. No plano federal, as hipóteses de competência cível ou criminal dos tribunais da União são as previstas na Constituição da República ou dela implicitamente decorrentes, salvo quando esta mesma remeta à lei a sua fixação. 2. Essa exclusividade constitucional da fonte das competências dos tribunais federais resulta, de logo, de ser a Justiça da União especial em relação às dos Estados, detentores de toda a jurisdição residual. 3. Acresce que a competência originária dos Tribunais é, por definição, derrogação da competência ordinária dos juízos de primeiro grau, do que decorre que, demarcada a última pela Constituição, só a própria Constituição a pode excetuar. 4. Como mera explicitação de competências originárias implícitas na Lei Fundamental, à disposição legal em causa seriam oponíveis as razões já aventadas contra a pretensão de imposição por lei ordinária de uma dada interpretação constitucional. **5. De outro lado, pretende a lei questionada equiparar a ação de improbidade administrativa, de natureza civil (CF, art. 37, § 4º), à ação penal contra os mais altos dignitários da República, para o fim de estabelecer competência originária do Supremo Tribunal, em relação à qual a jurisprudência do Tribunal sempre estabeleceu nítida distinção entre as duas espécies.** 6. Quanto aos Tribunais locais, a Constituição Federal — salvo as hipóteses dos seus arts. 29, X e 96, III —, reservou explicitamente às Constituições dos Estados-membros a definição da competência dos seus tribunais, o que afasta a possibilidade de ser ela alterada por lei federal ordinária. V. Ação de improbidade administrativa e competência constitucional para o julgamento dos crimes de responsabilidade. **1. O eventual acolhimento da tese de que a competência constitucional para julgar os crimes de responsabilidade haveria de estender-se ao processo e julgamento da ação de improbidade, agitada na Rcl 2.138, ora pendente de julgamento no Supremo Tribunal, não prejudica nem é prejudicada pela inconstitucionalidade do novo § 2º do art. 84 do C. Pr. Penal.** 2. A competência originária dos tribunais para julgar crimes de responsabilidade é bem mais restrita que a de julgar autoridades por crimes comuns: afora o caso dos chefes do Poder Executivo — cujo impeachment é da competência dos órgãos políticos — a cogitada competência dos tribunais não alcançaria, sequer por integração analógica, os membros do Congresso Nacional e das outras casas legislativas, aos quais, segundo a Constituição, não se pode atribuir a prática de crimes de responsabilidade. 3. Por outro lado, ao contrário do que sucede com os crimes comuns, a regra é que cessa a imputabilidade por crimes de responsabilidade com o termo da investidura do dignitário acusado." (sem grifo no original)

Registre-se, como foi consignado no julgamento da referida Ação Direta, que os entendimentos firmados nas RCL n. 2.138/DF e RCL n. 2.186/DF se referem unicamente ao regime de responsabilização dos agentes políticos, o que não é o caso dos autos.

Nestes termos, indefiro a medida liminar. (STF, Recl. n. 6237-6, Decisão Liminar, Min. GILMAR MENDES, j. 15.7.2008 — grifos nossos, negritos no original)

18. E não pode ser outra, com todas as vênias, a interpretação mais consentânea com os conteúdos programáticos da Constituição da República e com a própria repaginação ideológica da Justiça do Trabalho, após o advento da EC n. 45/2004. Interpretações conservadoras, neste particular, estarão sendo fieis a um modelo restrito de jurisdição laboral, de cunho eminentemente classista (porque definido *"a parte subjecti"*), que nem sequer existe mais na ordem jurídica nacional.

III. Conclusão

19. A Administração Pública, na forma da Súmula n. 346 do STF, pode declarar a nulidade de seus próprios atos. No caso de contratação pública sem concurso (fora dos casos permitidos), a nulidade que se verifica pertence àquela segunda espécie do item 10 (= impossibilidade jurídica do objeto): trata-se de trabalho proibido por ausência de formalidade, não de trabalho ilícito. Dessarte, **o contrato de trabalho deve produzir efeitos regulares até que sua nulidade seja decretada pela Administração** (efeitos *ex nunc*), ou se estaria sufragando enriquecimento sem causa do empregador público, em detrimento da legislação em vigor (arts. 884 a 886 do NCC). Com efeito, eventuais reflexos *ex tunc* da declaração de nulidade jamais aproveitariam ao empregado, que não pode ter de volta a força de trabalho despendida (art. 182 do NCC). Ser-lhe-ão devidos, portanto, todos os consectários do contrato de emprego, o que abrange o pagamento de horas normais e extraordinárias, o FGTS, os adicionais de remuneração (insalubridade, periculosidade, transferência, etc.), as contribuições sociais de empregador e inclusive as verbas resilitórias (exceto quando a Administração Pública **rescindir** o contrato de trabalho com fundamento na nulidade, mediante ato administrativo de hierarquia igual ou superior àquele da investidura: nesse caso, deixam de ser devidos o aviso-prévio indenizado e a indenização de 40% sobre o FGTS). Há que distinguir, ademais, entre as contratações meramente irregulares (nas quais não há a figura do "apaniguado" e tampouco interferem elementos de corrupção, advocacia administrativa ou tráfico de influência) e as contratações maliciosas (eivadas de má-fé e amiúde criminosas).

20. Por conseguinte, e na mesma esteira, convém concluir, em síntese e arremate, que:

(a) a inteligência da Súmula n. 363 do TST merece reparos, pois trata indiscriminadamente de duas situações substancial e axiologicamente diversas, a saber, a do contratado de boa-fé e a do "apaniguado";

(b) o tratamento dado pela Súmula n. 363 a tantos quantos são, de boa-fé, admitidos sem concurso, não atende ao seu alegado fundamento (art. 182/NCC), uma vez que não há indenização pelo "equivalente", mas antes pelo que seria devido em uma *locatio conductio operarum*, tisnando o princípio da primazia da realidade;

(c) Os contratos de emprego público celebrados sem concurso são nulos de pleno direito. Mas não são nulos por engendrarem trabalho *ilícito* e sim por engendrarem trabalho meramente *proibido* (ausência de formalidade essencial à investidura). Logo, a nulidade só pode gerar efeitos *ex nunc*;

(d) Em vista disso, e ante a necessária concordância prática entre o princípio da eficiência administrativa e o primado da responsabilidade social, conclui-se que os contratos nulos de emprego público devem produzir seus efeitos regulares até a decretação da nulidade pela própria Administração (Súmula n. 346/STF) ou pelo Poder Judiciário, mas sempre com efeitos *ex nunc*. São devidos ao trabalhador de boa-fé todos os consectários do contrato de emprego, o que abrange o pagamento de horas normais e extraordinárias, o FGTS, os adicionais de remuneração, as contribuições sociais de empregador e inclusive as verbas resilitórias;

(e) O erário deve ser ressarcido pelo administrador público que, violando o princípio da acessibilidade à função pública mediante concursos isentos, perpetrou ato de improbidade (art. 11 da Lei n. 8.429/92) e deve ser acionado pelo Ministério Público, no foro próprio, mediante provocação do Juiz do Trabalho;

(f) As ações de improbidade movidas em razão desses ilícitos devem ser processadas e julgadas no âmbito da própria Justiça do Trabalho;

(g) Nos casos de má-fé (como, *e. g.*, nos "apadrinhamentos"), tratando-se de *trabalho ilícito* (que tende a consubstanciar, direta ou indiretamente, crime ou contravenção penal), eventual direito do favorecido restringe-se à mera contraprestação do trabalho, sem vinculação ao salário mínimo ou incidência de FGTS; e, não raro, tal direito sequer existirá (como, *e. g.*, na hipótese de "funcionários-fantasmas").

IV. Bibliografia

ALEXY, Robert. *Theorie der grundrechte*. 3. aufl. Frankfurt am Main: Suhrkamp, 1996.

CANOTILHO, J. J. Gomes. *Direito constitucional e teoria da constituição*. 3. ed. Coimbra: Almedina, 1999.

DRUCKER, Peter. *Managing of results*. New York: Harper & Row, 1964.

______ . *The effective executive*. New York: Harper & Row, 1967.

GOMES, Orlando; GOTTSCHALK, Élson. *Curso de direito do trabalho*. 14. ed. Rio de Janeiro: Forense, 1996.

MAGANO, Octavio Bueno. *Direito individual do trabalho*. 4. ed. São Paulo: LTr, 1993.

PLÁ RODRIGUEZ, Américo. *Princípios de direito do trabalho*. 4. tir. Trad. Wagner Giglio. São Paulo: LTr, 1996.

SARLET, Ingo Wolfgang. *A eficacia dos direitos fundamentais*. 6. ed. Porto Alegre: Livraria do Advogado, 2006.

STONER, James A. F.; FREEMAN, R. Edward. *Administração*. 5. ed. Trad. Alves Calado. Rio de Janeiro: Prentice Hall do Brasil, 1995.

Limitação de Jornada do Trabalhador Doméstico: Análise Crítica à luz da Dignidade Humana, da Declaração Universal dos Direitos Humanos e das Novas Diretrizes da OIT

IGOR CARDOSO GARCIA(*)

"Somos o país do 'elevador de serviço' para pobres e pretos; do 'sabe com quem está falando'; dos quartos de empregada sem ventilação, do tamanho de armários nos apartamentos da classe média, reprodução contemporânea do espírito da 'casa grande e senzala'."(1)

1. Introdução

Eis que está aí, o trabalho doméstico, como um dos temas do momento.

Vem à tona com toda a força, em um turbilhão de críticas e reflexões instaladas pela Organização Internacional do Trabalho — OIT, que ousou hastear a bandeira da dignidade e firmar, não sem algum atraso, que, definitivamente, os trabalhadores domésticos precisam ser arrancados desse terrível espectro de categoria de dimensão inferior que muitos de nós, ainda que involuntariamente, insiste em cultivar e perpetrar.

Todavia, ousamos discordar da tese específica de que o trabalhador doméstico brasileiro não tem limite de jornada. Não que a atitude da OIT, nesse particular, seja equivocada. É deveras importante e elogiosa. Mas o que pretendemos expor, neste breve texto, é uma linha de raciocínio que, por mais incrível que pareça, deveria ser um tanto quanto óbvia: no Brasil, de *lege lata*, trabalhador doméstico tem, sim, limite de jornada. E, ao contrário do que pensam muitos, essa assertiva jurídica em nada atrita com a Carta Constitucional vigente.

Para demonstrar isso, nosso foco, como sempre, há de partir da Constituição Federal, em toda a densidade axiológica que lhe dá vida e significado, convictos que somos que ela, a Constituição Federal, há de ser, sempre, nosso *locus* hermenêutico por excelência. Vejamos, então.

(*) Juiz do Trabalho Substituto (TRT da 2ª Região). Pós-graduado em Direito Processual do Trabalho.

(1) SARMENTO, Daniel. *Direitos fundamentais e relações privadas*. 2. ed. Rio de Janeiro: Lumen Juris, 2010.

2. *Compreendendo o caput do art. 7º da Constituição da República: A cláusula de fomento a um contínuo avanço social e a figura geral do homem enquanto trabalhador*

Prevê o *caput* do art. 7º da Constituição Federal o seguinte:

> "Art. 7º São direitos dos trabalhadores urbanos e rurais, **além de outros que visem à melhoria de sua condição social**: (...)." (grifo nosso)

Longe de ser apenas uma indicação de possibilidade de ampliação de direitos, o trecho em destaque encerra verdadeiro mandamento de otimização, verdadeira cláusula de fomento a um contínuo avanço social. Trata-se da previsão constitucional de verdadeiro *princípio da progressividade dos direitos sociais*.

E não poderia ser diferente. O Estado Democrático e Social de Direito busca o constante avanço das relações sociais, com efetivo combate à qualquer tipo de discriminação não justificada e às desigualdades sociais.

O princípio da progressividade dos direitos sociais dá guarida, na seara laboral, à possibilidade de normas infraconstitucionais garantirem direitos superiores aos previstos na Constituição Federal sem que venham a ofendê-la, inexistindo inconstitucionalidade ou não recepção por esse exato motivo, o que, no Direito do Trabalho, é conhecido como *princípio da aplicação da norma mais benéfica*.

Trata-se de verdadeira inversão da pirâmide imaginada por Hans Kelsen[2]. No que toca aos *trabalhadores*, ocupa o ápice da pirâmide a norma que garante *melhores* direitos sociais, ainda que de menor "*status* jurídico". Assim é que, no Direito do Trabalho, ao contrário da maioria dos demais ramos do Direito, pode uma norma infraconstitucional, inclusive um acordo ou convenção coletiva, prevalecer sobre o quanto previsto na Constituição Federal, desde que mais benéfico aos trabalhadores, e tudo sem que haja qualquer tipo de afronta à Carta Magna.

Ao revés, busca o Estado Democrático e Social de Direito a constante melhoria dos direitos sociais, o seu constante avanço e, para isso, garante um mínimo de direitos sociais que deve ser continuamente majorado, seja por Emenda Constitucional, seja por Leis Ordinárias, seja por Tratados Internacionais. O que importa, no fundo, é a constante melhoria dos direitos sociais[3].

O conteúdo jurídico do princípio da progressividade dos direitos sociais estabelece em síntese que, nessa temática, não possuem validade as leis (em sentido amplo) editadas em prejuízo do atual arcabouço de direitos sociais sem uma devida compensação[4]. Não se pode piorar, em termos legais, as condições sociais das pessoas, notadamente dos trabalhadores.

Assim é que não se admite Emenda Constitucional visando à majoração da jornada de trabalho, o que equivaleria a regredir na temática de direitos sociais, situação vedada também pelo art. 60, § 4º, IV, da Constituição Federal[5].

---

(2) Na obra *Teoria pura do direito*, da Editora Martins Fontes, São Paulo.

(3) Sabe-se que os *direitos trabalhistas* são direitos efetivamente sociais e foram inseridos no Título II (Dos Direitos e Garantias Fundamentais) da Constituição Federal, constituindo-se, pois, em cláusulas pétreas, a teor do disposto no art. 60, § 4º, IV, da Constituição Federal.

(4) José Joaquim Gomes Canotilho diz que o princípio da vedação do retrocesso significa que é inconstitucional qualquer medida tendente a revogar os direitos sociais já regulamentados, **sem a criação de outros meios alternativos capazes de compensar a anulação desses benefícios**. *Direito constitucional e teoria da constituição*. 5. ed. Coimbra: Almedina, 2002. p. 336, *apud* MARMELSTEIN, George. *Curso de direitos fundamentais*. 3. ed. São Paulo: Atlas, 2011. p. 303. (grifo nosso)

(5) "Art. 60. A Constituição poderá ser emendada mediante proposta: (...) § 4º **Não será objeto de deliberação a proposta de emenda tendente a abolir**: I — a forma federativa de Estado; II — o voto direto, secreto, universal e periódico; III — a separação dos Poderes; IV — **os direitos e garantias individuais**." (...) (grifo nosso). A interpretação de tal artigo nos revela que não apenas os direitos e garantias individuais constantes do art. 5º da Constituição Federal não podem ser objeto de emenda, mas em verdade todo o Capítulo II da CF. Nesse sentido a posição de George Marmelstein, *in verbis*: "pode-se concluir que todos os direitos fundamentais são protegidos pela 'garantia da eternidade' e não apenas os previstos no art. 5º da Constituição" e, mais à frente, "**não há possibilidade jurídica de revogar direitos trabalhistas sem ferir o núcleo imutável da Constituição Federal de 1988**, sendo inconstitucional qualquer proposta de emenda constitucional nesse sentido, salvo se forem criados instrumentos compensatórios aos trabalhadores prejudicados com a supressão dos direitos". *Curso de direitos fundamentais*. 3. ed. São Paulo: Atlas, 2011. p. 302. (grifo nosso)

Aliás, o Supremo Tribunal Federal já decidiu que a alteração da licença gestante, prevista no art. 7º, XVIII, da Constituição Federal, com o escopo de limitar o teto de pagamento do benefício pelo INSS, não pode ser realizada, pois a garantia está protegida pelo disposto no art. 60, § 4º, IV, da Constituição Federal. Ainda que não haja pronunciamento expresso acerca de todo o Título II (Dos Direitos e Garantias Fundamentais) da Constituição Federal constituir-se núcleo imutável — cláusulas pétreas — parece ser esse o caminho que o STF seguirá. Vejamos a ementa do citado acórdão:

"EMENTA: — DIREITO CONSTITUCIONAL, PREVIDENCIÁRIO E PROCESSUAL CIVIL. LICENÇA-GESTANTE. SALÁRIO. LIMITAÇÃO. AÇÃO DIRETA DE INCONSTITUCIONALIDADE DO ART. 14 DA EMENDA CONSTITUCIONAL N. 20, DE 15.12.1998. ALEGAÇÃO DE VIOLAÇÃO AO DISPOSTO NOS ARTS. 3º, IV, 5º, I, 7º, XVIII, E 60, § 4º, IV, DA CONSTITUIÇÃO FEDERAL. 1. O legislador brasileiro, a partir de 1932 e mais claramente desde 1974, vem tratando o problema da proteção à gestante, cada vez menos como um encargo trabalhista (do empregador) e cada vez mais como de natureza previdenciária. Essa orientação foi mantida mesmo após a Constituição de 5.10.1988, cujo art. 6º determina: a proteção à maternidade deve ser realizada "na forma desta Constituição", ou seja, nos termos previstos em seu art. 7º, XVIII: "licença à gestante, sem prejuízo do empregado e do salário, com a duração de cento e vinte dias". 2. Diante desse quadro histórico, não é de se presumir que o legislador constituinte derivado, na Emenda n. 20/98, mais precisamente em seu art. 14, haja pretendido a revogação, ainda que implícita, do art. 7º, XVIII, da Constituição Federal originária. Se esse tivesse sido o objetivo da norma constitucional derivada, por certo a EC n. 20/98 conteria referência expressa a respeito. **E, à falta de norma constitucional derivada, revogadora do art. 7º, XVIII, a pura e simples aplicação do art. 14 da EC n. 20/98, de modo a torná-la insubsistente, implicará um retrocesso histórico, em matéria social-previdenciária, que não se pode presumir desejado**. 3. Na verdade, se se entender que a Previdência Social, doravante, responderá apenas por R$ 1.200,00 (hum mil e duzentos reais) por mês, durante a licença da gestante, e que o empregador responderá, sozinho, pelo restante, ficará sobremaneira, facilitada e estimulada a opção deste pelo trabalhador masculino, ao invés da mulher trabalhadora. Estará, então, propiciada a discriminação que a Constituição buscou combater, quando proibiu diferença de salários, de exercício de funções e de critérios de admissão, por motivo de sexo (art. 7º, inc. XXX, da CF/88), proibição, que, em substância, é um desdobramento do princípio da igualdade de direitos, entre homens e mulheres, previsto no inciso I do art. 5º da Constituição Federal. Estará, ainda, conclamado o empregador a oferecer à mulher trabalhadora, quaisquer que sejam suas aptidões, salário nunca superior a R$ 1.200,00, para não ter de responder pela diferença. Não é crível que o constituinte derivado, de 1998, tenha chegado a esse ponto, na chamada Reforma da Previdência Social, desatento a tais consequências. Ao menos não é de se presumir que o tenha feito, sem o dizer expressamente, assumindo a grave responsabilidade. 4. A convicção firmada, por ocasião do deferimento da Medida Cautelar, com adesão de todos os demais Ministros, ficou agora, ao ensejo deste julgamento de mérito, reforçada substancialmente no parecer da Procuradoria Geral da República. 5. Reiteradas as considerações feitas nos votos, então proferidos, e nessa manifestação do Ministério Público federal, a Ação Direta de Inconstitucionalidade é julgada procedente, em parte, para se dar, ao art. 14 da Emenda Constitucional n. 20, de 15.12.1998, interpretação conforme à Constituição, excluindo-se sua aplicação ao salário da licença gestante, a que se refere o art. 7º, inciso XVIII, da Constituição Federal. 6. Plenário. Decisão unânime." (ADI n. 1.946, Relator(a): Min. Sydney Sanches, Tribunal Pleno, julgado em 3.4.2003, DJ 16.5.2003 PP-00090 EMENT VOL-02110-01 p. 123) (grifo nosso)

3. Compreendendo o parágrafo único do art. 7º da Constituição da República: a cláusula de fomento a um contínuo avanço social e a figura específica do homem enquanto trabalhador doméstico

O parágrafo único do art. 7º da Constituição Federal não prevê, como direito dos trabalhadores domésticos, o limite de jornada, à exceção do repouso semanal remunerado (inciso XV[(6)]). Entretanto, o fato de não haver previsto expressamente tal direito não significa que o proibiu. E nem poderia, pois o próprio *caput* do art. 7º dispõe que o constante em seus incisos são direitos mínimos, a aguardar sua constante majoração (princípio da progressividade dos direitos sociais), seja por meio de emenda constitucional, seja por meio de lei ordinária, seja por meio de tratados internacionais.

O limite ali fixado é um mínimo a ser superado, com a finalidade de que as condições sociais dos trabalhadores — aí incluídos os domésticos — estejam em contínuo avanço social. Trata-se, pois, de aplicação do princípio da progressividade dos direitos sociais.

Pois bem, desde a proclamação da Declaração Universal dos Direitos Humanos, na Assembleia Geral das Nações Unidas, em 10 de dezembro de 1948, foram instituídos direitos mínimos a *todos os membros da família humana*.

A instituição desses "direitos mínimos" deu-se pela constatação prática de que *o desprezo e o desrespeito pelos direitos humanos resultaram em atos bárbaros que ultrajaram a consciência da Humanidade* (preâmbulo da Declaração).

Na instituição dessas garantias foi considerado *essencial que os direitos humanos sejam protegidos pelo Estado de Direito, para que o homem não seja compelido, como último recurso, à rebelião contra tirania e a opressão* (preâmbulo da Declaração).

Foi considerado também que *os povos das Nações Unidas reafirmaram, na Carta, sua fé nos direitos humanos fundamentais, na dignidade e no valor da pessoa humana e na igualdade de direitos dos homens e das mulheres, e que decidiram promover o progresso social e melhores condições de vida em uma liberdade mais ampla* (preâmbulo da Declaração).

Tudo após a sociedade mundial constatar que, se não fossem respeitados os direitos mínimos previstos no mencionado instrumento, outras grandes guerras ocorreriam, a exemplo das duas (grandes) já havidas, o que poderia levar o mundo à autodestruição.

Em razão disso e não por qualquer capricho do homem, foi proclamada a Declaração Universal dos Direitos Humanos, que prevê na parte final de seu preâmbulo o seguinte:

"A Assembleia Geral proclama

A presente Declaração Universal dos Diretos Humanos como o ideal comum a ser atingido por todos os povos e todas as nações, com o objetivo de que cada indivíduo e cada órgão da sociedade, tendo sempre em mente esta Declaração, se esforce, através do ensino e da educação, por promover o respeito a esses direitos e liberdades, e, pela adoção de medidas progressivas de caráter nacional e internacional, por assegurar o seu reconhecimento e a sua observância universais e efetivos, tanto entre os povos dos próprios Estados-Membros, quanto entre os povos dos territórios sob sua jurisdição."

Este talvez o mais belo instrumento jurídico elaborado pela civilização que, em trinta artigos, consegue descrever claramente o que almeja.

E prevê seu art. XXIV o seguinte:

"Art. XXIV

Toda pessoa tem direito a repouso e lazer, **inclusive a limitação razoável das horas de trabalho** e férias periódicas remuneradas." (grifos nossos)

Sim, a previsão é de que *toda pessoa* tem direito a um limite razoável das horas de trabalho. Toda pessoa engloba os exercentes de todas as profissões existentes, inclusive os *empregados domésticos*, pois eles também são pessoas dotadas de dignidade e que merecem o respeito de toda a sociedade.

E porque seria diferente? Por qual motivo o empregado doméstico não faria jus a um limite razoável de jornada?

O argumento de que a Constituição Federal não previu tal direito é frágil, pois desde 1948 a

(6) "Art. 7º São direitos dos trabalhadores urbanos e rurais, além de outros que visem à melhoria de sua condição social: (...) XV — repouso semanal remunerado, preferencialmente aos domingos; (...)."

Declaração Universal dos Direitos do Homem garante a todos os trabalhadores — sem discriminação — o direito ao limite de jornada.

Uma explicação mais plausível é facilmente encontrada. O motivo seria a cultura brasileira ainda escravocrata. Relembre-se que até 1888 tínhamos escravos — legais — no Brasil e fomos o último país do mundo a abolir a escravidão(7). Isso há pouco mais de cem anos!

Outro motivo é que o empregado doméstico é o descendente direto do trabalhador escravo. O escravo saiu da senzala e foi direto para nossas cozinhas, sem direitos e dependendo da nossa boa vontade. O doméstico até pouco tempo atrás não possuía garantias mínimas no ordenamento jurídico brasileiro. E hoje ainda teima-se em não reconhecer-lhe direitos.

É a categoria de trabalhadores em que há o maior índice de informalidade no Brasil(8). A anotação da CTPS do doméstico é vista como algo sem importância, por exemplo.

Passou-se a chamar a empregada doméstica de "secretária", "auxiliar", "assistente", mas em matéria de direitos e exclusão a realidade continua a mesma! A "secretária do lar" continua, em sua maioria, sem CTPS anotada, sem proteção previdenciária e sem o efetivo respeito e consideração por parte da sociedade que integra e para a qual muito contribui.

Isso tudo talvez porque a discriminação em face do empregado doméstico continue arraigada na sociedade, incluindo os formuladores e aplicadores das leis.

4. *Aportes normativos para a conclusão de que o trabalhador doméstico tem direito à limitação da jornada de trabalho*

Parte da doutrina considera que a Declaração Universal dos Direitos Humanos é apenas uma *declaração*, não possuindo qualquer força normativa, mas apenas enunciando princípios e caminhos a serem seguidos pela sociedade dos Estados membros das Nações Unidas.

Discordamos desse pensamento, uma vez que tão importante documento, consistente num marco da civilização dita "pós-moderna", deve possuir alguma eficácia jurídica.

Entretanto, tal (suposto?) entrave foi solucionado com o Decreto n. 591, de 6 de julho de 1992, que promulgou o Pacto Internacional sobre Direitos Civis e Políticos (conhecido como "Pacto de Nova Iorque"), portanto, em vigor na República Federativa do Brasil, com força de *norma supralegal*, segundo posição do Supremo Tribunal Federal(9).

Tal pacto dá força normativa ao quanto previsto no art. 24 da Declaração Universal dos Direitos Humanos, pois em seu art. 7º prevê o seguinte:

> "Os Estados-Partes do presente pacto reconhecem o direito de toda pessoa de gozar de condições de trabalho justas e favoráveis, que assegurem especialmente:
>
> a) uma remuneração que proporcione, no mínimo, a todos os trabalhadores:
>
> i) um salário equitativo e uma remuneração igual por um trabalho de igual valor, sem

(7) A Lei Imperial n. 3.353 (conhecida como Lei Áurea), sancionada em 13 de maio de 1888, extinguiu — formalmente — a escravidão no Brasil.

(8) Segundo levantamento realizado pela Secretaria Especial de Políticas para as Mulheres (SPM) da Presidência da República, com base nos dados da Pesquisa Nacional por Amostra de Domicílios (Pnad) 2011, apresentada pelo Instituto Brasileiro de Geografia e Estatística (IBGE), apenas 29% dos trabalhadores domésticos tem o vínculo de emprego formalizado.

(9) Posição defendida pelo Ministro Gilmar Mendes e acolhida pela maioria de seus pares, externada no paradigmático acórdão que possui a seguinte ementa: "DEPOSITÁRIO INFIEL — PRISÃO. A subscrição pelo Brasil do Pacto de São José da Costa Rica, limitando a prisão civil por dívida ao descumprimento inescusável de prestação alimentícia, implicou a derrogação das normas estritamente legais referentes à prisão do depositário infiel." (HC 87585, Relator(a): Min. Marco Aurélio, Tribunal Pleno, julgado em 3.12.2008, DJe-118 divulg 25.6.2009 public 26.6.2009 ement V. 2366-02, p. 237). Destaco o seguinte trecho do texto do informativo n. 531 do STF: "Concluiu-se, assim, que, com a introdução do aludido Pacto no ordenamento jurídico nacional, restaram derrogadas as normas estritamente legais definidoras da custódia do depositário infiel. **Prevaleceu, no julgamento, por fim, a tese do status de supralegalidade da referida Convenção, inicialmente defendida pelo Min. Gilmar Mendes no julgamento do RE 466343/SP, abaixo relatado**. Vencidos, no ponto, os Ministros Celso de Mello, Cezar Peluso, Ellen Gracie e Eros Grau, que a ela davam a qualificação constitucional, perfilhando o entendimento expendido pelo primeiro no voto que proferira nesse recurso. O Min. Marco Aurélio, relativamente a essa questão, se absteve de pronunciamento". (grifo nosso)

qualquer distinção; em particular, as mulheres deverão ter a garantia de condições de trabalho não inferiores às dos homens e receber a mesma remuneração que ele por trabalho igual;

ii) uma existência decente para eles e suas famílias, em conformidade com as disposições do presente Pacto.

b) a segurança e a higiene no trabalho;

c) igual oportunidade para todos de serem promovidos, em seu trabalho, á categoria superior que lhes corresponda, sem outras considerações que as de tempo de trabalho e capacidade;

d) o descanso, o lazer, **a limitação razoável das horas de trabalho e férias periódicas remuneradas**, assim como a remuneração dos feriados." (grifo nosso)

Pelo que se vê, o art. 7º, *d*, do Pacto Internacional de Direitos Econômicos, Sociais e Culturais garante a todos os empregados *limite razoável das horas de trabalho*. Como razoável, entendemos o limite fixado como regra geral no inciso XIII do art. 7º da Constituição Federal[10], devendo o excesso ser pago com adicional de 50% ou 100% (caso o labor se dê aos domingos ou feriados).

Em assim sendo, toda a argumentação descrita no tópico anterior aplica-se a este, que trata também do limite da jornada de trabalho a que fazem jus todos os empregados, inclusive os domésticos.

5. *Mudança jurisprudencial*

A jurisprudência nacional quanto ao ponto vem sendo alterada paulatinamente, havendo julgados reconhecendo o direito à limitação de jornada do empregado doméstico. Vejamos alguns exemplos:

"Empregado doméstico. Horas extraordinárias. Deferimento. A Constituição da República Federativa do Brasil tem como fundamento básico o princípio da dignidade humana. A negativa de limitação de jornada ao trabalhador doméstico e de pagamento adicional por horas extraordinariamente laboradas é retrocesso social, vez que o parágrafo único do artigo sétimo do Texto Maior não pode ser interpretado como forma de marginalização do empregado doméstico, mas sim como garantidor de direitos mínimos. A ausência de lei especial que regulamente jornada e remuneração adicional pelo trabalho extraordinário do trabalhador doméstico impõe ao julgador o dever de aplicar norma geral ao trabalhador diferenciado, de forma analógica, nos termos do artigo oitavo da CLT, a fim de cumprir com seu dever de distribuir justiça." (Proc. TRT/SP n. 01403.2009.058.02.009, Rel. Marcos Neves Fava, publ. em 29.6.2011) (grifo nosso)

"EMENTA: EMPREGADO DOMÉSTICO. LABOR EM SOBREJORNADA. O fato de a empregada doméstica não ter direito a horas extras, assim entendido o pagamento da hora normal acrescida do adicional previsto em lei ou norma coletiva, não veda o direito à remuneração das horas laboradas além da carga legal. Não havendo estipulação em contrário, entende-se que a reclamante foi contratada para a jornada de oito horas e a carga mensal de 220 horas. Toda hora excedente corresponde a sobrejornada que confere o direito ao pagamento da hora normal." (TRT/4ª Região. 1ª Turma. Rel.: Desembargadora Ione Salin Gonçalves. Recurso Ordinário 0014200-59.2009.5.04.0131, julg. Em 16. 6.2010)

Ainda que o último julgado não tenha acolhido a tese de que a sobrejornada deve ser paga com o devido adicional, ao menos reconhece o direito à limitação da jornada aos empregados domésticos.

E note-se que tais julgados não fazem uso do disposto no *Pacto Internacional sobre Direitos Civis e Políticos* que, como visto, tem força *supralegal* em território nacional.

6. *Alguns outros aspectos a garantir o direito à limitação de jornada ao empregado doméstico*

Além dos fundamentos acima destacados que garantem o limite de jornada ao empregado doméstico e o pagamento do excesso com o devido adicional, existem alguns outros aspectos que também levam à tal conclusão. Passemos a eles.

(I) PAGAMENTO DE SALÁRIO HORA

A doutrina[11] e a jurisprudência[12] majoritárias vêm entendendo que o empregado doméstico faz jus ao salário mínimo hora, de maneira que, se laborar apenas três dias na semana receberá salário hora equivalente, não merecendo o salário mínimo integral, com o que concordamos. Entretanto, essa mesma doutrina defende que o trabalhador doméstico não faz jus a horas extras ou ao pagamento do salário hora das horas excedentes à oitava diária ou à quadragésima quarta semanal.

Ora, quando se reconhece que o empregado doméstico faz jus ao salário mínimo hora quando trabalha três dias na semana e não ao salário mínimo integral, por exemplo, garante-se-lhe o salário pela hora de trabalho e reconhece-se que tal trabalhador tem um limite de jornada, ou ao menos merece receber o salário hora referente à totalidade do tempo trabalhado, inclusive o excedente às quarenta e quatro horas semanais.

Caso contrário, estar-se-ia dizendo — e é o que a jurisprudência efetivamente faz — que o empregado doméstico tem direito ao salário hora quando o prejudica (trabalha menos de quarenta e quatro horas semanais), mas não o tem quando o beneficia (trabalha mais de quarenta e quatro horas semanais). Trata-se de grave incoerência que merece ser sanada, pois como se sabe, o Direito busca ser coerente e íntegro.

(II) INDENIZAÇÃO PELA PERDA DE TEMPO ÚTIL

No Direito Civil, em especial nas lides consumeristas, fala-se na reparação por danos decorrente da perda do tempo útil. Em síntese, a ideia defendida é a de que *tempo é dinheiro*. Quando um consumidor perde muito tempo tentando solucionar um problema de responsabilidade do fornecedor de produtos ou serviços, e este não o faz, o consumidor pode ser indenizado pela perda excessiva e desnecessária de seu tempo.

Enfim, o fornecedor de produtos e serviços que exigir do consumidor a utilização de tempo excessivo e não razoável na solução de algum problema relacionado ao produto ou serviço adquirido está sujeito a reparar o dano consistente na tomada desse tempo, pela perda de tempo útil.

Tal tese, ainda que de maneira similar, pode beneficiar os empregados domésticos.

(III) ENRIQUECIMENTO ILÍCITO

Defende-se, como regra geral, que o empregado doméstico não tem vinculação direta com

(10) "Art. 7º São direitos dos trabalhadores urbanos e rurais, além de outros que visem à melhoria de sua condição social: (...) XIII — duração do trabalho normal não superior a oito horas diárias e quarenta e quatro semanais, facultada a compensação de horários e a redução da jornada, mediante acordo ou convenção coletiva de trabalho; (...)."

(11) Por todos, confira-se a posição da ilustre professora Alice Monteiro de Barros: "Questiona-se, ainda, se o doméstico poderá receber o salário mínimo proporcional à jornada de oito horas. **Embora não esteja ele sujeito às normas a respeito de jornada, não há dúvida de que o salário mínimo é fixado considerando-se oito horas diárias e 44 semanais**; logo, se ele cumpre jornada reduzida, o Tribunal Superior do Trabalho, por meio de uma de suas Turmas, tem considerado correto o pagamento do salário mínimo proporcional" na obra *Curso de direito do trabalho* (4. ed. São Paulo: LTr, 2008. p. 358). (grifo nosso)

(12) Tendo como exemplo os julgados com as seguintes ementas: "EMPREGADA DOMÉSTICA — JORNADA REDUZIDA — SALÁRIO MÍNIMO. O dispositivo constitucional que fixa o salário mínimo como a menor remuneração paga ao trabalhador (art. 7º, inc. IV), o faz em consonância com aquele que dispõe sobre a duração normal do trabalho não superior a oito horas diárias e quarenta semanais (art. 7º, inc. XIII). **Assim, se a jornada de trabalho do empregado é menor que a estipulada pela constituição, cabe-lhe o pagamento do mínimo proporcional ao tempo de trabalho por ele executado**. Revista provida. (RR — 483013-72.1998.5.08.5555, Relatora Ministra: Regina F. A. Rezende Ezequiel, Data de Julgamento: 16.12.1998, 1ª Turma, Data de Publicação: 9.4.1999) (grifos nossos) e "(...) III — RECURSO DE REVISTA — DIFERENÇAS SALARIAIS. EMPREGADA DOMÉSTICA. JORNADA REDUZIDA. SALÁRIO MÍNIMO PROPORCIONAL. OJ N. 358 DA SBDI-1 DO TST. **De acordo com a Orientação Jurisprudencial n. 358 da SBDI-1 do TST, havendo contratação para cumprimento de jornada reduzida, inferior à previsão constitucional de oito horas diárias ou quarenta e quatro semanais, é lícito o pagamento do piso salarial ou do salário mínimo proporcional ao tempo trabalhado**. Recurso de Revista conhecido e provido. (RR — 309-58.2010.5.15.0024, Relator Ministro: Márcio Eurico Vitral Amaro, Data de Julgamento: 20.6.2012, 8ª Turma, Data de Publicação: 22.6.2012). (grifos nossos)

a produção de seu empregador, por inexistir exploração de atividade econômica e, quando esta ocorrer diretamente, deixa-se de ser doméstico para ser empregado comum, regulado pela CLT, em aplicação do disposto no art. 1º da Lei n. 5.858/72[13].

Todavia, tal ideia deve ser analisada com muito cuidado. Isto porque, na maioria das vezes, o empregado doméstico, indiretamente, proporciona ganhos ao seu empregador. Não é comum que alguém contrate empregado doméstico e pague-lhe salário superior ao seu, a demonstrar que, quem contrata o doméstico, o faz para que possa dedicar-se com mais afinco às suas atividades, livrando-se de tarefas domésticas que nos custam tempo, recebendo salário superior e pagando salário inferior ao empregado doméstico.

E veja que, se o empregador atuar em sobrejornada receberá a devida contraprestação (horas extras com o respectivo adicional), ao menos em tese, ao passo que o empregado doméstico que em sua casa ficou — talvez cuidando de seus filhos até seu retorno — nada recebe.

Ora, o empregador doméstico recebeu pelas horas extras prestadas e não remunerou devidamente a pessoa que em sua casa ficou trabalhando, também atuando em sobrejornada, auferindo, pois, enriquecimento ilícito.

Em razão também desses fundamentos, entendemos que o trabalhador doméstico faz jus à limitação da jornada de trabalho e ao pagamento do excesso com o devido adicional.

Esclarecemos, por outro lado, que argumentos de ordem probatória não podem impedir o reconhecimento de um direito fundamental também aos empregados domésticos — ou sua extensão a tais trabalhadores. A questão da prova da existência da sobrejornada é matéria que se encontra em campo distinto e merece artigo próprio ao seu enfrentamento.

7. Conclusões

Em conclusão temos que as mudanças trazidas pela OIT por meio da Convenção n. 189, ainda não ratificada pelo Brasil, ao limitar a jornada de trabalho do doméstico são de extrema relevância, pois fixam importante bandeira em prol da dignidade de tais trabalhadores.

Entretanto, de *lege lata*, o Brasil já possui instrumento jurídico garantindo aos domésticos limite razoável da jornada de trabalho, o Pacto Internacional sobre Direitos Civis e Políticos, aprovado por meio do Decreto n. 591/1992, que regulamentou o quanto previsto na Declaração Universal dos Direitos Humanos, podendo ser plenamente aplicável, eis que possui força de norma *supralegal* em território nacional.

Considerando que o parágrafo único do art. 7º da Constituição da República não proibiu a limitação da jornada dos domésticos, mas apenas não lhe garantiu expressamente esse direito, deve-se aplicar o *caput* de tal artigo, que contém verdadeiro comando de melhoria constante dos direitos sociais (princípio da progressividade dos direitos sociais), em conjunto com o disposto no art. 7º, *d*, do referido Pacto, que garante a *toda pessoa* o direito a um limite razoável da jornada de trabalho.

Entendemos, pois, como razoável o limite de jornada fixado no inciso XIII do art. 7º da Constituição Federal, qual seja, oito horas diárias e quarenta e quatro horas semanais, devendo a sobrejornada ser paga com o devido adicional, de 50% ou 100% (para o trabalho em domingos e feriados).

Enfim, o trabalhador doméstico, desde a entrada em vigor do Decreto n. 591/1992, possui, de *lege lata*, direito à limitação da jornada de trabalho, o que se nos afigura um seu direito fundamental, devendo, a nosso ver, o excesso ser pago com o devido adicional, em respeito à dignidade que possui, objeto maior de proteção de nossa Constituição Federal.

(13) Art. 1º Ao empregado doméstico, assim considerado aquele que presta serviços de natureza contínua e **de finalidade não lucrativa** à pessoa ou à família no âmbito residencial destas, aplica-se o disposto nesta lei. (grifo nosso)

Cooperativismo — Castigo ou Redenção?

Maria Francisca dos Santos Lacerda(*)

1. Introdução

Diz Leonardo Boff: "A margem é onde a vida é severina e onde o sistema econômico, social e político em que vivemos põe à mostra toda sua iniquidade, deteriorando todas as formas de vida".(1)

Nessa margem, é certo, sem liberdade, o ser humano deixa de ser responsável por seus atos e perde sua dignidade. Não tem trabalho, não tem relações fraternas com seus semelhantes, não toma parte da vida, não tem vida.

O cooperativismo poderia ser o caminho para a reconquista do espaço perdido, do trabalho como fonte de dignidade e liberdade, por se basear em valores de ajuda mútua e responsabilidade, democracia, igualdade, equidade e solidariedade. Cooperação pressupõe interação plena, trabalho conjunto, para o bem do grupo.

A vida boa ou o estado de bem-estar tem como pressuposto a interação, a relação de interdependência dos seres humanos. No dia a dia, dependo do cumprimento das leis de trânsito pelos demais cidadãos, a fim de locomover-me com segurança e rapidez. Para usufruir dos benefícios e das belezas de praias e cachoeiras, dependo de um ambiente sadio, sem a poluição provocada por meus semelhantes. Para ganhar dinheiro com meu trabalho, é necessário haver alguém que o aprecie e pague por ele.

A nossa era é marcada pelo individualismo, mas a ênfase a esse estado de coisas pode implicar prejuízo ao próprio individualista, como lembra aquela fábula(2) em que dois jumentos estavam amarrados por uma corda no pescoço, um de costas para o outro. À frente de cada um, havia um apetitoso feixe de feno. Porém, quando o primeiro jumento se aproximava do alimento, a corda se retesava e afastava o outro de sua ração. Assim, como que disputando um cabo de guerra, os dois animais não conseguiam se alimentar até descobrirem que, juntos, poderiam aproveitar o feno, se se voltassem, a seu tempo, a cada feixe de feno.

A interação dos seres pode ser o caminho para evitar-se a margem a que se refere Boff, pois

---

(*) A autora é Desembargadora do Trabalho, aposentada, ex-presidente do TRT-ES, biênio 2003-2005, poeta, mestre em Direito, pela UFES, autora do livro *Ativismo-cooperativo na produção da prova*. São Paulo: LTr.

(1) BOFF, Leonardo. *Textos militantes*. Petrópolis: Vozes, 1991. p. 28.

(2) PENA, Roberto Patrus Mundin. Ética e falta de educação. *In:* Tempo escolar: hora de refletir e organizar. *Coleção Lições de Minas*, CEE-MG, v. 3, nov. 1999.

a vida humana está irremediavelmente ligada a uma infraestrutura material. Todos dependem de um pouco de pão, de um copo d'água, enfim, de uma pequena porção de matéria.

Num país como o nosso, em que as desigualdades são visíveis a olho nu[(3)(4)] — nos parques, nas ruas, nos sinais de trânsito — tudo o que se faz sob os auspícios da utopia de um mundo melhor alcança, de pronto, o aplauso de uns e, infelizmente, "o jeitinho brasileiro" de outros, que se aproveitam das falhas da lei, para interpretá-la segundo os próprios interesses e propósitos nem sempre ortodoxos.

O cooperativismo no Brasil tem idas e voltas. Tem bondades e maldades. Tem feitos e malfeitos. Por força do desvirtuamento de sua finalidade é que esse instituto passa a servir de amparo a ações de alguns segmentos da sociedade e de muitas empresas, descompromissados com a lei, com a verdade e com a justiça. E acabam por malferir a dignidade do trabalhador, tratando-o como mero instrumento de lucro.

Isso é que queremos discutir, a partir do Decreto-lei n. 59/1966 até a novíssima Lei n. 12.690/2012.

2. *As cooperativas e seus fundamentos legais*

Iniciamos com uma história contada pelo escritor mineiro Carlos Fabiano Braga que se autointitula cooperativista:

> Um rei africano foi escravizado com sua família e tribo. Todos foram vendidos a um proprietário de mina de ouro em Vila Rica. Naquela época, era permitido aos escravos trabalhar um dia da semana em seu próprio benefício. Tal concessão possibilitou que Chico Rei ganhasse algum dinheiro. Com a quantia economizada comprou a liberdade de seu filho. Mais tarde, auxiliado por seu descendente, comprou sua própria liberdade. Juntos, sem descanso, amealharam mais dinheiro e libertaram um terceiro membro da tribo. Formada essa "cooperativa", que cada vez ficava mais forte, conseguiram libertar todos. Trabalhando em conjunto, o patrimônio do grupo tornou-se tão grande que adquiriram a mina: a Encardideira. Com mentalidade cooperativista, sem abandonar a tradição africana, Chico Rei se tornou chefe de um "Estado", verdadeiro enclave, dentro das Minas Gerais. Se seu sucesso é hoje um exemplo, naquela época, foi sua perdição. O rei branco, não admitindo o fausto do rei africano, enviou tropas para, novamente, escravizá-lo.[(5)]

Segundo o autor, estaria aí a gênese do cooperativismo. Aliás, uma bela gênese (em que pese o desfecho triste), a considerar que o grupo trabalhou em benefício de todos, princípio do cooperativismo.

Legalmente, a primeira manifestação sobre cooperativismo, sem utilização do termo, foi na Constituição de 1891 (art. 72, § 8º) que assegurou a liberdade de associação. O § 3º, do mesmo artigo, trata da liberdade de associação para fins religiosos, vindo, em seguida, a Lei n. 173/1993, regulamentando a associação, com base no § 3º retromencionado, mas cuidando, ainda, das associações criadas para fins científicos, morais ou recreativos. A Constituição de 1824 (art. 179, XXIV) apenas garantia a liberdade do trabalho, desde que "[...] não se opponha aos costumes publicos, á segurança, e saude dos Cidadãos".

Somente em 1907, o Decreto n. 1.637 "Crea syndicatos profissionaes e sociedade coopera-

(3) O Brasil continua entre as 15 economias mais desiguais do planeta. *In:* Pobreza extrema: realidade e estatísticas frente a frente. *Jornal de Opinião*, Belo Horizonte, n. 1.218, p. 8-9.

(4) "O Morro da Tabajara subiu tanto que encontrou o cume da minha rua Sacopã. Encostadinhas, acaba uma mansão começa uma favela: chão de terra, cachorros magros, crianças nas ruelas e muitas caçambas de lixo fermentado de uma semana de abandono na entrada da comunidade. A bandeira da desigualdade hasteada a céu aberto". (LUCINDA, Elisa. *A bandeira da desigualdade.* Disponível em: <http://gazetaonline.globo.com/_conteudo/2011/01/761092-cronica++elisa+lucinda.html> Acesso em: 29.1.2011.

(5) BRAGA, Carlos Fabiano. *O cooperativismo mineiro.* Disponível em: <http://www.fabiano.pro.br> Acesso em: 27.9.2012.

tivas", que funcionariam nos moldes de uma empresa comum, como consta do art. 10, podendo ser "[...] anonymas, em nome collectivo ou em commandita, são regidas pelas leis que regulam cada uma destas fórmas de sociedade [...]".

Veja-se que o sindicato foi criado pelo mesmo diploma legal que as cooperativas. Os sindicatos estavam autorizados a "[...] organizar, em seu seio e para os seus membros, instituições de mutualidade, previdência e cooperação, de toda a sorte, constituindo essas, porém, associações distinctas e autonomas, com inteira separação e caixas e responsabilidades" (art. 3º, *c*).

Apesar da coincidência de regulamentação do cooperativismo numa regra jurídica que autoriza o sindicato a criar cooperativas, Rodolfo Pamplona[(6)] destaca que Rodrigues Pinto, ao analisar essa situação, afirma que o cooperativismo e os sindicatos caminharam em direção contrária. Enquanto o cooperativismo tentava, por meio das cooperativas, livrar se do patrão, os sindicatos procuraram uma forma de convivência do empregado com a empresa. Em que pesem associações sindicais só existissem no rótulo[(7)], a assertiva de Rodrigues Pinto é correta, na medida em que, ainda hoje, o cooperativismo, tenta, pela cooperativa, afastar-se do patrão, seguir caminho autônomo. Infelizmente, entretanto, pode ir ao encontro da empresa por causa das fraudes. O sindicato, por sua vez, ainda procura dinamizar as relações trabalhistas buscando harmonizar os objetivos de seus associados com os da empresa.

Coube ao Decreto n. 22.239, de 19.12.1932, consolidar a regulamentação das cooperativas de trabalho no Brasil, tendo seu art. 24 a seguinte redação:

> São cooperativas de trabalho aquelas que, constituídas entre operários de uma determinada profissão, ou de ofício, ou de ofícios vários de uma mesma classe, têm como finalidade primordial melhorar os salários e as condições de trabalho pessoal de seus associados, e, dispensando a intervenção de um patrão ou empresário, se propõem a contratar obras, tarefas, trabalhos ou serviços, públicos ou particulares, coletivamente por todos ou por grupos de alguns.

Veio a Constituição de 1934 determinando expressamente, em seu art. 121, que a "A lei promoverá o amparo da produção e estabelecerá as condições do trabalho, na cidade e nos campos, tendo em vista a proteção social do trabalhador e os interesses *econômicos do País*", mas, assim como a Constituição de 1891, nada tratou sobre cooperativismo, apesar de garantir a liberdade de associação.

A partir daí, editaram-se várias leis e decretos, inclusive detalhando o regime das cooperativas, inclusive classificando-as como sociais, profissionais, industriais etc. até chegar ao Decreto-lei n. 59/1966, que dispôs, no § 1º de seu art. 2º: "O Governo Federal orientará a política nacional de cooperativismo, coordenando as iniciativas que se propuserem a dinamizá-la, para adaptá-las às reais necessidades da economia nacional e seu processo de desenvolvimento".

Elas deveriam se constituir sem o propósito de lucro e pautar-se pelo interesse público, havendo ou não coordenação entre aquelas do setor público e as do setor privado. Poderiam "adotar por objeto qualquer gênero de serviços, operações ou atividades" e teriam, obrigatoriamente de utilizar a expressão "cooperativa" (Decreto-lei n. 59/1966, art. 5º). Vigorou até 1971, quando foi revogado pela Lei n. 5.764.

Em 1994, entretanto, o Congresso Nacional editou a Lei n. 8.949, cujo projeto teve os seguintes fundamentos:

> Está no cooperativismo de trabalho a fórmula mágica de reduzir o problema do desemprego gerado pelo êxodo rural e agora, mais precisamente, pela profunda recessão econômica.

(6) PAMPLONA FILHO, Rodolfo. *Cooperativismo e direito do trabalho*. Disponível em: <http://www1.jus.com.br/doutrina/texto.asp?id=2082> Acesso em: 27.9.2012.

(7) "De parte sonolentas sociedades beneficentes, algumas cooperativas e uns ensaios de organização sindical [...]". VIANNA, Segadas; SÜSSEKIND, Arnaldo; MARANHÃO, Délio. *Instituições de direito do trabalho*. São Paulo: LTr, 1991. v. I, p. 62.

> [...] O projeto visa, portanto, beneficiar imensa massa de desempregados do campo [...] terão o benefício de serem trabalhadores autônomos, com vantagem de dispensar a intervenção do patrão.[8]

Essa lei veio apenas acrescentar um parágrafo ao art. 442 da CLT: "Qualquer que seja o ramo de atividade da sociedade cooperativa, não existe vínculo empregatício entre ela e seus associados, nem entre estes e os tomadores de serviços daquela".

A polêmica instalou-se mais e mais, uma vez que a terceirização recrudesceu a partir desse dispositivo legal, mas a Justiça do Trabalho, nos casos que lhe foram submetidos, deu rápida resposta à fraude, com base no art. 9º da CLT.

Recém-editada, a Lei n. 12.690, de 19 de julho de 2012, que trouxe em seu bojo a proibição de utilização de Cooperativa de Trabalho para intermediação de mão de obra subordinada, pretendeu também revogar o parágrafo único do art. 442 da CLT, mas recebeu veto da Presidência da República nesse aspecto.

Se as leis sobre cooperativas cumprem efetivamente o desiderato para o qual foram editadas é o que estudaremos a seguir.

2. Cooperativas de trabalho

De vez em quando, estou eu a trabalhar, clicando freneticamente o meu teclado, quando recebo uma mensagem cabalística: "Você executou uma operação ilegal. Seu computador será desligado". Não vejo alternativa. Tenho que desligar a máquina, ainda que nada saiba sobre a tal operação ilegal, religá-la e torcer para que a mensagem não me tolha os movimentos.

Então, fico a pensar como seria a vida se essa mensagem surgisse em nossa frente, tolhendo nossos movimentos, todas as vezes em que executássemos uma *operação ilegal* na nossa atividade econômica, social ou familiar. É óbvio que não seríamos seres humanos, mas máquinas controladas pela cibernética, mas, virtude, não teríamos preocupação alguma com as fraudes.

Tergiversações à parte, o mundo vê a terceirização como um caminho sem retorno, em que pese a precarização das relações de trabalho desencadeada por tal forma de recrutamento do trabalho humano. E o serviço público é o maior exemplo (diga-se: mau-exemplo) da terceirização.[9][10][11] Só se pode fazer concurso para atividade precípua da administração. Serviços de limpeza, higiene, conservação e segurança devem ser terceirizados. E as empresas modernas trabalham com essa possibilidade que aplicam em larga escala até em relação à sua atividade finalística, propiciando que mais e mais trabalhadores passem a fazer parte da margem da vida de inclusão. É certo que os adeptos dessa "modernidade" proclamam-na como o caminho da salvação dos empregos, da fórmula mágica para inserir trabalhadores do campo, marginalizados nas grandes cidades, no mercado de trabalho.

(8) BRASIL. Projeto de Lei n. 3.383-B. *Diário do Congresso Nacional*, seção I, 9 dez.1993, p. 21.

(9) Veja-se, a propósito, SOUTO MAIOR, Jorge Luiz. *Carta aberta aos terceirizados e à comunidade jurídica*. Disponível em: <www.migalhas.com.br/dePeso/16,MI131703,71043> Acesso em: 25.9.2012.

(10) "TCU exige concurso para acabar com terceirizações" é a manchete do jornal *A Gazeta*, do Espírito Santo, de domingo, 7 de outubro de 2012, que, no texto, traz a informação de que a Petrobras mantém 127 mil trabalhadores terceirizados, sendo 57 mil em terceirização irregular, o que ensejou a determinação do TCU para realização de concurso, a fim de substituir esse contingente.

(11) "O município de Porto Alegre foi obrigado a reconhecer o vínculo de um empregado que lhe prestava serviços por meio da Cooperativa de Autônomos em Limpeza e Serviços Ltda. (Cooeza). O município recorreu, mas a Segunda Turma do Tribunal Superior do Trabalho não conheceu do recurso, ficando mantida, assim, a condenação imposta pelo Tribunal Regional do Trabalho da 4ª Região (RS), que considerou a cooperativa fraudulenta. [...] O Ministro do TST, José Roberto Freire Pimenta, destacou que a despeito de a legislação prever a inexistência de vínculo de emprego entre cooperativa e seus associados, e entre associados e tomadores de serviços de cooperativa (CLT, art. 442, parágrafo único), nem a lei ou mesmo o estímulo cooperativista constitucionalmente garantido podem 'admitir o mau funcionamento das cooperativas que, sob o manto da legalidade, contratam pretensos associados, que nada mais são do que empregados subordinados, que se inserem no quadro funcional da empresa'". (*Cooperativa fraudulenta gera vínculo de emprego com prefeitura*. Disponível em: <http://anamatra.empauta.com> Acesso em: 17.10.2012).

E as cooperativas, que poderiam ser o caminho da libertação, trazem no seu novo desempenho, a nódoa da terceirização irregular.

São premissas do cooperativismo: ação conjunta, voluntária e objetiva para coordenação de contribuição e serviços; obtenção de resultado útil e comum a todos, e a legislação brasileira não se afastou desses princípios.

A Lei n. 5.764/71, em seu art. 3º, dispõe: "Celebram contrato de sociedade cooperativa as pessoas que se obrigam a contribuir com bens ou serviços para exercício de uma atividade econômica, de proveito comum, sem objetivo de lucro".

Essa lei, segundo Mauricio Delgado,[12] consagra o princípio da dupla qualidade, porque o próprio associado beneficia-se do serviço da cooperativa, ou seja, ele é associado e cliente. É necessário que haja prestação de serviços ao associado e não somente a terceiros, como previsto em seus arts. 6º e 7º. Isso para as cooperativas singulares, apenas. Basta lembrar-se das clássicas cooperativas de táxis, de serviços médicos etc.

Com efeito, o art. 7º da citada lei assim dispõe: "As cooperativas singulares se caracterizam pela prestação direta de serviços aos associados". Aliás, a conceituação contida na lei já traz este desiderato:

> Art. 4º As cooperativas são sociedades de pessoas, com forma e natureza jurídica próprias, de natureza civil, não sujeitas a falência, constituídas para prestar *serviços aos* associados, distinguindo-se das demais sociedades pelas seguintes características [...].

Outra questão a considerar, de acordo com o mesmo autor, é o princípio da retribuição diferenciada, porque é fato que as cooperativas asseguram ganhos maiores ao trabalhador que presta seus serviços de forma autônoma, porque potencializa a possibilidade de trabalho. Fora da cooperativa, o prestador de serviços tem menores chances de contratos de trabalho.

Interessante é que o Decreto n. 22.239, de 19.12.1932 trouxe, explicitamente, esse princípio no seu conceito de cooperativa. Com efeito, no art. 24, pode-se ler: "[...] têm como finalidade primordial melhorar os salários e as condições de trabalho pessoal de seus associados, e, dispensando a intervenção de um patrão ou empresário [...]".

Por que, então, tanta polêmica, em torno das cooperativas?

A cizânia começou, ou recrudesceu, em 1994, com a edição da Lei n. 8.949, que alterou o art. 442 da CLT, com o acréscimo do parágrafo único, com o seguinte texto: "Qualquer que seja o ramo de atividade da sociedade cooperativa, não existe vínculo empregatício entre ela e seus associados, nem entre estes e os tomadores de serviço daquela". Mas, o art. 90 da Lei n. 5.764/1971, antes mencionado, já tratava da inexistência do vínculo entre os cooperados com a cooperativa e não causava tanta estranheza. Ocorre que os empresários e trabalhadores entenderam, com o aval de doutrinadores de escol, que a nova lei abria a porta para a terceirização, da atividade-fim das empresas, inclusive. E, efetivamente, isso vinha ocorrendo. Antes, não se registrava tanta fraude.

E as cooperativas de trabalho passaram a ser tratada, pejorativamente, como *fraudoperativas.*

Por que não se admitir cooperativa de trabalho? Não me sensibilizaram os argumentos de que o Decreto n. 22.239/1932 estaria revogado. Na minha visão é que, embora a Lei n. 5.764/1971, já mencionada, não se refira a cooperativa de trabalho e afirme que as cooperativas constituídas se destinam a prestar serviços aos associados, há autorização legal para a reunião de pessoas visando a prestação de serviços, uma vez que o art. 3º deixa claro que os associados devem reunir-se com bens e *serviços em prol de uma atividade econômica*, de proveito comum. E a justificativa contida no Projeto de Lei n. 3383-B/92, embrião da Lei n.

(12) DELGADO, Mauricio Godinho. *Curso de direito do trabalho*. São Paulo: LTr, 2002. p. 323-324.

8.849/94, não deixa dúvida alguma quanto às cooperativas de serviço:

> As sociedades cooperativas como sociedade de pessoas sem fins lucrativos destinam-se a prestar serviços a seus associados. Assim, também as cooperativas de trabalho se conceituam e se definem enquanto sendo constituídas de profissionais (trabalhadores) de uma determinada categoria ou categorias assemelhadas e tem como finalidade essencial oferecer serviços aos seus quadros associativos, mediante aplicação do mercado de trabalho, melhoria das condições de trabalho e de renda, autogestões da destinação de seus serviços, dispensando a intervenção de um patrão ou empresário, propondo-se para tanto a contratar obras, tarefas, trabalhos e serviços coletivamente ou por grupos de cooperados, a serem executados em estabelecimentos da cooperativa dos cooperados ou das empresas contratantes.

Ainda que essa associação de pessoas tenha por finalidade prestar serviços a terceiros, se presentes os princípios do cooperativismo, com o trabalho de todos em benefício do grupo, sem subordinação ao tomador de serviços, sem pessoalidade, não há relação de emprego.

Como exemplo, podemos citar as cooperativas educacionais que num período difícil da vida nacional foi a fórmula encontrada para superar as dificuldades do ensino médio. Muitas funcionaram bem, outras, nem tanto, como qualquer ramo da atividade humana.

Já exemplos de simulacro de cooperativa há muitos,[13] mas podemos citar cooperativas de vendedores cujos serviços são utilizados por supermercados, atacadistas, distribuidores, os famosos "gatos" na agricultura, com todas as características da relação de emprego, o que tem gerado muitas ações movidas por sindicatos, Ministério Público e pelos próprios prejudicados e a desconfiança em relação àquelas que se destacavam por prestar serviços a empresas. Aliás, a fraude na terceirização não se dá apenas com o uso de falsas cooperativas, mas com outros meios como a prestação de serviços por empresa de uma pessoa só, ou seja, os empresários, com a finalidade de reduzir custos, exigem que um ou outro trabalhador constitua uma empresa para lhe prestar serviços.

Pesquisa realizada nos Tribunais do Trabalho do Sul e do Sudeste por Elias Medeiros Viana[14] encontrou, no período de 23 de março a 22 de setembro de 2004, 298 processos envolvendo interposição de mão de obra com uso de cooperativas de trabalho.

O Ministério Público do Trabalho[15] atua sem cessar para tentar barrar o trabalho por intermédio de cooperativas de fachada e a resposta da Justiça do Trabalho vem no sentido de descaracterizar o trabalho cooperativo sempre que a pretensa cooperativa se apresente sem atender aos princípios acima elencados, da dupla qualidade e de retribuição diferenciada. O juiz, atento às condições em que o trabalho é prestado, pode considerar a existência do liame empregatício com o tomador de serviço.[16]

---

(13) Veja-se a propósito a nota 10 que trata de decisão do C.TST sobre fraude envolvendo cooperativa em Prefeitura.

(14) VIEIRA, Elias Medeiros. *O cooperativismo intermediador de mão de obra e seus reflexos para o trabalhador brasileiro.* Disponível em: <http://www.seminariosociologiapolitica.ufpr.br/anais> Acesso em: 1º.10.2012.

(15) "A Petrobras e a Cootramerj (Cooperativa dos Trabalhadores Metalúrgicos do Estado do Rio de Janeiro) terão que pagar indenização de R$ 500 mil por dano moral coletivo. A condenação, que decorre de fraude trabalhista, proíbe, ainda, a Petrobras de contratar cooperativa para executar serviços que exijam subordinação dos trabalhadores. A decisão é da Justiça do Trabalho Potiguar, após ação do MPT (Ministério Público do Trabalho)." (*Petrobras é condenada em R$ 500 mil por fraude trabalhista.* Disponível em: <www.ultimainstancia.uol.com.br> Acesso em: 9.10.2012.

(16) 1. Como exemplos, decisões do TRT-ES 1. RELAÇÃO COOPERADO X COOPERATIVA. A validade da relação cooperado x cooperativa pressupõe a evidência de que o trabalhador ostenta, ao mesmo tempo, as qualidades de cooperado e cliente, ou seja, a existência de serviços prestados pela cooperativa ao trabalhador, tal como previsto nos arts. 4º, X, e 7º da Lei n. 5.764/61. Exige, ainda, demonstração de que a cooperativa oferece ao cooperado a possibilidade de, em tese, perceber retribuição pessoal diferenciada, superior ao patamar que receberia pelo mesmo trabalho caso não estivesse ligado à cooperativa. São os princípios da dupla qualidade e da retribuição pessoal diferenciada. Violados esses princípios e provada a existência dos elementos fático-jurídicos da relação de emprego, é de rigor a nulidade da relação de cooperada e o consequente reconhecimento do vínculo de emprego com o tomador dos serviços. (Ac. n. 4993/2012. Decisão proferida nos autos do Proc. n. 0126300-32.2010.5.17.0010).

Carlos Maximiliano[17] afirma:

> Ninguém ousará dizer que a música escrita ou o drama impresso dispensem o talento e o preparo do intérprete. Este não se afasta da letra, porém, dá ao seu trabalho cunho pessoal, e faz ressaltarem belezas imprevistas. Assim o Juiz: introduz pequenas e oportunas graduações, matizes várias no texto expresso, e, sob *a* aparência de ao observar à risca, em verdade o melhora, adapta às circunstâncias do fato concreto, aproxima do ideal do verdadeiro Direito. Deste modo ele desempenha, à maravilha, o seu papel de intermediário entre a lei e a vida.

Então, aí está a chave: o caso concreto. A sua apreciação em confronto com os princípios constitucionais e do Direito do Trabalho. A lei não quis afastar a existência do liame empregatício, se de fato existisse. Da mesma forma, não quis que todo o trabalho em regime de cooperativa fosse de emprego. O trabalho em regime de cooperativa deve ser instrumento de libertação. E muitas vezes é o contrário, porque a participação do cooperado é coercitiva, como diuturnamente se registra em casos submetidos à Justiça. Se o interessado em trabalhar não fizesse parte da cooperativa, não conseguiria o trabalho. Por outro lado, a remuneração é sempre inferior àquela paga aos empregados da empresa tomadora de serviços e, além de tudo, o pretenso cooperado, dessa forma, fica à margem do sistema previdenciário e de segurança e medicina do trabalho.

Em julho de 2012, eis que surge no mundo jurídico a Lei n. 12.690, tratando da organização e funcionamento das cooperativas de trabalho. Teve também a pretensão de revogar a lei anterior que acrescentara o parágrafo único ao art. 442 da CLT. Entretanto, a Presidência da República vetou o art. 30, apresentando a seguinte razão: "O dispositivo da CLT que se pretende revogar disciplina a matéria de forma ampla e suficiente, sendo desnecessária regra específica para as cooperativas de trabalho".

Mas essa lei, mal nasceu, é objeto de nota de repúdio da CONTAG (Confederação Nacional dos Trabalhadores na Agricultura), cujo excerto resume a insurgência:

> A cooperativa de trabalho criada pelo congresso e sancionada pela Presidente Dilma representa um grave violação aos direitos dos trabalhadores e trabalhadoras rurais, sobretudo se considerarmos a situação delicada desses trabalhadores que há anos vêm enfrentando um processo irresponsável e desordenado de mecanização, com substituição massiva de trabalhadores do campo por máquinas, sem que para isso lhe seja garantida a proteção prevista na Constituição Federal. [...] Ora, se esses trabalhadores ainda não estão preparados, a possibilidade de caírem essas cooperativas nas mãos dos famosos "gatos" é enorme.[18]

Segundo ainda a nota, permitindo a criação das cooperativas de trabalho, a lei vai propiciar apenas flexibilização, ou, pior, a renúncia dos direitos "conquistados a duras penas, com sangue e suor" dos trabalhadores.

O PL n. 4.622/2004, na sua justificativa, busca, exatamente, acabar com a burla às leis trabalhistas e coibir a institucionalização das falsas cooperativas que serviam como anteparo à interposição de mão de obra, solapando os direitos dos trabalhadores que, de fato, eram empregados.

---

2. O parágrafo único do art. 442 da CLT, como exceção, estatui a inexistência de vínculo empregatício entre a sociedade cooperativa e seus associados e entre estes e os tomadores de serviço daquela. No entanto, tal preceito reveste-se de uma presunção *iuris tantum*, porquanto uma vez demonstrada a pessoalidade e a subordinação direta do trabalhador ao tomador dos serviços, e havendo simples intermediação ou locação de mão de obra, prevalece o que dispõe o art. 9º da CLT para declarar a fraude na utilização simulatória de tal figura e reconhecer o vínculo empregatício com o tomador, na forma do art. 3º da CLT. (Acórdão proferido nos autos do processo (0058900-26.2009.5.17.0013)

(17) MAXIMILIANO, Carlos. *Hermenêutica e aplicação do direito*. 11. ed. Rio de Janeiro: Forense, 1991. p. 103.

(18) CONTAG — Confederação dos Trabalhadores na Agricultura. *Nota de repúdio da Contag pela aprovação e sanção da lei federal que permite a criação de cooperativa de trabalho*. Disponível em: <http://www.contag.org.br/imagens/f2214f1702notaderepudiodacontagcontraleiquecriacooperativadetrabalho1.pdf> Acesso em: 28.9.2012.

Após a edição do parágrafo único ao art. 442 da CLT, multiplicaram-se as cooperativas de mão de obra, organizadas de acordo com a Lei n. 5.764, de 16 de dezembro de 1971, que define a Política Nacional de Cooperativismo e institui o regime jurídico das sociedades cooperativas. A crescente utilização de cooperativas deve-se à necessidade de redução de custos, num cenário competitivo, e a busca de oportunidade de trabalho por pessoas que, não fossem as cooperativas, estariam na informalidade ou desocupadas. Deve-se reconhecer que a Lei n. 5.764/71, apresenta lacunas no que concerne as cooperativas de mão de obra, servindo de estímulo à formação de falsas cooperativas de trabalho.

É indispensável se assegurar a formação de cooperativas de mão de obra, pela contribuição que podem dar à geração de trabalho. O projeto ora apresentado visa suprir as ausências da lei, inspirando-se na Lei n. 6.019/74, que dispõe sobre o trabalho temporário nas empresas urbanas e insere o cooperado no programa de Alimentação do Trabalho (PAT).

E não ficou só aí. A Confederação Nacional das Profissões Liberais (CNPL) ajuizou, no STF, a ADI n. 4.849,[19] questionando dispositivo de citada lei que excluiu da abrangência da norma as cooperativas de profissionais liberais cujos sócios exerçam as atividades em seus próprios estabelecimentos.

Por outro lado, a UNISOL — Central de Cooperativas em empreendimentos solidários[20] — saudou a nova lei com grande entusiasmo, afirmando que há nove anos vem lutando pela sua aprovação "[...] ciente de que este será um grande passo rumo ao desenvolvimento justo e solidário".

Em primeiro lugar, analisaremos a lei.

A pretensão de revogar o parágrafo único do art. 442 da CLT caiu por terra, em face do veto da Presidência da República, mas não houve qualquer prejuízo ao objetivo da norma, uma vez que, do seu contexto, pode-se deduzir a intenção de evitar o desvirtuamento das cooperativas de trabalho.

O art. 2º assim dispõe:

> Art. 2º Considera-se Cooperativa de Trabalho a sociedade constituída por trabalhadores para o exercício de suas atividades laborativas ou profissionais com proveito comum, autonomia e autogestão para obterem melhor qualificação, renda, situação socioeconômica e condições gerais de trabalho.

A primeira novidade está no conceito, em que pese assemelhar-se ao da Lei n. 5.764/1971, que tratava de cooperativa de uma maneira geral, abrangendo todos os ramos. E a lei atual cuida especificamente de cooperativas de trabalho, um dos primeiros méritos da lei, classificando-as em cooperativa de produção e cooperativa de serviço, conceituando cada uma *per se*.

Pela leitura do art. 2º já se observa o princípio da retribuição diferenciada: "[...] para obterem melhor qualificação, melhor renda [...]" como na lei anterior e no Decreto n. 22.239/1932. Do conceito, também já se extrai a forma como deve ser exercida a autonomia, que é condição indispensável a uma cooperativa, uma vez que não se pode dizer autônomo, no sentido literal da palavra, quem trabalha em grupo, em favor desse grupo, dividindo deveres, responsabilidades e resultado positivo ou negativo do empreendimento, seja de produção, seja de serviço. Autonomia, pois, de forma coletiva e coordenada, com as questões sendo resolvidas em assembleia, tanto questões de gestão, quanto de funcionamento da cooperativa ou de execução dos trabalhos.

O conteúdo nos arts. 3º e 4º encaminham para a consequência lógica: "A cooperativa de trabalho não pode ser utilizada para intermediação de mão de obra". Com efeito, cooperativa tem princípios e fins totalmente distintos da-

(19) *ADI questiona regra sobre cooperativas de profissionais liberais*. Disponível em: <http://www.correioforense.com.br/noticia/idnoticia/71817/titulo/ADI_questiona_regra_sobre_cooperativas_de_profissionais_liberais.html> Acesso em: 18.9.2012.

(20) *Acaba de ser aprovado o projeto que regulamenta as cooperativas*. Disponível em: <http://www.unisolbrasil.org.br/2012/06/27/projeto-que-regulamenta-acooperativaservotadoamanha/> Acesso em: 3.10.2012.

queles da Lei n. 6.019/1974, bem como da Lei n. 7.102/1983, que desencadearam a onda de relações trilaterais terceirizantes,[21] ou triangulares.[22] Na terceirização, a relação laboral apresenta três pessoas, em que uma é sempre pessoa física, o empregado, que trabalha para terceiro, o tomador ou cliente, e o empregador, a mando de quem o trabalho é realizado. A nova lei tratou de deixar clara a impossibilidade de utilização das cooperativas com essa finalidade. Aliás, a autonomia, exercida coletivamente não se coaduna com trabalho da estirpe. E, para complementar essa proibição, a lei estabelece a obrigatoriedade de uma coordenação específica, eleita pelo grupo de execução do serviço, para a tarefa que for executada fora do ambiente da cooperativa. Caso essa regra seja desobedecida, o regime de trabalho será considerado como intermediação de mão de obra e a cooperativa estará sujeita a uma multa de R$ 500,00 (quinhentos reais), por trabalhador prejudicado, dobrado na reincidência (§§ 1º e 2º do art. 17).

Regra interessante e que vai ao encontro do objetivo de obtenção de melhoria de renda está no art. 5º: valor mínimo de retirada, limite de 8 horas de trabalho diárias e 44 semanais, repouso semanal e anual, valor da retirada do trabalho noturno superior à do diurno, atividades insalubres ou perigosas com retirada adicional e, ainda, seguro de acidentes do trabalho. Todos esses direitos deverão ser garantidos por meio de provisionamento de recursos, conforme forem aprovados em assembleia geral. À cooperativa de produção será permitido estabelecer carência, também conforme for decidido em assembleia, para garantia de remuneração mínima e seguro de acidentes a todos os sócios. À exceção dos repousos semanal e anual remunerados tais direitos são garantidos mesmo no trabalho eventual do sócio junto à cooperativa.

As normas de saúde e segurança deverão ser observadas pela cooperativa em relação aos seus sócios em atividade, respondendo, solidariamente, pelo cumprimento dessa norma os contratantes de cooperativa de serviço, quando o trabalho for realizado em seu estabelecimento ou em local por ele indicado.

E o art. 18 é severo no que diz respeito à burla da lei:

> Sem prejuízo de ação judicial para dissolução da cooperativa, aquele que utilizar-se do instituto para fraudar lei trabalhista ou previdenciária estará sujeito às sanções penais, cíveis e administrativas, além de inelegibilidade, por cinco anos, para qualquer cargo de cooperativa o sócio, o dirigente ou o administrador condenado pela fraude.

O § 1º do art.18 "A constatação da fraude e as sanções previstas no *caput* deste artigo serão apuradas por meio de ações judiciais autônomas propostas para esse fim", foi vetado pela Presidência da República, com o seguinte fundamento: "A necessidade de ação judicial autônoma para apuração de fraudes exclui a atuação administrativa na fiscalização do trabalho, desrespeitando o art. 21, inciso XXIV, da Constituição".

Estabeleceu-se prazo de 12 meses para as cooperativas de trabalho adequarem seus estatutos sociais às novas disposições legais. O texto também estabelece que as cooperativas de trabalho devem atender aos dispositivos da Política Nacional de Cooperativismo (Lei n. 5.764/1971).

A norma excluiu de sua atuação as cooperativas de assistência à saúde regidas pela legislação de saúde suplementar; cooperativas de transporte regulamentado pelo poder público; cooperativas de profissionais liberais que exerçam as atividades em seus próprios estabelecimentos; e cooperativas de médicos cujos honorários sejam pagos por procedimento.

O desenvolvimento das cooperativas de trabalho e a melhoria do seu desempenho terão apoio do Ministério do Trabalho e Emprego com o PRONACOOP, programa instituído pela nova lei, que deverá, segundo a norma, realizar acompanhamento técnico, viabilizar linhas de crédito e acesso a mercado e à comercialização

(21) DELGADO, Mauricio Godinho. *Curso de direito do trabalho*. São Paulo: LTr, 2002. p. 424-425.

(22) PRUNES, José Luiz Ferreira. *Terceirização do trabalho*. Curitiba: Juruá, 1995. p. 14.

da produção, por meio de um grupo gestor que se encarregará de todos os atos do programa já estabelecidos na lei.

Com tantos pontos fortes e encorajadores para se formar, desenvolver-se e manter-se uma cooperativa de trabalho, seja de serviço, seja de produção, *prima facie*, nosso olhar se volta para um instrumento de libertação, de redenção. Mesmo porque a OIT, "[...] reconhecendo que as cooperativas operam em todos os setores da economia [...]", editou a Recomendação n. 193, estabelecendo normas e princípios do cooperativismo, para aplicar-se "[...] a todos os tipos e formas de cooperativas", cujos termos não se distanciam dos pontos primordiais da lei em comento.

Entretanto, a nota de repúdio da CONTAG desnuda uma face do cooperativismo, especificamente em relação ao trabalhador do campo. Com efeito, a forma nova de escravidão, mais presente no campo, e já denunciada pela imprensa, pelo Ministério do Trabalho e Emprego e, ainda, pelo Ministério Público do Trabalho é uma situação constrangedora para uma sociedade que se diz politizada e que já alcançou novo patamar no mundo da economia.

Segundo referida nota, o Governo descumpriu o compromisso que firmou com a CONTAG de criar uma política nacional para os trabalhadores rurais assalariados, visando garantir escolarização, qualificação de mão de obra, recolocação daqueles que foram substituídos pelas máquinas. Acusam o Governo de transferir para os trabalhadores responsabilidades que seriam do Estado e dos empregadores. O que seria considerado virtude por muitos, a CONTAG afirma que é defeito, dentre outros, porque o Ministério do Trabalho e Emprego "[...] sucateado, sem orçamento suficiente e com pouquíssimos fiscais que, inclusive, terão muito mais dificuldades em encontrar as cooperativas de trabalho do que as propriedades rurais". Outro problema apontado pela CONTAG com referência à fiscalização do trabalho é a preocupação do Sindicato Nacional dos Auditores Fiscais do Trabalho com o papel da fiscalização que pode ficar enfraquecido: "A cooperativa é uma sociedade civil, só pode ser fiscalizada se, além dos sócios, tiver empregados regidos pela Consolidação das Leis do Trabalho — CLT".[23]

Em verdade, não vejo como a lei possa vir a enfraquecer a atuação dos Auditores Fiscais do Trabalho, porque ela própria, a lei, traz autorização para essa atuação eficiente, com a fixação de multa e de medidas outras para coibir os abusos. É certo que o número de fiscais é reduzido e não consegue alcançar todas as situações de burla à lei, mas não houve uma alteração sistemática que se possa dizer prejudicial, tanto ao trabalhador, como à atuação do Agente.

Segundo a Organização das Nações Unidas para Agricultura e Alimentação (FAO), nas áreas rurais, vivem 75% das populações de baixa renda, e que ainda passam fome.[24] Segundo a mesma organização, no Brasil, a situação não é diferente, já que das 16,2 milhões de pessoas abaixo da linha de pobreza, 47% estão no meio rural. Por isso, o ano de 2012 foi instituído pela FAO como o Ano Internacional das Cooperativas "com o objetivo de fortalecer a inclusão socioprodutiva das comunidades rurais e dos agricultores familiares".

É fato que os trabalhadores do campo são as maiores vítimas da exclusão social, onde predominam os denominados *coopergatos*, que fazem parte dos "senhores" da nova forma de escravidão. Encontram terreno propício onde o índice de desenvolvimento humano é insignificante e os donos dos meios de produção ainda utilizam os homens como vis instrumentos de lucro. Situação de trabalhadores rurais em regime de trabalho análogo à condição de escravo não é nova e nem desconhecida.[25]

(23) *Lei das cooperativas é sancionada e reabre discussão sobre o papel da fiscalização do trabalho.* SINAI — Sindicato Nacional dos Auditores Fiscais do Trabalho. Disponível em: <http://www.sinait.org.br/noticias_ver.php?id=5847> Acesso em: 26.9.2012.

(24) "Representante da FAO no Brasil defende o fortalecimento da dignidade através do cooperativismo". Disponível em: <https://www.fao.org.br/rFAOBdfdac.asp> Acesso em: 18.10.2012.

(25) Em operação do Grupo Especial de Fiscalização Móvel, realizada após denúncia, foi constatado que a empresa Infinity Agrícola (MS), por meio de aliciadores, conhecidos como "gatos", contratou 542 trabalhadores do norte de Minas Gerais e

A fraude já se encontra aí, em todas as suas formas e com toda sua força. Lição de Michael J. Sandel é que "[...] o risco de coerção paira sempre sobre as escolhas feitas pelo indivíduo no mercado de trabalho. Qual seria o grau de paridade necessário para garantir que as escolhas do mercado fossem livres, em vez de coercitivas?".[26]

A virtude da Lei n. 12.690/2012 é regulamentar uma situação vigente que escraviza e humilha. Sua edição, portanto, não terá o condão, como diz a CONTAG, de transferir responsabilidades e custos para os trabalhadores, nem de aumentar a fraude, tampouco ensejará alcançar-se o céu da relação entre o capital e o trabalho.

Cooperativismo é comunhão, é solidariedade, é fraternidade, é serviço em prol do grupo, é divisão de tarefas, é agregação.

E pode ser instrumento de redenção.

3. Conclusão

A Lei n. 12.690/2012 vem de uma sequência de leis que tratam do cooperativismo, desde 1907, com o Decreto n. 1.637. Todas as normas procuram conceituar o trabalho realizado por cooperativas de forma similar. A nova lei não deixa dúvidas: O trabalho em cooperativa deve ser realizado em proveito comum dos cooperados, exercido de forma autônoma, por meio de autogestão, com o fim de se obter melhor qualificação, ampliação da renda, melhor situação socioeconômica e melhoria das condições gerais de trabalho.

Cooperar, segundo Houaiss, é "[...] atuar, juntamente com outros, para um mesmo fim, contribuir com trabalho, esforços, auxílio, colaborar, trabalhar com outros". Por isso é que o trabalho por intermédio de cooperativas não se confunde com vínculo de emprego, em que um trabalha em proveito de outrem, coloca sua força de trabalho a serviço de um empreendimento que não lhe pertence, diferentemente do grupo que se propõe a trabalhar em conjunto, em cooperativa, em benefício desse mesmo grupo.

Cabe, portanto, ao Ministério do Trabalho e Emprego, mediante atuação firme de seus Auditores, buscar o cumprimento efetivo da lei, punindo exemplarmente os fraudadores. Cabe aos Sindicatos, aos de trabalhadores rurais, inclusive, com sua política de Educação para o Campo,[27] atuar de forma sistemática, junto aos trabalhadores e aos empreendedores, a fim de evitar o uso desvirtuado dessa forma de trabalho, procurando denunciar as fraudes e atuando junto aos poderes públicos para que a lei seja cumprida.

O Judiciário do Trabalho, por sua vez, deve garantir que o espírito da lei seja observado, a fim de que o cooperativismo se transforme, efetivamente, em um instrumento de redenção.

Anatole France[28] afirma:

> Eu não teria muito receio das más leis, se elas fossem aplicadas por bons juízes. Dizem que a lei é inflexível. Não creio. Não há texto que não se deixe solicitar. A lei é morta. O magistrado é vivo; é uma grande vantagem que leva sobre ela.

E a chave é uma só: a análise do caso concreto. Se os objetivos do cooperativismo estão presentes, se se trata de uma atividade secundária da empresa, se não há subordinação ao tomador de serviços, se todos trabalham em benefício do grupo, se há uma melhoria de renda, se há um coordenador, temos a cooperativa.

Estados do Nordeste e outros 285 indígenas das aldeias da região do Mato Grosso do Sul, para atividades de corte de cana-de-açúcar em fazendas da região, em benefício da Usina Naviraí, pertencente ao mesmo grupo econômico26. Essas empresas foram condenadas por dano moral coletivo, pela Justiça do Trabalho, em 10 milhões, por aliciamento e submissão de trabalhadores a condições degradantes. *Trabalho degradante gera multa de R$ 10 milhões*. Ministério Público do Trabalho. Disponível em: <http://portal.mpt.gov.br/wps/portal> Acesso em: 27.9.2012.

(26) SANDEL. Michael J. *Justiça:* o que é fazer a coisa certa. Rio de Janeiro: Civilização Brasileira, 2012. p. 109.

(27) *Educação para o campo* é um dos programas das *Políticas Sociais para o Campo*, da CONTAG. Disponível em: <www.contag.org.br> Acesso em 26.9.2012.

(28) FRANCE, Anatole. *Justiça dos homens*. Rio de Janeiro: Civilização Brasileira, 1978. p. 147.

Caso contrário, o art. 442 da CLT, que não foi revogado, e nem precisava, não socorre o tomador que arcará com os custos de uma contratação fraudulenta e com o risco de ver uma sentença judicial a lhe dizer como o meu computador: *Você realizou uma operação ilegal. Seu programa será fechado*, com todas as consequências que possam advir de uma fraude que atingirá também a falsa cooperativa ou a *fraudoperativa*, neologismo de que se impregnou o linguajar forense.

E a continuar a febre de falsas cooperativas, que existem apenas para escamotear uma relação de emprego, para encurtar os custos dos empregadores, veremos, em breve, perecer o símbolo da solidariedade no mundo capitalista.

Entretanto, como não há caminhos prontos rumo à liberdade, ainda há tempo de construí-los, e impedir que a vida se torne, a cada dia, mais *severina*.

Referências bibliográficas

BOFF, Leonardo. *Textos militantes.* Petrópolis: Vozes, 1991.

BRAGA, Carlos Fabiano. *O cooperativismo mineiro.* Disponível em: <http://www.fabiano.pro.br> Acesso em: 27.9.2012.

DELGADO, Mauricio Godinho. *Curso de direito do trabalho.* São Paulo: LTr, 2002.

FRANCE, Anatole. *A justiça dos homens.* Rio de Janeiro: Civilização Brasileira, 1978.

LUCINDA, Elisa. *A bandeira da desigualdade.* Disponível em: <http://gazetaonline.globo.com/_conteudo/2011/01/761092-cronica++elisa+lucinda.html> Acesso em: 29.1.2011.

MAXIMILIANO, Carlos. *Hermenêutica e aplicação do direito.* 11. ed. Rio de Janeiro: Forense, 1991.

PAMPLONA FILHO, Rodolfo. *Cooperativismo e direito do trabalho.* Disponível em: <http://www1.jus.com.br/doutrina/texto.asp?id=2082> Acesso em: 27.9.2012.

PENA, Roberto Patrus Mundin. Ética e falta de educação. *In:* Tempo escolar: hora de refletir e organizar. *Coleção Lições de Minas*, CEE-MG, v. 3, nov. 1999.

PRUNES, José Luiz Ferreira. *Terceirização do trabalho.* Curitiba: Juruá, 1995.

SANDEL. Michael J. *Justiça:* o que é fazer a coisa certa. Rio de Janeiro: Civilização brasileira, 2012.

SOUTO MAIOR, Jorge Luiz. *Carta aberta aos terceirizados e à comunidade jurídica.* Disponível em: <www.migalhas.com.br/dePeso/16,MI131703,71043> Acesso em: 25.9.2012.

VIANNA, Segadas; SÜSSEKIND, Arnaldo; MARANHÃO, Délio. *Instituições de direito do trabalho.* São Paulo: LTr, 1991. v. I.

VIEIRA, Elias Medeiros. *O cooperativismo intermediador de mão de obra e seus reflexos para o trabalhador brasileiro.* Disponível em: <http://www.seminariosociologiapolitica.ufpr.br/anais> Acesso em: 1º.10.2012.

Inconstitucionalidade do Limite Máximo de 90 dias Atinente ao Aviso-Prévio Proporcional ao Tempo de Serviço (Lei n. 12.506/2011): Reflexão Lastreada no Princípio da Vedação de Retrocesso Social

Ney Maranhão(*)

A Constituição Federal de 1988 prevê, em seu art. 7º, inciso XXI, que constitui direito dos trabalhadores urbanos e rurais, além de outros que visem à melhoria de sua condição social (*caput*), o "aviso-prévio proporcional ao tempo de serviço, sendo no mínimo de trinta dias, nos termos da lei". Mais à frente, em seu parágrafo único, o mesmo dispositivo constitucional, expressamente, assegura à categoria dos trabalhadores domésticos esse especial direito trabalhista.

Perceba-se, inicialmente, que essa alvissareira proporcionalidade do aviso-prévio, ventilada pela Magna Carta, ficou na dependência direta de uma intervenção do legislador, que recebeu o específico encargo de elaborar lei que regulamentaria a forma como essa proporcionalidade, em concreto, deveria ser implantada. Na esteira da clássica doutrina de José Afonso da Silva[1], o inciso XXI do art. 7º da Constituição Federal, no tocante à regra da proporcionalidade, constituía uma típica hipótese de norma constitucional de eficácia limitada, na medida em que sua efetiva aplicação prática ficara mesmo por completo dependente da atuação do legislador infraconstitucional.

Eis que, agora, após longos 23 anos de silêncio legiferante, exsurge, enfim, em 11 de

(*) Juiz do Trabalho Substituto junto ao TRT da 8ª Região (PA/AP). Doutorando em Direito do Trabalho e da Seguridade Social pela Universidade de São Paulo (USP). Mestre em Direitos Humanos pela Universidade Federal do Pará (UFPA). Especialista em Direito Material e Processual do Trabalho pela Università di Roma – La Sapienza (Itália). Professor Mestre (licenciado) do Curso de Direito da Faculdade do Pará (FAP) (em nível de graduação). Professor convidado da Universidade da Amazônia (UNAMA) e do Centro Universitário do Estado do Pará (CESUPA) (em nível de pós-graduação). Professor convidado das Escolas Judiciais dos Tribunais Regionais do Trabalho da 8ª (PA/AP), 14ª (RO/AC) e 19ª Regiões (AL). Membro do Instituto Goiano de Direito do Trabalho (IGT), do Instituto de Pesquisas e Estudos Avançados da Magistratura e do Ministério Público do Trabalho (IPEATRA) e do Instituto Brasileiro de Direito Social Cesarino Junior (IBDSCJ). Email: ney.maranhao@gmail.com

(1) Fonte: SILVA, José Afonso da. *Aplicabilidade das normas constitucionais*. São Paulo: Revista dos Tribunais, 1982. p. 129.

outubro de 2011, a Lei n. 12.506/2011, que, segundo sua ementa, "dispõe sobre o aviso-prévio e dá outras providências". Seu texto, publicado no DOU 13 de outubro de 2011, é formado por apenas dois artigos, *in verbis*:

> "Art. 1º O aviso-prévio, de que trata o Capítulo VI do Título IV da Consolidação das Leis do Trabalho – CLT, aprovada pelo Decreto-lei n. 5.452, de 1º de maio de 1943, será concedido na proporção de 30 (trinta) dias aos empregados que contem até 1 (um) ano de serviço na mesma empresa. Parágrafo único. Ao aviso-prévio previsto neste artigo serão acrescidos 3 (três) dias por ano de serviço prestado na mesma empresa, até o máximo de 60 (sessenta) dias, perfazendo um total de até 90 (noventa) dias.
>
> Art. 2º Esta Lei entra em vigor na data de sua publicação."

À primeira vista, parece certo que a Lei n. 12.506/2011 veio à lume com o claro propósito de suprir aquela inquietante omissão do legislador, quanto ao seu dever de regulamentar a proporcionalidade do aviso-prévio, tal qual disposta no inciso XXI do art. 7º da Constituição Federal.

Mas a citada legislação tem fomentado inúmeros questionamentos, um dos quais está justamente na tese que sustenta a própria *inconstitucionalidade* da limitação temporal de 90 (noventa) dias trazida pela Lei n. 12.506/2011.

Alega-se que a Constituição Federal, ao tratar, em seu art. 7º, inciso XXI, do aviso-prévio proporcional ao tempo de serviço, malgrado faça menção a um *mínimo* de 30 (trinta) dias, nenhuma restrição estabelece quanto ao *máximo* de tempo, no tocante à regra da proporcionalidade.

Logo, segundo Guilherme Guimarães Ludwig, *in verbis*:

> "No caso da Lei n. 12.506, ao delimitar o prazo máximo de noventa dias, o legislador infraconstitucional produziu uma contenção indevida do direito fundamental (de eficácia meramente limitada), já que sem a correspondente autorização constitucional. Diante de tais fundamentos, por violação do inciso XXI do art. 7º da Constituição, parece-nos inequívoca a inconstitucionalidade da expressão 'até o máximo de 60 (sessenta) dias, perfazendo um total de até 90 (noventa) dias' disposta no art. 1º, *caput*, da referida Lei. Em consequência, não deve ser reconhecido nenhum limite temporal máximo para a plena eficácia do direito fundamental à proporcionalidade do aviso-prévio."[(2)]

Com isso, caso um trabalhador seja dispensado e tenha 30 anos de labor, o prazo do aviso-prévio deveria ser fielmente proporcional ao seu tempo de serviço, de modo a lhe assegurar, nessa hipótese, 120 (cento e vinte) dias de mantença do vínculo laboral com vistas à busca de um novo posto de trabalho — suplantando, pois, o limite de 90 (noventa) dias criado pela Lei n. 12.506/2011.

Sergio Pinto Martins, de sua parte, manifestou-se contrário à tese, defendendo a plena constitucionalidade do limite de acréscimo de 60 (sessenta) dias de proporcionalidade de aviso--prévio, de modo a se alcançar um total máximo de 90 (noventa) dias sob tal título. Eis os termos de sua ponderação:

> "Entendo que a determinação em estabelecer o limite de 60 dias não é inconstitucional, pois a norma constitucional precisava ser regulamentada pela previsão da lei ordinária. O inciso XXI do art. 7º da Constituição é claro no sentido de que o aviso-prévio proporcional ao tempo de serviço é estabelecido 'nos termos da lei'. A proporcionalidade será estabelecida na forma prevista na lei ordinária, que é a Lei n. 12.506. Logo, a lei pode limitar o máximo do aviso-prévio proporcional, pois há expressa permissão constitucional para isso."[(3)]

Pois bem. É preciso reconhecer, antes de tudo, que a Constituição Federal, verdadeira-

(2) LUDWIG, Guilherme Guimarães. Abordagem constitucional do aviso-prévio proporcional. *Revista LTr*, ano 76, n. 1, p. 68-69, jan. 2012.

(3) MARTINS, Sergio Pinto. Aviso-prévio proporcional ao tempo de serviço. *Revista LTr*, ano 76, n. 1, p. 58, jan. 2012.

mente, ao estabelecer o direito fundamental social a um lapso de aviso-prévio diretamente proporcional ao tempo de serviço, em nenhum momento fez qualquer menção à possibilidade de restrições ao critério que adotou. Com efeito, dispôs simplesmente o texto constitucional ser direito dos trabalhadores urbanos e rurais, além de outros que visem à melhoria de sua condição social, o "aviso-prévio proporcional ao tempo de serviço, sendo no mínimo de trinta dias, nos termos da lei" (CF, art. 7º, XXI).

Também não temos dúvidas de que o inciso XXI do art. 7º da Constituição Federal, no tocante à regra da proporcionalidade, constitui, conforme clássica doutrina, uma típica hipótese de norma constitucional de eficácia *limitada*[(4)], na medida em que sua efetiva aplicação prática ficou na inteira dependência da atuação do legislador infraconstitucional[(5)], sobre quem recaiu o poder de, dentro do jogo político-democrático travado no Congresso Nacional, ofertar à sociedade uma regulamentação que harmonizasse o máximo possível os interesses dos atores sociais diretamente envolvidos na matéria.

Ocorre que o legislador ordinário, ao se desincumbir dessa tarefa de regulamentar direito fundamental social, deve ter a cautela de não promover inaceitável restrição do núcleo mínimo de direito fundamental já efetivado, sob pena de incorrer em **odioso retrocesso social**.

Isso porque, no nosso modo de ver, o ponto nodal da questão, o critério central mesmo, fora peremptoriamente firmado já desde 1988: **a majoração do lapso temporal reservado ao aviso-prévio deve ser diretamente proporcional ao tempo de serviço do obreiro**. Este é o núcleo do comando constitucional, sua estruturação basilar — inarredável, pois. E, se é certo que, no que concerne a essa regra de proporcionalidade, a Carta Constitucional nada referiu sobre limites máximos, forçoso reconhecer a impertinência de se estabelecer o prazo máximo de 90 (noventa) dias de proporcionalidade de aviso-prévio, tal qual disposto no parágrafo único do art. 1º da Lei n. 12.506/2011. Não sem razão, portanto, o indignado questionamento de Jorge Luiz Souto Maior: "como pode ser proporcional ao tempo de serviço um aviso-prévio que resta limitado a noventa dias, desconsiderando, a partir daí, o próprio critério da vinculação ao tempo de serviço?"[(6)]

Além disso, a se aplicar sem grande discussão o limite máximo de 90 (noventa) dias traçado na Lei n. 12.506/2011, estaremos igualando sujeitos manifestamente desiguais, já que teriam direito aos mesmos 90 (noventa) dias tanto o empregado que tem 20 (vinte) anos de serviço quanto aquele que tem 25 (vinte e cinco) ou 30 (trinta) anos. Ora, por uma questão de senso de justiça, não teria o empregado que alcançou notáveis três décadas de labor o direito a um aviso-prévio mais alargado, quando comparado com aquele que tem duas décadas? A idade e as dificuldades naturais de readaptação a um novo posto de trabalho, depois de décadas envolvido no mesmo ambiente laboral, não legitimam uma solução diferenciada?

E, agora no aspecto estritamente jurídico, não teria a Constituição Federal, desde sua redação originária, em 1988, fixado essa progressividade de proteção, amparando um lapso temporal de aviso-prévio gradualmente maior, de acordo com o tempo de serviço dispensado a determinado empregador? Esse direito de tratamento desigual não atenderia à faceta material do princípio isonômico (CF, art. 3º, IV, e art. 5º, *caput* e I), à redução das desigualdades sociais (CF, art. 3º, III) e, sobretudo, à própria

(4) "O art. 7º estabelece, em seu inciso XXI, o aviso prévio proporcional ao tempo de serviço, sendo no mínimo de trinta dias, nos termos da lei. Trata-se, assim, de dispositivo que tem eficácia plena no que tange à fixação mínima de trinta dias e eficácia limitada quanto à proporcionalidade do aviso-prévio" (PESSOA, Flávia Moreira Guimarães. *Curso de direito constitucional do trabalho*. Salvador: JusPodivm, 2009. p. 96).

(5) A respeito, confira-se a OJ n. 84 da SBDI-1 do TST, cujo teor vai transcrito: "Aviso prévio proporcional. A proporcionalidade do aviso prévio, com base no tempo de serviço, depende da legislação regulamentadora, posto que o art. 7º, inciso XXI, da CF/1988 não é autoaplicável".

(6) MAIOR, Jorge Luiz Souto. Aviso-prévio desproporcional. *Portal Migalhas*. Publicado em 13.8.2012. Disponível em: <http://www.migalhas.com.br/dePeso/16,MI161608,11049-Aviso+previo+desproporcional> Acesso em: 13.8.2012.

literalidade e teleologia constantes do art. 7º, XXI, da Carta da República?

Não se pode olvidar que nossa Constituição Federal contempla ainda em seu bojo todo um ousado projeto de construção paulatina de uma sociedade cada vez mais justa, livre e solidária, com a erradicação da marginalização e a promoção do bem de todos (CF, art. 3º, I, III e IV). Demais disso, fomenta a ampliação do leque de direitos fundamentais nela contido (CF, art. 5º, § 2º), que, na seara do direito laboral, desdobra-se no específico comando de que também outros direitos podem favorecer a classe trabalhadora para além daqueles já estabelecidos na Carta Magna, sempre no intuito de alavancar sua condição social (CF, art. 7º, *caput*)[(7)].

E um desses instrumentos de otimização da condição social obreira é justamente o vetusto instituto jurídico do aviso-prévio, cujo núcleo essencial constitucional – reiteramos – é formado, a nosso sentir, pelo lapso temporal mínimo de 30 (trinta) dias de aviso-prévio e sua proporcionalidade umbilicalmente jungida ao tempo de serviço empregatício (CF, art. 7º, XXI). **Eis, então, o que se pode cunhar de a verdadeira essência do aviso-prévio; a base para uma eficácia mínima e conducente com as balizas constitucionais, cujo respeito se impõe a todo custo, sob pena de inegável regressão quanto à tutela jurídica da condição social dos trabalhadores.**

A respeito desse valiosíssimo vetor axiológico, que impede o retrocesso social, cabe transcrever o ensino do festejado J. J. Gomes Canotilho, *in verbis*:

"(...) o princípio em análise limita a reversibilidade dos *direitos adquiridos* (ex.: segurança social, subsídio de desemprego, prestações de saúde), em clara violação do *princípio da proteção da confiança e da segurança dos cidadãos no âmbito econômico, social e cultural*, e do núcleo essencial da existência mínima inerente ao respeito pela dignidade da pessoa humana. (...) A violação do núcleo essencial efectivado justificará a sanção de inconstitucionalidade relativamente a normas manifestamente aniquiladoras da chamada 'justiça social'. (...) A liberdade de conformação do legislador nas leis sociais nunca pode afirmar-se sem reservas, pois está sempre sujeita ao princípio da igualdade, princípio da proibição de discriminações sociais e de políticas antissociais. As eventuais modificações destas leis devem observar os princípios do Estado de Direito vinculativos da actividade legislativa e o *núcleo essencial* dos direitos sociais. O princípio da **proibição do retrocesso social** pode formular-se assim: o núcleo essencial dos direitos sociais já realizado e efectivado através de medidas legislativas (...) deve considerar-se constitucionalmente garantido, sendo inconstitucionais quaisquer medidas estaduais que, sem a criação de outros esquemas alternativos ou compensatórios, se traduzam, na prática, numa 'anulação', 'revogação' ou 'aniquilação' pura e simples desse núcleo essencial. Não se trata, pois, de proibir um retrocesso social captado em termos ideológicos ou formulado em termos gerais ou de garantir em abstracto um *status quo* social, mas de proteger direitos fundamentais sociais sobretudo no seu núcleo essencial." (grifos no original)[(8)]

---

(7) "(...) a cláusula da vedação do retrocesso social tem ligação umbilical com o aspecto da progressividade relativa aos direitos fundamentais, notadamente sociais. (...) o que se defende é a progressividade baseada na tendência de expansão de patrimônio jurídico, acúmulo, alteração quantitativa no sentido de acrescer outros direitos fundamentais decorrentes da dinâmica social àqueles direitos já outrora reconhecidos e declarados, sem prejuízo logicamente da alteração qualitativa quanto ao significado, alcance e sentido que são atribuídos aos direitos no decorrer dos tempos" (OLIVEIRA, Christiana D'arc Damasceno. *(O) direito do trabalho contemporâneo:* efetividade dos direitos fundamentais e dignidade da pessoa humana no mundo do trabalho. São Paulo: LTr, 2010. p. 315-316).

(8) CANOTILHO, J. J. Gomes. *Direito constitucional e teoria da constituição*. 7. ed. Coimbra: Almedina, 2004. p. 339-340. Segundo Daniela Muradas, "o princípio da vedação do retrocesso social enuncia serem insuscetíveis de rebaixamento os níveis sociais já alcançados e protegidos pela ordem jurídica, seja por meio de normas supervenientes, seja por intermédio de interpretação

Ao que tudo indica, à tarefa legislativa — e, porque não dizer, sua esfera de liberdade —, recaiu, no que diz com o específico tema em debate, a árdua tarefa de estabelecer como o critério da proporcionalidade com base no tempo de vínculo de emprego deveria ser operacionalizado na prática. Em termos um pouco mais diretos: cabia ao legislador fixar quantos precisos dias seriam acrescidos ao mínimo de 30 (trinta) e a cada quanto tempo de labor dever-se-ia fazer tal acréscimo, formulando-se, com isso, uma regulamentação ótima desse importante dispositivo constitucional.

Que fique bem cristalino: não podemos ter a veleidade de desprezar a convicção, decorrente de um imperativo de cidadania, no sentido de que, quando imersos em um sistema que se propõe genuinamente republicano, tal qual o brasileiro, cumpre-nos o elevado esforço de nutrir respeito, pelo menos em tese, à *ponderação* de valores jurídicos e fatores políticos levada a efeito pelo legislador, justamente quem recebeu o encargo direto de gestar o supracitado regramento legal.

Deveras, não há como negar que a regulamentação da proporcionalidade do aviso-prévio, na forma que estampada na Lei n. 12.506/2011, foi uma diretriz forjada no bojo da intrincada ambiência política, foro legítimo e adequado para tanto, mercê de — aceite-se ou não — inequívoca e soberana vontade do legislador constituinte originário ("nos termos da lei" — CF, art. 7º, XXI, parte final).

Aliás, a absurda demora na própria construção, votação e publicação dessa lacônica lei bem demonstra a enorme dificuldade política de atendimento dos reclamos das classes patronal e obreira no que diz com esse assunto, de modo a, de um lado, dar real concretude a um direito fundamental social há muito reconhecido na Carta da República e, de outro, arrefecer a preocupação de empresas, sempre presente, no que refere ao alegado enrijecimento das relações laborais, nomeadamente quanto à movimentação de mão de obra[9].

Entretanto, a questão que se impõe, aqui, não pode se circunscrever à formalidade de uma resposta que se limite a dizer que o legislador está correto simplesmente porque é o legislador.

Pensamos que, tratando-se de um debate que envolve os horizontes da eficácia concreta de um direito fundamental, decerto a discussão há de ir bem mais além, elevando-se para um ponto de vista que contemple não apenas a liberdade política do legislador, mas sobretudo a incontornável vinculação de sua liberdade política aos ditames constitucionais, em especial no que tange às exigências de respeito e proteção quanto ao próprio núcleo mínimo dos direitos fundamentais neles já cristalizados (CF, art. 5º, § 1º).

Exatamente por isso, Luciano Martinez, com inteira razão, afirma que a Lei n. 12.506/2011 "produziu uma indevida contenção do direito fundamental ora em análise, que, como se vê no art. 7º, XXI, da Carta, garante para os trabalhadores uma base mínima a título de aviso-prévio — jamais um teto máximo", acrescentando, ainda, que a limitação do aviso-prévio proporcional a 90 (noventa) dias "produziu uma injustificável e não desejada igualdade de tratamento em relação aos empregados com mais de 21 anos de serviço na mesma empresa" [10].

Ou seja, na esteira desse ponto de vista, o texto constitucional não teria fixado qualquer contingenciamento máximo, sendo certo que a menção à futura regulação legal ("nos termos da

estritiva" (MURADAS, Daniela. Influxos legais, jurisprudenciais e o princípio da vedação do retrocesso social. *In:* VIANA, Márcio Túlio; RENAULT, Luiz Otávio Linhares; FATTINI, Fernanda Carolina; FABIANO, Isabela Márcia de Alcântara; BENEVIDES, Sara Costa (coord.). *O que há de novo em direito do trabalho*. Homenagem a Alice Monteiro de Barros e Antônio Álvares da Silva. 2. ed. São Paulo: LTr, 2012. p. 35).

(9) Afinal, como bem sintetiza Ricardo Tenório Cavalcante, "no plano do direito material, a relação capital e trabalho é simbolizada dogmaticamente pela tensão entre o princípio da proteção do empregado e o princípio da livre-iniciativa do empregador" (CAVALCANTE, Ricardo Tenório. *Jurisdição, direitos sociais e proteção do trabalhador*: a efetividade do direito material e processual do trabalho desde a teoria dos princípios. Porto Alegre: Livraria do Advogado, 2008. p. 141).

(10) MARTINEZ, Luciano. *Curso de direito do trabalho*. 3. ed. São Paulo: Saraiva, 2012. p. 523.

lei") em momento algum quis significar que o legislador pudesse ofender a lógica consignada, qual seja, a relação *direta* e *irrefragável* entre a proporcionalidade do aviso-prévio e o tempo de serviço prestado ao mesmo empregador.

Outrossim, não se pode cair no erro de olvidar que o legislador constituinte fixou uma diretriz jusfundamental que relaciona tempo de serviço e proporcionalidade do aviso-prévio certamente também partindo do pressuposto de que quanto maior o tempo de casa mais dificuldades o trabalhador encontra para o alcance de novo posto de trabalho, porquanto maior também será a idade do obreiro[11].

A verdade é que a abrupta fixação de um limite à proporcionalidade do aviso-prévio acaba mesmo por atingir em cheio o próprio núcleo mínimo desse importante direito fundamental social do trabalhador, além do que legitima circunstância que frustra por completo o anseio constitucional de conferir maior segurança ao trabalhador de idade avançada, aquando do delicado momento do encerramento imotivado de seu elo de emprego, **gerando, com isso, inaceitável retrocesso social**[12].

Desse modo, se a Constituição Federal sedimentou, sem sinalizar com qualquer espécie de contingenciamento, o direito fundamental social à majoração do lapso do aviso-prévio em relação direta com o tempo de serviço, não pode o legislador infraconstitucional, no intento de regulamentar esse direito e a pretexto de uma invocada liberdade política, efetuar indevida retroação, contingenciando onde não se pretendeu contingenciar, regulamentando com produção de impertinente aniquilamento do próprio núcleo do direito fundamental que se buscou regulamentar.

Pior ainda: o que se dizer de um legislador que, para além de ter feito dormitar por inadmissíveis 23 (vinte e três) anos a regulamentação legal do art. 7º, XXI, da Constituição Federal, ainda ousa elaborar, agora, escancarado retrocesso social, oferecendo iniludível limitação ao direito fundamental do trabalhador de ter tempo de aviso-prévio em relação direta com o tempo de contrato de emprego? **O que dizer, afinal, de uma regulamentação que, além de assaz atrasada, também é injustificadamente restritiva, contrapondo-se, com isso, à indiscutível diretriz constitucional de, com o tempo, ao invés de *reduzir*, em verdade *ampliar* os direitos sociais dos trabalhadores (art. 7º, *caput*)?** A inconstitucionalidade aventada é mesmo contundente.

Alguém bem que poderia lançar o seguinte questionamento: mas o princípio da vedação ao retrocesso social guardaria contorno absoluto? A resposta, sem qualquer sombra de dúvida, é negativa[13], como quase tudo no Direito.

Entretanto, para que se admita alguma espécie de retrocesso social é preciso que se apresente boa motivação que legitime tal medida. E, no caso em estudo, convenhamos: qual a justificativa para uma tal limitação? Que finalidade buscou atingir o legislador? Quais seus propósitos? Haveria alguma cláusula compen-

---

(11) "Dentre os critérios possíveis para adequar o aviso-prévio à peculiaridade do contrato de trabalho destaca-se o tempo de serviço. Leva em consideração o fato de que empregados veteranos devem ter uma comunicação com antecedência maior, visto que supostamente terão maior dificuldade de recolocação e, de qualquer forma, empreenderam mais energia e atenção ao mesmo empregador" (SILVA, Homero Batista Mateus da. *Curso de direito do trabalho aplicado*. Rio de Janeiro: Elsevier, 2009. p. 318, v. 6 (contrato de trabalho).

(12) "Há quem pense que os direitos do art. 5º são os únicos direitos fundamentais existentes na Constituição de 88 ou então que são os mais importantes. Não são os únicos nem os mais importantes. Na verdade, conforme já se afirmou, os direitos fundamentais devem ser vistos como direitos interdependentes e indivisíveis. Não basta proteger a liberdade sem que as condições básicas para o exercício desse direito sejam garantidas. Por isso, o constituinte brasileiro foi bastante feliz ao positivar, junto com os demais direitos fundamentais, os chamados direitos econômicos, sociais e culturais, que são inegavelmente instrumentos de proteção e concretização do princípio da dignidade da pessoa humana, pois visam garantir as condições necessárias à fruição de uma vida digna" (MARMELSTEIN, George. *Curso de direitos fundamentais*. São Paulo: Atlas, 2008. p. 173-174).

(13) CONTO, Mário de. *O princípio da proibição de retrocesso social:* uma análise a partir dos pressupostos da hermenêutica filosófica. Porto Alegre: Livraria do Advogado, 2008. p. 92.

satória para dita restrição? Afinal, o legislador decidiu por bem inaugurar restrições, decerto essa opção política não está imune ao crivo dos postulados da razoabilidade e da proporcionalidade. Mas, decididamente, não há respostas plausíveis para esses questionamentos...

Seria fácil e até bem cômodo simplesmente invocar justificativas inteiramente formais para legitimar esse tipo de restrição. Bastaria alegar, como já referimos, a pertinência do jogo político e da relativa liberdade de agir naturalmente conferida ao Poder Legislativo. Reiteramos: não se despreza o argumento de que a tarefa legislativa é gerida em meio a fatores os mais diversos, de ordem política, social e jurídica. Contudo, cremos, como já é de fácil inferência, que o tema há de ser apreciado debaixo de perspectiva outra: através de um ângulo que se preste a homenagear a força normativa da Carta Constitucional e garantir a máxima eficácia dos direitos fundamentais sociais.

Noutras palavras: a questão merece reflexão no sentido de perquirir a respeito da vinculação do legislador aos ditames constitucionais, mais precisamente quanto ao seu dever de adstrição quanto às balizas mínimas estabelecidas pelo legislador constituinte originário, máxime quanto a esses núcleos inarredáveis dos direitos fundamentais.

Justamente por isso, reputamos oportunas as considerações levadas a efeito por Paulo Jakutis, quando questiona, com inteira propriedade, os objetivos e a própria razoabilidade da Lei n. 12.506/2011, *in verbis*:

"O que teria levado o legislador a optar pela criação desse limite? Mais que isso: qual a vantagem em adotá-lo? Ora, o Texto Constitucional não prevê limite algum, e os debates que acompanharam o projeto que redundou na Lei n. 12.506/2011 revelam que os próprios deputados nutriam dúvidas em relação à constitucionalidade dessa limitação. Tirante isso, com a projeção detalhada anteriormente, basta um pouco de matemática para se perceber que o empregado, para adquirir direito a um aviso-prévio de 90 dias teria que laborar mais de 21 anos para a mesma empresa, fato que, principalmente nos dias atuais, convence que o empregador e o empregado estão bastante satisfeitos com a relação mantida e muito pouco propensos ao desligamento. Por que, então, arriscar um deslize inconstitucional, criando limite a um direito que, aparentemente, não é relevante para a relação mantida entre as partes?" (14)

Por força dessa linha intelectiva e da boa doutrina alhures citada, temos a convicção de que, **tangente à proporcionalidade do aviso-prévio, a restrição a 90 (noventa) dias, operada pelo parágrafo único, do art. 1º, da Lei n. 12.506/2011, implica odiosa ofensa ao texto e ao espírito do art. 7º, *caput* e XXI, da Constituição Federal, bem assim ao prodigioso princípio da vedação do retrocesso social, havendo de ser tomada, pois, como manifestamente inconstitucional.**

Em consequência, o acréscimo de 3 (três) dias por cada ano de serviço não deve guardar, a rigor, qualquer limitação, podendo suplantar em muito, a depender do caso, os tais 90 (noventa) dias então fixados na recente lei.

(14) JAKUTIS, Paulo. Considerações sobre a Lei n. 12.506, de 11 de outubro de 2011. *Revista Síntese Trabalhista e Previdenciária*, ano 23, n. 270, p. 46, dez. 2011.

Direito do Trabalho e Dignidade da Pessoa Humana: Redescobrindo a Tutela por uma "Hermenêutica Responsável"

Rodrigo Goldschmidt[(*)]
Oscar Krost[(**)]

"A partir de certo ponto não há mais retorno. É este o ponto que tem de ser alcançado."
KAFKA (2011, p. 190)

Sumário: *1. Introdução. 2. Constituição de 1988. Dignidade da pessoa humana. 3. "Hermenêutica responsável". Releitura das normas trabalhistas. 3.1. Princípio da boa-fé objetiva. 3.2. Regime de sobreaviso. 3.3. Prescrição. 3.4. Antecipação de tutela. 4. Conclusões. 5. Referências.*

1. Introdução

O desenvolvimento do Direito do Trabalho se confunde com a gênese e a evolução do modo de produção capitalista, tendo por marca uma natural "ambivalência", pois, segundo Ramos Filho (2012, p. 94), busca "melhorar as condições de trabalho dos empregados, a fim de aprimorar a exploração" e, concomitantemente, tende a "diminuir as tensões e os conflitos" daí originados.

Contudo, a marcha da história não se faz linear, registrando ciclos de avanço e de retração das forças sociais, em especial daquelas atuantes no "mundo do trabalho", tendo as últimas décadas do século XX se caracterizadas pela supremacia do ideário liberal e a consequente erosão das normas trabalhistas em todo o mundo.

Neste sentido, a busca pela preservação de antigas conquistas da classe operária tem se mostrado insuficiente a frear a dilapidação dos

(*) Juiz do Trabalho do TRT da 12ª Região/SC. Especialista em Direito Civil e Responsabilidade Civil — UPF. Mestre e Doutor em Direito pela UFSC. Professor de Cursos de graduação, pós-graduação e Preparatório para Magistratura do Trabalho — AMATRA12.

(**) Juiz do Trabalho do TRT da 12ª Região/SC. Membro do Instituto de Pesquisas e Estudos Avançados da Magistratura e do Ministério Público do Trabalho — IPEATRA.

direitos sociais, distanciando cada vez mais da realidade a tutela prometida pelo Direito do Trabalho e pela própria Constituição da República de 1988. Mostra-se, portanto, premente uma atuação dos atores jurídicos, por meio de uma "hermenêutica responsável" das normas relativas ao trabalho subordinado, a fim de efetivar seu fim maior: a dignidade da pessoa humana.

Tecidas tais ponderações, almeja-se neste ensaio analisar a evolução do conceito de dignidade da pessoa humana e sua relação com os valores sociais do trabalho e da livre-iniciativa na Constituição Brasileira de 1988 e apresentar uma proposta de releitura de algumas normas vigentes, a fim de emprestar maior efetividade ao Direito Laboral, lançando mão, para tanto, de uma "hermenêutica responsável".

2. Constituição de 1988. Dignidade da pessoa humana

A Constituição de 1988 ostenta particular significação para o país, por se revestir de verdadeiro marco jurídico e político final de 20 anos de um regime ditatorial e de exceção, ao longo do qual as liberdades individuais poderiam ser suspensas por decisão do Presidente da República, com amparo no **Ato Institucional n. 5/1968**.(1)

Por conta de tal cenário, verifica-se a positivação dos anseios populares no preâmbulo e nos primeiros dispositivos da **Lei Maior**, em especial nos **arts. 1º, 3º e 5º**, por proclamar o país um Estado Democrático de Direito, fundado na cidadania, na soberania, na dignidade da pessoa humana, nos valores sociais do trabalho e da livre-iniciativa, bem como no pluralismo político, tendo por objetivos fundamentais a construção e o desenvolvimento de uma sociedade livre, justa e solidária.

De tais fundamentos, a dignidade da pessoa humana e os valores sociais do trabalho e da livre-iniciativa guardam central importância ao estudo em curso, pela intrínseca vinculação com o labor subordinado.

Quanto à "dignidade da pessoa humana", pela própria complexidade do termo, necessária uma breve digressão sobre seu desenvolvimento junto à Filosofia.

Rabenhorst (2001, p. 16) sustenta que na sociedade grega a dignidade não se manifestava da mesma forma em todos os indivíduos, variando em função da posição que estes ocupavam dentro da *polis*.

Essa ideia de dignidade como "hierarquia", sustentando relações de poder fulcradas na condição diferenciada e proeminente de algumas pessoas em face de outras, perdurou ao longo de toda a história.

Assim se deu na Roma antiga, entre patrícios e plebeus; na Idade Média, entre senhores feudais e servos e; na idade moderna, entre colonizadores e colonizados.

Na idade contemporânea, várias foram e são as manifestações dessa concepção hierárquica de dignidade, sendo um de seus maiores exemplos a suposta supremacia da raça ariana defendida pelos nazistas.

As concepções rudimentares em torno da ideia de que os homens são iguais em dignidade surgiram na Filosofia Estóica.

Aquino (1977, p. 82-83), por seu turno, estabelece uma espécie de escala entre os seres inanimados e animados, destacando, entre estes últimos, o homem como ser supremo, dado a sua inteligência, fator que o aproxima do Divino.

Procurando encontrar uma explicação lógica (racional-científica) às sagradas escrituras, principalmente quanto à questão da *Imago Dei* (imagem de Deus — o homem foi criado à imagem e à semelhança de Deus), Tomás de Aquino procura enquadrar o homem em posição destacada no plano da Criação (dignidade humana), colocando em evidência a racionalidade (inteligência) deste.

Immanuel Kant, segundo Rabenhorst (2001, p. 16), foi o filósofo que melhor estabele-

(1) O inteiro teor do Ato Institucional n. 5/1968 se encontra disponível em: <http://www6.senado.gov.br/legislacao/ListaNormas.action?numero=5&tipo_norma=AIT&data=19681213&link=s> Acesso em: 18.10.2012.

ceu a noção de autonomia e a ideia de dignidade humana.

Kant estabelece uma distinção entre os seres irracionais, considerando-os como meio, e os seres racionais, considerando-os como um fim em si mesmo. Estes últimos, porque dotados de razão, possuem autonomia que os torna dignos de respeito e de consideração.

Dessas deduções filosóficas, Kant vai depurando seu pensamento até chegar à formulação daquilo que denomina imperativo categórico, ou seja, uma máxima de conduta, dedutível da racionalidade pura do homem, que idealisticamente deve conduzir a sua ação no plano individual e no plano social de suas relações intersubjetivas.

Tal imperativo categórico é lançado por Kant (1964, p. 92) nos seguintes termos: "Procede de maneira que trates a humanidade, tanto na tua pessoa como na pessoa de todos os outros, sempre ao mesmo tempo como fim, e nunca como puro meio".

Nessa linha, conceitua dignidade nos seguintes termos: "No reino dos fins tudo tem um PREÇO ou uma DIGNIDADE. Uma coisa que tem um preço pode ser substituída por qualquer outra coisa equivalente; pelo contrário, o que está acima de todo preço e, por conseguinte, o que não admite equivalente, é o que tem uma dignidade" (1964, p. 98).

Do sistema filosófico de Kant nasce a ideia de que o homem, por ser dotado de dignidade, é um fim em si mesmo e, por isso, não pode ser coisificado (tratado como mero objeto) e, muito menos, instrumentalizado (tratado como meio para atingir um determinado fim) por seus semelhantes.

Todavia, passadas as experiências históricas da Revolução Industrial e das duas Grandes Guerras Mundiais, que evidenciaram exemplos tristes de violação da dignidade humana, foi verificado que não bastava meramente proclamar a dignidade da pessoa humana. Era necessário protegê-la com instrumentos que pudessem ser exigidos coercitivamente, transformando-a em uma categoria jurídica, vindo a integrar, inclusive, diplomas internacionais, como o Tratado de Versalhes (1919) e a Declaração Universal dos Direitos dos Homens (1948).

Assim, pertinente destacar o entendimento de Sarlet (2004, p. 70), para quem:

> (...) a qualificação da dignidade da pessoa humana como princípio fundamental traduz a certeza de que o art. 1º, inciso III, de nossa Lei Fundamental não contém apenas (embora também e acima de tudo) uma declaração de conteúdo ético e moral, mas que constitui norma jurídico-positiva dotada, em sua plenitude, de status constitucional formal e material e, como tal, inequivocamente carregado de eficácia.

Em síntese, a dignidade da pessoa humana, para além de uma categoria filosófica, figura como fundamento da ordem jurídica, sendo por esta protegida, exigindo do Estado e dos particulares condutas que não só respeitem a individualidade do homem, como também lhe proporcione tratamento igualitário perante os seus semelhantes, inclusive com medidas concretas (prestações materiais) que lhe proporcionem existência digna.

Sob inegável influência das correntes filosóficas descritas, rompendo com o paradigma vigente, foi a dignidade da pessoa humana erigida pelo Constituinte brasileiro não "apenas" a um Princípio, tendo "alçado a epicentro do ordenamento jurídico", segundo expressão de Flórez-Valdez (*apud* DELGADO, 2006, p. 79), devendo as demais normas a este se submeter quanto à finalidade.

Partindo desta compreensão, verifica-se que os "valores sociais do trabalho e da livre-iniciativa" alcançam a atividade produtiva como conjugação do trabalho humano subordinado com a atividade empreendedora de capital para além da simples produção de riqueza aos envolvidos, atingindo outros efeitos, *v.g.*: geração de impostos ao Estado, desenvolvimento cultural e tecnológico para as comunidades próximas e atração de investimentos estrangeiros.

Com isso, a Constituição explicita não apenas seus objetivos (*construção e desenvolvimento de uma sociedade livre, justa e solidária e promoção do bem comum*), mas também os parâmetros a serem observados para alcançá-los (*valores sociais do trabalho e na livre-iniciativa*), na busca da realização de um fim maior: a dignidade da pessoa humana.

Para Grau (2000, p. 236-41) a adjetivação "valor social" atribuída pela Lei Maior, em seu **art. 1º, inciso IV**, refere-se tanto ao trabalho, quanto à livre-iniciativa, devendo esta ser compreendida não "como expressão individualista, mas sim no quanto expressa de socialmente valioso", sendo "um modo de expressão do trabalho e, por isso mesmo, corolária da valorização do trabalho livre — como observa Miguel Reale Júnior — em uma sociedade livre e pluralista".

Embora aparentemente óbvia, dita constatação simboliza um movimento de vanguarda no ordenamento jurídico nacional, na medida em que simples leitura do **art. 160 da Constituição** anterior, de 1967, com as alterações promovidas pela **Emenda Constitucional n. 1/1969**, confirma a cisão conceitual ocorrida:

> Art. 160. A ordem econômica e social tem por fim realizar o desenvolvimento nacional e a justiça social, com base nos seguintes princípios:
>
> I — liberdade de iniciativa;
>
> II — valorização do trabalho como condição da dignidade humana;
>
> III — função social da propriedade;
>
> IV — harmonia e solidariedade entre as categorias sociais de produção;
>
> V — repressão ao abuso do poder econômico, caracterizado pelo domínio dos mercados, a eliminação da concorrência e ao aumento arbitrário dos lucros; e
>
> VI — expansão das oportunidades de emprego produtivo.

Não bastasse o fato de a livre-iniciativa se encontrar no **inciso I**, sem qualquer menção a seu valor social ou à relação com o trabalho, dando conta da importância exclusiva de seu viés "privado", entre patrão e empregado, o **inciso II** representa a única passagem em toda **Carta Política** ora citada em que é feita menção à dignidade humana, ainda assim, como objetivo da valorização do trabalho, igualmente sem qualquer efeito que transcenda a esfera particular dos sujeitos contratantes.

Além disso, importante esclarecer que embora "materialmente" fundamentais, os direitos trabalhistas não eram assim considerados "formalmente", por se encontrarem previstos no capítulo relativo à ordem econômica e social, como mero elemento da produção.(2)

Apenas a partir da Constituição de 1988, pelo deslocamento tópico e axiológico dos direitos laborais do final do texto para seu início, passando a compor o título dos Direitos Sociais, espécie de Direitos Fundamentais, é que "pela primeira vez na história do constitucionalismo pátrio, a matéria foi tratada com a merecida relevância", segundo Sarlet (2001, p. 65).

Esta transformação produz, como principal efeito, a consagração de um novo patamar jurídico-social, passando o homem de uma situação em que titular da força produtiva à disposição de outrem, como "quase-coisa", ao centro de todo o arcabouço normativo atraindo, para o interior da Constituição, os Princípios típicos do ramo do Direito que regem as relações de emprego.

Reforçando a centralidade do ser humano e dos valores sociais do trabalho e da livre-iniciativa, o *status* de garantia fundamental constitucional atingido em 1988 pelo direito de ação para postular o pagamento de créditos gerados na relação de emprego, por sua finalidade alimentar (art. 7º, inciso XXIX, da Carta Política), e a chancela da cobrança por meios mais "agressivos" do que os disponibilizados às demais categorias de credores (arts. 186 do CTN e 899 da CLT).

Mesmo com toda a clareza do texto constitucional e a existência de um complexo

(2) Art. 160 da Constituição de 1967. Disponível em: <http://www.planalto.gov.br/ccivil_03/Constituicao/Emendas/Emc_anterior1988/emc01-69.htm> Acesso em: 18.10.2012.

normativo de tutela, o que se verifica, de fato, é a ininterrupta supressão das conquistas legais dos trabalhadores, pela flexibilização decorrente de interpretações *in pejus* por parte dos Operadores do Direito, ferindo a marcha histórica consagrada na **Constituição** vigente.

3. "*Hermenêutica responsável*". *Releitura das normas trabalhistas*

Um dos meios aptos a atenuar a flexibilização da tutela normativa laboral, em sede judicial, está nas mesmas mãos que insistem, por vezes de modo não consciente, em inocular o "veneno", e atende pelo nome de AÇÕES AFIRMATIVAS DA DIGNIDADE DA PESSOA HUMANA.

Ao contrário do que uma rápida leitura possa dar ideia, não está em jogo o emprego da dignidade humana com apelo de discriminação positiva, como a prevista em lei para tutelar, *v. g.*, crianças e pessoas com deficiência.

Na realidade, a pretensão possui maior amplitude e busca gerar um espectro difuso a todos os trabalhadores, pela invocação do Estado e da sociedade civil, em especial dos particulares, a agir na preservação do conteúdo mínimo e tutelar das disposições relativas ao trabalho.

Para tanto, este estudo se limita a analisar as ações afirmativas em sede judicial, passíveis de imediata adoção daquilo que denominamos "hermenêutica responsável" por todos os Operadores do Direito, assim compreendida a busca pela aproximação da Constituição Formal (texto constitucional) da Constituição Real (a vida concreta das pessoas), interpretando o direito em consonância com a realidade para atender as verdadeiras carências da população.

A este respeito, sustenta Barroso (2009, p. 303), que "o constituinte é invariavelmente mais progressista que o legislador ordinário. Tal fato dá relevo às potencialidades do direito constitucional, e suas possibilidades interpretativas", o que se pretende dar vazão, a partir de casos práticos (casuística), nos tópicos que seguem.

3.1. Princípio da boa-fé objetiva

Inexiste um conceito abrangente de boa-fé no Ordenamento Jurídico Brasileiro, argumentando Araújo (1996, p. 21) não possuir a expressão "uma definição exata, tanto no Direito Privado genericamente quanto no Direito do Trabalho especificamente". Tal circunstância não resulta do acaso, sendo decorrência de sua própria evolução histórica no Direito Ocidental.

Em Roma, a questão recaía sobre o termo *fides*, separado em dois planos: interno e externo. O primeiro correspondia às promessas e aos deveres por proteção, do *cliens*, classe intermediária entre cidadãos e escravos, enquanto que o segundo dizia respeito à "submissão dos povos conquistados e sua assimilação à ordem romana", também de acordo com Araújo (1996, p. 23-4).

Posteriormente, a partir da Idade Média, o Direito Romano incorporou, pelo contato com a cultura germânica, a ideia de lealdade e confiança à boa-fé, figurando pela primeira vez em uma codificação em 1804, no Código Civil de Napoleão. Porém, era tido como um valor menor, prevalecendo uma visão individualista pautada na autonomia da vontade (ARAÚJO, 1996, p. 26-7). Neste cenário, o Juiz deveria atuar como mero aplicador da lei, a qual pretendia reger todas as hipóteses fáticas, sem qualquer lacuna ou contradição.

Apenas em 1900, com o Código Civil alemão (*Bürgerliches Gesetzbuch — BGB*), alcançou a boa-fé maior reconhecimento, sendo feita, inclusive, a distinção entre suas faces subjetiva e objetiva (*guter glauben* e *treu und glauben*), vindo a influenciar diversas codificações, por todo o mundo, como a italiana (1942), portuguesa (1966) e espanhola (1974) (HENTZ, 2011).

No ordenamento jurídico brasileiro, foi positivada pela primeira vez no **Código Comercial** (1850, **art. 131, "1"**), não alcançando qualquer efetividade, tendo papel limitado a mero critério de interpretação.

O registro seguinte no país veio com o **Código Civil** (1916, **art. 112**), novamente com pouca importância, por conta da pretensão de

Clóvis Beviláqua, autor do projeto, à plenitude e de seu apego à segurança, certeza e clareza, inviabilizando a formulação de cláusulas abertas, segundo Martins-Costa (2000, p. 267).

Após o término da Segunda Grande Guerra, ainda sob o impacto do legado deixado por regimes ditatoriais legitimados pelo positivismo jurídico levado a seu extremo, ocorre a reavaliação em diversos países das estruturas que formavam cada ordenamento normativo, perdendo espaço o modelo rígido, com aspiração à completude e sem incongruências, composto basicamente por regras formais harmonizadas segundo critérios lógicos e primando pela segurança jurídica.

Ganha evidência o conceito de um complexo de normas, aí incluídos além das regras os Princípios, inacabado e em constante evolução, objetivando um maior grau de justiça. Os valores, considerados até então um mal a ser expurgado do direito, passam a ocupar o papel de legítima fonte, deixando o Juiz de ser "a boca da lei", para se tornar um verdadeiro construtor do sentido das normas.

Assim, quase ao final do século XX, pela promulgação do **Código de Defesa do Consumidor (Lei n. 8.078/90, arts. 4º, inciso III, e 51, inciso IV**), consequência direta dos fundamentos adotados pela nova Constituição, em especial ao presente estudo, de valorização social do trabalho e da livre-iniciativa (1988, **arts. 1º, inciso IV e 170**), ocorre a plena consagração da boa-fé objetiva no direito brasileiro, como elemento útil à interpretação de cláusulas contratuais e à integração das obrigações.

Seguindo a escola alemã, também no Brasil há consenso na doutrina e na jurisprudência sobre a manifestação da boa-fé sob duas vertentes diversas, porém complementares: a subjetiva e a objetiva.

A primeira corresponde ao *animus* dos sujeitos envolvidos na relação jurídica e ocupa o plano volitivo, de intenções. É capaz de acarretar a declaração de invalidade do negócio, quando maculada por vício grave (**art. 112 do Código Civil**).

A segunda se apresenta como um "padrão ético de conduta e lealdade, indispensável para o próprio desenvolvimento normal da convivência social", nas palavras de Aguiar Júnior (1991, p. 239), ou seja, o agir de quem se preocupa de modo razoável em não causar danos a terceiros, sob quaisquer aspectos.

Para Couto e Silva (1976, p. 30), a boa-fé objetiva "contribuiu para determinar 'o que' e 'como' da prestação e, ao relacionar ambos os figurantes do vínculo, fixa, também, os limites da prestação".

Ambas as faces se encontram em todos os vínculos, não sendo a subjetiva, por vezes, passível de análise ou prova pela parte contrária, o mesmo não ocorrendo com a objetiva.

Por conta do grau de abstração e da importância para as relações obrigacionais, é considerada verdadeiro **Princípio Geral de Direito** (AGUIAR JÚNIOR, 1991, p. 239), do qual emanam legítimas diretrizes, as quais, para Plá Rodriguez (1978, p. 15), possuem tripla função, pois "podem servir para promover e embasar a aprovação de novas normas, orientar a interpretação das existentes e resolver os casos não previstos".

Apresenta-se no Direito Brasileiro, explícito quanto ao conceito, porém implícito, no tocante ao dever de observância (**arts. 113, 187 e 422 do Código Civil**).

Acerca dos Princípios implícitos, de grande valia a posição de Grau (2002, p. 38), no sentido de que "não constituem criação jurisprudencial; e não preexistem externamente ao ordenamento", sendo, na realidade, apenas descobertos em cada caso, pois se "encontravam, em estado de latência".

A relação de emprego, por conta da desigualdade de forças dos contratantes é influenciada pelo **Princípio Protetivo** e suas projeções (*in dubio pro operario, aplicação da regra mais favorável e da condição mais benéfica*), atraindo a influência dos demais, principalmente o da **Boa-Fé Objetiva**, em todas as fases do contrato (antes, durante e depois), norteando o agir de ambos os sujeitos.

Embora as obrigações principais de empregado e empregador sejam prestar trabalho e pagar salários, não há como deixar de reconhecer a complexidade alcançada pela relação de emprego, verdadeiro feixe obrigacional,(3) sendo que notória a relevância do agir ético por ambos os sujeitos nos lapsos pré-contratual, contratual e pós-contratual.

Na fase anterior à admissão do trabalhador, devem os contratantes evitar a criação de falsas expectativas no outro, fornecendo informações verídicas a respeito de tudo o que for relevante ao ajuste, independentemente de solicitação, tal como experiências prévias, conhecimentos técnicos, valores de salários, horários de trabalho e benefícios, sempre observados os limites estabelecidos em lei (**art. 373-A, inciso IV, da CLT**).

Encerrada a etapa de tratativas, ficam os sujeitos vinculados às próprias ofertas (**art. 427 do Código Civil**), não podendo delas desistir sem uma justificativa relevante, sob pena de gerar danos e o dever de repará-los.

Com efeito, não pode o trabalhador, em observância ao **Princípio da Boa-Fé Objetiva**, ser levado a crer, por quaisquer motivos, que foi contratado, embora tal fato não tenha ocorrido. O dever de informação impõe aos empregadores, mesmo os apenas potenciais, a obrigação de deixar clara e de forma inequívoca a realização de mera entrevista ou triagem para banco de currículos, sem prazo definido para chamamento ou certeza de sua realização.

Deixar de assim atuar, configura postura omissiva e negligente, contrária a um padrão de comportamento desejável e cauteloso, provocando situações dúbias e potencialmente lesivas.

No direito norte-americano, por exemplo, é comum ser questionada perante o Judiciário a validade da exigência de determinados requisitos para a ocupação de um posto de trabalho, reconhecida apenas em casos de motivo plausível, como em atendimento às necessidades do negócio (*business necessity*) ou à qualificação ocupacional de boa-fé (*BFOQ-Bona Fide Occupational Qualification*) (JAKUTIS, 2006, p. 156-7).

No curso do contrato, dada a multiplicidade de direitos e deveres de cada um dos sujeitos, seu trato sucessivo e o prazo indeterminado, ainda maior se faz a influência da boa-fé objetiva.

No rol dos **arts. 482 e 483 CLT** são descritas de modo genérico condutas atribuíveis aos integrantes da relação de emprego, cuja gravidade pode amparar sua terminação.

O grau de indefinição de algumas hipóteses, verdadeiras cláusulas abertas, ainda que alvo de críticas, possibilita concretamente a atualização de seu conteúdo pelos Operadores do Direito, pela via hermenêutica, sem necessidade de modificação do texto.

A embriaguez habitual ou em serviço (**art. 482, alínea "f", da CLT**), por dificultar a execução do contrato, prejudicar o desempenho do trabalhador, acarretar problemas de relacionamento com colegas, superiores e até clientes, por exemplo, foi considerada falta a ensejar a despedida por justa causa.

Contudo, quase 70 anos após a criação da norma, incontáveis e expressivas modificações ocorreram em todo o mundo, nas mais variadas áreas do conhecimento, alterando de modo significativo a vida em sociedade.

Com isso, determinados fatos, como a embriaguez, foram objeto de análise, sendo revelada sua condição de verdadeira patologia, tratada pela Organização Mundial da Saúde — OMS como "síndrome de dependência" (CID F10.2).(4) Acaba desconstituída a imagem do alcoolismo como falha de conduta.

Promover a dispensa de empregado doente, atribuindo-lhe a pecha de culpado pelo término da relação, privando-lhe do recebimento de verbas alimentares e do acesso ao seguro-desemprego, agravando ainda mais situação de vulnerabildade já acentuada, são atos diametralmente contrários a um *standard* de conduta e diligência, ferindo, inclusive, a função social do contrato (**art. 421 do Código Civil**).

---

(3) Confirmando a complexidade obrigacional do contrato de trabalho, as diversas condutas cuja violação pode configurar justa causa, conforme rol exemplificativo dos **arts. 482 e 483 da CLT**.

(4) CID 10 em versão completa. Disponível em: <http://www.datasus.gov.br/cid10/v2008/cid10.htm> Acesso em: 3.11.2011.

Ao invés disso, deve o empregado ser encaminhado a tratamento clínico, a fim que seja enfrentada a moléstia como tal, dando margem ao pagamento pelo INSS de auxílio-doença ou mesmo de aposentadoria por invalidez, conforme recomendar o caso, e à suspensão ou extinção do contrato (**Lei n. 8.213/91, arts. 42 e 59**).

No tocante aos contratos a prazo determinado, em específico o de experiência, a boa-fé objetiva também possui relevância a ser examinada.

Concretizada a admissão do trabalhador para um período de testes, a prazo certo, pode qualquer das partes, antes do decurso ou da conversão em contrato a prazo indeterminado, por fim ao negócio, bastando pagar ao outro contratante uma indenização em valor limitado por lei, de acordo com o disposto nos **arts. 479 e 480 da CLT.**

Da literalidade destas regras, conclui-se regerem hipótese rara no Direito do Trabalho, na qual a autonomia da vontade pode ser livremente exercida.

Ocorre que em matéria obrigacional, por vezes, as formas acabam por subverter o conteúdo, causando uma ilusão a quem busca analisá-lo.

Como já sustentado, devem os contratantes ser diligentes em todos os sentidos, não criando falsas expectativas na parte contrária e adotando as medidas necessárias a minimizar riscos.

Formalizar negócio a prazo e, em exíguo tempo, insuficiente de modo notório para avaliar o posto de trabalho e o próprio trabalhador, promover sua extinção, sem qualquer motivo relevante, demonstra quebra de um padrão minimamente ético.

Mais uma vez, reconhece-se não haver lei que obrigue os contratantes a fundamentar a manifestação de vontade de promover a extinção antecipada. No entanto, ao assim proceder, o sujeito rompe a justa expectativa do outro, dando margem a prejuízos das mais variadas ordens, causados pelo desligamento de emprego anterior, cessação da busca de novo posto, iniciação de treinamento e substituição, bem como risco concreto de perda para um concorrente de um candidato pré-selecionado, por exemplo.

Mesmo entendimento acerca do agir prudente teria aplicação a situações envolvendo acidentes de trabalho no curso do período de prova.

Afastado o trabalhador por tempo superior a 15 dias e suspenso o contrato, via de regra, quando da alta previdenciária e de seu retorno, sequer lhe é exigido o cumprimento dos dias faltantes, sendo majoritária na jurisprudência a posição acerca da incompatibilidade entre a natureza a prazo certo do pacto e o direito à preservação do emprego por, no mínimo, 12 meses (**Lei n. 8.213/91, art. 118**).

De fato, não há como impedir o empregador de considerar resolvido o negócio pelo decurso de prazo, por sua própria natureza. Contudo, ante a peculiaridade da ocorrência de um sinistro de média gravidade, plenamente razoável exigir a exposição do motivo que levou à rejeição da experiência, por presumível que o término do liame tenha decorrido, na realidade, dos efeitos do acidente, o que configura prática discriminatória e atrai a aplicação do disposto na **Lei n. 9.029/95, art. 4º**, c/c **art. 129 do Código Civil**, e não da falta de predicados do trabalhador.

De outro norte, mesmo após o término do pacto, seguem as partes com algumas obrigações recíprocas, nem sempre expressas e por isso dedutíveis da cláusula geral de boa-fé objetiva.

Como exemplos, os deveres de guardar sigilo por segredos industriais e dados privilegiados, de não prestar informações falsas e difamatórias, de não agir de modo a causar constrangimento público ou embaraço à recolocação do empregado no mercado de trabalho ou, ainda, de não suprimir determinados benefícios tão logo findo o contrato.

Diante das ponderações formuladas, cabe aprofundar o debate no meio jurídico a respeito da influência do **Princípio da Boa-Fé Objetiva** sobre as obrigações que compõem o contrato de trabalho, a fim de promover a adoção de um padrão de agir diligente em face do outro e o avanço das relações sociais, verdadeiros mandamentos constitucionais (**arts. 1º, inciso IV, 7º,** *caput*, **e 170**), norte de uma "hermenêutica responsável" e afirmativa da dignidade humana.

3.2. Regime de sobreaviso

Por regime de sobreaviso, compreende-se o tempo em que o trabalhador "permanecer em sua própria casa, aguardando a qualquer momento o chamado para o serviço", por meio de escala, nos termos estabelecidos no **art. 244, § 2º, da CLT**, com a redação dada pelo **Decreto-lei n. 5/1966.**

Cada escala "será, no máximo, de vinte e quatro horas", enquanto que "as horas de sobreaviso, para todos os efeitos, serão contadas à razão de 1/3 (um terço) do salário normal" (**CLT, art. 244, § 2º**).[(5)]

O sistema, como se depreende do teor do *caput* da regra transcrita, foi idealizado para regular os plantões dos ferroviários em época em que as estradas de ferro eram amplamente utilizadas no país e os meios de comunicação se encontravam em um estágio embrionário de desenvolvimento.

Com o passar dos anos, outros ramos produtivos passaram a lançar mão do regime de sobreaviso, o adaptando às próprias particularidades, tais como os setores de comunicação (telefonia e provedores de internet) e de prestação de serviços de socorro e de manutenção de emergência (automóveis, elevadores e etc), bem como de saúde.[(6)]

Caracteriza-se, para Camino (2004, p. 395), como um "estado de alerta, na iminência de ser, eventualmente chamado ao trabalho (...) em situação intermediária entre a disponibilidade efetiva para o trabalho (art. 4º da CLT) e o descomprometimento completo com suas obrigações contratuais (intervalos ou folgas)".

É retirada do trabalhador, em período estranho à jornada, a ampla liberdade de dispor de seu tempo, o impedindo de se dirigir para local afastado do centro da prestação de serviços ou realizar atividades que o impeçam de atender prontamente a chamados.

Entretanto, com a evolução dos meios de comunicação, pelo surgimento de *BIPs*, *pagers*, telefones móveis, "GPS" e internet, houve a mitigação da necessidade de permanência do trabalhador em sua moradia, um dos elementos do suporte fático da norma da CLT que rege o sobreaviso.

Segundo jurisprudência sedimentada pelo TST, **até setembro de 2012**, "o uso de aparelho de intercomunicação, a exemplo de BIP, *pager* ou aparelho celular, pelo empregado, por si só, não caracteriza o regime de sobreaviso, uma vez que o empregado não permanece em sua residência aguardando, a qualquer momento, convocação para o serviço" (**Súmula n. 428 do TST**).

Entretanto, em dezembro de 2011, foi alterada pelo Legislador a redação do **art. 6º da CLT** pela **Lei n. 12.551**, de modo que os meios telemáticos e informatizados de comando, controle e supervisão passaram a se equiparar aos meios pessoais e diretos para fins de subordinação jurídica, atingindo diretamente o instituto do sobreaviso.

Houve, então, por meio da **Resolução Administrativa n. 185 do TST**, **em setembro de 2012**, significativa mudança no teor de diversas Súmulas, dentre as quais a de **n. 428**, que passou a contar com a seguinte redação:

> 428. SOBREAVISO APLICAÇÃO ANALÓGICA DO ART. 244, § 2º DA CLT.
>
> I — O uso de instrumentos telemáticos ou informatizados fornecidos pela empresa ao empregado, por si só, não caracteriza o regime de sobreaviso.
>
> II — Considera-se em sobreaviso o empregado que, à distância e submetido a controle patronal por instrumentos telemáticos ou informatizados, permanecer em regime de plantão ou

(5) Existem nichos profissionais específicos em cuja normatividade também há regulação do sobreaviso, de modo específico, como petroleiros e aeronautas, na forma **das Leis ns. 5.811/72 e 7.183/84**, respectivamente.

(6) Os exemplos em questão são de autoria do professor José Luiz Ferreira Prunes na CLT por este comentada. *Juris Plenum Trabalhista e Previdenciária*, Caxias do Sul: Plenum, n. 9, nov./dez. 2006. 1 CD-ROM.

equivalente, aguardando a qualquer momento o chamado para o serviço durante o período de descanso.

Do entendimento em questão, constata-se que o mero uso de instrumentos de comunicação não inviabiliza, em tese, a caracterização do regime de sobreaviso, pelo uso da expressão "por si só", análise que não vinha sendo feita pelos Tribunais, dando ensejo à inserção do **item II** no enunciado de Súmula, cujo efetivo alcance somente o tempo poderá definir.

Com efeito, recorde-se o dever do intérprete de decifrar o conteúdo da norma no processo de sua aplicação, na medida em que, segundo as palavras de Grau (2002, p. 20), "o direito é alográfico (...) porque o texto normativo não se completa no sentido nele impresso pelo legislador", concluindo "que a 'completude' do texto somente é atingida quando o sentido por ele expressado é produzido, como nova forma de expressão, pelo intérprete".

Fazendo-se uma leitura do **art. 244, § 2º, da CLT** em consonância com a atual tecnologia dos meios de comunicação, conclui-se que o cerne de seu suporte fático não mais corresponde ao aguardo de ordens pelo trabalhador em sua residência, por meio de escala.

Representa, na realidade, a limitação do direito de livre disposição do tempo alheio à jornada, pela ampliação do poder de comando do empregador, mesmo em caráter atenuado. Além disso, ocorre o impedimento da fruição do efetivo descanso, sem a assunção pelo tomador de serviços do respectivo ônus econômico.

Não bastasse o aspecto financeiro, a desconsideração da nova realidade em que cumprido o regime sobreaviso, acarreta, ainda, prejuízos à saúde, pelos riscos decorrentes da frustração do repouso, pela inobservância do período máximo de 24h fixado no próprio **art. 244, § 2º, da CLT.**

Sobre a matéria, a Organização Mundial da Saúde — OMS indica como principais fatores de produção de stress no trabalho o cumprimento de jornadas imprevisíveis, fora do horário normal ou em turnos mal concebidos, dando ensejo a comportamentos disfuncionais e não-habituais e, em situações de maior gravidade, causando problemas psíquicos irreversíveis e incapacitantes para o trabalho.[7]

Existe, inclusive, na Classificação Estatística Internacional de Doenças e Problemas Relacionados à Saúde a descrição de inúmeras moléstias geradas por disfunções atinentes ao trabalho, por sua penosidade (Z56.3) e outras dificuldades físicas e mentais daí oriundas (Z56.6).

Inevitáveis, ainda, as perdas humanas e econômicas a toda a sociedade, pelo adoecimento de uma extensa gama de trabalhadores, onerando os cofres públicos, pelo dever do Estado de arcar com o pagamento de benefícios previdenciários, por incapacidades temporárias ou definitivas, na forma estabelecida no **art. 195 da Constituição.**

Assim, admitir-se o tangenciamento da liberdade do trabalhador de livremente fruir seu tempo de descanso sem a contrapartida pecuniária daí advinda, fere, de modo absoluto, o direito à saúde, pela violação do repouso.

Chancela-se o enriquecimento indevido do ocupante de um dos polos do negócio jurídico, às custas da recuperação da higidez física e mental do outro, acentuando o notório desequilíbrio entre o hiper e o hipossuficiente da relação *capital x trabalho*, ferindo a dignidade da pessoa humana e o valor social do próprio trabalho, fundamentos da República.

Acarreta-se, ainda, o risco do desencadeamento de moléstias de cunho psíquico, muitas das quais irreversíveis e incapacitantes, onerando emocional e financeiramente toda a sociedade.

Por intermédio de uma "hermenêutica responsável", calcada na dignidade da pessoa humana, nos valores sociais do trabalho e

(7) Acerca do tema, ver LEKA, Stavroula; GRIFFITHS, Amanda; COX, Tom. La organización del trabajo y el estréss. Estrategias sistemáticas de solución de problemas para empleadores, personal directivo y representantes sindicales. *Série Protección de La Salud de los Trabajadores*, n. 3, OMS, 2004. Disponível em: <http://www.who.int/occupational_health/publications/pwh3sp.pdf> Acesso em: 17.10.2012.

da livre-iniciativa e na vedação ao retrocesso social (art. 1º, incisos III e IV, e art. 7º, *caput*, ambos da Constituição), se apresenta possível a atualização pelos intérpretes do suporte fático do art. 244, § 2º, da CLT, instituidor do regime de sobreaviso, com a mesma agilidade com que avançam os meios de comunicação, sem que, para tanto, seja necessário alterar qualquer disposição legal.

3.3. Prescrição

Por se tratar de exceção extintiva da pretensão do direito de ação, serve a prescrição como espécie de "punição" do ordenamento ao credor inerte, o tornando desprovido da tutela judicial na defesa de seu patrimônio jurídico, em nome da segurança das relações sociais.

Ocorre que nas relações trabalhistas, de trato sucessivo, em que vigora o **Princípio da Continuidade**, embora estabelecida uma relação contratual, esta se dá "sob o império da necessidade", segundo definição de Genro (1979, p. 76), sendo evidente a distinção de condições materiais entre os contratantes, razão de ser do **Princípio Protetivo** e de seus desdobramentos.

Seguindo esta linha de interpretação, se mostra incompatível com o Direito e com o Processo do Trabalho a alteração promovida no **art. 219, § 5º, do CPC**, pela **Lei n. 11.280/2006**, causadora de grande celeuma no meio jurídico, pela qual "o juiz pronunciará, de ofício, a prescrição".

Como prejudicial de mérito, a prescrição atinge a pretensão do direito de ação, jamais o próprio direito, tendo como fundamento afastar a "incerteza em um lapso determinado de tempo", quanto à possibilidade de cobrança pelo credor de uma dívida, segundo Amorim Filho (2005). Objetiva impedir que penda eternamente sobre a cabeça de alguém, mesmo sabendo ser devedor, uma espada (a via judicial), ficando a mercê de um credor inadvertidamente inerte.

Pela natureza do instituto, tem-se que apenas o sujeito passivo de uma relação obrigacional, em regra, tem interesse em seu pronunciamento, tornando o elo entre as partes uma obrigação natural, desprovida de qualquer coerção em sua cobrança pelo Estado. Excepcionam-se de tal quadro situações envolvendo direitos indisponíveis ou, ainda, relativos a absolutamente incapazes (**Código Civil, art. 194**), imposição feita pela presença de interesse atrelado às ordens pública e social, que se sobrepõe àquele de natureza estritamente privada.

O próprio TST, por meio da **Súmula n. 153,** mantida após a revisão de seus precedentes em setembro de 2012, aponta no sentido de não ser possível o pronunciamento de ofício da prescrição pelo Magistrado, ao consagrar que "Não se conhece de prescrição não arguida na instância ordinária".

A ampliação irrestrita do reconhecimento de ofício da prescrição, como proposto, não ostenta qualquer justificativa, acabando por transmudar o caráter desta, em prejuízo à segurança das relações interpessoais.

A gravidade da questão é tamanha, a ponto de Tesheiner afirmar que "podendo ser decretada de ofício, a prescrição deixa a categoria das exceções *strito sensu*", pelo que "não se limita a encobrir a eficácia da pretensão, mas extingue o próprio direito subjetivo".[(8)]

Há, por via direta, a quebra da equidistância que caracteriza o magistrado em face dos litigantes, passando a atuar em proveito de um deles, e, por incrível que possa parecer, contrariando o interesse de quem, por seu silêncio, renuncia de forma tácita uma parte de seu direito de defesa. Permitir-se-ia que alguém demandado em Juízo deixasse de atender ao chamado do Estado, sendo reputado revel, nada sofrendo, ainda que inconteste a existência de uma dívida em seu nome, caso transcorrido o prazo prescricional, desde que o Juiz se apercebesse de tal fato.

---

(8) Disponível em: <http://www.tex.pro.br/tex/listagem-de-artigos/221-artigos-fev-2006/4943-prescricao-decretacao-de-oficio-lei-1128006> Acesso em: 17.10.2012.

No processo trabalhista, ocorreria o completo esvaziamento do **Princípio Protetivo** que inspira o Direito Material, o qual passaria a pender do lado do trabalhador ao do empregador, a partir da propositura da ação. Subvertido, em sua essência, estaria este ramo do Direito e ameaçada acabaria a busca da igualdade em sentido real.

Além disso, a alteração legislativa pode gerar, ainda, um afastamento maior da celeridade processual almejada, bastando que o credor, após o silêncio do devedor em contestação, deixe de produzir prova de eventuais causas interruptiva ou suspensiva do prazo prescricional, induzindo, de forma não intencional, o julgador em erro.

Desta forma, inaplicável a atual redação do **art. 219, § 5º, do CPC** ao Processo Trabalhista, por integral incompatibilidade com os Princípios que o orientam, assim como com os Princípios do Direito do Trabalho, sendo indevido o pronunciamento da prescrição pelo Magistrado sem provocação específica para tanto.

3.4. Antecipação de tutela determinada de ofício

No CPC, as medidas cautelares encontram previsão no Livro III, a partir do **art. 796**, não servindo, normalmente, para alcançar a satisfação imediata do credor pela produção dos efeitos práticos da decisão final, mas sim, garantir a possibilidade, ao cabo do processo, de efetivar o direito reconhecido, em sede executiva.

A falta de precisão do texto legal e a base teórica adotada em sua edição geraram dissenso na doutrina, dando margem à defesa, por Lacerda, dentre outros, da possibilidade de o Juiz antecipar inclusive medidas de cunho satisfativo ao pretenso credor, contraposta a vozes como a de Theodoro Júnior, para quem tal característica iria contra a própria natureza das medidas cautelares (*apud* ZAVASCKI, 1999, p. 41).

Desde 1994, pela edição da **Lei n. 8.952**, que promoveu a alteração dos **arts. 273 e 461, ambos do CPC**, tais discussões perderam parte do objeto, passando praticamente ao senso comum que o gênero "tutela de urgência" compreenderia, como espécies, as medidas cautelares e antecipatórias, as quais se distinguiriam dos demais provimentos jurisdicionais por sua provisoriedade e reduzida carga cognitiva.[9]

A relevância da mudança do panorama processual é definida por Portanova (2005, p. 50) pela idéia de que "o princípio da tutela cautelar se interpenetra constantemente com todas as espécies de prestação jurisdicional", pondo fim à separação absoluta entre os "momentos" processuais em que prestadas cada uma das tutelas.

A este respeito, o **art. 273, § 7º, do CPC** consagrou, de modo explícito, o Princípio da Fungibilidade, o qual faculta ao Juiz a determinação de medidas cautelares, ainda que pleiteada tutela de cunho antecipatório, o que apenas reforça o Poder Geral de Cautela previsto no **art. 798**, também do **CPC.**

Segmentos da doutrina e da jurisprudência, aprofundando o alcance da norma, sustentam haver margem para atuação do Juiz também em sentido oposto, quando atendidos os requisitos necessários, ainda que requerida medida cautelar.[10]

Mesmo diante de tamanha demonstração de desapego à forma, importante destacar seguir em voga o entendimento de que objetivam as medidas cautelares resguardar o resultado útil do processo, cabendo a satisfação imediata do credor, pela produção dos efeitos práticos do

(9) Zavascki (1999, p. 18-35) defende a ideia de que a "tutela-padrão", prometida pela Lei Maior, teria por características a cognição exauriente e o caráter definitivo, ou seja, amplas dilação probatória e controvérsia em sentido vertical, sujeita à imutabilidade do trânsito em julgado. Para o mencionado autor, a tutela de urgência — *cautelar ou antecipatória* — distintamente, seria marcada pela cognição sumária, não-exauriente, e fundada em juízos de verossimilhança, contando com duração provisória, passível de modificação a qualquer tempo.

(10) Segundo Negrão e Gouvêa (2008, nota 30, art. 273, p. 419), "depreende-se do § 7º fungibilidade em sentido dúplice, isto é, o juiz pode converter tanto pedido de tutela antecipada em medida cautelar quanto pedido de medida cautelar em antecipação de tutela".

provimento final, apenas às de caráter antecipatório.[11]

Como requisito para a concessão de medidas antecipatórias, exigem os **arts. 273 e 461, § 3º**, ambos **do CPC**, pedido do autor, produção de "prova inequívoca" hábil a convencer o julgador da "verossimilhança da alegação", bem como "fundado receio de dano irreparável ou de difícil reparação" ou, ainda, a caracterização de "abuso do direito de defesa ou manifesto propósito protelatório do réu" e, quanto à busca do cumprimento de obrigações de fazer ou de não fazer, que seja "relevante o fundamento da demanda" e haja "justificado receio de ineficácia do provimento final".

No entanto, indevida a interpretação literal da expressão "a pedido das partes" estabelecida no **art. 273**, no sentido de se tratar de requisito indispensável à determinação de medidas de urgência pelo Juiz, sob risco de frustar em grande parte a finalidade do instituto e por estar em descompasso com os demais valores do sistema processual.

Nesta linha, o teor do **art. 273, §§ 6º e 7º**, bem como da **Lei n. 10.259/01**, que dispõe sobre a instituição dos Juizados Cíveis e Criminais no âmbito da Justiça Federal, em seu **art. 4º**, prevendo a chamada "antecipação de tutela em evidência", adotada, principalmente, em litígios envolvendo matéria previdenciária.

Se demonstrada a fungibilidade entre as tutelas cautelar e antecipatória, por expressa vontade do Legislador, não há porque impedir o Juiz de exercer o poder-dever de dizer o direito aplicável em cada caso, em sua plenitude, inclusive *ex officio*.

Para Zavascki (1999, p. 60), a tutela de urgência possui previsão constitucional expressa no **art. 5º, inciso XXXV**, pelo emprego da expressão "ameaça a direito", propondo a partir de tal raciocínio, que "as leis processuais sejam compreendidas, interpretadas e aplicadas segundo os princípios constitucionais aos quais servem e para cuja efetivação exercem função concretizadora".

Ao contrário do que possa parecer, não acarreta a determinação de ofício de medidas antecipatórias qualquer violação aos Princípios da Inércia ou da Imparcialidade, por ter sido provocada a prestação jurisdicional pela parte ao dar o impulso inicial à demanda. A partir daí, a atuação do Juiz apenas levaria a efeito, inclusive em sede processual, o teor do brocado latino *da mihi factum, dabo tibi jus*, ou seja, partindo dos fatos alegados, seria "dada" a mais adequada solução de direito.

Neste sentido, defende Fux (1996, p. 150) que "a atuação *ex officio* é mais do que concebível: é dever inerente ao poder jurisdicional e à responsabilidade judicial pelas pessoas e coisas subsumidas ao juízo após a instauração do processo", sendo, para Lima (2002, p. 93) "perfeitamente defensável, em nome do valor constitucional consagrador do direito à completa e efetiva prestação jurisdicional (...) o juiz antecipar a tutela independente de requerimento da parte".

De outro lado, mostra-se plenamente cabível a determinação de ofício de medidas antecipatórias no processo do trabalho.

Primeiro, pela lacuna na CLT sobre a matéria, excetuado o **art. 659, incisos IX e X**, bem como pela compatibilidade com as normas que regem as demandas laborais, na forma exigida pelo **art. 769**.

Segundo, por integrar o Direito do Trabalho, assim como o Previdenciário, o núcleo de Direitos Humanos de segunda dimensão, de caráter Social, possuindo as prestações devidas aos titulares de um e de outro ramo caráter alimentar e de subsistência.

Terceiro, pelo sincretismo do processo do trabalho, representando a execução mera fase processual em que promovidas alterações fáticas no patrimônio do devedor, regida pelo Princípio Inquisitivo (**CLT, art. 878**), que

(11) Segundo Zavascki, "não se antecipa a eficácia jurídico-formal (ou seja, a eficácia declaratória, constitutiva e condenatória) da sentença; antecipa-se a eficácia que a futura sentença pode produzir no campo da realidade dos fatos" (1999, p. 48).

também inspira a tutela de urgência (**CPC, art. 273, § 3º**).

Neste sentido, defende Leite (2005, p. 72-3) a existência do **Princípio da Finalidade Social do Processo**, pelo qual "permite-se que o juiz tenha uma atuação mais ativa", inclusive de ofício, em espécie de projeção do **Princípio Protetivo** do Direito do Trabalho sobre o Direito Processual.

Quarto, em vista do entendimento jurisprudencial majoritário de remanescer o *jus postulandi* aos litigantes em feitos submetidos à jurisdição trabalhista, em lides entre empregados e empregadores (**CLT, art. 791**), não possuindo as partes, via de regra, conhecimento específico do direito, como ocorre em ações de competência dos Juizados Cíveis e Criminais no âmbito da Justiça Federal.

A título de exemplo, podem ser identificadas como hipóteses em que determinável de ofício pelo Juiz do Trabalho o cumprimento de obrigações de reintegrar no emprego, devolver CTPS e/ou ferramentas particulares, fornecer guias para recebimento do seguro-desemprego (*fazer*), de não transferir para localidade diversa daquela em que prestados serviços, não submeter à situação vexatória/constrangedora (*não fazer*), e até mesmo de adimplir verbas incontroversas e sanções daí decorrentes (*dar*).

Pinto (2005, p. 78), ao tratar das "peculiaridades emergentes" do Processo do Trabalho, sugere uma potencialização ainda maior do caráter inquisitivo do agir do Magistrado, reconhecendo a consagração do **Princípio do Julgamento Sem Petição**, pelo qual estaria viabilizada a condenação independente de pedido expresso, tal como ao pagamento da sanção do **art. 467 da CLT**, "meio eficiente para facilitar o acesso das partes ao órgão jurisdicional e a pronta solução de seus dissídios".

Registre-se, ainda, a incoerência em conceder aos Julgadores o poder de pronunciar de ofício a prescrição de pretensões de ações relativas a quaisquer espécies de direitos, disponíveis ou indisponíveis, referentes a relações privadas,[12] e, de modo concomitante, negar-lhes o exercício do Poder Geral de Cautela para determinar, também de ofício, a antecipação dos efeitos da tutela, especialmente em lides entre empregados e empregadores, em que se encontra em jogo o reconhecimento e a efetivação de Direitos Fundamentais de natureza alimentar.

Ademais, quando uma demanda é proposta, não se exige a fixação na petição inicial de prazo para "cumprimento" da tutela jurisdicional, do que se pressupõe que a contar da distribuição da peça aguarda a parte o acolhimento de sua pretensão, bem como a efetivação correspondente, de modo a Lima (2002, p. 91) sustentar que "o pedido não precisa fazer menção expressa à antecipação de tutela ou ao art. 273 do CPC, pois está implícita a necessidade de sua concessão".

Pela adoção do entendimento exposto, efetiva-se o Direito Fundamental à razoável duração do processo, bem como se assegura o emprego de meios que garantam a celeridade de tramitação dos feitos (**art. 5º, inciso LXXVIII, da Constituição),** bastando aos Operadores do Direito a prática de uma "hermenêutica responsável" e afirmativa da dignidade da pessoa humana.

4. Conclusões

Há décadas se opera a desconstrução do Estado de Bem-Estar Social, principalmente por meio da flexibilização das normas trabalhistas e da desregulamentação da tutela do trabalho subordinado, sendo o Poder Judiciário um de seus principais palcos.

Tal processo não se mostra irreversível, podendo ser freado pelos mesmos Operadores do Direito que o produzem, desde que adotada uma "hermenêutica responsável" da normatividade constitucional e infraconstitucional afeta à matéria, pela adoção de ações afirmativas da dignidade da pessoa humana.

(12) Lei n. 10.280/07, que alterou o disposto no art. 219, § 5º, do CPC, inaplicável ao processo do trabalho segundo entendimento dos autores deste texto e, dentre outros, de Bessa (2006), Lisboa (2006), Souto Maior (2006), além de Vargas e Fraga (2006).

Materializando a tese em questão, a título meramente exemplificativo, destaquem-se: **(I)** a projeção do Princípio da Boa-Fé Objetiva como padrão de conduta ético a ser observado no cumprimento de obrigações trabalhistas, inclusive nas fases pré e pós-contratuais e como fonte de responsabilidade civil **(II)** o não pronunciamento da prescrição de ofício no Processo do Trabalho **(III)** a atualização da regra que disciplina o regime de sobreaviso, ante o incessante incremento dos novos meios de comunicação, a fim de preservar a higidez física e mental do trabalhador, bem como o equilíbrio do contrato, **(IV)** os fundamentos à antecipação da tutela de ofício pelo Magistrado, em atendimento ao mandamento constitucional da razoável duração do processo.

5. Referências

AGUIAR JÚNIOR, Ruy Rosado. *Extinção dos contratos por incumprimento do devedor.* Rio de Janeiro: Aide, 1991.

AMORIM FILHO, Agnelo. Critério científico para distinguir a prescrição da decadência e para identificar as ações imprescritíveis. *Revista dos Tribunais*, São Paulo, v. 94, p. 733-63, 2005.

AQUINO, Tomás de. *Compêndio de teologia.* Tradução de D. Odilão Moura. Rio de Janeiro: Presença, 1977.

ARAÚJO, Francisco Rossal de. *A boa-fé no contrato de emprego.* São Paulo: LTr, 1996.

BARROSO, Luís Roberto. *Interpretação e aplicação da constituição.* 7. ed. São Paulo: Saraiva, 2002.

BESSA, Leonardo R. Itacaramby. Arguição da prescrição de ofício pelo magistrado — aspectos positivos e negativos — aplicabilidade ao processo do trabalho. *Revista do Tribunal Regional do Trabalho da 16ª Região*, São Luís, n. 16, p. 163-7, jan./dez. 2006.

CAMINO, Carmen. *Direito individual do trabalho.* Porto Alegre: Síntese, 2004.

CAPELLETTI, Mauro. *Juízes legisladores?* Tradução de Carlos Alberto Alvaro de Oliveira. Porto Alegre: Sergio Antonio Fabris, 1999.

COUTO E SILVA, Clóvis Veríssimo do. *A obrigação como processo.* São Paulo: José Bushatsky, 1976.

DELGADO, Gabriela Neves. *Direito fundamental ao trabalho digno.* São Paulo: LTr, 2006.

FUX, Luiz. *Tutela de segurança e tutela de evidência* (fundamentos da tutela antecipada). São Paulo: Saraiva, 1996.

GENRO, Tarso Fernando. *Introdução à crítica do direito do trabalho.* Porto Alegre: L & PM, 1979.

GOLDSCHMIDT, Rodrigo. *Flexibilização dos direitos trabalhistas:* ações afirmativas da dignidade da pessoa humana como forma de resistência. São Paulo: LTr, 2009.

GRAU, Eros. *A ordem econômica na Constituição de 1988.* 6. ed. São Paulo: Malheiros, 2000.

______. *Ensaio e discurso sobre a interpretação/aplicação do direito.* São Paulo: Malheiros, 2002.

HENTZ, André Soares. *Origem e evolução histórica da boa-fé no ordenamento jurídico brasileiro.* Disponível em: <http://www.egov.ufsc.br/portal/sites/default/files/anexos/9693-9692-1-PB.pdf> Acesso em: 17.10.2012.

JAKUTIS, Paulo. *Manual de estudo da discriminação no trabalho:* estudos sobre discriminação, assédio moral e ações afirmativas, por meio de comparações entre o direito do Brasil e dos Estados Unidos. São Paulo: LTr, 2006.

KAFKA, Franz. *Essencial Franz Kafka.* Seleção, introdução e tradução Modesto Carone. São Paulo: Penguin Classics/ Companhia das Letras, 2011.

KANT, Immanuel. *Fundamentação da metafísica dos costumes.* Tradução de António Pinto de Carvalho. São Paulo: Nacional, 1964.

LEITE, Carlos Henrique Bezerra. *Curso de direito processual do trabalho.* 3. ed. São Paulo: LTr, 2005.

LEKA, Stavroula; GRIFFITHS, Amanda; COX, Tom. La organización del trabajo y el estréss. Estrategias sistemáticas de solución de problemas para empleadores, personal directivo y representantes sindicales. *Série Protección de la Salud de los Trabajadores*, n. 3, OMS, 2004. Disponível em: <http://www.who.int/occupational_health/publications/pwh3sp.pdf> Acesso em: 17.10.2012.

LIMA, George Marmelstein. Antecipação de tutela de ofício? *Revista CEJ*, Brasília, n. 19, p. 90-3, 2002. Disponível em: <www.cjf.gov.br/revista/numero19/artigo10.pdf> Acesso em: 17.10.2012.

LISBOA, Daniel. Em busca da celeridade perdida — a declaração de ofício da prescrição. *Revista Justiça do Trabalho*, Porto Alegre: HS, n. 258, p. 89-96, jun. 2006.

MARTINS-COSTA, Judith. *A boa-fé no direito privado:* sistema e tópica no processo obrigacional. São Paulo: Revista dos Tribunais, 2000.

NEGRÃO, Theotônio; GOUVÊA, José Roberto F. *Código de processo civil e legislação processual em vigor*: com a colaboração de Luiz Guilherme Aidar Bondioli. São Paulo: Saraiva, 2008.

PINTO, José Augusto Rodrigues. *Processo trabalhista de conhecimento*. 7. ed. São Paulo: LTr, 2005.

PLÁ RODRIGUEZ, Américo. Tradução de Wagner D. Giglio. *Princípios de direito do trabalho*. São Paulo: LTr/ Universidade de São Paulo, 1978.

PORTANOVA, Rui. *Princípios do processo civil*. Porto Alegre: Livraria do Advogado, 2005.

RABENHORST, Eduardo Ramalho. *Dignidade humana e moralidade democrática*. Brasília: Brasília Jurídica, 2001.

RAMOS FILHO, Wilson. *Direito capitalista do trabalho:* história, mitos e perspectivas no Brasil. São Paulo: LTr, 2012.

SARLET, Ingo Wolfgang. *Dignidade da pessoa humana e direitos fundamentais*. 3. ed. rev. atual. e ampl. Porto Alegre: Livraria do Advogado, 2004.

______ . *A eficácia dos direitos fundamentais*. Porto Alegre: Livraria do Advogado Editora, 2001.

SOUTO MAIOR, Jorge Luis. Reflexos das alterações do código de processo civil no processo do trabalho. *Revista Justiça do Trabalho*, Porto Alegre: HS, n. 271, p. 20-40, jul. 2006.

VARGAS, Luiz Alberto de; FRAGA, Ricardo Carvalho. Prescrição de ofício? *Revista do Tribunal Regional do Trabalho da 16ª Região*, São Luís, n. 16, p. 129-38, jan./dez. 2006.

ZAVASCKI, Teori Albino. *Antecipação da tutela*. São Paulo: Saraiva, 1999.

Abordagem Holística sobre a Nova Regulamentação da Profissão do Motorista (Lei n. 12.619/2012)(*)

Paulo Douglas Almeida de Moraes(**)

Sumário: *I — Introdução; II — Disposições Gerais da Lei (arts. 1º e 2º, da lei); II.1) Alcance subjetivo da norma (art. 1º da lei); II.2) Direito dos motoristas profissionais empregados ao controle de jornada e do tempo de direção (art. 2º, V, da lei); II.2.1) Consequências práticas da diferença conceitual entre jornada e tempo de direção; II.2.2) Responsável pelo controle da jornada e do tempo de direção; II.2.2.1) Da corresponsabilidade dos beneficiários dos serviços prestados pelo motorista profissional para com o controle do tempo de direção; II.2.3) Meios de controle; III — Inovações na CLT (arts. 3º e 4º da lei); III.1) Deveres dos motoristas profissionais e novas modalidades de infrações disciplinares (art. 235-B, CLT); III.2) Regras atinentes à Jornada de Trabalho (arts. 235-C, 235-F, CLT); III.2.1) Identificação dos limites de jornada (arts. 235-C e 235-F, CLT); III.2.1.1) Da inconstitucionalidade do 235-F, CLT (jornada "12 x 36"); III.2.2) Tempo computado como jornada de trabalho (art. 235-C, § 2º, CLT); III.2.3) "Tempo de espera" (art. 235-C, § 8º c/c art. 235-E, §§ 4º e 5º, CLT); III.2.3.1) Remuneração do "tempo de espera" (art. 235-C, § 9º, CLT); III.2.3.2) Considerações finais acerca do "tempo de espera" (art. 235-C, § 9º, CLT); III.2.4) Tempo de descanso ou "intervalo de direção" (art. 235-D, I da CLT e art. 67-A, 1º do CTB); III.2.5) "Tempo de reserva" (art. 235-E, §§ 6º e 7º, CLT); III.3) Disposições especiais no caso de Viagem de Longa Distância (arts. 235-D e 235-E, CLT); III.3.1) O Descanso Semanal Remunerado nas viagens de Longa Distância (art. 235-E, § 1º, CLT); III.3.2) Ocorrência de força maior nas viagens de Longa Distância (art. 235-E, CLT); III.4) Restrições às modalidades de remuneração prejudiciais ao controle da jornada (art. 235-G, CLT); III.4.1) Intangibilidade contratual e alteração da modalidade de remuneração; III.5) Delegação à norma coletiva para regulação de jornadas especiais (art. 235-H, CLT); III.6) Fracionamento do intervalo intrajornada (art. 71, § 5º, CLT); III.7) Instrumento coletivo aplicável ao empregador com atividade em várias localidades; IV — Aplicabilidade Transversal das Normas Regulamentadoras do MTE ao Meio Ambiente Laboral dos Motoristas (art. 9º da lei); V — Considerações finais.*

(*) Texto originalmente publicado na edição de julho/2012 na revista "O Trabalho", devidamente atualizado com a nova jurisprudência do C. TST e com os desdobramentos decorrentes da regulamentação do CONTRAN.

(**) Procurador do Trabalho da 24ª Região; ex-Juiz do Trabalho da 15ª Região; ex-Auditor Fiscal do Trabalho, bacharel em Direito e Administração de Empresas, pós-graduado em Administração de Sistemas e de Informações Gerenciais; Coordenador, no Estado de Mato Grosso do Sul, da Coordenadoria de Promoção da Liberdade Sindical do MPT — CONALIS e da Coordenadoria de Promoção da Liberdade Sindical— CONALIS e da Coordenadoria de Combate às Fraudes nas Relações de Emprego — CONAFRET. Coautor da Ação Civil Pública que deu origem ao debate que redundou na edição da Lei n. 12.619/2012.

Resumo: A Lei n. 12.619/2012, fruto de um profícuo processo de negociação entre patrões e empregados mediado pelo Ministério Público do Trabalho, veio estabelecer regras que abordam importantes aspectos da profissão dos motoristas transportadores de carga e pessoas, especialmente no que toca a limitação da jornada de trabalho e do tempo de direção, abrangendo motoristas empregados e autônomos. Esta norma não deve ser apenas lida, mas sobretudo compreendida. Compreendida em consideração ao histórico abandono e indigência que imperava até seu advento, pois somente assim é possível perceber que dispositivos cuja literalidade aparentam retrocesso, são, em verdade, grandes avanços. Contudo, a par dos numerosos avanços ora conquistados, há disposições flagrantemente inconstitucionais e que, de fato, comportam retrocessos sociais, desse modo sobreleva a responsabilidade dos aplicadores do direito, que deverão buscar no suporte axiológico do Direito do Trabalho e da Constituição as ferramentas necessárias para extrair e aplicar o que há de positivo na norma e afastar o que há de ruim. Nesta linha, cabe registrar a obscura e até mesmo contraditória atuação do CONTRAN, que ao editar a Resolução n. 405/2012, positivou regulamento *praeter legem* que muito contribuiu para o aperfeiçoamento da norma. Todavia, dando ressonância à pressão de grupos que defendem interesses flagrantemente ilegítimos, subsequentemente o CONTRAN editou a Resolução n. 417/2012 que, em termos práticos, mitigou gravemente a eficácia da lei, fato que levou o MPT a travar uma verdadeira batalha judicial e extrajudicial a fim de restabelecer a almejada segurança jurídica. Os desdobramentos desse embate ainda são incertos. Enfim, está-se diante de uma realidade em transformação, cuja consolidação positiva ou negativa dependerá, fundamentalmente, da postura dos atores envolvidos na criação da própria lei. Os últimos acontecimentos demonstram que a ruptura de paradigmas operada pela norma encontra resistência no centro do poder, fato que demanda fôlego e firmeza de princípios das instituições imbuídas em fazer valer as leis neste suposto Estado Democrático de Direito.

Palavras-Chave: motorista profissional — Lei n. 12.619/2012 — Resolução CONTRAN n. 405/2012 — jornada de trabalho — tempo de direção — Resolução CONTRAN n. 417/2012.

I — Introdução

A necessidade de regulamentação da profissão do motorista rodoviário transportador de cargas e de pessoas não é assunto novo. A matéria é debatida há décadas, contando com dezenas de projetos de lei tramitando nas duas casas do Congresso Nacional. Contudo, dado o antagonismo de interesses de patrões e empregados, bem como o notório caráter estratégico do assunto, as louváveis iniciativas de sindicalistas e congressistas não se mostraram exitosas.

A discussão recebeu destacado impulso a partir da propositura, em 12.12.2007 na cidade de Rondonópolis/MT, da Ação Civil Pública n. 1372.2007.021.23.00-3, que contou, em 17.12.2007, com o deferimento da liminar então pleiteada por parte do Exmo. Juízo da 1ª Vara do Trabalho de Rondonópolis que, embora tenha vigido por pouco tempo, demonstrou que o debate e solução para a questão da limitação da jornada dos motoristas era inadiável.

Dessa provocação judicial decorreu uma inédita aproximação, em escala nacional, das representações classistas laborais e patronais, ambas imbuídas pelo objetivo comum de construir um consenso em torno de um dos mais agudos problemas do segmento — a limitação da jornada de trabalho e do tempo de direção dos motoristas e a adaptação e criação da infraestrutura ambiental necessária para que os motoristas possam exercer sua atividade de modo seguro, saudável e digno.

O fruto desse processo de negociação, habilmente mediado pelo Ministério Público do Trabalho, foi corporificado no Projeto de Lei n. 99/2007, que recebeu amplo apoio de Senadores e Deputados Federais.

O aludido projeto, após ser levado à sanção presidencial, lá tendo recebido vários vetos jurídicos, deu origem à Lei n. 12.619/2012, que, finalmente veio regular a complexa e multifacetada profissão do motorista rodoviário transportador de cargas e passageiros e, como era de se esperar, seu conteúdo e alcance já inspira acalorados debates, vez que a par de trazer inestimável contribuição para milhões de motoristas profissionais, especialmente quanto ao controle da jornada de trabalho e do tempo de direção, foi redigida com a atecnia própria dos textos resultantes do consenso entre interesses conflitantes.

Essa característica uterina da norma reflete-se na positivação de dispositivos vanguardistas ao lado de outros claramente retrógrados ou, até mesmo, flagrantemente inconstitucionais.

O presente estudo, embora intitulado com o adjetivo "holístico" é ainda perfunctório e não tem a pretensão de fixar balizas hermenêuticas inamovíveis (mesmo porque estas inexistem). Pretende-se apenas dar início ao necessário estudo para que caminhos se abram no sentido de extrair e aplicar o há de bom na nova lei, bem como de encontrar os meios de coibir ou mesmo extirpar o que nela há de ruim.

O projeto de lei que resultou na norma em comento possuía quatro blocos normativos, um de normas trabalhistas, um de normas de trânsito, um de normas de infraestrutura e outro de norma intersindical. Esses quatro blocos estavam dispostos, parte com norma esparsa, parte inserida da Consolidação das Leis do Trabalho — CLT e parte inserida no Código de Trânsito Brasileiro — CTB.

Embora pecando pela falta de técnica, verifica-se que o projeto de lei visou conferir uma solução completa para a questão, contemplando disposições aplicáveis aos motoristas empregados e aos autônomos, bem como preconizando os investimentos em infraestrutura necessários para viabilizar o repouso seguro desses profissionais ao longo das rodovias.

Tal desiderato foi mitigado pelos vetos presidenciais, todavia, conforme demonstrado a seguir, o que remanesceu do projeto, agora como lei, embora com ácidas e necessárias críticas a alguns pontos, possui a capacidade de transformar positivamente a atual realidade de abandono dos motoristas profissionais brasileiros.

Após a vigência da lei, os fatos sociais que se sucederam demonstram que a Lei n. 12.619/12 pode não passar de uma vã promessa de garantia da dignidade ao motorista profissional, pois o governo brasileiro vem se mostrando sensível às pressões exercidas por certos grupos interessados em manter tudo como sempre esteve. Tal fato é comprovado pela infeliz Resolução n. 417 do CONTRAN, que de modo flagrantemente ilegal e abusivo, veio subtrair fortemente o caráter coercitivo da lei.

Não obstante a intercorrência de tais fatos meta-jurídicos, contra os quais o Ministério Público do Trabalho vem se empenhando de modo obstinado, a análise realizada no presente estudo é eminentemente técnica, centrando-se nos aspectos trabalhistas da lei, fazendo referência a dispositivos inseridos no CTB e na Resolução n. 405/2012 do CONTRAN apenas quando estes repercutem sobre o motorista empregado ou, ainda, quando necessário para demonstrar eventual regramento análogo ao do motorista empregado aplicável ao motorista autônomo.

II — Disposições gerais da lei (arts. 1º e 2º, da lei)

II.1) Alcance subjetivo da norma (art. 1º da lei)

O texto da lei tem início com uma imprecisão quanto à definição do seu alcance subjetivo, levando a entender que estariam por ela alcançados apenas os motoristas profissionais empregados. Nesse diapasão, uma análise isolada do art. 1º e seus incisos levaria a concluir que os <u>motoristas profissionais autônomos</u> estariam fora do escopo da lei.

Contudo, não é essa a conclusão revelada pela análise da integralidade do diploma legal, já que o seu art. 5º introduz uma série de dispositivos no Código de Trânsito Brasileiro (art. 67-A e art. 67-C; art. 230, XXIII), aplicáveis tanto aos motoristas empregados, quanto aos autônomos.

No mesmo sentido veio a previsão do art. 9º, esclarecendo serem aplicáveis as Normas Regulamentadoras do MTE às condições sanitárias e de conforto nos locais de espera dos motoristas de transporte de cargas, locais estes frequentados por motoristas empregados e autônomos.

Todavia, impende esclarecer que nem todos os motoristas profissionais autônomos estão vinculados à lei. Tal restrição se deve à referência feita no art. 67-A do CTB ao art. 105, II do mesmo diploma, de modo que apenas os condutores autônomos do transporte de passageiros com mais de 10 (dez) lugares e de carga com peso bruto total superior a 4.536 (quatro mil e quinhentos e trinta e seis) quilogramas estão abrangidos pela norma.

Relevante, também, identificar em qual medida os motoristas do transporte coletivo urbano de passageiros são atingidos pela nova lei, sobretudo no que toca à nova disposição do § 5º do art. 71 da CLT, que prescreve a possibilidade de fracionamento do intervalo intrajornada.

O malsinado dispositivo, que será melhor examinado à frente, induz à aparente conclusão de que os motoristas do transporte coletivo de passageiros, urbanos e interurbanos, estariam abrangidos pela norma. Contudo, não parece ser esta a melhor interpretação.

Em que pese a expressa menção às *condições especiais do trabalho a que são submetidos estritamente os motoristas, cobradores ... empregados no setor de transporte coletivo de passageiros*, não há, em nenhum trecho alusão ao transporte coletivo urbano de passageiros.

O silêncio é eloquente, pois a análise integral do dispositivo demonstra que ele cuida tão somente do transporte coletivo de passageiros interurbano.

A limitação do alcance subjetivo pode ser verificada claramente quanto o dispositivo se refere à concessão de frações de intervalo entre o final da primeira hora e o início da última hora trabalhada, condição que se mostra incompatível com as peculiaridades do transporte coletivo urbano, o qual exige micropausas a cada volta do ônibus, sejam elas durante a primeira hora ou mesmo ao longo da última hora de trabalho.

Conclui-se, pois, que a lei regula a atividade dos motoristas rodoviários de carga e de passageiros, quer atuem nas vias urbanas ou interurbanas, no meio urbano ou rural. Contudo, o alcance normativo de cada dispositivo é dado conforme as peculiaridades de cada segmento. Além disso, como já salientado, o novo diploma legal trata dos motoristas empregados e autônomos, sendo aplicáveis a estes tão somente os dispositivos introduzidos no CTB e àqueles tanto os do CTB, quanto as inovações da CLT.

II.2) Direito dos motoristas profissionais empregados ao controle de jornada e do tempo de direção (art. 2º, V da lei)

A noção de que a limitação da jornada de trabalho dos motoristas profissionais era uma necessidade inadiável foi, sem dúvida, a causa eficiente para o nascimento da norma em comento.

Os efeitos deletérios do descontrole de jornada neste segmento são de conhecimento público, tendo sido objeto de comprovação estatística levada a efeito pelo próprio Ministério Público do Trabalho. Em média, um em cada três motoristas rodoviários de carga lança mão de substâncias químicas ou entorpecentes para suportar as longas jornadas de trabalho, que não raro extrapola dezesseis horas de trabalho por dia. Tal realidade não apenas compromete a saúde dos motoristas, como resulta em milhares de acidentes a cada ano, vitimando tanto motoristas, quanto os demais usuários das rodovias brasileiras. É, segundo o Ministério da Saúde, um grave caso de saúde pública.

Nesse contexto, ganha relevo a disposição lançada no art. 2º, V da lei, que lista a limitação da jornada de trabalho como direito dos motoristas profissionais empregados, cabendo aos empregadores controlar tal jornada, *in verbis:*

> Art. 2º São direitos dos motoristas profissionais, além daqueles previstos no Capítulo II do Título II e no Capítulo II do Título VIII da Constituição Federal:
>
> [...]
>
> V — jornada de trabalho e tempo de direção controlados de maneira fidedigna pelo empregador, que poderá valer-se de anotação em diário de bordo, papeleta ou ficha de trabalho externo, nos termos do § 3º do art. 74 da Consolidação das Leis do Trabalho — CLT, aprovada pelo Decreto-lei n. 5.452, de 1o de maio de 1943, ou de meios eletrônicos idôneos instalados nos veículos, a critério do empregador.

Dada a importância e complexidade do dispositivo, necessário destacar que ele contempla duas figuras distintas: a jornada de trabalho e o tempo de direção.

Como é cediço, entende-se por jornada de trabalho o tempo em que o empregado, por força do contrato de emprego, deve se colocar à disposição do seu empregador. Já o conceito de tempo de direção é legalmente dado pelo art. 67-A, introduzido no CTB pelo art. 5º da lei, segundo o qual tempo direção é *o período em que o condutor estiver efetivamente ao volante de um veículo em curso entre a origem e o seu destino.*

II.2.1) Consequências práticas da diferença conceitual entre jornada e tempo de direção

Conforme já assentado, a jornada de trabalho aplica-se apenas ao motorista empregado, ao passo que o tempo de direção aplica-se a motoristas empregados e autônomos.

Outra observação importante é que a totalidade do tempo de direção é considerada no tempo de jornada, mas nem todo o tempo de jornada corresponde a efetivo tempo de direção, tal qual ocorre quanto às paradas para reparos no veículo ou para abastecimento.

II.2.2) Responsável pelo controle da jornada e do tempo de direção

Quanto ao motorista empregado, o art. 2º, V, da Lei é claro em atribuir ao empregador a obrigação de controlar a jornada dos seus empregados motoristas. Já o motorista autônomo, em princípio, tem o controle do seu tempo de direção sob sua própria responsabilidade, nos termos do art. 67-C, introduzido no CTB, *verbis:*

> Art. 67-C. O motorista profissional, na condição de condutor, é responsável por controlar o tempo de condução estipulado no art. 67-A, com vistas à sua estrita observância.
>
> Parágrafo único. O condutor do veículo responderá pela não observância dos períodos de descanso estabelecidos no art. 67-A, ficando sujeito às penalidades daí decorrentes, previstas neste Código.

Felizmente a interpretação sistemática da lei atenua a evidente impertinência lógica de atribuir o controle ao controlado.

II.2.2.1) Da corresponsabilidade dos beneficiários dos serviços prestados pelo motorista profissional para com o controle do tempo de direção

Tendo em vista a deficitária estrutura de fiscalização nas rodovias brasileiras, atribuir o controle do tempo de direção ao próprio motorista chega ao limiar de tornar a lei letra morta para com os autônomos.

Contudo, atento ao fato de que a dinâmica do transporte se insere na relação comercial mantida entre contratante do serviço e o prestador desse serviço de transporte, o legislador buscou garantir a eficácia da lei atribuindo ao beneficiário do serviço a corresponsabilidade, civil e penal, pelo controle do tempo de direção.

Na seara penal o projeto de lei inseria no Código de Trânsito o art. 310-A, que tornaria crime a conduta do empregador que ordenasse ou permitisse o início de viagem de duração maior que 1 (um) dia, estando ciente de que o motorista não cumpriu o período de descanso diário, conforme previsto no § 3º do art. 67-A, deixando claro que também responderia pelo crime o transportador de cargas, consignatário de cargas, operador de terminais de carga, operador de transporte multimodal de cargas ou agente de cargas que concorressem para a prática do delito.

A pretensão legislativa visava claramente conferir consistência lógica ao diploma legal, de modo a tornar factível a efetividade do controle do tempo de direção, especialmente para os motoristas autônomos. Entretanto, a iniciativa sofreu o veto presidencial.

Felizmente, a mesma sorte não foi dada à iniciativa na esfera cível, isto porque fora mantida a disposição inserta no § 7º do art. 67-A do

CTB, combinada com os §§ 3º e 5º do mesmo artigo, *verbis:*

> Art. 67-A ...
>
> [...]
>
> § 3º O condutor é obrigado a, dentro do período de 24 (vinte e quatro) horas, observar um intervalo de, no mínimo, 11 (onze) horas de descanso, podendo ser fracionado em 9 (nove) horas mais 2 (duas), no mesmo dia.
>
> [...]
>
> § 5º O condutor somente iniciará viagem com duração maior que 1 (um) dia, isto é, 24 (vinte e quatro) horas após o cumprimento integral do intervalo de descanso previsto no § 3º.
>
> [...]
>
> § 7º Nenhum transportador de cargas ou de passageiros, embarcador, consignatário de cargas, operador de terminais de carga, operador de transporte multimodal de cargas ou agente de cargas **permitirá ou ordenará** a **qualquer motorista a seu serviço, ainda que subcontratado**, que conduza veículo referido no *caput* sem a observância do disposto no § 5º.

Em termos práticos o dispositivo acima transcrito estabelece a corresponsabilidade do controle do tempo de direção dos motoristas profissionais (empregados ou autônomos) aos destinatários das cargas e aos contratantes do transporte de passageiros.

Neste eixo, no dia 14 de junho de 2012, o Conselho Nacional de Trânsito — CONTRAN editou a Resolução n. 405 que, ao regulamentar a aplicação da Lei n. 12.619/12, previu no seu art. 4º:

> Art. 4º Nenhum transportador de cargas ou de passageiros, embarcador, consignatário de cargas, operador de terminais de carga, operador de transporte multimodal de cargas ou agente de cargas permitirá ou ordenará a qualquer motorista a seu serviço, ainda que subcontratado, que conduza veículo sem observar as regras de tempo de direção e descanso contidos nesta resolução.

Desse modo, numa clara regulamentação de caráter *praeter legem* absolutamente fiel ao espírito da norma em comento, o Poder Executivo entendeu por bem, na esfera administrativa, corresponsabilizar o destinatário do serviço de transporte de modo amplo, devendo este não apenas abster-se de exigir trabalho ao motorista fatigado, mas sobretudo empreender os meios necessários à garantida do devido descanso, por meio da devida fiscalização e controle do tempo de direção.

Neste passo é de se esperar uma injustificada resistência dos transportadores de carga em efetivar o controle do tempo de direção da controvertida figura dos "motoristas agregados", prevista no art. 4º, § 1º, da Lei n. 11.442/2007.

Sem embargo à controvérsia quanto à legitimidade e constitucionalidade dos "motoristas agregados", fato é que estes profissionais ostentam a condição de autônomos, autonomia esta que vem, mais uma vez, mitigada pela obrigação ora imposta aos transportadores de eficazmente controlar o tempo de direção e os efetivos gozos do tempo de repouso desses profissionais.

Sendo assim, a pretexto de evitar a caracterização do vínculo de emprego com os "agregados", não poderão os transportadores efetuar controle meramente formal do tempo de direção. Este controle deve ser efetivo, sob pena de conduzir à responsabilização civil e administrativa do transportador e demais beneficiários do serviço de transporte.

II.2.3) Meios de controle

É evidente que pouco ou nada vale um direito que não possa ser aferido ou, como no caso da jornada de trabalho, controlada. É por essa razão que procedentes críticas foram lançadas às letras da parte final do art. 2º, V da lei.

O dispositivo relacionou entre os meios de controle da jornada o diário de bordo, a papeleta ou ficha de trabalho externo (referindo impropriamente o § 3º do art. 74 da CLT, já que este dispositivo trata de horário de trabalho e não de jornada), bem como a outros meios eletrônicos idôneos instalados no veículo.

A celeuma reside menos no fato de que o diário de bordo e a papeleta sejam (e de fato são) instrumentos vulneráveis à fraude. O ponto que merece fundadas críticas é a faculdade, atribuída ao empregador para eleger dentre os instrumentos aludidos, qual adotará para executar o controle.

Ora, ao assim dispor, a norma aparenta sugerir que sempre se adote o livro de bordo ou a papeleta de trabalho externo, uma vez que para se furtar ao pagamento de horas extraordinárias, basta que o empregador exija que o empregado preencha tais documentos segundo seus interesses.

Embora essa seja uma possibilidade mais do que verossímil, impende fazer algumas ponderações que conduzem à conclusão de que, embora a lei não tenha adotado a melhor redação (longe disso), ela é fundamental para que o resultado útil que se espera alcançar possa ser produzido.

Não se pode olvidar que até o advento desta lei o contexto normativo, ancorado na norma exceptiva do art. 62, I, da CLT, conduzia à posição jurisprudencial majoritária de que a atividade de motorista, por ser exercida externamente, seria, em regra, impassível de controle de jornada, o que redundava, salvo exceções, na improcedência dos pedidos de pagamento das horas extras.

Desse modo, a razoável certeza de que a exigência de sobrejornada não custaria nada ao empregador levava o setor a adotar o pagamento por comissão e, dessa forma, conseguir a adesão do próprio empregado para que este se submetesse às extenuantes jornadas de trabalho em busca de uma melhor remuneração.

Essa lógica perversa muda radicalmente com a nova lei, pois com a expressa referência à limitação de jornada como direito do motorista, tendo o empregador o dever de controlá-la, passa a ser absolutamente descabida a tutela jurisdicional que nega o direito às horas extras laboradas pelos motoristas profissionais com base no singelo fundamento de que a atividade é externa e, supostamente, infensa a controle.

Trata-se de um enorme avanço, uma vez que o Poder Judiciário Trabalhista deixará de atuar como um legitimador da negação do direito e reassumirá sua vocação natural de guardião dos direitos fundamentais trabalhistas.

Inquestionavelmente a troca da razoável certeza da impunidade pela razoável certeza da condenação tende a conduzir os empregadores ao cumprimento da norma, ou seja, a lei tende a produzir uma conduta preventiva ao ilícito e ao próprio litígio.

No mesmo sentido, a expressa referência aos meios de controle, inclusive com a cláusula de abertura para outros meios eletrônicos idôneos, representa importante conquista em face da frenética evolução tecnológica experimentada pelo setor, que conta com rastreamento via satélite, Controle Total de Frotas — CTF, "tacógrafo", dentre outros.

Pois bem, mas o que dizer da inconveniente faculdade atribuída ao empregador para escolher entre os meios de controle, combinada com a vulnerabilidade do diário de bordo e da papeleta de trabalho externo?

Resta claro que o legislador teria andado melhor se houvesse referido os meios de controle numa ordem preferencial, começando do mais confiável até o mais vulnerável. Todavia, em se tratando de norma resultante do acordo entre representações classistas de patrões e de empregados (como é o caso), verifica-se que a redação do dispositivo bem reflete esse embate de interesses.

Ora, se a possibilidade de fraude não foi dificultada na elaboração da lei, ela deve ser reprimida na sua aplicação.

O art. 203 do Código Penal prescreve pena de um a dois anos de detenção, além de multa, a quem *frustrar, mediante fraude ou violência, direito assegurado pela legislação do trabalho*. Além disso, a mesma conduta é passível de penalização administrativa infligida pela Auditoria-Fiscal do Trabalho, bem como pode ser devidamente reprimida e ter sua reiteração prevenida por ação civil pública ajuizada pelo Ministério Público do Trabalho ou mesmo pelos sindicatos profissionais.

Cabe lembrar que ainda que o empregador eleja um meio de controle vulnerável, tal eleição não vincula a autoridade fiscal (Auditor-Fiscal, policial rodoviário federal ou estadual), o Procurador do Trabalho e, tampouco o Juiz de Direito ou do Trabalho, ou seja, numa ação fiscal trabalhista, numa apuração policial, num inquérito civil, num processo penal ou trabalhista, todas essas autoridades podem e devem lançar mão de quaisquer meios de prova idôneos para trazer a lume a verdade dos fatos.

Conclui-se, pois, que embora a lei tenha, imprópria e inconvenientemente, atribuído ao empregador o direito de eleger o meio de controle da jornada dos motoristas, a adequada aplicação da norma poderá, com certa facilidade, elidir e punir exemplarmente eventual fraude.

Ainda no que concerne aos meios de controle, mas agora do tempo de direção aplicável a todos os motoristas profissionais (autônomos e empregados), impende observar que o veto ao art. 67-B do CTB trouxe, num primeiro momento, preocupante insegurança jurídica.

O art. 67-B do CTB relacionava os meios de controle do tempo de direção, fazendo referência alternativa ao diário de bordo e ao equipamento registrador ("tacógrafo"), todavia, atento à fragilidade do registro no diário de bordo, o Poder Executivo vetou o dispositivo.

Em que pese a responsabilização do condutor pelo controle do seu tempo de direção referida pelo art. 67-C do CTB, bem como a estipulação de multa administrativa pelo descumprimento dos períodos de descanso (intervalo de direção) prevista no art. 230, XXIII, do CTB, qual seria o meio de controle utilizado pelo policial rodoviário para fundamentar sua notificação?

Diversamente do que ocorreu com as inovações de índole trabalhista, na esfera do direito de trânsito não houve menção ao rol de meios de controle, pois, como já dito, o dispositivo que o previa foi vetado.

Ora, tendo a autoridade policial sua atividade vinculada à lei, com base em qual parâmetro ela poderia apenar o condutor que não observar o descanso exigido no art. 67-A do CTB?

Dada a vacuidade da norma, restou aberto o espaço para que o Poder Executivo regulamentasse a aplicação da lei, o que veio a ocorrer antes mesmo de escoada a *vacatio legis*, em 14 de junho de 2012, por meio da já mencionada Resolução n. 405 do CONTRAN.

O art. 2º aludida Resolução esclarece que:

> Art. 2º A fiscalização do tempo de direção e do intervalo de descanso do motorista profissional dar-se-á por meio de:
>
> I — Análise do disco ou fita diagrama do registrador instantâneo e inalterável de velocidade e tempo ou de outros meios eletrônicos idôneos instalados no veículo, na forma regulamentada pelo CONTRAN; ou
>
> II — Verificação do diário de bordo, papeleta ou ficha de trabalho externo, fornecida pelo empregador; ou
>
> III — Verificação da ficha de trabalho do autônomo, conforme Anexo desta Resolução.
>
> § 1º A fiscalização por meio dos documentos previstos nos incisos II e III somente será feita quando da impossibilidade da comprovação por meio do disco ou fita diagrama do registrador instantâneo e inalterável de velocidade e tempo do próprio veículo fiscalizado.

O Poder Executivo, guardando coerência com as razões do veto presidencial, estabeleceu que a fiscalização do tempo de direção e dos repousos dar-se-á, preferencialmente, com base no *disco ou fita diagrama do registrador instantâneo e inalterável de velocidade e tempo ou de outros meios eletrônicos idôneos instalados no veículo.*

Tal disposição, aplicável inclusive aos motoristas empregados, reduz sensivelmente os potenciais efeitos deletérios da eleição, pelo empregador, de meios de controle menos confiáveis, uma vez que, ainda que escolha controlar a jornada dos seus empregados com base, por exemplo, no diário de bordo, o empregador deverá, obrigatoriamente, controlar o tempo de direção deste mesmo empregado por mecanismo de maior confiabilidade.

III — Inovações na CLT (arts. 3º e 4º da lei)

III.1) Deveres dos motoristas profissionais e novas modalidades de infrações disciplinares (art. 235-B, CLT)

O projeto de lei fazia, no art. 235-B, VI da CLT, expressa referência ao dever do motorista em cumprir as disposições legais e regulamentares quanto ao tempo de direção, à jornada de trabalho e ao repouso. Tal dispositivo foi vetado por conferir ao regulamento empresarial verdadeiro *status* de lei. No entanto, impende ressaltar que tal obrigação remanesce no que concerne ao cumprimento, pelo motorista empregado, das disposições legais relativas à limitação da jornada de trabalho e gozo dos intervalos de descanso, uma vez que essas imposições ostentam o caráter de normas de ordem pública.

A despeito da observação acima, remanesceram textualmente na lei, as seguintes obrigações atribuídas aos motoristas profissionais empregados:

a) Estar atento às condições de segurança do veículo (art. 235-B, I, da CLT);

b) Conduzir o veículo com perícia, prudência, zelo e com observância aos princípios de direção defensiva (art. 235-B, II, da CLT);

c) Respeitar a legislação de trânsito e, em especial, as normas relativas ao tempo de direção e de descanso (art. 235-B, III, da CLT);

d) Zelar pela carga transportada e pelo veículo (art. 235-B, IV, da CLT);

e) Colocar-se à disposição dos órgãos públicos de fiscalização na via pública (art. 235-B, V, da CLT);

f) Submeter-se a teste e a programa de controle de uso de droga e de bebida alcoólica, instituído pelo empregador, com ampla ciência do empregado (art. 235-B, VII, da CLT).

Num primeiro momento causa certa perplexidade a menção a "deveres" dos empregados numa lei que deveria positivar "direitos".

Tal percepção vem reforçada pela aparente violação ao princípio da alteridade traduzida pela obrigação do motorista "zelar pela carga transportada e pelo veículo".

A questão não comporta maiores dificuldades, uma vez que o zelo pelos bens guardados decorre do dever geral da guarda. Todavia, tal dever cede espaço nos casos de legítima defesa de bem jurídico mais valioso, tal como a saúde e a vida.

Sendo assim, a disposição legal deve ser compreendia no sentido que o motorista tem o dever de guardar com zelo a carga e o veículo, na medida em que esse dever não implique em perigo para sua vida ou para sua saúde. Vale dizer, por exemplo, que lícito será o abandono do veículo se houver um problema mecânico em lugar ermo, obrigando-o a buscar socorro, bastando neste caso que o veículo seja devidamente fechado.

Outra questão que suscita questionamento diz respeito à submissão a teste e programa de uso de droga e de bebida alcoólica <u>instituído pelo empregador</u>. Será que tal obrigação não exporá a intimidade e a vida privada do motorista profissional? Será que não servirá de justificativa para dispensa desses trabalhadores?

Não se pode negar que muitos motoristas brasileiros fazem uso de drogas para suportar a desumana jornada de trabalho a eles atualmente imposta, o que autoriza inferir que há uma legião de motoristas viciados nesses psicotrópicos.

Caberia agora, com base na nova lei, a adoção de políticas de exclusão de tais profissionais dos quadros das empresas?

Não obstante os inquietantes questionamentos acima, a disposição legal inserida no art. 235-B, VII, da CLT possui razão de ser, pois, nos termos do art. 8º, *in fine* da CLT, nenhum interesse de classe ou particular deve prevalecer sobre o interesse público. De fato, não resta dúvida de que o interesse da sociedade em contar com um trânsito seguro nas rodovias deve prevalecer sobre o interesse individual ou mesmo coletivo dos trabalhadores.

Entretanto, a prevalência do interesse público não pode servir como fundamento para violar direitos fundamentais, tampouco para patrocinar a adoção de políticas discriminatórias e flagrantemente injustas.

No que tange ao uso de álcool, embora haja a tipificação da embriaguez habitual ou em serviço como justa causa para a dispensa (art. 482, "f", da CLT), resta sedimentado o entendimento de que o alcoolismo, classificado como patologia pela Organização Mundial de Saúde, não pode servir como fundamento para a dispensa do trabalhador por justa causa.

Todavia, impende observar que por força do que dispõe o art. 277 do CTB, todo motorista, profissional ou não, envolvido em acidente de trânsito ou que for alvo de fiscalização de trânsito, deve se submeter aos testes de alcoolemia, sofrendo, na esfera da legislação de trânsito, as penalidades cabíveis no caso de constatação do álcool.

Ora, se sob o prisma trabalhista o alcoolismo não pode, em princípio, motivar a dispensa por justa causa, com maior razão o uso de drogas não pode justificar a dispensa do motorista, uma vez que o vício decorre exatamente das condições de trabalho às quais esse trabalhador foi historicamente submetido.

Portanto, a nova disposição legal do art. 235-B, VII, da CLT vem no sentido estabelecer meios de detecção de eventual problema do trabalhador com o álcool ou com as drogas, buscando, a partir da eventual detecção, empreender o tratamento capaz de auxiliá-lo a superar o problema.

Sendo assim, qualquer programa patronal de controle de uso de droga ou de álcool que venha expor a intimidade ou a vida privada do motorista, ou, ainda, que sirva como ferramenta para discriminatoriamente dispensar esse motorista, deve ser exemplarmente combatido por meio de ações civis públicas movidas pelo Ministério Público do Trabalho ou pelos sindicatos profissionais.

III.2) Regras atinentes à Jornada de Trabalho (arts. 235-C e 235-F, CLT)

Tendo o núcleo da nova lei disposto sobre a regulamentação da jornada de trabalho dos motoristas, tal matéria contou com numerosas inovações que levaram em consideração as peculiaridades dessa atividade. Todavia, a exemplo do observado em outros pontos da lei, não houve o desejável rigor técnico na sua elaboração.

III.2.1) Identificação dos limites de jornada (arts. 235-C e 235-F, CLT)

A limitação temporal da jornada dos motoristas profissionais segue a regra geral ditada pela Constituição Federal, art. 7º, XIII, ou seja, oito horas por dia e quarenta e quatro semanais, conforme se infere pelo *caput* do art. 235-C, abaixo transcrito:

> Art. 235-C. A jornada diária de trabalho do motorista profissional será a estabelecida na Constituição Federal ou mediante instrumentos de acordos ou convenção coletiva de trabalho.

O dispositivo comporta uma inconsistência jurídica, pois sua literalidade aparenta conferir às convenções e acordos coletivos de trabalho o poder de alterar de qualquer modo os limites de jornada previstos na Constituição Federal, tal interpretação é juridicamente inviável frente à hierarquia normativa que restringe a atuação do legislador ordinário, impedindo-o de mitigar o alcance de normas constitucionais garantidoras de direitos fundamentais.

Desse modo, as convenções e acordos coletivos poderão dispor apenas sobre a compensação e redução da jornada, nos exatos termos do art. 7º, XIII, da CF, *verbis:*

> Art. 7º São direitos dos trabalhadores urbanos e rurais, além de outros que visem à melhoria de sua condição social:
>
> [...]
>
> XIII — duração do trabalho normal não superior a oito horas diárias e quarenta e quatro semanais, facultada a compensação de horários e a redução da jornada, mediante acordo ou convenção coletiva de trabalho.

A presente ressalva é plenamente cabível também ao disposto no art. 235-H da CLT, o qual confere aos instrumentos coletivos o poder de estabelecimento de jornadas especiais de trabalho.

III.2.1.1) Da inconstitucionalidade do art. 235-F, CLT (jornada "12 x 36")

O novo art. 235-F, da CLT vem assim redigido:

> Art. 235-F. Convenção e acordo coletivo poderão prever jornada especial de 12 (doze) horas de trabalho por 36 (trinta e seis) horas de descanso para o trabalho do motorista, em razão da especificidade do transporte, de sazonalidade ou de característica que o justifique.

Constata-se que neste dispositivo o legislador conferiu efetivo poder derrogatório às convenções e acordos coletivos sobre a Constituição, pois estabeleceu abstratamente limite de 12 (doze) horas diárias de trabalho, em frontal violação ao limite constitucional diário de 8 (oito) horas estabelecido pelo art. 7º, XIII, da CF.

Diversamente do que ocorre com os arts. 235-C, *caput* e 235-H da CLT, nos quais a conformação à Constituição pode ser alcançada pelo exercício hermenêutico, a literalidade do art. 235-F da CLT não deixa espaço para contemporizações, contendo uma insuperável antinomia jurídica.

Destarte, é flagrante a inconstitucionalidade da previsão inserta no art. 235-F da CLT.

Não se desconhece que a jurisprudência, ao considerar as peculiaridades de alguns segmentos, vem admitindo a aplicação da jornada "12 x 36" por meio de negociações coletivas.

Poder-se-ia questionar o seguinte: se os tribunais admitem a jornada "12 x 36" em algumas situações, onde estaria a inconstitucionalidade do novo art. 235-F da CLT?

Num repente, a indagação leva a acreditar que o novo dispositivo deve ser considerado constitucional, pois se o Poder Judiciário, guardião da Constituição, aceita a jornada nele prevista, não haveria falar em vício.

Mas não é assim. A análise da constitucionalidade de normas não se dá no plano concreto, mas sim no abstrato. Ao analisar se determinada lei é ou não constitucional, não há uma situação concreta a ser considerada, faz-se tão somente a análise de subsunção do direito objetivo examinado à Constituição. Se houver subsunção a norma é constitucional, caso contrário, inconstitucional. Trata-se, pois, de um processo de caráter objetivo.

Pois bem, o Poder Judiciário de um modo geral decide casos concretos e não abstratos, situações estas nas quais deverá o julgador ponderar os valores envolvidos de modo a entregar a tutela jurisdicional justa.

Ocorre que o justo nem sempre corresponde à exata dicção do direito objetivo.

Neste passo impende lembrar a máxima de que nenhum direito é absoluto, nem mesmo os inscritos na Constituição, ou seja, em dada circunstância um direito aparentemente absoluto pode produzir injustiça, razão pela qual, naquele caso esse direito deve ceder espaço para que outro promova a efetiva justiça.

É em razão dessa máxima que em casos concretos a solução justa pode, eventualmente, discrepar do texto da lei ou até mesmo da Constituição.

Por essa razão, o Poder Judiciário, em algumas situações específicas ao analisar os valores jurídicos envolvidos nos casos concretos tem admitido a aplicação da jornada "12 x 36".

Ocorre que a situação ora estudada não diz respeito a um caso concreto, mas a um direito objetivo que, a toda evidência, vulnera o art. 7º, XIII, da Constituição.

Está-se diante de uma norma ordinária que prescreve limite de jornada 50% (cinquenta por cento) superior ao limite constitucional. A previsão ordinária rivaliza frontal e diretamente o comando constitucional.

O precedente legislativo, por si só, caso mantido no ordenamento jurídico, representará um grave retrocesso social, abrindo espaço para que futuras normas ordinárias venham no mesmo sentido.

Trata-se do grave risco de banalização do vilipêndio à Constituição.

Longe de ser hipótese cerebrina, basta referir o art. 5º da Lei n. 11.901/2009, que embora regulando a atividade do bombeiro civil, bem menos penosa do que a do motorista, e estabelecer módulo semanal de trabalho bem inferior ao limite constitucional, padece do mesmo vício quanto ao limite diário de jornada e até o momento não fora excluído do ordenamento jurídico.

No caso da norma ora examinada o retrocesso social é ainda mais gritante se considerado seu destinatário: o motorista rodoviário. A atividade deste trabalhador é naturalmente fatigante e penosa, exigindo do motorista total atenção durante toda a jornada de trabalho. Admitir que esses trabalhadores laborem por doze horas diárias constitui verdadeiro absurdo, na medida em que tal disposição viola o objetivo do próprio diploma jurídico no qual foi inserida.

A aludida disposição legal comporta nítida incongruência com o espírito do diploma legal, de modo que, a fim de garantir a segurança jurídica e o resguardo ao interesse público à segurança no trânsito, melhor teria sido se o Poder Executivo houvesse exercido o veto jurídico ao disposto no art. 235-F da CLT.

Todavia, o fato é que tal veto não sobreveio, cabendo o enfrentamento da questão em sede de controle concentrado de constitucionalidade por meio da Ação Direta de Inconstitucionalidade, ou mesmo, por meio do controle difuso de constitucionalidade nos casos concretos que certamente virão.

Este ponto, ao lado da infeliz previsão de fracionamento do intervalo intrajornada, representa o que de pior a lei trouxe. Um inegável retrocesso social.

III.2.2) Tempo computado como jornada de trabalho (art. 235-C, § 2º, CLT)

Na linha dada pelo art. 4º da CLT, é considerado, para fins de aferição da jornada de trabalho, o tempo que o empregado se encontra à disposição do empregador. A lei, todavia, exclui o "tempo de espera", os intervalos de refeição, repouso e de descanso. Além disso, conforme considerações posteriores, o chamado "tempo de reserva" também não é computado na jornada de trabalho.

Embora os conceitos relativos aos tempos de "espera" e de "reserva" sejam melhor abordados à frente, uma observação se faz oportuna: sem olvidar que a realidade atual vivenciada pelos motoristas implica na absoluta inexistência de remuneração dos períodos de tempo taxados pela nova lei como "espera" e "reserva", cabe observar que a exclusão desses períodos temporais da jornada de trabalho é de duvidosa constitucionalidade, sobretudo em razão da sua remuneração gravitar em patamar inferior ao previsto no art. 7º, XVI, da Constituição Federal.

III.2.3) "Tempo de espera" (art. 235-C, § 8º c/c art. 235-E, §§ 4º e 5º, CLT)

O "tempo de espera" constitui destacada inovação da norma, com previsão no § 8º do art. 235-C da CLT, corresponde ao tempo excedente à jornada normal de trabalho no qual o motorista aguarda na fila a carga/descarga da mercadoria ou, ainda, a fiscalização da mercadoria em barreiras fiscais ou alfandegárias.

É também considerado "tempo de espera", <u>nas viagens de longa distância</u>, o período excedente à jornada de trabalho <u>no qual o empregador exija</u> que o empregado permaneça junto ao veículo, conforme disposto no art. 235-E, § 4º, da CLT.

Dito de outra forma, o art. 235-E, § 4º, da CLT estabelece que, em regra, após cumprida a jornada de trabalho o motorista fica dispensado do serviço, salvo se a permanência junto ao veículo decorrer de <u>exigência patronal</u>, caso no qual o tempo de permanência junto ao veículo será computado como "tempo de espera".

Seguindo a regra interpretativa de que o ordinário se presume e o extraordinário se prova, a redação do dispositivo leva a crer que a dispensa do serviço após a jornada é presumida, ao passo que eventual exigência patronal para que o motorista permaneça junto ao veículo deve ser provada.

No entanto, não é esse o melhor entendimento, pois ao contrário do que a norma leva a crer, o que ocorre normalmente na atividade do transporte rodoviário de cargas é a permanência do motorista junto ao veículo. Isto ocorre porque raramente há disponibilização, pelo empregador, seja por meio do custeio das despesas de hospedagem, seja pelo oferecimento de local de repouso, das mínimas condições de conforto para que o trabalhador possa gozar do seu tempo livre. Sendo assim, devido à falta de estrutura fornecida pelo empregador, o veículo passa a ser o local com melhores condições para a permanência do empregado.

Essa situação é agravada no caso das filas de embarque e desembarque, quando a permanência do motorista junto ao caminhão é necessária e ininterrupta. Permanência esta que, especialmente na fase das safras agrícolas, chega a implicar em vários dias na fila.

Sendo assim, para bem interpretar e aplicar o art. 235-E, § 4º, da CLT, importante observar o critério dado pelo art. 335 do Código de Processo Civil, segundo o qual devem ser consideradas as regras de experiência comum subministradas pela observação do que ordinariamente acontece.

Ora, se ordinariamente o que acontece é a permanência compulsória do motorista junto ao veículo, cabe ao empregador comprovar que o trabalhador dispõe, após o cumprimento da sua jornada, de efetivas condições de deixar o veículo e de gozar adequadamente e em condições mínimas de conforto o seu tempo livre.

Por outro lado, forçoso reconhecer que, eventualmente a inexistência de condições dignas de conforto decorre não de ato ou omissão do empregador, mas sim das embarcadoras. Desse modo, embora a responsabilidade direta pelo pagamento do "tempo de espera" seja do empregador, na impede que este, amigavelmente ou em ação regressiva, se volte contra a embarcadora a fim de se ver ressarcido do custo adicional. Tal pretensão além de decorrer do princípio geral de que quem causa dano deve repará-lo, deriva, agora, da expressa disposição do art. 9º da lei, que atribui também ao embarcador a responsabilidade por garantir as condições sanitárias e de conforto mínimas preconizadas pelas Normas Regulamentadoras do MTE.

No mesmo sentido do § 4º do art. 235-E, da CLT seu § 10 prescreve que caso o motorista prefira, por decisão sua, permanecer junto ao veículo após a jornada para o gozo dos intervalos inter ou intrajornada resta descaracterizado o "tempo de espera", descabendo, pois qualquer remuneração adicional.

Com base nos fundamentos a pouco expendidos, para fins de descaracterização do "tempo de espera", nos termos do art. 235-E, § 10 da CLT é necessário que reste indene de dúvidas que a permanência do empregado junto ao veículo ocorreu por sua única e exclusiva vontade, ou seja, ainda que tal circunstância conste de declarações firmadas pelo empregador e pelo empregado, é necessário que as circunstâncias da prestação dos serviços permitam constatar a verossimilhança da espontaneidade.

Além disso, vale lembrar que ainda que confirmada a espontaneidade da permanência, perpassado o tempo correspondente ao gozo dos intervalos intra e interjornada, passa a ser computada normalmente a jornada de trabalho, ainda que o veículo permaneça parado.

III.2.3.1) Remuneração do "tempo de espera" (art. 235-C, § 9º, CLT)

Reza o art. 235-C, § 9º, da CLT, que o "tempo de espera", embora não seja computado na jornada de trabalho, é indenizado com adicional de 30% sobre o salário-hora.

Conforme aduzido alhures, tanto a exclusão do cômputo de tal tempo para fins de aferição da jornada de trabalho, quanto sua forma de remuneração, conduz a fundados questionamentos acerca da constitucionalidade do dispositivo, uma vez que o "tempo de espera", inegavelmente constitui período no qual o trabalhador está à disposição do empregador, razão pela qual deveria, em princípio, ser remunerado conforme os ditames do art. 7º, XVI, da Constituição Federal.

Sob outro norte, sem embargos à sua constitucionalidade ou não, o caráter indenizatório do "tempo de espera" ditado pelo dispositivo é relativo, uma vez que sua habitualidade e intensidade poderão caracterizá-lo como verba salarial, conforme entendimento jurisprudencial pacificado nas Súmulas ns. 101 e 132 do C. TST. Desse modo, aplicando-se analogicamente o entendimento da Súmula n. 101 do C. TST é possível estabelecer o critério de que se a remuneração do tempo de espera superar 50% do salário do motorista, o montante pago a este título deverá integrar a remuneração do trabalhador para todos os fins.

III.2.3.2) Considerações finais acerca do "tempo de espera" (art. 235-C, § 9º, CLT)

É imperioso observar que, ainda que se tenha por constitucional a figura do "tempo de espera", cabe salientar que sua caracterização deve ter por base uma interpretação restritiva. Isto porque o novo instituto limita o direito fundamental ao cômputo da jornada de trabalho (art. 7º, XIII, CF).

Desse modo, por exemplo, o tempo excedente à jornada normal gasto em fiscalizações das polícias rodoviárias federal e estadual deve ser considerado como horas extraordinárias. Tal conclusão pode ser alcançada, também, pelo fato de ser obrigação do empregado se submeter a tais fiscalizações, sob pena de cometimento de falta funcional (art. 235-B, V, CLT).

Ademais, adotando a interpretação restritiva ora defendida, em viagens que não se caracterizem como de longa distância (com retorno em menos de vinte e quatro horas), o tempo excedente à jornada no qual o motorista permaneça junto ao veículo, por sua vontade ou não, será considerado como hora extraordinária.

III.2.4) Tempo de descanso ou "intervalo de direção" (art. 235-D, I, da CLT e art. 67-A, 1º, do CTB)

O tempo de descanso referido nos arts. 235-D, I, da CLT e 67-A, § 1º, do CTB, aqui denominado "intervalo de direção", corresponde a um período de trinta minutos de descanso a cada quatro horas de direção ininterrupta, podendo este ser usufruído de modo fracionado dentro do módulo de quatro horas de viagem.

Vale observar que embora o "intervalo de direção" esteja previsto no artigo relativo às viagens de longa distância (aquelas que implicam em ausência da sede ou da residência do empregado por mais de vinte e quatro horas), ele se aplica a qualquer viagem que supere o limite de quatro horas, mesmo porque, conforme já mencionado, tal imposição é dada em caráter geral pelo art. 67-A, § 1º do CTB, também introduzido pela lei em comento.

Embora haja a previsão de fracionamento do "intervalo de direção", insta frisar que as paradas para abastecimento ou reparos não poderão ser consideradas como parte do gozo deste intervalo, já que essas se enquadram na regra geral de tempo à disposição do empregador.

Neste sentido vale referir o art. 1º, parágrafo único, III da Resolução n. 405 do CONTRAN, que exclui textualmente do cômputo do "intervalo de descanso" as interrupções involuntárias, tais como as decorrentes de engarrafamentos, semáforo e sinalização de trânsito.

O CONTRAN atentou-se para o eventual desvirtuamento do "intervalo de direção" por meio da concessão de "micropausas", ao limitar seu fracionamento a, no máximo, três períodos de dez minutos (§ 1º do art. 3º da Resolução n. 405/2012).

Digno de nota o fato do "intervalo de direção" ser computado na jornada normal de trabalho, uma vez que não fora listado dentre as exceções do art. 235-C, § 2º, da CLT.

No que toca à possível concomitância da concessão e gozo do "intervalo de direção" e do intervalo intrajornada autorizada pelo art. 235-D, II, da CLT, inicialmente havia entendido que o "intervalo de direção" não seria computado na jornada de trabalho. Contudo, instado a melhor analisar a questão pela colega Roberta de Biasio Pires, membro do Grupo de Estudos da Magistratura do Trabalho — GEMT, uma vez que o § 2º do art. 235-C da CLT, exclui de forma genérica os intervalos de descanso do cômputo da jornada de trabalho.

Desse modo, em termos práticos, haverá a tendência de concessão subsequente e ininterrupta dos de dois "intervalos de direção" em concomitância com o intervalo para refeição, o que, de certo modo, mitigará a intensão de garantir descansos intercalados ao longo da jornada de trabalho.

III.2.5) "Tempo de reserva" (art. 235-E, §§ 6º e 7º, CLT)

O chamado "tempo de reserva", sobre o qual pesa dúvida razoável acerca da sua constitucionalidade, já contava com previsão legal no art. 26 da Lei n. 7.183/84, que define a *Reserva* como *o período de tempo em que o aeronauta permanece, por determinação do empregador, em local de trabalho à sua disposição.*

A nova lei confere nova roupagem ao instituto, para classificar com de "reserva" o tempo no qual *o motorista estiver em repouso no veículo em movimento* (art. 235-E, § 6º, da CLT), aplicável nos casos onde a condução do veículo é compartilhada por mais de um motorista.

Embora não mencionado como exceção ao cômputo de jornada, o "tempo de reserva" excedente à jornada normal também não é considerado para fins de aferição do tempo de efetivo trabalho. Essa interpretação é resultado da análise combinada do art. 235-C *caput* e do art. 235-E, § 6º, da CLT.

O "tempo de reserva", embora não computado na jornada de trabalho, é remunerado na base de 30% do valor correspondente ao salário-hora (§ 9º do art. 235-C da CLT), cabendo ressaltar que não remanesce dúvida quanto ao caráter salarial da verba, devendo esta repercutir sobre todas as demais verbas salariais. Todavia, diversamente do que ocorre com o "tempo de espera", o "tempo de reserva" não é remunerado integralmente com adicional de 30%, mas apenas com o valor de 30% correspondente à hora-normal.

Insta esclarecer que o "tempo de reserva", a exemplo do que ocorre com o "tempo de espera", começa a ser contado a partir do final da jornada normal, ou seja, ainda que repousando no veículo sob a condução do outro motorista, enquanto perdurar o horário da jornada normal de trabalho, não terá início a contagem do "tempo de reserva".

Por fim, partindo da premissa de que o repouso com o veículo em trânsito não garante a adequada recuperação do empregado, o § 7º do art. 235-E da CLT garante ao motorista o mínimo de seis horas consecutivas de repouso fora do veículo em alojamento externo ou, se na cabine leito, com o veículo estacionado.

III.3) Disposições especiais no caso de Viagem de Longa Distância (arts. 235-D e 235-E, CLT)

O art. 235-D, *caput,* da CLT conceitua a viagem de longa distância como *aquelas em que o motorista profissional permanece fora da base da empresa, matriz ou filial e de sua residência por mais de 24 horas.*

Inserido impropriamente no inciso I do aludido art. 235-D da CLT por possuir aplicação em quaisquer tipos de viagens, o "intervalo de direção" teve seus principais aspectos e peculiaridades comentadas no item II.2.4, alhures.

Da mesma forma, importantes disposições contidas nos parágrafos do art. 235-E da CLT, tais como "tempo de reserva" e seus pormenores foram abordadas em linhas pretéritas, cabendo, porém, tratar de outras peculiaridades igualmente relevantes.

III.3.1) O Descanso Semanal Remunerado nas viagens de Longa Distância (art. 235-E, § 1º, CLT)

O descanso semanal remunerado — DSR nas viagens de longa distância vem regrado no § 1º do art. 235-E, *verbis*:

Art. 235-E. ...

§ 1º Nas viagens com duração superior a 1 (uma) semana, o descanso semanal será de 36 (trinta e seis) horas por semana trabalhada ou fração semanal trabalhada, e seu gozo ocorrerá no retorno do motorista à base (matriz ou filial) ou em seu domicílio, salvo se a empresa oferecer condições adequadas para o efetivo gozo do referido descanso.

Cabe ressaltar que o § 3º do art. 235-C da CLT prescreve a regra geral de trinta e cinco horas a título de DSR, ao passo que o § 1º do art. 235-E da CLT, prevê o DSR de trinta e seis horas, sendo necessário esclarecer que em ambas as prescrições houve a imprópria soma do intervalo interjornada de onze horas, de modo que, em verdade, tem-se como regra para o motorista empregado o DSR de vinte e quatro horas nas viagens de curta duração e de vinte e cinco horas para as viagens de longa distância.

É curiosa a razão pela qual o DSR nas viagens de longa distância ter sido estipulado com uma hora a mais do que o DSR nas viagens de curta duração. Trata-se de questão atinente ao processo de negociação que permeou a elaboração da lei. O segmento do transporte de cargas assentiu ao pleito das representações sindicais laborais no sentido de ampliar em uma hora o DSR. Todavia, tal pleito não foi aceito pelo segmento empresarial do transporte de passageiros. Em razão disso, apenas nas viagens de longa duração, próprias do transporte de cargas, houve a ampliação.

Questão de ordem prática de maior relevo diz respeito à cumulatividade do DSR nas viagens de longa distância.

Como se infere pelo disposto no § 1º do art. 235-E, restou possibilitada a concessão cumulada do DSR caso a empresa não ofereça condições adequadas para seu gozo ao longo da viagem.

Em que pesem os fundados questionamentos quanto ao cabimento desta cumulatividade, o fato é que o projeto de lei previa no § 2º do art. 235-E a limitação de tal acúmulo ao máximo de três DSRs, na medida que prescrevia o limite de cento e oito horas de DSRs acumulados, ou seja, três vezes o módulo semanal de trinta e seis horas.

Ocorre que o Poder Executivo vetou o § 2º por inquina-lo de inconstitucional, todavia manteve incólume a redação do § 1º, ou seja, acabou por abrir espaço para o entendimento de que os DSRs nas viagens de longa distância podem ser cumulados sem qualquer limite, desde que o empregador não proveja condições adequadas para o seu gozo ao longo do afastamento.

A toda evidência, tal entendimento pode conduzir a absurdos, eis que não são raras situações nas quais os motoristas transportadores de carga se ausentam por meses em viagem. Diante disso, necessário empregar o critério da razoabilidade para evitar que o instituto do descanso semanal seja completamente desvirtuado.

Pois bem, se por um lado parece conveniente ao trabalhador que este goze seu descanso semanal junto à família, por outro não se pode admitir a cumulatividade indefinida de descansos, sendo razoável, numa interpretação histórica da norma, estabelecer como limite o número de três DSRs, conforme previa o dispositivo vetado.

III.3.2) Ocorrência de força maior nas viagens de Longa Distância (art. 235-E, CLT)

Especial preocupação reside na indeterminação do elastecimento da jornada no caso de força maior, prevista no § 9º do art. 235-E da CLT. Embora o dispositivo trate de exceção, dada a subjetividade da sua caracterização ele pode conduzir a exigência de trabalho por períodos absolutamente incompatíveis com os limites biológicos, cabendo ao aplicador da lei, no caso concreto, aferir a razoabilidade do seu emprego.

Ademais, por se tratar de norma de exceção e limitativa de direito ligado à saúde do trabalhador, sua interpretação deve ser restritiva, de modo que apenas em viagens consideradas de longa distância deverá ser aplicada essa prescrição legal. Sendo assim, ocorrendo força maior nos demais tipos de viagens, deverá ser observada a disposição celetista geral insculpida no art. 61 da CLT, que fixa, no seu § 2º, o limite de doze horas de trabalho.

III.4) Restrições às modalidades de remuneração prejudiciais ao controle da jornada (art. 235-G, CLT)

Inspirada no art. 10, item 1 do Regulamento (CE) n. 561/2006 do Parlamento Europeu, a disposição inserta no art. 235-G da CLT representa poderoso instrumento para evitar a superexploração consentida dos motoristas.

Em que pese a parte final do dispositivo conter ressalva aberta no sentido de que a restrição a determinadas formas de pagamento, tais como comissões, esteja condicionada à demonstração de prejuízo, ainda que potencial, à segurança rodoviária, à coletividade ou possibilitar violação das normas da lei sob análise, o fato é que tal potencialidade danosa é ínsita à atividade de transporte.

Sob esse prisma, tem-se que a vedação ao pagamento por comissões passa a ser a regra no segmento, de modo que a referida ressalva aberta deve ser compreendida no sentido de conferir a necessária flexibilidade à norma, possibilitando o pagamento por comissão, por exemplo, naquelas situações onde a prestação dos serviços de transporte se dá durante período fixo de tempo, ou ainda, quando a comissão esteja vinculada à qualidade do trabalho e não à sua quantidade, tal como ocorre quando há modulação da parte variável da remuneração em função do consumo de combustível.

III.4.1) Intangibilidade contratual e alteração da modalidade de remuneração

Os efeitos da aplicação do dispositivo em comento sobre os contratos de trabalho dos atuais motoristas comportam importantes questionamentos: poderá o empregador alterar unilateralmente esses contratos no que concerne à modalidade de remuneração? Caso permitida, dessa alteração poderá resultar redução na remuneração desses trabalhadores?

As respostas às indagações remetem o aplicador do direito ao suporte axiológico do Direito do Trabalho, notadamente aos princípios da *inalterabilidade contratual lesiva* e *da intangibilidade salarial*. O primeiro com previsão legal no art. 468 da CLT e o segundo com suporte constitucional dado pelo art. 7º, VI da Carta Magna. O art. 468 da CLT reza:

> Art. 468. Nos contratos individuais de trabalho só é lícita a alteração das respectivas condições por mútuo consentimento, e ainda assim desde que não resultem, direta ou indiretamente, prejuízos ao empregado, sob pena de nulidade da cláusula infringente desta garantia.

Verifica-se que a modificação em cláusulas do contrato de trabalho está, em regra, condicionada à concomitância de dois requisitos: o mútuo consentimento e a ausência de prejuízo, direto ou indireto, ao trabalhador.

É certo, porém, que não há prescrição normativa absoluta, de modo que o mútuo consentimento, no caso em estudo, deve ceder espaço em face da superveniência de lei que visa proteger bem jurídico mais relevante — a saúde, segurança e a vida do trabalhador.

Remanesce, pois, o requisito da ausência de prejuízo, ainda que indireto, para o motorista, seja ele social ou econômico.

Cabe ressaltar que, conforme já adiantado, a vedação ao prejuízo econômico encontra respaldo, também, no *princípio da intangibilidade salarial*, princípio este ancorado no art. 7º, VI, da Constituição Federal, *in verbis:*

> Art. 7º ...
>
> [...]
>
> VI — irredutibilidade do salário, salvo o disposto em convenção ou acordo coletivo.

À luz dos princípios ora invocados, conclui-se que a nova lei, ao determinar o fim do pagamento por comissão exige, simultaneamente, que tal alteração contratual se dê sem prejuízo à remuneração do motorista.

Pois bem, ante esta conclusão nasce outra questão inquietante: qual o parâmetro a ser empregado para garantir a irredutibilidade remuneratória do motorista?

Essa questão é especialmente espinhosa, pois além de se estar tratando de remuneração variável, é de conhecimento público que no segmento de transporte existem numerosos casos de prática da fraude popularmente conhecida como "pagamento por fora".

Ou seja, para o fim de determinar o valor fixo da remuneração a ser considerada na repactuação do contrato não basta, por exemplo, fazer uma média da remuneração dos últimos "n" meses lançadas nos recibos de pagamento, simplesmente porque essa remuneração "formal" não corresponde à realidade.

A solução para essa intrincada situação é encontrada, mais uma vez, em sede principiológica, devendo ser observado o *princípio da primazia da realidade*, de modo que o parâmetro a ser observado será o valor real da remuneração média percebida pelo motorista em dado período.

Vislumbra-se, neste cenário, um fantástico espaço para que os sindicatos laborais conquistem expressivos avanços para os motoristas, pois aberta está a oportunidade para, a um só tempo, formalizar a integralidade da remuneração desses trabalhadores, bem como estabelecer pisos salariais condizentes com a importância desta categoria profissional.

III.5) Delegação à norma coletiva para regulação de jornadas especiais (art. 235-H, CLT)

A regra dada pelo novo art. 235-H da CLT merece destacada atenção. Ela aparenta conferir aos sindicatos poder quase ilimitado para dispor sobre *outras condições específicas de trabalho do motorista profissional, desde que não prejudiciais à saúde e à segurança do trabalhador, incluindo jornadas especiais, remuneração, benefícios, atividades acessórias e demais elementos integrantes da relação de emprego, poderão ser previstas em convenções e acordos coletivos de trabalho, observadas as demais disposições desta Consolidação*.

Sua interpretação deve ser cautelosa. Dever ser dada ênfase à limitação da autonomia coletiva da vontade quando as disposições forem prejudiciais à saúde e à segurança do trabalhador ou, ainda, quando forem contrárias às disposições insertas na CLT e, obviamente, também na Constituição Federal.

Tal cuidado deve ser observado, sob pena de derrogação tácita da CLT e da própria Constituição por meio de instrumentos coletivos demasiadamente abrangentes.

Especial prudência deve ser dispensada à limitação da jornada propriamente dita, pois se levado ao pé da letra, instrumento coletivo poderia estabelecer jornadas especiais sem maiores critérios. Todavia, conforme já referido quando comentado o *caput* do art. 235-C, qualquer inovação coletiva acerca dos limites de jornada, deve observar os parâmetros dados pelo art. 7º, XIII, da Carta Magna.

III.6) Fracionamento do intervalo intrajornada (art. 71, § 5º, CLT)

Conforme já referido anteriormente, a autorização legislativa para que instrumento coletivo fracione o intervalo intrajornada mostra-se claramente inconstitucional.

Por certo o legislador tomou por base a antiga Orientação Jurisprudencial n. 342 da SBDI-1 do C. TST (abaixo transcrita), cujo item II fora cancelado e o novo texto compilado deu origem à nova Súmula n. 437:

> OJ-SDI1-342 INTERVALO INTRAJORNADA PARA REPOUSO E ALIMENTAÇÃO. NÃO CONCESSÃO OU REDUÇÃO. PREVISÃO EM NORMA COLETIVA. INVALIDADE. EXCEÇÃO AOS CONDUTORES DE VEÍCULOS RODOVIÁRIOS, EMPREGADOS EM EMPRESAS DE TRANSPORTE COLETIVO URBANO
>
> I — É inválida cláusula de acordo ou convenção coletiva de trabalho contemplando a supressão ou redução do intervalo intrajornada porque este constitui medida de higiene, saúde e segurança do trabalho, garantido por norma de ordem pública (art. 71 da CLT e art. 7º, XXII, da CF/1988), infenso à negociação coletiva.
>
> II — Ante a natureza do serviço e em virtude das condições especiais de trabalho a que são submetidos estritamente os condutores e cobra-

> dores de veículos rodoviários, empregados em empresas de transporte público coletivo urbano, é válida cláusula de acordo ou convenção coletiva de trabalho contemplando a redução do intervalo intrajornada, desde que garantida a redução da jornada para, no mínimo, sete horas diárias ou quarenta e duas semanais, não prorrogada, mantida a mesma remuneração e concedidos intervalos para descanso menores e fracionados ao final de cada viagem, não descontados da jornada.

Cabe frisar que, acertadamente, a superior corte de justiça trabalhista já reconhecia que a regra geral é a invalidade do fracionamento do intervalo intrajornada pela via coletiva, conforme bem esclarecido pelo item I da Orientação Jurisprudencial convertida em Súmula.

O intervalo intrajornada possui dupla função: destina-se à alimentação e ao repouso do empregado, bem como visa à preservação da saúde, física e mental do trabalhador, por meio do descanso. Trata-se de corolário do direito fundamental à saúde, insculpido como direito social dos cidadãos no art. 6º da Carta Magna.

Atenta à densidade normativa do art. 71 da CLT, a Subsessão de Dissídios Individuais n. 1 do Colendo TST, ao analisar o incidente de uniformização n. 1226/2005-005-24-00.1, por apertada maioria, decidiu, à época, dispensar tratamento especial aos condutores e cobradores do transporte coletivo <u>urbano</u>, passando a admitir cláusula coletiva que fracione o intervalo intrajornada, justificando que tal exceção se deu em razão das "<u>condições especiais de trabalho</u> a que são submetidos estritamente os <u>condutores e cobradores</u> de veículos rodoviários, empregados em empresas de <u>transporte público coletivo urbano</u>".

A SBDI-1 do C. TST foi cuidadosa em estabelecer critérios capazes de preservar a saúde do trabalhador, mesmo na exceção acima mencionada, explicitando que a cláusula coletiva "flexibilizadora", para ser considerada válida deve contemplar: **a)** a redução mínima da jornada diária de trabalho para sete horas e a semanal para quarenta e duas horas; **b)** que a redução da jornada não implique em correspondente redução remuneratória; **c)** que a jornada, além de reduzida, não possa ser prorrogada; **d)** que as frações do intervalo intrajornada, concedidos ao final de cada viagem (volta do ônibus), não sejam descontadas da jornada.

Embora o item II do verbete cancelado guarde certa semelhança com a nova disposição legal inserida no § 5º do art. 71 da CLT, suas diferenças são marcantes e determinantes para a conclusão de que a inovação é inconstitucional. A fim de bem analisar o novo dispositivo, segue sua transcrição:

> § 5º Os intervalos expressos no *caput* e no § 1º poderão ser fracionados quando compreendidos entre o término da primeira hora trabalhada e o início da última hora trabalhada, desde que previsto em convenção ou acordo coletivo de trabalho, ante a natureza do serviço e em virtude das condições especiais do trabalho a que são submetidos estritamente os motoristas, cobradores, fiscalização de campo e afins nos serviços de operação de veículos rodoviários, empregados no setor de transporte coletivo de passageiros, mantida a mesma remuneração e concedidos intervalos para descanso menores e fracionados ao final de cada viagem, não descontados da jornada.

Verifica-se que o dispositivo discrepa da antiga orientação pretoriana nos seguintes pontos: **a)** enquanto a OJ limitava a exceção ao condutor e ao cobrador, o dispositivo alcança, além destes, os fiscais de campos e afins; **b)** a OJ reconhecia as condições especiais de trabalho no transporte coletivo urbano, enquanto o dispositivo se refere a transporte coletivo de passageiros, de modo a ampliar a exceção para o transporte de passageiros interurbanos e interestaduais, cujas condições de trabalho são absolutamente diversas; **c)** a OJ falava em concessão de intervalos menores ao final de cada viagem (volta do ônibus), enquanto o dispositivo refere-se à concessão de frações de intervalo entre o final da primeira hora e o início da última hora trabalhada, reforçando a conclusão de que a OJ tratava de motoristas do transporte coletivo urbano, enquanto o dispositivo trata dos trabalhadores do transporte coletivo interurbano; **d)** a OJ condicionava a validade do ajuste coletivo à redução da jornada em, pelo menos, uma hora, enquanto o dispositivo nada diz a respeito; **e)** a OJ limitava, em caráter absoluto, a prorrogação da jornada, ao passo que o dispositivo silencia-se.

Enfim, enquanto o Colendo Tribunal Superior do Trabalho buscou minorar a violação ao lastro constitucional que dá suporte ao art. 71 da CLT, o legislador reformista o ignorou por completo.

Da forma como está redigido o indigitado § 5º do art. 71 da CLT, a norma ordinária passará a legitimar direta violação aos bens jurídicos protegidos constitucionalmente, permitindo a nefasta combinação entre o fracionamento do intervalo intrajornada, manutenção do atual módulo de oito horas de jornada, com a possibilidade da sua prorrogação.

Isto tudo aplicável à categoria na qual as atividades não exigem tratamento peculiar sobre a matéria, uma vez que o transporte coletivo urbano de passageiros é absolutamente diverso do interurbano, no qual a concessão do intervalo intrajornada integral se mostra totalmente compatível com a execução da atividade.

Diversamente do que ocorre no transporte coletivo urbano, onde os condutores param, obrigatória e repetidamente, por alguns minutos a cada volta no percurso, o transporte interurbano de passageiros demanda horas de direção entre uma parada e outra, exigindo paradas mais longas, necessárias para permitir que os passageiros façam suas refeições e necessidades fisiológicas.

Neste contexto indaga-se: onde está o fundamento para fracionar o intervalo do motorista do transporte interurbano?

Como se vê, o legislador reformador transitou além dos limites impostos pela Constituição ao flexibilizar norma de ordem pública garantidora do direito fundamental à saúde do trabalhador sem ao menos prever, como fazia o C. TST, contrapartidas e condições que, mesmo na exceção, pudessem resguardar a saúde desses trabalhadores.

Neste passo, incumbe explicitar o posicionamento quanto ao cancelamento do item II da OJ n. 342 da SBDI-I do TST.

Há quem atribua tal cancelamento à edição da Lei n. 12.619/12, defendendo que como o novo diploma teria regulado a matéria, descaberia ao Judiciário manter entendimento sumular a respeito.

Não nos parece ser esta a melhor interpretação. Nos filiamos àqueles que entendem que o Tribunal Superior do Trabalho reconheceu o descabimento em admitir, ainda que em sede de negociação coletiva, a flexibilização do intervalo intrajornada, por se tratar, nos termos do atual item II da Súmula n. 437, de medida de higiene, saúde e segurança do trabalho respaldada pelo art. 7º, XII, da Constituição e pelo próprio art. 71 da CLT.

Portanto, a nós parece claro que o silêncio do Tribunal Superior do Trabalho por ocasião da recente revisão da sua jurisprudência foi eloquente. Não se referiu ao novo § 5º do art. 71 da CLT, por ser este flagrantemente inconstitucional.

III.7) Instrumento coletivo aplicável ao empregador com atividade em várias localidades

A lei ora examinada confere destacado espaço à regulação coletiva e, levando em conta a peculiaridade inerente à atividade do transporte rodoviário de cargas e de passageiros, na qual é comum observar situações onde o empregador mantém bases em vários municípios e o trabalho é também exercido nesses vários municípios, impõe-se a questão de se identificar qual instrumento coletivo deverá ser observado para o fim de integração normativa do contrato individual de trabalho dos motoristas que laboram nesses vários municípios.

Nessa hipótese a doutrina justrabalhista apresenta como solução a aplicação do *princípio da norma mais favorável ao trabalhador*, observado o critério do conglobamento. Ou seja, aplicar-se-á o instrumento coletivo que, no seu conjunto, oferecer melhores condições ao trabalhador.

Tal solução se impõe como meio de evitar que o empregador possa "escolher" aplicar o instrumento coletivo que melhor atenda aos seus interesses, subvertendo, desse modo, o princípio da proteção.

IV — Aplicabilidade transversal das normas regulamentadoras do MTE ao meio ambiente laboral dos motoristas (art. 9º da lei)

É ínsito à atividade do motorista rodoviário que este se ative na maior parte do tempo fora do ambiente do seu empregador. De fato, o motorista exerce sua atividade fundamentalmente na estrada, nela considerada desde a qualidade do pavimento das rodovias, passando pelos pontos de parada para descanso, hotéis, barreiras fiscais, barreiras policiais, praças de pedágios e, principalmente, pelos pátios das embarcadoras.

O ambiente laboral dos motoristas rodoviárias pode ser dividido da seguinte forma: o ambiente do empregador e o ambiente de terceiros, sendo este último subdividido em ambiente de terceiros privados e públicos.

A relevância do meio ambiente para a qualidade de vida dos seres humanos é bem demonstrada pelo art. 3º, I, da Lei n. 6.938/81, o qual define meio ambiente como *o conjunto de condições, leis, influências e interações de ordem física, química e biológica, que permite, abriga e rege a vida em todas as suas formas.*

O meio ambiente do trabalho, enquanto derivação do meio ambiente artificial, ou seja, do meio ambiente natural modificado pelo homem, constitui condição essencial para que o trabalhador exerça suas atividades com qualidade de vida.

Ocorre que a onipresença do meio ambiente não foi adequadamente transmudada para legislação do trabalho, uma vez que as Normas Regulamentadoras — NR do MTE possuem aplicação restrita às *empresas privadas e públicas e pelos órgãos públicos da administração direta e indireta, bem como pelos órgãos dos Poderes Legislativo e Judiciário, que possuam empregados regidos pela Consolidação das Leis do Trabalho — CLT*, conforme preceitua o item 1.1 da NR-1.

Essa limitação acaba por não obrigar, por exemplo, no caso dos motoristas rodoviários transportadores de carga, que as embarcadoras guarneçam seus pátios com as condições mínimas de saúde, segurança e conforto preconizadas nas NRs do MTE.

Tal situação traz, cotidianamente, sérios conflitos entre motoristas e embarcadoras, resultando com frequência na restrição unilateral imposta pelas embarcadoras ao "CPF" dos motoristas "rebeldes", impedindo que estes voltem a operar nas suas unidades, ou seja, alijando-os do mercado de trabalho.

Atento à peculiar transversalidade do meio ambiente laboral dos motoristas, o art. 7º projeto de lei previa que futuras concessões de rodovias contemplassem *a construção de locais seguros, destinados a estacionamento de veículos e descanso para os motoristas, situados a intervalos menores que 200 (duzentos) quilômetros entre si, incluindo área isolada para os veículos que transportem produtos perigosos, e em consonância com o volume médio diário de tráfego na rodovia.* No mesmo sentido, o art. 10 do projeto assinalava o prazo de um ano para que as concessionárias de rodovias outorgadas antes do advento da lei a ela se adaptassem. Contudo, infelizmente, ambos os artigos foram vetados pelo Poder Executivo.

Com os aludidos vetos presidenciais restou severamente prejudicada a atenção relativa ao meio ambiente laboral dos motoristas no que tange às instalações de terceiros do setor público administradas pela iniciativa privada sob o regime de concessão.

Todavia, remanesceu o art. 9º, que prevê a aplicação transversal das NRs do MTE, nos seguintes termos:

> Art. 9º As condições sanitárias e de conforto nos locais de espera dos motoristas de transporte de cargas em pátios do transportador de carga, embarcador, consignatário de cargas, operador de terminais de carga, operador intermodal de cargas ou agente de cargas, aduanas, portos marítimos, fluviais e secos e locais para repouso e descanso, para os motoristas de transporte de passageiros em rodoviárias, pontos de parada, de apoio, alojamentos, refeitórios das empresas ou de terceiros terão que obedecer ao disposto

nas Normas Regulamentadoras do Ministério do Trabalho e Emprego, dentre outras.

Desse modo, embora não figurem como empregadores dos motoristas transportadores de carga em contrato individual de emprego, embarcadoras, consignatários de carga, operadores de terminais de carga, operadores intermodais de cargas, agentes de cargas, administradores de aduanas, administradores (públicos ou privados) de portos marítimos, fluviais e secos deverão, nos seus pátios, observar as condições sanitárias e de conforto prescritas nas NRs do MTE.

Da mesma forma, quanto aos motoristas rodoviários transportadores de passageiros, estão vinculados às NRs os responsáveis pelos pontos de parada, de apoio, dos alojamentos e pelos refeitórios.

Trata-se de uma importantíssima inovação, que instrumentaliza a Auditoria-Fiscal do Trabalho na seara administrativa, bem como o Ministério Público do Trabalho na seara judicial, de modo a exigir que todos responsáveis pela a cadeia ambiental envolvida na prestação dos serviços de transporte observem as condições mínimas sanitárias e de conforto preconizadas pelas Normas Regulamentadoras do MTE.

V — Considerações finais

A regulamentação da jornada dos motoristas rodoviários, embora chegando com décadas de atraso e tendo sido concebida com alguns dispositivos que agridem o objetivo da própria norma, estabelece marco jurídico seguro quanto à possibilidade e os meios de controle da jornada de trabalho desses profissionais, onerando, ainda que de forma mitigada, a sobrejornada.

A plena e adequada aplicação desta lei tem o potencial de resguardar a dignidade, a saúde e a vida de milhões de motoristas profissionais, bem como de toda a sociedade enquanto usuária das rodovias brasileiras. Além disso, espera-se um efeito extremamente positivo sobre a demanda da mão de obra do motorista, pois a regularização do quadro atual de desumana sobrejornada implicará, inexoravelmente, na necessidade de formação e contratação de milhares desses profissionais.

O cenário que se aproxima abre para os sindicatos laborais um momento histórico ímpar, no qual o incremento na demanda pela mão de obra do motorista combinado com a restrição do pagamento por comissão possibilita negociações coletivas amplamente profícuas, tendendo a resultar em pronunciada elevação no nível salarial dos motoristas profissionais.

Sob o ponto de vista econômico esse novo estado de coisas, no médio e longo prazo, tenderá a estimular a mudança no perfil do transporte de cargas brasileiro, atualmente com notória prevalência do modal rodoviário. Além disso, sob o ponto de vista socioeconômico, uma das maiores questões de saúde pública do Brasil será impactada positivamente com a esperada queda no nível de acidentes rodoviários.

Por outro lado, a aplicação desvirtuada da norma, poderá produzir efeito inverso, ou seja, aprofundar as mazelas até então observadas.

Tendo em vista a atribuição legalmente conferida ao empregador para que ele possa eleger o meio de controle da jornada de trabalho dos seus motoristas, se não houver ostensiva fiscalização, a fraude poderá se estabelecer como regra no setor. Sendo assim, é fundamental que os órgãos de fiscalização — Polícias Rodoviária Federal e Estaduais, Fiscalização do Trabalho e Ministério Público do Trabalho — se articulem proativamente para que a aplicação da norma seja devidamente acompanhada.

Merece atenção a postura dos sindicatos profissionais, do Poder Judiciário Trabalhista e do Ministério Público do Trabalho frente ao novo quadro normativo. A lei, conforme já assentado, conferiu pronunciada importância à negociação coletiva, chegando ao limiar de atribuir a ela efeito derrogatório sobre a Constituição Federal. Desse modo, caso os sindicatos ao invés de valerem-se do cenário criado pela lei para estabelecer condições econômicas e sociais vantajosas para os trabalhadores, decidam flexibilizar direitos consagrados na Constituição e na CLT, em especial quanto aos limites de jornada, far-se-á necessária a pronta atuação do Ministério Público do Trabalho e da Justiça do Trabalho para conformar a autonomia coletiva da vontade aos limites legais e constitucionais.

Ainda na linha de conformação da lei à hierarquia normativa, é fundamental que haja o devido enfrentamento das disposições que autorizam o estabelecimento da jornada "12 x 36" e o fracionamento do intervalo intrajornada, seja ele nos casos concretos, seja por meio do seu questionamento perante o Supremo Tribunal Federal através da Ação Direta de Inconstitucionalidade.

Enfim, a Lei n. 12.619/2012 trará uma nova realidade para esse estratégico setor, se esta realidade será positiva ou negativa depende fundamentalmente da postura dos atores que até então se envolveram na criação da própria lei.

Não se trata de uma transição fácil, os recentes desdobramentos após a vigência da lei têm demonstrado isso.

A quebra do paradigma da máxima exploração do motorista profissional atinge interesses econômicos de fortes e influentes grupos que lucram com base no sistema desumano de trabalho até então em vigor.

Essa resistência à mudança tem levado o Poder Executivo a uma postura pendular e vacilante, bem caracterizada pela ambígua atuação do CONTRAN, que num primeiro momento demonstrou elogiável compromisso institucional, ao editar, com notável tempestividade, a Resolução n. 405/2012, que trouxe importantes avanços e aperfeiçoamentos na interpretação e aplicação da lei. Contudo, o mesmo CONTRAN, após ceder à pressão exercida na defesa de interesses inconfessáveis, editou a Resolução n. 417/2012 que, em termos práticos, afastou temporariamente a possibilidade de fiscalização do cumprimento da lei por parte das autoridades de trânsito.

O Ministério Público do Trabalho, na condição não apenas de defensor da ordem jurídica, mas sobretudo no exercício da sua função de promover a concretização dos direitos fundamentais trabalhistas, vem empreendendo diversas medidas judiciais e extrajudiciais para restaurar a ordem natural das coisas, vem buscando deixar claro que as leis existem e, num verdadeiro Estado Democrático de Direito, devem ser cumpridas.

Tal fato, embora lastimável, apenas confirma que as conquistas sociais não observam uma evolução linear. Elas são fruto de uma tensão entre forças vanguardistas e conservadoras, ora com avanços, ora com retrocessos. Contudo, a história demonstra que o desejo de todos pela construção de uma sociedade verdadeiramente livre, justa e solidária possui uma força irresistível.

Novas Figuras Juslaborais na Jornada de Trabalho dos Motoristas Profissionais: Tempo de Direção, Tempo de Espera e Tempo de Reserva

Saulo Marinho Mota[*]

I — Introdução

Após intensos e contínuos debates acerca da realidade laboral da profissão de motorista rodoviário transportador de cargas e de pessoas, sobreveio, em abril de 2012, título normativo regulamentador materializado na Lei n. 12.619/2012.

O tema, desde sempre controvertido, como se pode perceber pela variação jurisprudencial[1] sobre a duração de trabalho dos motoristas, em especial no tocante à incidência do art. 62, I, da Consolidação das Leis do Trabalho, ganhou, com a dita lei, novos contornos.

Esta nova conformação legal já vem merecendo interessantes reflexões[2], ainda mais porque se trata de tema que bem revela o natural caráter dialético que sempre marca o processo sociopolítico da edição das normas trabalhistas, mormente quando se trata de conciliar capital e trabalho sobre a jornada laboral.

Neste trabalho, propõe-se a leitura, o conhecimento, a interpretação e o estudo da nova lei, em especial no que se refere ao regramento da duração de trabalho para os motoristas no que tange às novas figuras trazidas, quais sejam: "tempo de direção", "tempo de espera" e "tempo de reserva".

Para tanto, em momento anterior, será feita incursão sobre os preceitos gerais relativos à duração do trabalho, afinando conceitos para qualificar o ingresso na nova temática.

(*) Juiz do Trabalho Substituto no Tribunal Regional do Trabalho da Oitava Região. Especialista em Direito do Trabalho e Direito Processual do Trabalho pelo Centro Universitário do Estado do Pará — CESUPA.

(1) A título de exemplo, citam-se dois precedentes do Colendo Tribunal Superior do Trabalho. O primeiro, consubstanciado no Acórdão do processo RR n. 611095-28.1999.5.03.5555, no sentido da incidência excetiva do art. 62, I, da CLT para o motorista de caminhão, em confronto com o segundo, o Acórdão prolatado nos autos do E-RR n. 536584-59.1999.5.03.5555, em que se defere o pagamento de horas extras a esses profissionais.

(2) MORAES, Paulo Douglas Almeida de. Abordagem holística sobre nova regulamentação da profissão do motorista (Lei n. 12.619/2012). *Jus Navigandi*, Teresina, ano 17, n. 3.331, 14 ago. 2012. Disponível em: <http://jus.com.br/revista/texto/22405>.

II.1. Da duração do trabalho no contexto geral trabalhista. Afinando conceitos

Mauricio Godinho Delgado[(3)], ao tratar sobre a duração do trabalho, esclarece que tal "Abrange o lapso temporal de labor ou disponibilidade do empregado perante seu empregador em virtude do contrato , considerando distintos parâmetros de mensuração: dia (duração diária, ou jornada), semana (duração semanal), mês (duração mensal), e até mesmo ano (duração anual)".

Por sua vez, Gustavo Filipe Barbosa Garcia[(4)], recortando o conceito em um primeiro momento, afirma que "pode-se conceituar jornada de trabalho como o montante de horas de um dia de labor". Em seguida, faz a necessária complementação para lembrar que "Na realidade, são computadas na jornada de trabalho não só o tempo efetivamente trabalhado, mas também o tempo à disposição do empregador".

As conceituações trazidas pelos Ilustres Doutrinadores já demonstram que a ideia inicial de duração do trabalho vinculada apenas ao tempo de efetiva prestação de serviços em benefício do empregador não possui respaldo doutrinário e, como se verá, legal. Como bem já pontuado pelos autores, integram a duração do trabalho tanto o tempo de efetivo labor quanto o tempo em que o empregado fica à disposição do tomador dos serviços.

As ponderações derivam de disposição legal expressa consubstanciada no art. 4º da Consolidação das Leis do Trabalho, *in verbis*: "Considera-se como de serviço efetivo o período em que o empregado esteja à disposição do empregador, aguardando ou executando ordens, salvo disposição especial expressamente consignada". Para além da simples conclusão acima já apontada, a disposição aqui transcrita traz algumas outras consequências.

Em primeiro lugar, percebe-se que a lei não estatuiu, quando considerada a estrutura gramatical do texto, a categoria "jornada" ou "duração" como um gênero composto por duas outras subcategorias ou espécies, que seriam o "tempo de efetivo labor" e o "tempo à disposição". Se assim tivesse caminhado a técnica legislativa, poder-se-ia, com base em uma noção morfológica de "corpo formado por uma pluralidade de partes", fazer eventual distinção de essência ou natureza de cada uma dessas partes. E se assim o fosse, apontar-se-ia quase que automaticamente para uma possível diferenciação das partes quanto à forma, conteúdo, função e, o mais importante, valor. Assim, o caminhar estruturante da lei, decerto, abriria espaço ao intérprete para que ele construísse uma concepção axiologicamente hierarquizada entre os elementos ou partes que comporiam o corpo. Em outras palavras, o exegeta poderia estabelecer diferenciação de valor ou peso axiológico entre "tempo de efetivo labor" e "tempo à disposição".

Com efeito, a lei não tomou o caminho suposto no parágrafo anterior. Ao invés de fazer a integração do instituto por meio do somatório de dois subtipos, a norma foi editada com a consideração heurística de que jornada ou duração de trabalho significa quantidade de tempo de serviço prestado. Isso pode claramente ser notado à medida em que o legislador elegeu como núcleo convergente comparativo dentro do tipo legal o termo "serviço efetivo". Ou seja, essa foi a base sobre a qual se decidiu construir, *a priori*, o equivalente linguístico para significar jornada ou duração do trabalho. Tanto é assim que, ao prosseguir no texto legal, percebe-se que é o "tempo à disposição" que caminha para se equivaler ao "tempo de serviço efetivo" e não o contrário.

Ora, ao tratar a questão pela via da "equivalência" — o tempo à disposição equivale à tempo de serviço efetivo — e não pela via da "composição" — a duração do trabalho composta por duas subcategorias ou subtipos diferentes, mas convergentes — a lei eliminou a possibilidade de se fazer diferenciação funcional

(3) DELGADO, Mauricio Godinho. *Curso de direito do trabalho.* 3. ed. São Paulo: LTr, 2004. p. 835

(4) GARCIA, Gustavo Filipe Barbosa. *Curso de direito do trabalho.* 4. ed. rev. atual. e ampl. Rio de Janeiro: Forense, 2010. p. 812-813.

e axiológica das partes e terminou por asseverar que, para fins jurídicos e de duração de trabalho, tempo de efetivo labor e tempo à disposição se equivalem e, por isso, devem ser tomados, em linha de princípio, no mesmo patamar axiológico. Tem-se, pois, que, para efeito de duração do trabalho, pouco importa distinguir entre tempo de efetivo labor e tempo à disposição. Ambos se equivalem e geram os mesmos efeitos.

Ainda caminhando pelo art. 4º da CLT, faz-se importante também buscar o significado do termo "esteja à disposição do empregador", ou seja, do aludido "tempo à disposição". Nesse caminhar, cabe aferir a amplitude desta disponibilidade em benefício do empregador.

Esta missão ganha um elemento facilitador ao se perceber que o termo vem qualificado por outro, no caso o seguinte: "aguardando ou executando ordens". Unindo-se, pois, os elementos, tem-se que não será considerado como temo de efetivo serviço, por equivalência, qualquer modalidade de "tempo à disposição", mas sim aquele tempo em que o empregado esteja não apenas à disposição, mas igualmente "aguardando ou executando ordens".

A qualificação do tempo à disposição, nos termos acima, traz ao intérprete uma importante projeção acerca do que poderia ser denominado de "amplitude de disponibilidade do empregado", a qual termina por possibilitar a estratificação ou classificação da disponibilidade em diferentes níveis.

Ao se apontar para a diferenciação de graus de disponibilidade do empregado, é natural que se recorra, seja por intuição ou por conhecimento científico, à noções comparativas de variação de grandezas, muito bem sistematizadas na matemática quando se estuda "função". Trazendo a organização das ideias em estrutura matemática para o estudo do tema jurídico, pode-se dizer, então, que a equivalência do "tempo à disposição" com o "tempo de efetivo serviço" — *variável dependente* — está relacionada, como já pontuado alhures, com o nível ou grau de indisponibilidade do empregado — *variável independente.* Nesse caminhar, ainda fazendo uso dos conceitos matemáticos, tem-se que a equivalência do "tempo à disposição" com o "tempo de efetivo serviço" será inversamente proporcional ao nível de indisponibilidade do empregado para atender ao empregador. Ou seja, quanto maior o grau ou nível de indisponibilidade do empregado aos desígnios da relação de emprego, menor será a intensidade de equivalência do "tempo à disposição" com o "tempo de efetivo serviço". Por outro lado, quanto menor for o grau ou nível de indisponibilidade do empregado ao comando empregatício, maior será a intensidade de equivalência já mencionada.

Com efeito, a variável independente apontada, qual seja, o grau de indisponibilidade do empregado, remete a pesquisa, quase que instantaneamente, à abordagem da liberdade do empregado em relação aos deveres e contingências do contrato de emprego.

Como se vê, deve-se ir muito além do que Dworkin[(5)] chamou "posição nominalista", em que se adota a postura de ignorar os verdadeiros motivos que sustentam a afirmação de uma determinada obrigação jurídica. É preciso prosseguir em busca desses fundamentos, em busca dos valores e princípios que amparam o texto legal. Ao longo do pequeno caminhar ao norte feito, já se inferiu que a questão do "tempo à disposição" como elemento equivalente ao efetivo labor prestado remete-nos, para além do texto legal, à tutela do valor liberdade, a ser considerado tanto no contexto do desenvolvimento da relação de emprego quanto na seara externa a esta relação. E neste caminhar, ainda cabe ligar o valor liberdade do empregado ao primado do valor social do trabalho, situando o empregado para além dos moldes da relação de emprego, como sujeito titular de outros direitos que pressupõem maior amplitude de liberdade em face da relação contratual.

Caminhando, ainda, pela identificação dos ditos valores ou princípios, também se pode no-

(5) DWORKIN, Ronald. *Levando os direitos à sério.* 2. ed. Tradução Nelson Boeira. São Paulo: Martins Fontes, 2007. p. 23-25.

tar que, ao lado da questão relativa à liberdade do empregado, está, novamente, a importante percepção de que o legislador não descreveu no art. 4º da CLT a equivalência do "tempo à disposição" ao "tempo de efetivo serviço" de forma absoluta. Ou seja, como já alertado, se é verdade que o "tempo à disposição" veio qualificado pelo termo "aguardando ou executando ordens" e que, pela construção alhures, se pode vislumbrar a questão do grau de (in)disponibilidade — e da liberdade no contexto do valor social do trabalho — do empregado na relação de emprego, também não é menos verdade ter o mesmo qualificativo apontado para a consideração de que não é qualquer "disponibilidade" que enseja a equivalência ao "tempo de serviço efetivo" e, por conseguinte, a sua integração como jornada laboral, mas uma "disponibilidade" que evidencie ao menos uma mínima possibilidade imediata de utilização da força de trabalho na dinâmica do capitalista.

Forçoso asseverar, assim, que, olhando para o outro sujeito da relação de emprego, o empregador, vislumbra-se também outro valor ou princípio a ser considerado, no caso a livre-iniciativa, fundamento da República Federativa do Brasil — art. 1º, IV, da Constituição da República — e da ordem econômica — art. 170 da mesma Lei Maior, que irá também ligar-se a liberdade do empregador para dirigir o empreendimento.

Novamente, o recurso às projeções baseadas nas funções matemáticas, indicam que a equivalência entre "tempo à disposição" e "tempo de efetivo serviço" irá, ao lado do maior ou menor grau de indisponibilidade do empregado e, assim, do valor liberdade, variar também em função da necessidade de manutenção de condições mínimas à vivificação da livre-iniciativa econômica e, por conseguinte, também da liberdade do empregador para dirigir a atividade econômica. Assim, a dita integração por equivalência entre "tempo à disposição" e "tempo de serviço efetivo" será inversamente proporcional ao grau de restrição da livre-iniciativa econômica ou liberdade de gestão empresarial. Quanto maior, pois, a liberdade conferida ao empregador na condução empresarial, maior será a liberdade de iniciativa econômica e menor será a dita equivalência entre "tempo de serviço efetivo" e tempo à disposição.

O quadro acima está a demonstrar, ainda que com a lupa ou foco voltado a um singelo dispositivo da CLT, a conhecida dialética capital — trabalho imanente ao Direito do Trabalho e, por conseguinte, subjacente às respectivas normas, como bem assevera Mauricio Godinho Delgado[6] com as seguintes palavras:

> "Nota-se, portanto, que a primeira das funções deste ramo jurídico (elevação das condições de pactuação a força de trabalho) é, do ponto de vista econômico, atenuada por sua segunda função (caráter modernizante e progressista), de modo a permitir que seu critério de inserção das pessoas no sistema econômico não seja irracional, mas bastante compatível e favorável ao próprio capitalismo."

A perspectiva que então se traceja reforça a diretriz da impossibilidade de interpretação das normas trabalhistas sem a prévia consideração dialética da relação capital-trabalho, tornando-se praticamente imponível o conhecimento daquelas com o espírito amparado por todos os valores em jogo: liberdade do empregado em relação às amarras contratuais, valor social do trabalho, liberdade do empregador na condução empresarial e livre-iniciativa econômica. São valores subjacentes ao sistema juslaboral e, por conseguinte, ao art. 4º da CLT, reclamando aparição também no momento da interpretação/aplicação do direito.

Prosseguindo na escalada do mencionado dispositivo celetista, tem-se a parte final, que assim está positivada: "salvo disposição especial expressamente consignada".

Sobre o significado da ressalva acima transcrita, cumpre pontuar que essa "disposi-

(6) DELGADO, Mauricio Godinho. *Capitalismo, trabalho e emprego:* entre o paradigma da destruição e os caminhos de reconstrução. São Paulo: LTr, 2005. p. 124.

ção especial expressamente consignada" não pode ser entendida como a possibilidade de o empregado e o empregador, individualmente, diante do que eles porventura possam reputar como relevante critério distintivo, estabelecerem e consignarem uma situação especial de revogação ou derrogação da regra normativa de equivalência entre tempo à disposição e tempo de efetivo labor.

As razões da afirmação acima remontam à forte possibilidade de o desnível jurídico presente na relação de emprego decretar a inaplicabilidade prática da norma, a qual, então, sequer mereceria ser tida como norma, ante a patente falta de imperatividade, obrigatoriedade e generalidade a que estaria sujeita. Além disso, trata-se de norma cogente, de ordem pública, que não está, ao menos no que se refere à estruturação conceitual-normativa de jornada laboral, em específico equivalência entre tempo de efetivo labor e tempo à disposição, sujeita vontade das partes.

Não se adentrará aqui na temática relativa à possibilidade de a dita ressalva ser engendrada mediante normas coletivas autônomas, eis que tal caminho desviaria o foco da investigação aqui proposta, consignando-se o ponto apenas como forma de lembrar sua instigante latência, não oportuna neste momento.

Tem-se, por fim, que a ressalva em questão destina-se, pois, ao legislador. É o editor das leis quem poderá, então, criar esta "disposição especial" em relação à regra estabelecida no início do art. 4º da CLT.

De tudo o que foi exposto nesta seção, pode-se então extrair algumas ponderações a servirem de pressupostos para a caminhada que se seguirá:

a) o art. 4º da CLT tratou a relação entre tempo de efetivo labor e tempo à disposição por meio de uma operação de equivalência, eliminando a possibilidade de o intérprete, *a priori*, fazer diferenciação funcional e axiológica entre ambos;

b) nos termos do aludido dispositivo e do que foi explicado, não será considerado como tempo de efetivo serviço, por equivalência, qualquer modalidade de "tempo à disposição", mas sim aquele tempo em que o empregado esteja igualmente "aguardando ou executando ordens";

c) a exigência qualificativa do "tempo à disposição" revela que a normatização levou em apreço o grau de indisponibilidade do empregado aos desígnios do empregador e do contrato de trabalho, exsurgindo então a centralidade do grau de liberdade do empregado como fator relevantíssimo para o desenho do "tempo à disposição";

d) da mesma forma, a disposição normativa colocou em trajeto de consideração para o esquadro do "tempo à disposição" a liberdade conferida ao empregador na condução empresarial;

e) as considerações contidas no itens *c* e *d* acima reforçam a necessidade de interpretação das normas trabalhistas — e por conseguinte do art. 4º da CLT — com base na dialética imanente à relação capital — trabalho;

f) a ressalva à regra geral contida no art. 4º da CLT direciona-se ao legislador, que poderá, então, criar a "disposição especial" prevista no mencionado artigo.

Feitas essas ponderações, cabe, então, adentrar à questão dos parâmetros balizadores da atuação ao legislador na edição das normas reguladoras das ditas "disposições especiais".

II.2. Tempo à disposição do empregador. Disposições especiais. Parâmetros de vinculação do Estado

Conforme já adiantado acima, ao Poder Legislativo caberá estabelecer as situações normativas consubstanciadoras das "disposições especiais" do art. 4º da CLT. Nesta senda, importante se faz verificar em quais termos, parâmetros ou espectros essa atuação legislativa pode ou deve se dar.

Um primeiro ponto a ser considerado é aqui denominado de parâmetro infraconstitucional e está ligado à própria dicção do art. 4º da Consolidação das Leis do Trabalho.

Ao se ler o dispositivo citado, a primeira inferência que se pode fazer caminha no sentido de ser possível ao legislador editar norma que estabeleça simplesmente a não equivalência do tempo à disposição com o tempo de efetivo labor (integração na jornada de trabalho) mesmo estando o empregado aguardando ou executando ordens.

Esta primeira inferência é naturalmente compreendida na medida em que, de maneira quase automática, quando se está diante de termos eminentemente excetivos, busca-se imediatamente a conduta diametralmente oposta a regra nuclear excepcionada. Esse natural trajeto ou percurso, transmite ao intérprete, ainda que não perceba, a sensação, ideia e, às vezes, convicção de que o estabelecimento das exceções não encontra limites, balizas ou parâmetros. Sendo esta a percepção, estar-se-ia, então, admitindo a possibilidade de que o legislador edite normas que contradigam às inteiras a regra positivada no núcleo do art. 4º da CLT.

A dita possibilidade, apesar de estar pautada na noção inicialmente aceita como natural da oposição regra/exceção, começa a incomodar o intérprete à medida em que se percebe que esta ampla e plena liberdade legislativa pode terminar por tornar exceção o que antes fora regra, podendo vir até mesmo a significar a revogação da norma por meio do estabelecimento de uma pluralidade incontrolável de exceções.

Não se desconhece que a regra relativa à integração do tempo à disposição na jornada de trabalho possa até mesmo ser reformada ou revogada, total ou parcialmente, pelo que poderia não fazer qualquer sentido a preocupação com o possível quadro descrito. Entretanto, a alteração dos paradigmas normativos, em homenagem até mesmo aos princípios das segurança jurídica e da unidade e coerência do ordenamento jurídico, reclamam uma alteração feita às claras e sob a influência do natural jogo democrático e dialético que cercam a positivação das regras jurídicas.

Nesse quadro, a positivação de inúmeras regras excetivas não compreendidas e avaliadas sob o aspecto coletivo e sistêmico da dinâmica da duração do trabalho, pode resultar em recortes tão miúdos de toda uma realidade que, no futuro, mesmo a junção destas pequenas peças pode não refletir o antigo corpo, tido como matriz hígida da qual resultariam as poucas e justificadas exceções. Em uma simples ilustração, a coerência sistemático-normativa e até mesmo a concepção epistemológica da Ciência do Direito, aceitariam, ilustrativamente, que uma folha de papel em branco fosse recortada em quatro partes com características distintas entre elas, mas parcialmente comuns em intersecções com o todo, mas não admitiriam que esta mesma folha fosse picotada em quantidades infindáveis de partículas que, se unidas, mostraria então um mosaico incompreensível e não mais a realidade da qual partiram as ramificações e especificidades.

Essas considerações já servem para demonstrar, pois, que a liberdade legislativa para a fixação das exceções ao núcleo do art. 4º da CLT não é absoluta, comportando, ao reverso, outras ponderações, delimitações ou adequações. Interessante procurar, então, qual ou quais seriam tais fatores relativizantes.

Essa missão remonta à constatação já feita acima no sentido de que o art. 4º da CLT somente admite como tempo à disposição aquele em que o empregado esteja executando ou aguardando ordens do empregador, deixando bem evidenciado que, dentre os possíveis valores tutelados, interessam, para a dita equiparação do "tempo à disposição" ao "tempo de efetivo labor", o grau de restrição à liberdade do empregado e também a amplitude de liberdade do empregador na condução da atividade econômica e no exercício do poder empregatício. Ainda rememorando o que já foi explanado, quanto maior a intensidade de interferência ou restrição na liberdade do empregado, mais intensa também será a inclusão do tempo à disposição na jornada laboral.

O que se tem, então, com as palavras acima, é a evidência de que os valores ou princípios subjacentes à regra do art. 4º da CLT são a liberdade do empregado e a liberdade do empregador no âmbito da relação de emprego e que, nestes termos, o legislador já fez a prévia ponderação política materializada na norma no sentido de incluir o tempo à disposição na jornada de trabalho em face da restrição à liberdade do empregado. Resumindo, simplificando e juntando a regra positivada — aparente — com a sua base principiológica — oculta —, chega-se à construção de que o tempo à disposição integra a jornada laboral em face da restrição da liberdade do empregado, em maior ou menor grau e intensidade, em benefício dos desígnios laborais.

A dita construção, conforme já adiantado ao norte, comporta o estabelecimento de disposições especiais pelo legislador. Aglutinando-se as construções, então, o legislador encontra-se autorizado a determinar a não inclusão do tempo à disposição na jornada laboral ou mesmo flexibilizar a intensidade desta inclusão ainda que a liberdade do empregado tenha sofrido restrição, configurando-se às claras a possibilidade excetiva prevista na face aparente da norma (art. 4º da CLT).

Com efeito, pelos fundamentos que já foram alinhavados, se esta autorização legislativa for irrestrita, correr-se-á o risco, repisando o escrito acima, de a regra nuclear perder qualquer sentido, destruindo-se a base principiológica subjacente àquela e operando-se a artificiosa aniquilação da norma sem supressão do seu texto. Tudo isto está a indicar que a possibilidade de o legislador excepcionar a regra base do art. 4º da CLT, no sentido de determinar a não integração, parcial ou completa, do tempo à disposição na jornada laboral ainda que patente a restrição à liberdade do empregado, exige a consideração de um critério distintivo pautado também em valores que justifiquem a exceção.

A exceção servida ao Legislador exige, pois, justificação alcançável pelo intérprete/aplicador no âmbito da racionalidade argumentativa centrada nos possíveis critérios de discriminação ou distinção relacionados com os valores que informaram a regra excetiva positivada.

Esse critério de distinção ou discriminação para a fixação das hipóteses excetivas já encaminha, pois, a argumentação para a segunda espécie de restrição à liberdade legislativa na temática, restrição aqui denominada de constitucional.

Muito embora se reconheça, inicialmente, que o Legislador poderia alterar, revogar ou abrogar a norma prevista no art. 4º do Texto Celetista, dada a competência constitucional que detém, está ele vinculado ao que hodiernamente já se denominou de filtro dos direitos fundamentais.

Essa abordagem revela que o Poder Legislativo não detém um cheque em branco em seu mister de editar normas, vinculando-se, no Estado Democrático de Direito, à rede garantidora dos direitos fundamentais. É neste sentido, por exemplo, que José Joaquim Gomes Canotilho(7), ensina:

> "A vinculação dos órgãos legislativos significa também o dever de estes conformarem as relações da vida, as relações entre Estado e os cidadãos e as relações entre os indivíduos, segundo as medidas e diretivas materiais consubstanciadas nas normas garantidoras de direitos, liberdades e garantias. Neste sentido, o legislador deve 'realizar' os direitos, liberdades e garantias, otimizando a sua normatividade e atualidade. (...)
>
> Como os direitos, liberdades e garantias possuem também uma dimensão objetiva, eles valem como princípios informadores da ordem jurídica que o legislador que o legislador deve incorporar e mediatizar ao regular as diferentes relações jurídicas."

Essa diretriz vinculante aos direitos fundamentais exigirá, pois, do legislador a devida conformação àqueles no momento em que resolver estabelecer hipóteses ou situações normativas que excepcionem a regra do art. 4º

(7) CANOTILHO, J. J. Gomes. *Direito constitucional.* 6. ed. Coimbra: Almedina, 1993. p. 580-581.

da CLT, eis que os princípios subjacentes ao mencionado texto estão a albergar valores igualmente fundamentais, como, ilustrativamente, a liberdade do empregado (o que termina por ligar-se à dignidade humana) e a liberdade também do empregador na condução econômica do empreendimento (livre-iniciativa). Tendo-se em consideração a natural vulnerabilidade do empregado, citam-se, ainda, dentro dos valores fundamentais em apreço, os que se seguem e que, de certa forma estão ligados à dignidade humana e à liberdade do empregado: direito à educação, saúde e ao lazer (art. 6º da Constituição Federal); duração do trabalho normal não superior a oito horas diárias e quarenta e quatro semanais (art. 7º, XIII, da CF); repouso semanal remunerado e remuneração do serviços extraordinário superior, no mínimo, em cinquenta por cento à da normal; (art. 7º, XV e XVI, da CF) e redução dos riscos inerentes ao trabalho, por meio de normas de saúde, higiene e segurança (art. 7º, XXII, da CF).

Todas as razões acima, somadas, informam, portanto, que o legislador, no momento de conceber normas excetivas à regra do art. 4º da CLT, estará vinculado e limitado internamente/infraconstitucionalmente ao texto e valores do dispositivo em questão, bem como externamente/constitucionalmente pelos direitos fundamentais em jogo, não podendo exercer seu papel normativo de maneira desvinculada ou mesmo aparentemente inocente.

Em outras palavras, o legislador deverá considerar que: (a) a exceção à regra não poderá se tornar regra pela multiplicidade de tipos legislativos excetivos; (b) a exceção à regra deverá pautar-se em critério distintivo com peso argumentativo suficiente para apresentar-se como exceção legalmente e constitucionalmente válida em relação aos valores subjacentes à regra a ser excepcionada; (c) tanto o seu agir legiferante quanto o seu resultado deverá fortalecer e realizar o rol de direitos fundamentais a que está vinculado.

Postas essas considerações, passa-se, então, à análise das novas figuras positivadas para a categoria dos motoristas.

II.3. As novas figuras juslaborais na duração do trabalho dos motoristas profissionais

Como já adiantado acima, a Lei n. 12.619/12 trouxe três novas figuras dentro da temática da duração do trabalho do motorista profissional nas quais se verificam atritos e relações com a regra base disposta no art. 4º da CLT.

Essas três figuras são: tempo de direção, tempo de espera e tempo de reserva, a seguir explorados.

Nos termos já explicitados acima, a parte final do art. 4º da CLT prevê a possibilidade de estabelecimento de disposições especiais, as quais, como já visto, estão ao talante do legislador, porém não de forma absoluta e ilimitada, mas relativa e balizada.

Diante disso, cumpre averiguar se a Lei n. 12.619/12, na sua missão de estabelecer as ditas disposições especiais, cumpriu os parâmetros de legalidade formal e material, além de outras considerações importantes sobre o tema.

De antemão, adverte-se que não se adentrará à questão das diferenciações dos tipo de jornada em função dos diferentes tipo de motorista profissional, preferindo-se, ao revés e tão somente, abordar a questão em âmbito objetivo, ou seja, na estrutura dos objetos de estudo neles mesmo considerados.

II.3.1. Tempo de direção

A nova lei trouxe uma especificação dentro da jornada de efetivo labor do motorista profissional, eis que direcionou especial significado ao denominado tempo de direção dentro da realidade laborativa desses profissionais.

A primeira prova do que se acaba de dizer está presente no art. 2º, V, da nova Lei, que, ao dispor sobre a forma pela qual o empregador deverá fiscalizar a duração do trabalho, estratificou tal missão em duas vertentes: controle da jornada de trabalho e do tempo de direção.

Essa separação já demonstra, então, que o novo diploma, em princípio, não trilhou caminho diverso das amarras contidas no art. 4º da CLT, deixando novamente repisado que jornada de trabalho vai muito além do efetivo labor do empregado, labor efetivo que, no caso dos motoristas, equivale, em parte, ao tempo de direção. Sobre esta derradeira afirmação, diz-se "em parte" porque o tempo de direção é tempo de efetivo labor, mas não é a única categoria de tempo de efetivo labor como será adiante alertado.

Mais adiante, no art. 3º da Lei, que altera o art. 235 da CLT para incluir o art. 235-C, § 2º, fica estabelecido que "Será considerado como trabalho efetivo o tempo que o motorista estiver à disposição do empregador, excluídos os intervalos para refeição, repouso, espera e descanso". Este dispositivo é ainda mais claro no sentido de que, mesmo se tratando de disposição especial para uma determinada categoria profissional (parte final do art. 4º da CLT), a regra base contida na parte geral da CLT também serviu de norte e vetor para os parâmetros normativos alusivos à jornada de trabalho do motorista profissional.

Em outras palavras, mesmo materializando disposições especiais, também dentro destas, a regra base foi consagrada e tida como núcleo do qual partirão todas as demais ramificações, sejam elas concebidas para ratificar a previsão da norma geral ou mesmo para excepcioná-la.

Logo, as mesmas ponderações, explicações e ressalvas alinhavadas em torno do alcance interno do art. 4º da CLT e externo, envolvendo os parâmetros constitucionais, são novamente evidenciados também para a categoria dos motoristas. E se é assim, qualquer exceção ou quebra do postulado geral deve, da mesma forma, estar acompanhado das fortes razões e critérios distintivos, como já asseverado anteriormente.

É também verdade que a nova lei não trouxe o qualifictaivo de que o tempo à disposição aceitável para fins de integração na jornada de trabalho é aquele em que o empregado esteja executando ou aguardando ordens. Isso, contudo, não revela disposição especial em contrário ao dito qualificativo que, em regra e de início, também se aplica ao motorista profissional. Assim, também aqui, em regra, equivale ao efetivo labor o tempo em que o motorista estiver à disposição, aguardando ou executando ordens.

Com efeito, a nova lei não se limitou, no que toca ao tempo de efetivo labor, que aglutina, dentre outras categorias, o tempo de direção, a reprisar os termos e parâmetros gerais já positivados no art. 4º da CLT. O legislador foi mais além e, em outros dispositivos, trouxe novidades que bem revelam as preocupações que permearam a edição da lei e que se relacionam com este dito tempo de direção.

No art. 5º da lei, foi trazida alteração ao art. 67 do Código de Trânsito Brasileiro, que passou a ser composto também pelo art. 67-A, que dispõe o seguinte: "É vedado ao motorista profissional, no exercício de sua profissão e na condução de veículo mencionado no inciso II do art. 105 deste Código, dirigir por mais de 4 (quatro) horas ininterruptas." O descumprimento da norma enseja a aplicação de penalidade de multa, como infração grave, além da medida administrativa de retenção do veículo para cumprimento do tempo de descanso aplicável. (art. 6º da nova lei que alterou o art. 230, XXIII, do Código de Trânsito Brasileiro).

Também a nova lei trouxe alteração na CLT para positivar o art. 235-D, I, exigindo um intervalo mínimo de 30 minutos para descanso a cada 4 horas de tempo ininterrupto de direção.

Como dito, para além da equivalência entre tempo à disposição e tempo de efetivo labor, a Lei n. 12.619/12 trouxe expressa limitação quanto ao tempo de direção (tempo de efetivo labor), não se limitando ao que ordinariamente se faz, isto é, limitar a jornada de trabalho como um todo. O que sobreveio, então, foi uma norma limitadora do tempo de efetivo labor, no caso, o tempo de direção de forma ininterrupta.

A norma proibitiva da direção ininterrupta por mais de 4 horas evidencia claramente que as condições de trabalho do motorista são especialmente mais gravosas e potencialmente causadoras de eventos danosos não apenas no âmbito do contrato de trabalho, projetando efeitos possivelmente negativos para toda a sociedade em especial no que se refere à segurança no trânsito, tudo a legitimar a norma imperativa que impõe o intervalo de 30 minutos. Aliás, se a Constituição Federal, em conjunto com a CLT, já exteriorizam a patente índole protetiva especialmente direcionada à saúde e segurança no trabalho, no caso dos motoristas profissionais, essa inferência torna-se explícita normativamente, como bem se pode perceber no novo art. 235-H da CLT.

Dito que a lei impôs o intervalo de 30 minutos para cada 4 horas de direção ininterrupta, faz-se necessário investigar quais os demais efeitos que da norma podem advir.

Em primeiro lugar, é preciso asseverar que a previsão de intervalo após certo período de labor ininterrupto não é inédito no ordenamento jurídico. A título de exemplo, citam-se o art. 253 da CLT, que determina o intervalo de 20 minutos de repouso para cada uma hora e quarenta minutos trabalhados no interior das câmaras frigoríficas; o art. 298 da CLT, que determina uma pausa de 15 minutos a cada período de 3 horas de trabalho em minas de subsolo; art. 318 da CLT, que veda aos professores ministrarem mais de 4 aulas consecutivas na mesma instituição de ensino; art. 72 da CLT, que prevê um repouso de 10 minutos para cada 90 minutos laborados em serviço de mecanografia.

Em todos os casos acima citados, as respectivas regras determinam que o tempo de intervalo deverá ser computado na duração do trabalho, ou seja, tratam-se de intervalos remunerados pelo empregador, configurando hipóteses de interrupção do contrato de trabalho.

No caso do intervalo de 30 minutos para o motorista, após as 4 horas de direção ininterrupta, o novo art. 235-C, § 2º, da CLT, estabelece que o tempo de descanso não será considerado como tempo de trabalho efetivo, ou seja, não será computado na jornada de trabalho. Trata-se, pois, de período de inatividade não remunerado pelo empregador, configurando hipótese de suspensão do contrato de trabalho.

Estabelecida a natureza jurídica do intervalo, questão interessante é verificar a consequência do eventual descumprimento da norma. Duas possibilidades se apresentam como possíveis: a mera repercussão administrativa do ilícito, ensejando a aplicação de penalidade pelo órgão fiscalizador ou, além da mencionada punição, a repercussão pecuniária em favor do empregado.

Quando se trata do tema em questão, o intérprete retorna quase que instantaneamente à situação prevista no art. 71, § 4º, da CLT para o caso do clássico intervalo intrajornada para descanso e refeição. Até a Lei n. 8.923/94, tinha maior aceitação o entendimento de que era cabível tão somente a punição de ordem administrativa. Com o advento da lei, esta determinou a remuneração do período de intervalo não gozado com acréscimo de 50%.

A nova disposição veio acompanhada de intensos debates acerca da natureza jurídica deste pagamento em favor do empregado. Enquanto uma parte da doutrina defendia o caráter indenizatório do direito, eis que se destinava a reparar um dano sofrido pelo empregado, outra compreendia a parcela como remuneratória pelo fato de a própria lei determinar que o período fosse remunerado com o acréscimo de 50%.

Na linha do que pondera Gustavo Filipe Barbosa Garcia[(8)], tem-se que a parcela possui natureza remuneratória, porém não apenas em razão do termo "remunerar" contido na lei. Em verdade, olhando-se a situação do empregado que labora sem gozar o intervalo intrajornada, pode-se admitir que se está diante de trabalho em condição mais gravosa ao empregado, situação-tipo que, como se sabe, enseja o pagamento dos conhecidos "adicionais". Assim é com os adicionais de periculosidade e insalubridade, pelo trabalho mais gravoso em face do meio ambiente de trabalho mais perigoso e menos saudável; com o adicional noturno, pelos préstimos em horário mais adverso ao organismo humano. Da mesma forma, os serviços prestados continuamente sem o efetivo

(8) *Op. cit.*, p. 878.

gozo de intervalo previsto em lei representa autêntica situação de trabalho em condição mais gravosa.

Analisando o ordenamento jurídico como um todo, dentre os adicionais previstos, o de horas extras é o que mais se amolda à situação-tipo na qual o empregado recebe retribuição por prestar serviços quando deveria estar trabalhando, sendo, pois, o mais adequado para o caso do não gozo do intervalo intrajornada.

Ao lado do entendimento que coloca tal direito com natureza salarial, tem-se o Tribunal Superior do Trabalho, que editou a Orientação Jurisprudencial n. 354 neste sentido.

Da mesma forma, então, e por terem ainda a mesma natureza jurídica — suspensão do contrato de emprego — também o intervalo de 30 minutos previsto na Lei n. 12.619/12 para cada período de 4 horas de direção ininterrupta deve ser remunerado com o acréscimo de 50% caso não seja usufruído pelo motorista.

Neste mesmo tom, o próprio Colendo Tribunal Superior do Trabalho já vinha cristalizando sua jurisprudência quando, por exemplo, admitiu o mesmo raciocínio, qual seja, pagamento do intervalo não gozado com acréscimo de 50%, para o caso de inobservância do intervalo interjornadas.

De todo o exposto nesse tópico, tem-se, assim, em resumo, que o legislador não apenas seguiu ou mesmo norte contido no art. 4º da CLT para a categoria dos motoristas, mas, indo além, trouxe limitações ao tempo de labor efetivo executado de maneira ininterrupta — tempo de direção. Com isso, além de respeitar os valores e objetivos subjacentes à legislação infraconstitucional — na construção do art. 4º da CLT — e ao texto da Carta Magna — em especial no art. 7º — terminou também por estabelecer mecanismo de maior proteção ao empregado e também à toda sociedade, principalmente no que toca à segurança no trânsito, não apenas mantendo a conquista dos direitos fundamentais, como também realizando instrumentos para a concretização de outros.

II.3.2. Tempo de espera

Dispôs a Lei n. 12.619/12, introduzindo o art. 235-C, § 8º, na CLT, que "São consideradas tempo de espera as horas que excederem à jornada normal de trabalho do motorista de transporte rodoviário de cargas que ficar aguardando para carga ou descarga do veículo no embarcador ou destinatário ou para fiscalização da mercadoria transportada em barreiras fiscais ou alfandegárias, não sendo computadas como horas extraordinárias".

Para a perfeita compreensão do tema, em complementariedade ao dispositivo em questão, traz-se também, no mesmo artigo, o § 2º, no qual, expressamente, restou positivado que a denominada "espera" não será considerada como trabalho efetivo. Em outras palavras, o "tempo de espera" não integra a jornada laboral dos motoristas.

A partir da explicitação dos termos da novidade legislativa, inicia-se sua análise, sempre relembrado os pressupostos gerais já explanados nos tópicos anteriores, que servirão de anteparo para o estudo que se pretende fazer.

Em obediência, então, a este itinerário, a primeira abordagem trilha pelo espelho do art. 4º da CLT e seus parâmetros limitadores da atividade legislativa disposta a positivar as mencionadas disposições especiais de jornada de trabalho.

Nesse esquadro, o primeiro ponto relevante a ser trazido refere-se à expressa exclusão do "tempo de espera" da equivalência com o "tempo de serviço efetivo", isto é, a não integração da categoria na jornada de trabalho. Como já esclarecido acima, a possibilidade de edição de hipóteses excetivas é admitida pelo sistema jurídico trabalhista nos termos da parte final do *caput* do art. 4º da CLT. Porém, conforme já esclarecido, balizas de diferentes ordens limitam e guiam a liberdade e amplitude da atividade legiferante.

Em um primeiro momento, não há porque negar a possibilidade de se excepcionar o "tempo de espera" à regra de equivalência com o tempo de efetivo labor. Não se está diante de disposição que teria o condão de ameaçar, *prima facie*, a estrutura conceitual que tanto a CLT quanto a Carta Magna erigiram para o instituto da jornada de trabalho.

Também não se verifica pluralidade ou multiplicidade de tipos ou suportes fáticos que, como já alertado, poderiam fragilizar a regra norteadora a tal ponto que esta passasse a ser exceção e não mais regra. O risco da desnaturação do instituto também não se apresenta no caso, até porque a exceção proposta centra sua normatividade em hipótese na qual, em tese e apenas em linha de princípio, a ligação do empregado com as atribuições laborais seria menos intensa.

Entretanto, a novidade legislativa começa a enfrentar testes mais relevantes e complexos quando se adentra ao que de fato a lei conceituou como tempo de espera e ao tratamento normativo da natureza jurídica do "tempo de espera" concebido pela própria lei.

Percorrendo este pequeno roteiro, interessa iniciar uma análise gramatical compartimentada do texto para arrematá-lo em seu todo.

Na primeira parte do texto, a lei dispõe que o "tempo de espera" equivale às horas que excederem à jornada normal de trabalho do motorista de transporte rodoviário de cargas. Lendo e focando a interpretação na mera significação gramatical, já é possível perceber que somente poderão ser qualificadas como horas de espera aquelas que, considerando a jornada de trabalho, inclusive em seus parâmetros integrativos com o tempo à disposição, estiverem além da duração ordinária de trabalho.

A ilustração do que vem a dispor a norma talvez seja mais eficaz para explicá-la. Supondo que um motorista tenha dirigido por 4 horas, após o que gozou do intervalo de 30 minutos — que não integra a jornada de trabalho — e que em seguida voltou a dirigir por mais 2 horas, perfazendo 6 horas de trabalho. Neste momento, em face das condições especiais de labor, ficou por 3 horas em situação-tipo que se subsume à hipótese fática prevista no texto legal como "espera", chegando-se ao total de 9 horas, entre horas de direção e as 3 horas de espera. Nos termos do que se tentou pontuar no parágrafo anterior, somente se pode considerar como "tempo de espera" aquele entre a oitava e nona hora, pois foi a partir deste momento que a espera passou a exceder à jornada normal de trabalho.

De se ressaltar, neste ponto, que não há qualquer incongruência ou mesmo antinomia interna entre o disposto no § 2º, do art. 235-C da CLT, e § 8º do mesmo artigo. O primeiro dos dois textos apenas informa que o tempo de espera não integra a jornada laboral, o que não significa dizer que a mesma lei, ao conceituar o "tempo de espera", não possa dar à mesma continuidade fática de espera do motorista conformidade normativa diferenciada, estabelecendo como tempo de espera apenas a parcela da linha do tempo que tiver excedido a jornada, e não a linha temporal por inteiro.

Como se não bastasse a conclusão centrada no eixo gramatical, mesmo a técnica sistemática(9) de interpretação aponta para o resultado alcançado. Ora, se, como visto, o art. 4º da CLT e a própria Constituição Federal, considerada em seu todo e em seus valores fundamentais, preveem a possibilidade de edição de norma excetiva à regra da integração à jornada, então a exceção que materializa a não integração deve ser interpretada de forma restrita, sendo imponível que o excepcionamento legislativo seja o mais claro possível em seu texto, a ponto de diminuir ao máximo qualquer dúvida quanto a sua amplitude.

Tem-se, então, como primeira conclusão, que o tempo de espera somente equivale ao período que ultrapassa a jornada normal de trabalho.

Prosseguindo no tipo legislativo, integra o conceito de "tempo de espera" as horas que o

(9) Maria Helena Diniz pontua que a técnica sistemática é a que "considera o sistema em que se insere a norma, relacionando-a com outras concernentes ao mesmo objeto." É o caso, pois, da norma alusiva ao "tempo de espera" em relação àquela contida no art. 4º da CLT. DINIZ, Maria Helena. *Compêndio de introdução à ciência do direito*. 21. ed. rev. e atual. São Paulo: Saraiva, 2010. p. 440.

motorista ficar aguardando para carga ou descarga do veículo no embarcador ou destinatário ou para fiscalização da mercadoria transportada em barreiras fiscais ou alfandegárias. Ao se deparar com esta tipificação, a primeira pergunta que intérprete deve se fazer é a seguinte: por qual razão estes fatos não merecem ser tomados como merecedores de inclusão na jornada de trabalho? Ou: qual a razão justificadora para a quebra da regra constante do art. 4º da CLT?

Uma primeira resposta a essas indagações poderia tomar o sentido de afirmar que a sua não inclusão na jornada estaria justificada porque sequer tratar-se-ia de hipótese em que o empregado está à disposição do empregado, já que apenas estaria aguardando a carga, descarga ou fiscalização das mercadorias transportadas. Essa suposição, com efeito, não ganha maior densidade quando se considera que o art. 235-B, IV, da CLT, com a redação da Lei n. 12.619/12, estabelece como dever do motorista profissional "zelar pela carga transportada e pelo veículo".

Ora, tratando-se de um dever imposto legalmente ao empregado, qualquer falha dele neste mister poderá ocasionar desde punições disciplinares no âmbito da relação de emprego, indo de advertências à dispensa por justa causa, e até mesmo imposição de obrigação de indenizar prejuízos causados ao empregador, conforme previsão contratual. Se é assim, havendo este dever legalmente imposto ao empregado, que fica sujeito até mesmo à sanções das mais diversas ordens, não se afigura correta, de início, a visão de que o empregado estaria apenas aguardando a execução de serviços de terceiros.

Ocorre, porém, que ainda poderia ser argumentado que, para a carga, descarga ou fiscalização das mercadorias transportadas no veículo, sequer seria necessário que o empregado ficasse aguardando ao lado do veículo, zelando por este ou pela carga, eis que, à medida em que desempenhados por terceiros os serviços em questão, destes passariam a ser a guarda e responsabilidade pelos bens envolvidos.

A resposta à mencionada ilação é dada pela própria Lei n. 12.619/12, desta feita por ocasião da implementação do novo art. 235-E, § 4º, da CLT, *in verbis*: "O motorista fora da base da empresa que ficar com o veículo parado por tempo superior à jornada normal de trabalho fica dispensado do serviço, exceto se for exigida permanência junto ao veículo, hipótese em que o tempo excedente à jornada será considerado de espera".

O texto normativo, na sua parte final, deixa claro que o "tempo de espera" pressupõe a exigência de "permanência junto ao veículo", ou seja, ao contrário da ilação que acima se colocou, o legislador classificou como "tempo de espera" aquele destinado à execução dos serviços de carga, descarga e fiscalização, com a permanência do empregado junto ao veículo.

Ora, a lei não contém palavras inúteis e também não se autorreferencia sem qualquer sistematicidade. Não há como imaginar que a exigência do empregado no momento de carga, descarga e fiscalização seja graciosa ou decorrente de mero capricho legal. Se há esta imposição, a necessidade de permanência do empregado repousa justamente no sinalgma do cumprimento do objeto contratual.

Note-se que as ponderações que acabam de ser feitas já demonstram que sequer é possível conceber o "tempo de espera" como módulo enquadrado no tempo à disposição, eis que, nos termos do que já foi exposto em tópicos anteriores, a restrição à liberdade do empregado é total, mantendo-se inteiramente voltado à execução do contrato de emprego. Diante do que acima se expôs, a exigência do empregado ao lado do veículo somada à obrigação de zelo pela carga e pelo veículo terminam por demonstrar que se trata de tempo de efetivo labor, em que toda a liberdade do sujeito e toda a sua atenção estão voltadas ao objeto contratual, disso advindo todas as consequência legais e constitucionais atinentes à jornada laboral.

O "tempo de espera" não consegue, então, resistir sequer ao teste de enquadramento nos moldes conceituais de tempo de efetivo labor e tempo à disposição previstos no art. 4º da CLT e reprisados na Lei n. 12.619/12, deixando de cumprir, em um primeiro plano, os balizamentos infraconstitucionais, e, como corolário, os ditames constitucionais fundamentais acerca da duração do trabalho.

A conclusão acima pontuada impõe também outra leitura acerca do disposto no § 9º do art. 235-C da CLT, em que se determinou a indenização de 30% sobre a hora normal para o "tempo de espera".

Sendo o "tempo de espera" em realidade tempo de efetivo labor, a contraprestação aos serviços é, por excelência, salário. Serviços prestados além do limite de tempo legal devem ser remunerados — pois se trata de salário, como visto — com adicional de, no mínimo, 50% sobre a hora normal, nos termos preconizados no inciso XVI do art. 7º da Constituição Federal.

Se, como dito, o tempo de espera é, em realidade, tempo de efetiva prestação dos serviços, então, sem qualquer dúvida, ingressa na jornada de trabalho, sendo que a sua desconsideração para este fim termina por ofender algumas disposições constitucionais, que aqui seguem exemplificadas: irredutibilidade salarial (art. 7º, VI), duração de trabalho não superior a 8 horas diárias e 44 hoas semanais (art. 7º, XIII), remuneração do labor extraordinário com adicional de no mínimo 50% sobre a hora normal de trabalho (art. 7º, XVI) e a redução dos riscos inerentes ao trabalho (art. 7º, XXII).

Por todas essas razões, sustentando a inconstitucionalidade do instituto do "tempo de espera", tem-se este como tempo de efetivo labor, a exigir, pois, integração na jornada de trabalho e pagamento de horas extras com adicional de 50% em caso de prestação de serviços além dos limites legais e constitucionais.

II.3.3. Tempo de reserva

O art. 235-E, § 6º, da CLT estabelece que "Nos casos em que o empregador adotar revezamento de motoristas trabalhando em dupla no mesmo veículo, o tempo que exceder a jornada normal de trabalho em que o motorista estiver em repouso no veículo em movimento será considerado tempo de reserva e será remunerado na razão de 30% (trinta por cento) da hora normal".

A primeira observação a ser feita sobre o dispositivo é coincidente com aquela feita em relação ao conceito de "tempo de espera" e ao momento em que se inicia a contagem do aludido tempo.

Assim como na figura anterior, o tempo em que o segundo motorista permanece no interior do veículo sem dirigi-lo, em repouso, somente começa a ser qualificado como "tempo de reserva" após o término da jornada normal de trabalho, ou seja, quando começaria a ser considerado como hora extraordinária.

A comparação com o instituto do "tempo de espera" acima iniciada fornece diretivas para a compreensão do "tempo de reserva".

Como já asseverado, em resumo, considerou-se que o "tempo de espera" é em verdade tempo de efetivo labor, eis que tanto o sistema legal quanto as regras ordinárias de experiência indicam a obrigatoriedade de o motorista permanecer junto ao veículo e à carga para zelar por ambos, desempenhando verdadeiramente o objeto contratual de trabalho e restando bem evidenciada a inexistência de qualquer grau de liberdade do empregado em relação às exigências do contrato de emprego. Daí se ter enquadrado como tempo de efetiva prestação de serviços.

No caso do "tempo de reserva", a primeira referência importante remete, pois, à questão de saber se durante este denominado período de reserva o empregado está à disposição do empregador ou em efetiva prestação de serviços.

Ao contrário do que acontece com o "tempo de espera", no "tempo de reserva" a lei foi clara ao dispor que assim se considera o tempo em que o motorista está em repouso. Ou seja, trata-se, efetivamente, de período de repouso ou descanso do empregado, em típica situação de desligamento das atividades laborais. Não está o empregado alerta, em estado de atenção às circunstâncias que compõem a sua atividade laboral, aguardando a execução das tarefas de terceiros que se ligam as suas atribuições, pelo contrário, encontra-se despojado de qualquer obrigação de zelo, guarda, atenção, vigilância, até porque, todas essas obrigações estão sob a responsabilidade do outro colega, que as acumula com a obrigação de dirigir o veículo.

Logo, o instituto do "tempo de reserva" consegue superar o primeiro teste que o "tempo de espera" não superou, não sendo possível enquadrar aquele como tempo de efetivo serviço, sendo, na realidade, período de repouso mitigado pela disponibilidade do empregado às necessidades do serviço, ou seja, tempo à disposição do empregador.

Sendo tempo à disposição, considerando a regra do art. 4º da CLT reafirmada na Lei n. 12.619/12, deveria o período em questão equivaler ao tempo de efetivo labor e, assim, integrar a jornada laboral. Porém, como visto, assim não determinou a nova lei, ficando tal período não integrado à jornada laboral e, por conseguinte, não sujeito à conformação das horas extras. Cabe, então, na linha do que já explorado anteriormente, relembrar os pressupostos e balizas fixados nos tópicos anteriores, para aferir se o legislador cumpriu sua missão dentro dos parâmetros de legalidade infraconstitucional e constitucional, já que, como visto acima, em linha de princípio, não há motivo precípuo para conferir pesos diferentes, para fins de concepção de jornada de trabalho, ao tempo do efetivo labor em face do tempo à disposição.

Como já asseverado acima, um dos pontos ou valores chave para aferir a legitimidade da alteração legislativa é a liberdade do empregado em face das exigências do contrato de emprego, ou seja, este tempo concebido como à disposição do empregador comporta, como já alertado, graus de (in)disponibilidade, sendo que, quanto maior a disponibilidade do empregado para benefício do contrato de emprego, maior é a intensidade de integração deste período de disponibilidade na jornada laboral.

No caso do "tempo de reserva", como já adiantado, tem-se que, em uma primeira impressão, o grau de liberdade do empregado é aparentemente total, pois, estando em repouso, nenhuma de suas obrigações laborais estaria em estado de latência ou de iminência tal que lhe exigisse qualquer atenção, esforço ou mesmo que viesse a restringir sua liberdade em voltar-se para outras questões ou desejos totalmente desconexos do contrato de trabalho.

Entretanto, a impressão de total liberdade do empregado não se confirma como realidade no caso em análise, pois, como o próprio dispositivo legal enuncia, este repouso ocorre necessariamente dentro do veículo em movimento, ou seja, além do natural desconforto do repouso, a contingência de ficar "enclausurado" no interior do veículo, revela verdadeira e considerável limitação da liberdade do empregado, que não mais pode ser tomada como total.

O que se tem, então, em convivência, é um repouso ao empregado, que assim fica despido, durante este tempo, de suas obrigações laborais, embora esteja à disposição para qualquer eventualidade, porém um repouso no qual não se garante ao beneficiário total liberdade de fruição. Se não seria o caso de integrar à jornada laboral o tempo em questão, eis que em repouso o empregado, também não seria o caso de desconsiderá-la para qualquer efeito, dada a limitação na liberdade do empregado.

É exatamente em face deste tipo de ambivalência circunstancial ou de especificidade setorial profissional e econômica, que se disse acima que, na interpretação do Direito do Trabalho, é sempre recomendável considerar a dialética imanente à relação capital — trabalho. Neste passo, se é necessário sempre tutelar de forma eficaz as relações de emprego, face à hipossuficiência do empregado, também é necessário considerar a admissão de soluções capazes de atender à dinâmica econômica em uma sociedade capitalista.

Tendo estas considerações em vista, uma simples não integração do "tempo de reserva" à jornada de trabalho, por se tratar de repouso, pode até ser aceitável, desde que, para além disso, seja fixada compensação normativa para o fato de que este mesmo repouso não pode ser usufruído de forma plena pelo empregado.

E foi exatamente assim que o legislador agiu no caso do "tempo de reserva", editando norma que, se bem percebido pelo intérprete, recupera inspiração nas regras relativas ao tempo de prontidão dos ferroviários e compensa a não integração total à jornada de trabalho para fins de pagamento de horas extras — lembre-se que este repouso apenas deixa de integrar-se à jornada após a duração normal de trabalho — com o pagamento de remuneração no importe de 30% sobre a hora normal.

Toda essa gama de ponderações revela que o legislador atendeu aos parâmetros e valores que enredam e sustentam a regra do art. 4º da CLT, reafirmada pela própria Lei n. 12.619/12, cabendo então averiguar se também no âmbito constitucional isso ocorreu.

Sobre a questão constitucional, o legislador igualmente não se desviou ou desvinculou da imponência dos direitos fundamentais.

O instituto do tempo de reserva veio, frise-se, ao encontro, por exemplo, do direito fundamental do trabalhador em ver os riscos da atividade laboral reduzidos. Isso porque, inexistindo norma que obrigue o empregador a contratar mais de um motorista, a previsão desta possibilidade em regime de revezamento em dupla, termina por possibilitar, ao menos em tese, a melhor repartição do cansaço nas jornadas efetivas e, ainda, com o pagamento remuneratório adicional de 30% pelo tempo de reserva.

Da mesma forma em relação à garantia das horas extras, as quais continuarão sendo pagas para a jornada efetiva e de tempo à disposição, ao lado da remuneração do tempo de reserva, que têm caráter misto de repouso e de tempo à disposição.

Por todas essas razões, reputa-se como constitucional o dito "tempo de reserva", tendo o percentual a ser pago de 30% sobre a hora normal caráter salarial.

III — Considerações finais

Os intensos debates que produziram a nova lei ainda refletirão divergências sobre a sua interpretação na doutrina e na jurisprudência.

Nesse momento, tendo como norte as novas figuras do "tempo de direção", "tempo de espera" e "tempo de reserva", considera-se, por ora, que a Lei n. 12.619/12:

a) não apenas seguiu ou mesmo norte contido no art. 4º da CLT para a categoria dos motoristas, no que se refere ao tempo de efetivo labor — direção, como, ainda, foi além, trazendo limitações ao tempo de direção ininterrupta. Dessa forma, além de respeitar os valores e objetivos subjacentes à legislação infraconstitucional — na construção do art. 4º da CLT — e ao texto da Carta Magna — em especial no art. 7º — terminou também por estabelecer mecanismo de maior proteção ao empregado e também à toda sociedade, principalmente no que toca à segurança no trânsito, não apenas mantendo a conquista dos direitos fundamentais, como também realizando instrumentos para a concretização de outros;

b) positivou o instituto do "tempo de espera", por ora considerado inconstitucional, sendo o dito tempo, em realidade, tempo de efetivo labor, a exigir, pois, integração na jornada de trabalho e pagamento de horas extras com adicional de 50% em caso de prestação de serviços além dos limites legais e constitucionais;

c) positivou o instituto do "tempo de reserva" em sintonia com os parâmetros e valores que enredam e sustentam a regra do art. 4º da CLT, reafirmada pela própria Lei n. 12.619/12. Este instituto ainda veio ao encontro de certos direitos fundamentais, como, por exemplo, o direito à redução dos riscos da atividade laboral e a garantia das horas extras, as quais continuarão sendo pagas para a jornada efetiva e de tempo à disposição, ao lado da remuneração do tempo de reserva, que têm caráter misto de repouso e de tempo à disposição.

Bibliografia

CANOTILHO, J. J. Gomes. *Direito constitucional.* 6. ed. Coimbra: Almedina, 1993.

DELGADO, Mauricio Godinho. *Capitalismo, trabalho e emprego*: entre o paradigma da destruição e os caminhos de reconstrução. São Paulo: LTr, 2005.

______. *Curso de direito do trabalho.* 3. ed. São Paulo: LTr, 2004.

DINIZ, Maria Helena. *Compêndio de introdução à ciência do direito.* 21. ed. rev. e atual. São Paulo: Saraiva, 2010.

DWORKIN, Ronald. *Levando os direitos à sério.* Tradução Nelson Boeira. 2. ed. São Paulo: Martins Fontes, 2007.

GARCIA, Gustavo Filipe Barbosa. *Curso de direito do trabalho.* 4. ed. rev. atual. e ampl. Rio de Janeiro: Forense, 2010.

MORAES, Paulo Douglas Almeida de. Abordagem holística sobre nova regulamentação da profissão do motorista (Lei n. 12.619/2012). *Jus Navigandi*, Teresina, ano 17, n. 3331, 14 ago. 2012. Disponível em: <http://jus.com.br/revista/texto/22405>.

Nova Lei das Cooperativas de Trabalho: Réquiem para a Fraude Trabalhista?

Xerxes Gusmão(*)

1. Introdução

Um dos temas que, historicamente, sempre ensejou maior cizânia doutrinária e jurisprudencial na seara laboral, seguramente, é o das cooperativas de trabalho.

Habitualmente assimiladas à fraude trabalhista, as cooperativas passam, com a promulgação da Lei n. 12.690/12, de 30 de abril de 2012, a ter uma nova regulação, que visa a elidir a utilização indevida deste instrumento da terceirização.

Inexorável prova neste sentido é o fato de que esta nova lei revogou o parágrafo único do art. 442 da CLT, objeto de imensa controvérsia no âmbito juslaboral[1], pois apontado por considerável parcela da doutrina como responsável pelo acréscimo nos casos de fraude por meio das cooperativas de trabalho, ao afastar, de plano, o vínculo empregatício dos cooperados.

Rompeu-se, assim, com a revogação do mencionado dispositivo celetista, um dos pilares das fraudes trabalhistas: a alegação de que o vínculo empregatício do cooperado com o tomador de serviços seria juridicamente impossível, em função da previsão do hoje revogado parágrafo único do art. 442 da CLT.

Resta saber se este novo mecanismo regulatório, independente do rompimento deste sustentáculo da fraude, atingirá a efetividade que dele se espera, suprimindo, de vez, esta chaga social que é a fraude perpetrada por meio de falsas cooperativas.

2. Conceito e natureza jurídica

O combate às fraudes trabalhistas, pela nova lei das cooperativas de trabalho, pode ser apreendido desde a sua conceituação, conforme se verificará a seguir.

2.1. Da autonomia e da democracia

Neste sentido, a cooperativa de trabalho é definida, pelo art. 2º da Lei n. 12.690/12, como:

(*) Juiz Federal do Trabalho do TRT da 8ª Região, de 2009 a 2012. Atualmente é Juiz Federal do Trabalho do TRT da 2ª Região. Mestre e Doutor em Direito do Trabalho e Previdenciário pela Université de Paris 1 — Panthéon-Sorbonne. Professor Universitário.

a sociedade constituída por trabalhadores para o exercício de suas atividades laborativas ou profissionais com proveito comum, autonomia e autogestão para obterem melhor qualificação, renda, situação socioeconômica e condições gerais de trabalho.

Observa-se, desta definição, a nítida intenção do legislador de reforçar a autonomia do cooperado, afastando, assim, a possibilidade de fraude por meio de falsos cooperados, com vínculo empregatício oculto, por meio de uma relação subordinada, os quais não poderiam jamais possuir a autonomia expressamente prevista pelo novo dispositivo normativo.

Nota-se, neste sentido, todo um zelo do legislador em detalhar esta autonomia, que inclui a necessidade de um regime democrático no bojo da cooperativa, por meio de uma gestão coletiva e coordenada(2).

O art. 6º da Lei n. 12.690/12 determinou, ademais, o número mínimo de sete sócios da cooperativa, mantendo, assim, o intuito de evitar a fraude, frequentemente perpetrada por meio de um reduzido número de cooperados que facilita o viés lesivo do instituto(3).

Conclui-se, desse modo, por uma definição legal estipulando robustas autonomia e democracia da cooperativa de trabalho, afastando qualquer tipo de subordinação do cooperado.

2.2. Da definição por exclusão

A definição das cooperativas de trabalho, prevista na Lei n. 12.690/12, além de apresentar elementos positivos, supraexaminados, possui alguns elementos negativos, exclusões de figuras que não podem ser equiparadas às cooperativas.

Trata-se do parágrafo único do art. 1º da lei, que afasta a forma jurídica da cooperativa de trabalho para as cooperativas de assistência à saúde, do setor de transporte regulamentado pelo Poder Público, de profissionais liberais laborando nos seus próprios estabelecimentos e de médicos cujos honorários sejam pagos por procedimento.

Buscou o legislador, destarte, afastar a figura jurídica da cooperativa de trabalho de alguns setores onde tradicionalmente são perpetradas fraudes, uma vez mais denotando o seu intuito de combater as irregularidades por meio deste instituto jurídico.

2.3. Das espécies e do objeto social

O art. 4º da Lei n. 12.690/12 prevê duas espécies de cooperativas de trabalho: de produção, quando constituída por sócios que contribuem com trabalho para a produção em comum de bens e a cooperativa detém, a qualquer título, os meios de produção; de serviço, quando constituída por sócios para a prestação de serviços especializados a terceiros, sem a presença dos pressupostos da relação de emprego(4).

Isto não afasta, todavia, uma ampla liberdade deferida às cooperativas de trabalho, que, apesar de somente poderem se revestir das duas formas supramencionadas, podem atuar em qualquer gênero de serviço, operação ou atividade, desde que previsto o objeto social no seu Estatuto Social(5).

No mesmo sentido, as cooperativas de trabalho não podem ser impedidas de participar de procedimentos licitatórios que tenham por escopo os mesmos serviços, operações e atividades previstas no seu objeto social(6).

---

(1) Cizânia representada por trechos inteiros das obras sobre o tema que eram, até então, dedicados ao exame deste parágrafo único do art. 442 da CLT, normalmente apresentado de modo negativo pela doutrina.

(2) Conforme previsão do art. 2º, §§ 1º e 2º, da Lei n. 12.690/12.

(3) Reduzido número de falsos cooperados que nada mais são, na imensa maioria dos casos, do que "laranjas" agindo em nome de um verdadeiro "proprietário" da cooperativa.

(4) Uma vez mais se observa, do novo texto legal, a preocupação com a forma de utilização das cooperativas, evitando-se a mera intermediação de mão de obra.

(5) Na forma do caput do art. 10 da Lei n. 12.690/12.

(6) Conforme previsão do § 2º da Lei n. 12.690/12.

2.4. Princípios

O notório intuito de afastar as fraudes trabalhistas denota-se, igualmente, nos princípios e valores que norteiam as cooperativas de trabalho, na forma prevista pelo art. 3º da Lei n. 12.690/12, todos indicando uma verdadeira gestão democrática, livre e autônoma[7].

Destacam-se, dentre estes princípios, a preservação dos direitos sociais, do valor social do trabalho e da livre-iniciativa[8], princípios constitucionais reproduzidos no novo texto legal, corroborando, assim, a preocupação do legislador em reforçar a visão principiológica que passa a predominar no nosso ordenamento jurídico[9].

No mesmo viés, o inciso IX do art. 3º da Lei n. 12.690/12 prevê como um dos princípios das cooperativas de trabalho a não precarização do trabalho, reforçando, portanto, a preocupação do legislador em preservar a qualidade do trabalho prestado no bojo das cooperativas.

3. *Da vedação à intermediação de mão de obra*

Resta evidente, dos elementos da nova lei das cooperativas de trabalho já examinados, que o intuito principal do legislador foi o de combater as fraudes trabalhistas, tão frequentemente perpetradas por meio desta figura jurídica.

Este intuito restou, outrossim, consignado, expressa ou tacitamente, em diversos outros dispositivos do novo texto normativo, a seguir analisados.

3.1. Vedação expressa e tácita

O art. 5º da Lei n. 12.690/12 vedou, expressamente, a utilização da cooperativa de trabalho para intermediação de mão de obra subordinada, a tradicional forma de terceirização ilícita, para atividade-fim da empresa[10].

Neste ponto, destarte, o legislador deixou de abordar indiretamente o tema, passando a combater, de modo expresso, a fraude trabalhista.

Outro exemplo deste combate expresso à fraude se encontra no art. 17, § 2º, da Lei n. 12.690/12, que cria a presunção de intermediação de mão de obra em caso de relação contratual entre a empresa e a cooperativa de trabalho que demande trabalho fora do estabelecimento da cooperativa e não se submeta a uma coordenação com mandato de até um ano, eleita em reunião dos sócios da cooperativa, com estabelecimento dos seus requisitos, valores contratados e retribuição pecuniária de cada sócio[11].

Trata-se da exigência de uma coordenação eleita, com objetivos e mandato nítidos, visando evitar a comum subordinação direta do cooperado com a empresa tomadora de serviços.

Existem, no entanto, outros trechos da lei em que o legislador combateu a intermediação de mão de obra de modo menos direto: um destes exemplos é o art. 13 da Lei n. 12.690/12, em que há vedação à distribuição de verbas de qualquer natureza entre os sócios, com exceção da retirada devida em razão do exercício de sua atividade como sócio ou retribuição por conta de reembolso de despesas realizadas para a cooperativa, proibição que visa, ainda que indiretamente, evitar a fraude, por meio de pagamento de salários ocultados sob rubricas de distribuição de lucros ou similares.

3.2. Penalidades

Além de vedar, por diversas formas, a fraude trabalhista, a nova lei das cooperativas

(7) Princípios previstos, igualmente, em outros dispositivos da nova lei, conforme já examinado acima.

(8) Previstos pelo art. 3º, inciso VIII, da Lei n. 12.690/12.

(9) Corroborando, assim, a superação da antiga visão de que as normas se limitariam às regras positivadas, passando a predominar a visão de que elas englobam, ainda, os princípios.

(10) Definição de terceirização ilícita que se depreende do teor do inciso I da Súmula n. 331 do TST.

(11) Tudo nos termos do art. 7º, § 6º, da Lei n. 12.690/12, ao qual o art. 17, § 2º faz menção para estabelecer a presunção de intermediação de mão de obra.

de trabalho previu penalidades em caso de descumprimento dos seus ditames.

Em caso de intermediação de mão de obra subordinada, a cooperativa de trabalho e a tomadora dos seus serviços estarão sujeitas à multa de R$ 500,00 (quinhentos reais) por trabalhador prejudicado, dobrada na reincidência, valor a ser revertido ao Fundo de Amparo ao Trabalhador (FAT)[12].

Há, ainda, a previsão das sanções penais, cíveis e administrativas cabíveis, sem prejuízo da ação judicial visando à dissolução da cooperativa, para os responsáveis pela fraude, na hipótese de constituição ou utilização da cooperativa de trabalho para fraudar deliberadamente a legislação trabalhista, previdenciária ou a própria Lei n. 12.690/12[13].

Há, ademais, a previsão de inelegibilidade para qualquer cargo em cooperativa de trabalho, pelo período de até 5 anos, contado do trânsito em julgado da decisão judicial, para o sócio, dirigente ou administrador condenado pela prática das fraudes citadas no parágrafo anterior[14].

3.3. Da responsabilidade do tomador pelo meio ambiente de trabalho

Previsão interessante da nova lei das cooperativas de trabalho é a referente à responsabilidade do tomador de serviços pelo meio ambiente de trabalho.

Habitualmente apresentada como tese de vanguarda, adotada pela franja da doutrina mais afeita à concretização dos princípios fundamentais da nossa República, em especial a dignidade da pessoa humana[15], foi a teoria da responsabilidade solidária do tomador de serviços prevista pela nova lei das cooperativas de trabalho[16], com relação ao cumprimento das normas de saúde e segurança do trabalho, em caso de execução dos serviços pelo cooperado no estabelecimento da tomadora de serviços ou em local por ela determinado.

Nota-se, assim, a preocupação do legislador em preservar a integridade dos direitos do trabalhador cooperado, sendo-lhe garantida ampla proteção no que concerne ao meio ambiente de trabalho[17].

4. Dos novos direitos dos cooperados

A proteção assegurada aos cooperados, pela nova lei das cooperativas de trabalho, é evidente da leitura de diversos dos seus artigos. Esta proteção não se limita, contudo, a vedações às práticas fraudulentas, incluindo, no novo texto legal, uma ampla gama de direitos trabalhistas.

4.1. Da distinção equiparada

A intenção do legislador de distinguir o cooperado do empregado, veiculada com o objetivo de evitar as fraudes trabalhistas, não o impediu de garantir direitos do empregado ao cooperado, estabelecendo uma verdadeira distinção equiparada.

Desse modo, o art. 7º da Lei n. 12.690/12 possui um rol de direitos assegurados ao cooperado, a saber:

— Mínimos remuneratórios: retiradas não inferiores ao piso da categoria profissional e,

(12) Nos termos do art. 17, § 1º, da Lei n. 12.690/12.

(13) Conforme estipulado no art. 18, *caput* da Lei n. 12.690/12.

(14) Na forma do art. 18, § 2º, da Lei n. 12.690/12.

(15) Fato que, até a presente data, jamais deixou de provocar comentários maliciosos por parte dos críticos mais ácidos desta tese, críticos que evocam um pretenso caráter utópico e irrealizável desta visão da responsabilidade solidária do tomador de serviços pelos danos causados ao meio ambiente de trabalho, o que não a impede, contudo, de ganhar cada vez mais adeptos, tornando-se, atualmente, uma tese sustentada por sólida parcela da doutrina e da jurisprudência.

(16) Mais especificamente, pelo seu art. 9º.

(17) Já foi examinada, um pouco acima, a previsão legal da garantia de um local de trabalho adequado, reforçando, assim, a intenção do legislador de preservar o meio ambiente de trabalho do cooperado.

na ausência deste, não inferiores ao salário mínimo[18];

— Limites à duração do trabalho: não superior a 8 horas diárias e 44 horas semanais, exceto quando a atividade, por sua natureza, demandar a prestação de trabalho por meio de plantões ou escalas, facultada a compensação de horários;

— Repouso semanal remunerado: preferencialmente aos domingos;

— Repouso anual remunerado[19];

— Retirada para o trabalho noturno superior à do diurno;

— Adicional sobre a retirada para as atividades insalubres ou perigosas;

— Seguro de acidente de trabalho.

Relevantes direitos, portanto, foram assegurados ao cooperado da cooperativa de trabalho, a quem foram igualmente garantidas as normas de saúde e segurança do trabalho[20], perfazendo, assim, um sistema abrangente de proteção do meio ambiente de trabalho — com a responsabilidade solidária do tomador de serviços, examinada acima, e a aplicação das normas de saúde e segurança do trabalho.

Percebe-se, assim, que, ao mesmo tempo em que o legislador estabeleceu critérios estritos de distinção entre o cooperado e o empregado, para evitar as fraudes, ele garantiu ao cooperado uma série de direitos do empregado, sempre com a intenção notória de proteger o trabalhador cooperado.

4.2. Da aplicação diferida

Alguns dos direitos previstos no art. 7º da lei, supraelencados, possuem previsão de aplicação diferida para as cooperativas de produção, em caso de a Assembleia Geral Extraordinária estabelecer carência na fruição do mínimo remuneratório e do seguro de acidente de trabalho[21] — quanto aos demais direitos previstos, inexiste previsão legal de carência.

Outra aplicação diferida da nova lei das cooperativas de trabalho ocorre com as cooperativas de serviços, que possuem o prazo de 12 meses, a partir da publicação da lei, de acordo com deliberação da Assembleia Geral, para assegurar aos seus sócios alguns dos direitos do art. 7º da Lei n. 12.690/12: mínimos remuneratórios; repouso anual remunerado; retirada para o trabalho noturno superior à do diurno; adicional sobre a retirada para as atividades insalubres ou perigosas; seguro de acidente de trabalho[22].

5. Conclusão

O exame dos diversos dispositivos da Lei n. 12.690/12 referentes ao Direito do Trabalho indica, nitidamente, a preocupação do legislador em combater um dos principais nichos de ocorrência das fraudes trabalhistas: as cooperativas de trabalho.

Neste sentido, diversos dos seus artigos previram medidas as mais variadas que garantem verdadeira autonomia aos cooperados, ao mesmo tempo em que direitos de empregados lhe são assegurados: distinção equiparada, portanto; um cooperado que não é empregado, mas tem direitos de empregado[23].

Concluir, com base neste viés protecionista da nova lei, que ela representaria o fim das fraudes trabalhistas nesta seara seria inelutavel-

(18) Mínimos calculados, como no caso do salário mínimo, de forma proporcional às horas trabalhadas ou às atividades desenvolvidas.

(19) A lei ressalva, todavia, a aplicação do repouso semanal e do repouso anual remunerados em caso de serviços eventuais, salvo decisão assemblear em contrário, nos termos do art. 7º, § 1º, da Lei n. 12.690/12.

(20) Nos termos do art. 8º da Lei n. 12.690/12.

(21) Conforme estipulado pelo art. 7º, § 5º, da Lei n. 12.690/12.

(22) Na forma do art. 28 da Lei n. 12.690/12.

(23) Caso não inédito no nosso ordenamento jurídico, que possui um exemplo célebre desta situação: a dos trabalhadores avulsos, sem vínculo empregatício mas com direitos de empregados, nos termos do art. 7º, XXXIV da CF/88.

mente precipitado; concluir que ela representa um importante passo para este fim, todavia, seria indiscutivelmente correto.

Particularmente relevantes e mesmo premonitórias são as palavras do ilustre doutrinador Rodrigo de Lacerda Carelli sobre o tema, eis que, ao traçar um cenário geral, antes da promulgação da Lei n. 12.690/12, já previu muitos dos elementos que acabamos de identificar na nova lei, *in verbis*:

> A título de conclusão, podemos dizer que o cooperativismo como autogestão empresarial, modelo de economia solidária, na forma idealizada por Paul Singer, tem seu espaço garantido no mundo do trabalho. É óbvio que não como panaceia para a solução de todos os problemas de emprego, mas sim como mais uma forma de trabalho não subordinada. Não substituirá o trabalho subordinado, mas bem poderá conviver com ele, desde que não tente invadir sua seara.

Há espaço para o crescimento do cooperativismo de trabalho, e pensamos que ele realmente crescerá quando tiver uma regulamentação mais detalhada, com a concessão dos direitos sociais básicos. Como se verá mais adiante, acreditamos que já hoje se possa reconhecer, dentro do ordenamento jurídico atual, a fruição pelo trabalho cooperado dos direitos previstos no art. 7º da Constituição Federal.

Quando estes direitos do trabalho foram realmente reconhecidos pelos tribunais aos cooperados, com certeza as fraudes cairão a perto de zero, e a cooperativa de trabalho será realmente uma alternativa real ao trabalho como hoje o concebemos.(24)

Diversos dos direitos defendidos pelo festejado doutrinador acabam, pela nova lei, de ser reconhecidos aos cooperados, o que, seguramente, reduzirá as fraudes no setor, ainda que nos pareça precipitado afirmar, desde já, que a redução significará a sua extinção.

De todo modo, ainda que não seja um réquiem completo, a Lei n. 12.690/12 representa, seguramente, o prelúdio de um réquiem para as fraudes trabalhistas perpetradas por meio das cooperativas de trabalho. Oxalá os outros movimentos deste réquiem sejam logo compostos.

6. Referências Bibilográficas

BARROS, Alice Monteiro de. *Curso de direito do trabalho*. São Paulo: LTr, 2006.

CARELLI, Rodrigo de Lacerda. *Formas atípicas de trabalho*. São Paulo: LTr, 2010.

CASSAR, Vólia Bomfim. *Direito do trabalho*. Niterói: Impetus, 2008.

DELGADO, Mauricio Godinho. *Curso de direito do trabalho*. São Paulo: LTr, 2012.

GARCIA, Gustavo Filipe Barbosa. *Curso de direito do trabalho*. São Paulo: GEN, 2012.

GONÇALVES, Nilton Oliveira. *Terceirização de mão de obra*. São Paulo: LTr, 2005.

LIMA, Denise Hollanda Costa. *Terceirização na administração pública. As cooperativas de trabalho*. Belo Horizonte: Fórum, 2007.

MARTINS, Sergio Pinto. *A terceirização e o direito do trabalho*. São Paulo: Atlas, 2007.

OLIVEIRA, Murilo Carvalho Sampaio. *(Re)pensando o princípio da proteção na contemporaneidade*. São Paulo: LTr, 2009.

SILVA, Paulo Renato Fernandes. *Cooperativas de trabalho, terceirização de mão de obra e direito do trabalho*. Rio de Janeiro: Lumen Juris, 2005.

(24) CARELLI, Rodrigo de L. *Formas atípicas de trabalho*. São Paulo: LTr, 2010. p. 74.

Direito Processual

Substituição Processual Sindical e Efetividade dos Direitos Fundamentais Sociais: uma Visão Prospectiva

Adriana Campos de Souza Freire Pimenta(*)

Sumário: *I. Introdução. II. Substituição processual sindical e a efetivação dos direitos fundamentais. III. As verdadeiras autonomia e liberdade sindicais — o papel constitucional dos sindicatos. IV. Conclusões. V. Referências.*

I — Introdução

O art. 8º, III, da Constituição Federal de 1988(1) ocupa posição de destaque, ao possibilitar que o sindicato, na condição de substituto processual, ajuíze ações em defesa dos direitos difusos, coletivos e individuais homogêneos da categoria (e seus membros) que representa.

A partir de referido dispositivo constitucional, o instituto da substituição processual foi ampliado de forma ímpar e sem necessidade de norma infraconstitucional regulamentadora específica.

A defesa desses direitos difusos, coletivos e individuais homogêneos — direitos metaindividuais(2) — pelo sindicato busca transformar uma

(*) Juíza do Trabalho do Tribunal Regional do Trabalho da 3ª Região, Titular da 1ª Vara do Trabalho de Divinópolis/MG; Juíza Auxiliar da Corregedoria-Geral da Justiça do Trabalho; Especialista em Direito e Processo do Trabalho pela Universidade Mackenzie/SP; Mestre em Direito Político e Econômico pela Universidade Mackenzie/SP.

(1) "Art. 8º É livre a associação profissional ou sindical, observado o seguinte:

III — ao sindicato cabe a defesa dos direitos e interesses coletivos ou individuais da categoria, inclusive em questões judiciais ou administrativas."

(2) São os direitos difusos, coletivos e individuais homogêneos definidos pelo Código de Proteção do Consumidor — Lei n. 8.078, de 11 de setembro de 1990 — em seu art. 81, parágrafo único, *in verbis*:

"Parágrafo único. A defesa coletiva será exercida quando se tratar de:

I — interesses ou direitos difusos, assim entendidos, para efeitos deste Código, os transindividuais, de natureza indivisível, de que sejam titulares pessoas indeterminadas e ligadas por circunstâncias de fato;

II — interesses ou direitos coletivos, assim entendidos, para efeitos deste Código, os transindividuais de natureza indivisível de que seja titular grupo, categoria ou classe de pessoas ligadas entre si ou com a parte contrária por uma relação jurídica base;

III — interesses ou direitos individuais homogêneos, assim entendidos os decorrentes de origem comum."

igualdade processual apenas formal em uma igualdade real, importando num instrumento de DEMOCRATIZAÇÃO do acesso à justiça, na medida em que o sindicato não sofre as pressões dos empregadores, infelizmente, ainda comuns nas ações individuais.

Sem dúvida, trata-se de um enorme avanço e sobre ele já tivemos a oportunidade de escrever[3].

Contudo, no presente trabalho pretendemos ir além dos contornos jurídicos do instituto da substituição processual sindical veiculado através do art. 8º, III, da CF/88.

Nossas reflexões serão sobre o seu uso concreto por um sindicato atuante, inclusive na seara jurisdicional, buscando a efetividade dos direitos fundamentais sociais insculpidos no art. 7º da CF/88 e terminando por reforçar o princípio constitucional da liberdade sindical e por fortalecer os laços entre ele e a categoria que representa. Enfim, contribuindo para aumentar o baixo índice de cumprimento espontâneo, pelos empregadores, das normas constitucionais e legais que consagram os direitos sociais, desafogando, assim, a Justiça do Trabalho.

Exatamente por ser baixo o índice de adequação dos empregadores à legislação protetiva trabalhista, a atuação que se tem exigido do sindicato é, na maioria das vezes, judicial.

Lado outro, o grande número de reclamações trabalhistas bastante semelhantes, decorrentes de lesões praticadas em massa pelos empregadores, contribui para assoberbar o Poder Judiciário, muitas vezes desnecessariamente, pois uma única ação onde se evidenciasse e se sancionasse a lesão a interesses metaindividuais, fossem eles difusos, coletivos ou individuais homogêneos, seria suficiente e mais eficaz.

Portanto, quanto mais ampliativa for a interpretação dada ao instituto da substituição processual e quanto mais se reforçar e se utilizar o processo coletivo[4], mais rapidamente restarão concretizados os princípios constitucionais da efetividade da tutela jurisdicional e da duração razoável do processo[5].

II — Substituição processual sindical e a efetivação dos direitos fundamentais

Rodolfo de Camargo Mancuso[6] destaca a importância do processo coletivo na Justiça do Trabalho, ressaltando que é nela onde "se contrapõem as grandes massas de interesses que relevam do capital e do trabalho (categorias patronal e laboral), conflitos esses que hoje vão se exacerbando à medida em que a sociedade vai se massificando e o mundo vai se globalizando".

Quando tratamos de processo coletivo, o que buscamos é uma efetividade maior, onde sejam proferidas decisões com uma carga maior de efetividade, atingindo-se toda uma comunidade, uma categoria ou um número expressivo de trabalhadores (no caso da Justiça do Trabalho).

Isto porque a efetividade dos direitos fundamentais pressupõe uma mudança de paradigma, pois o direito individual de ação, que inegavelmente teve sua importância como marco da teoria processual individualista do século XIX, não foi suficiente para assegurá-la.

A noção de direitos fundamentais também evoluiu desde o século XIX.

---

(3) PIMENTA, Adriana Campos de Souza Freire. *Substituição processual sindical*. São Paulo: LTr, 2011.

(4) O processo coletivo é entendido como aquele estabelecido pelo Código de Defesa do Consumidor e legislação esparsa, visando à tutela dos direitos metaindividuais, assim entendidos aqueles difusos, coletivos em sentido estrito e/ou individuais homogêneos.

(5) "Art. 5º Todos são iguais perante a lei, sem distinção de qualquer natureza, garantindo-se aos brasileiros e aos estrangeiros residentes no País a inviolabilidade do direito à vida, à liberdade, à igualdade, à segurança e à propriedade, nos termos seguintes:

[...]

LXXVIII a todos, no âmbito judicial e administrativo, são assegurados a razoável duração do processo e os meios que garantam a celeridade de sua tramitação."

(6) MANCUSO, Rodolfo de Camargo. *Jurisdição coletiva e coisa julgada* — teoria geral das ações coletivas. São Paulo: Revista dos Tribunais, 2007. p. 74.

Inicialmente, os direitos identificados como fundamentais foram apenas aqueles atinentes aos direitos civis e políticos do indivíduo, exigíveis do Estado.

Contudo, a questão foi evoluindo e a definição de direitos fundamentais ganhando novos contornos, à medida que a sociedade contemporânea foi se alterando[7].

Gilberto Bercovici[8] pondera que:

> "constituições elaboradas após o final da Primeira Guerra Mundial têm algumas características comuns, particularmente, a declaração, ao lado dos tradicionais direitos individuais, dos chamados direitos sociais, ou direitos de prestação: direitos ligados ao princípio da igualdade material que dependem de prestações diretas ou indiretas do Estado para serem usufruídos pelos cidadãos. Estas novas Constituições consistem em uma tentativa de estabelecer uma democracia social, abrangendo dispositivos sobre a ordem econômica e social, a família, educação e cultura, bem como instituindo a função social da propriedade. As concepções sociais ou socializantes, assim como a determinação de princípios constitucionais para a intervenção estatal nos domínios social e econômico, são consideradas fundamentos do novo "constitucionalismo social" que estabelece em boa parte dos Estados europeus e alguns americanos."

E acrescenta, no mesmo artigo, que a partir das Constituições de Weimar e da Constituição do México de 1917 a principal característica das constituições do século XX "passa a ser o seu caráter diretivo ou programático, que incorpora conteúdos de política econômica e social".

A sociedade dos séculos XX e XXI, uma sociedade de massas, apresenta um número muito maior de conflitos, muitas vezes idênticos, como já ponderamos neste e em outros textos[9], sendo que, torna-se essencial para a funcionalidade de seu sistema judicial e mesmo constitucionalmente desejável resolver vários deles de uma só vez, numa só ação, através da atuação dos entes legitimados para tanto[10].

Ada Pellegrini Grinover[11] é enfática neste sentido, pugnando pela:

> "necessária reestruturação dos esquemas processuais clássicos, para sua adaptação aos conflitos emergentes, próprios de uma sociedade de massa, de que os decorrentes das relações de consumo representam um ponto nodal. E tudo, ainda, dentro da ideia maior, já esboçada há mais de três décadas, segundo a qual a chamada crise do Direito talvez apenas encobrisse "a dificuldade de dominar com categorias jurídicas substancialmente pré-capitalistas a fenomenologia de uma sociedade industrial."

Nesse contexto os sindicatos têm um papel fundamental a desempenhar, como afirma Celso Antônio Pacheco Fiorillo, *in verbis*[12]:

> "Ao contrário portanto do Ministério Público, da União, dos Estados, dos Muni-

(7) Sobre o tema, consultar: BONAVIDES, Paulo. *Curso de direito constitucional.* São Paulo: Malheiros, 1999. p. 514-531.

(8) BERCOVICI, Gilberto. Tentativa de instituição da democracia de massas no Brasil: instabilidade constitucional e direitos sociais na era Vargas (1930-1964). *In:* NETO, Cláudio Pereira de Souza *et al.* (coord.). *Direitos sociais:* fundamentos, judicialização e direitos sociais em espécie. Rio de Janeiro: Lumen Juris, 2008. p. 30.

(9) Sobre o tema, vide textos nossos: PIMENTA, Adriana Campos de Souza Freire. *Substituição processual sindical,* cit., p. 21-31; Proteção coletiva aos direitos trabalhistas. *Revista Trabalhista,* Rio de Janeiro, v. 35, p. 72-86, 2010; e Substituição processual sindical e o meio ambiente de trabalho. *Revista LTr, Legislação do Trabalho,* v. 75, p. 827-835, 2011.

(10) Além dos sindicatos mencionados pela Constituição Democrática de 1988, em seu art. 8º, III, ao Ministério Público, sabidamente um Órgão do Estado, também se atribui legitimidade para defender em juízo direitos difusos, coletivos e individuais homogêneos, por força dos seus arts. 127 e 129.

(11) GRINOVER, Ada Pellegrini. Da defesa do consumidor em juízo. *In:* GRINOVER, Ada Pellegrini; VASCONCELOS E BENJAMIN, Antônio Herman de; FINK, Daniel Roberto; FILOMENO, José Geraldo Brito; WATANABE, Kazuo; NERY JÚNIOR, Nelson; DENARI, Zelmo (coords.). *Código brasileiro de defesa do consumidor comentado pelos autores do anteprojeto.* Rio de Janeiro: Forense Universitária, 1999, p.705.

(12) FIORILLO, Celso Antônio Pacheco. *Os sindicatos e a defesa dos interesses difusos no direito processual civil brasileiro.* São Paulo: Revista dos Tribunais, 1995. p. 48-40.

cípios, autarquias, empresas públicas bem como outras pessoas jurídicas definidas no art. 5º da Lei n. 7.347/85 os sindicatos estão situados, ao lado das associações civis e dos partidos políticos, como representantes naturais da sociedade civil; construídos e formados por cidadãos, atuam concretamente em defesa dos direitos da coletividade respondendo por seus atos de forma direta sem maiores entraves ou mesmo dificuldades impostas pelo ordenamento jurídico em vigor. É bem mais simples para o cidadão fiscalizar os atos realizados por sua associação civil ou mesmo sindicato do que fiscalizar se a União ou até mesmo o Ministério Público estão defendendo concretamente direitos que são violados no dia a dia por pessoas físicas e jurídicas e particularmente pelas pessoas jurídicas de Direito Público.

Uma sociedade civil mais bem organizada e participativa, como ensina Kazuo Watanabe, não poderia estar privada do instrumental adequado à defesa de seus interesses."

O processo deve se prestar, em última análise, a assegurar efetividade ao direito material, mormente em sede de Direito Processual do Trabalho, onde os créditos em discussão têm natureza eminentemente alimentar.

Contudo, o entendimento inicialmente majoritário do Tribunal Superior do Trabalho foi bastante restritivo em relação à substituição processual sindical, limitando muito o instituto e a possibilidade de sua utilização para a tutela de direitos metaindividuais, mormente dos individuais homogêneos, através da Súmula n. 310 (antes Enunciado), que, em boa hora, portanto, foi revogada, em 2003, em razão de reiterados julgamentos em sentido contrário ao seu conteúdo pelo Supremo Tribunal Federal:

"N. 310 SUBSTITUIÇÃO PROCESSUAL. SINDICATO (cancelamento mantido) — Res. n. 121/2003, DJ 19, 20 e 21.11.2003 e republicada DJ 25.11.2003

I — O art. 8º, inciso III, da Constituição da República não assegura a substituição processual pelo sindicato.

II — A substituição processual autorizada ao sindicato pelas Leis ns. 6.708, de 30.10.1979, e 7.238, de 29.10.1984, limitada aos associados, restringe-se às demandas que visem aos reajustes salariais previstos em lei, ajuizadas até 3.7.1989, data em que entrou em vigor a Lei n. 7.788/1989.

III — A Lei n. 7.788/1989, em seu art. 8º, assegurou, durante sua vigência, a legitimidade do sindicato como substituto processual da categoria.

IV — A substituição processual autorizada pela Lei n. 8.073, de 30.7.1990, ao sindicato alcança todos os integrantes da categoria e é restrita às demandas que visem à satisfação de reajustes salariais específicos resultantes de disposição prevista em lei de política salarial.

V — Em qualquer ação proposta pelo sindicato como substituto processual, todos os substituídos serão individualizados na petição inicial e, para o início da execução, devidamente identificados pelo número da Carteira de Trabalho e Previdência Social ou de qualquer documento de identidade.

VI — É lícito aos substituídos integrar a lide como assistente litisconsorcial, acordar, transigir e renunciar, independentemente de autorização ou anuência do substituto.

VII — Na liquidação da sentença exequenda, promovida pelo substituto, serão individualizados os valores devidos a cada substituído, cujos depósitos para quitação serão levantados através de guias expedidas em seu nome ou de procurador com poderes especiais para esse fim, inclusive nas ações de cumprimento.

VIII — Quando o sindicato for o autor da ação na condição de substituto processual, não serão devidos honorários advocatícios.

Histórico: Súmula cancelada — Res. n. 119/2003, DJ 1º.10.2003

Redação original — Res. n. 1/1993, DJ 6, 10 e 12.5.1993."

A jurisprudência alterou-se, culminando com o julgamento do RE 210029, publicado em 16.11.2005, tendo como Relator o Ministro Carlos Mário Velloso e Relator final o Ministro Joaquim Barbosa, através do qual o Supremo

Tribunal Federal, a quem cabe interpretar em última instância a Constituição, assim entendeu:

> "PROCESSO CIVIL. SINDICATO. ART. 8º, III, DA CONSTITUIÇÃO FEDERAL. LEGITIMIDADE. SUBSTITUIÇÃO PROCESSUAL. DEFESA DE DIREITOS COLETIVOS OU INDIVIDUAIS. RECURSO CONHECIDO E PROVIDO.
>
> O art. 8º, III, da Constituição Federal estabelece a legitimidade extraordinária dos sindicatos para defender em juízo os interesses coletivos ou individuais dos integrantes da categoria que representam.
>
> Essa legitimidade extraordinária é ampla, abrangendo a liquidação e a execução dos créditos reconhecidos aos trabalhadores.
>
> Por se tratar de típica hipótese de substituição processual, é desnecessária qualquer autorização dos substituídos.
>
> Recurso conhecido e provido."

O art. 81 do Código de Defesa do Consumidor (Lei n. 8.078/90), já citado, define os direitos metaindividuais — difusos, coletivos e individuais homogêneos.

Como nos ensina Gianpaolo Poggio Smanio, "o que determina a natureza do Direito é o tipo de tutela jurisdicional que se pretende quando se propõe a ação judicial, ou seja, o tipo de pretensão deduzida em juízo"[(13)].

Em todas as lesões a direitos (ou interesses) metaindividuais, podemos vislumbrar uma lesão à categoria (e, nessa ótica, o interesse é indivisível e sua lesão fere a todos que se encontrarem vinculados ao ofensor), aos empregados individualmente considerados ou até a toda a comunidade de possíveis trabalhadores que venham a pactuar com aquele empregador.

Isto se daria, por exemplo, na hipótese do empregador não garantir um meio ambiente salubre de trabalho, de exigir, sempre, horas extras além do limite legal de quem fosse seu empregado ou de descumprir reiteradamente normas coletivas de trabalho que beneficiem, individualmente, todos os seus empregados.

Enfocado o problema sob o ponto de vista dos empregados lesados, os direitos tuteláveis seriam individuais homogêneos; em relação à categoria profissional, seriam coletivos e, considerando que qualquer pessoa que viesse a trabalhar para ele estaria sujeita a tais condições de trabalho, o melhor conceito com que se trabalhar seria o de interesse (ou direito) difuso.

Embora o art. 8º, III, da CF/88 não fale em direitos difusos, a aplicação dos arts. 21, da Lei n. 7.347/85 e 81 e 82 da Lei n. 8.078/90[(14)] c/c o art. 769 da CLT permite, sem dúvida, ao sindicato atuar na defesa desses interesses (ou direitos), em favor de potenciais trabalhadores.

Em tais casos o pedido, geralmente, é do deferimento de tutelas inibitórias.

A tutela inibitória, como se sabe, pode ser pedida individual ou coletivamente e sua necessidade surge naquelas hipóteses em que é preciso fazer cessar o ato ilícito, se ele já ocorreu ou, preventivamente, impedir que ocorra.

Há situações em que a mera sentença declaratória é insuficiente (declarar simplesmente que não pode fazer ou que pode fazer). Ao mesmo tempo, aqui não estamos tratando de ressarcimento e, sim, de impedir a prática de um ato, o que resulta também na insuficiência da sentença condenatória.

A concessão da tutela inibitória vai além da mera proibição: proíbe a prática do ilícito e utiliza das medidas legais para garantir a eficácia dessa proibição.

Luiz Guilherme Marinoni afirma que é perfeitamente cabível esta espécie de tutela no plano coletivo, a partir do art. 84 do Código de Defesa do Consumidor e menciona também o

(13) SMANIO, Gianpaolo Poggio. *Interesses difusos e coletivos.* São Paulo: Atlas, 2007. p. 28.

(14) "Art. 21. Aplicam-se à defesa dos direitos e interesses difusos, coletivos e individuais, no que for cabível, os dispositivos do Título III da lei que instituiu o Código de Defesa do Consumidor."

art. 461 do Código de Processo Civil (com redação bastante semelhante ao citado art. 84 do Código de Proteção ao Consumidor)[(15)]:

> "A tutela inibitória coletiva pura tem sido utilizada com certa frequência, sendo significativo o seu uso nas ações que, visando à proteção do meio ambiente, impedem, *v. g.*, que uma fábrica que ameaça o meio ambiente inicie as suas atividades."

As tutelas inibitórias são de utilidade inconteste, na medida em que proporcionam ao lesado — no nosso caso, ao trabalhador — o recebimento do bem da vida a que faz jus e não apenas a monetização do referido bem, ou seja, proporcionam a tutela específica desse direito.

A propósito, Guilherme Guimarães Feliciano[(16)], *in verbis:*

> "Mais recentemente, a reboque dos novos ares pós-positivistas e, sobretudo, da atuação do Ministério Público do Trabalho em seara de tutela judicial coletiva, encorpou-se paulatinamente um movimento de retorno às soluções judiciais não monetizantes — notadamente aquelas providas por tutelas inibitórias e de remoção de ilícito —, que indubitavelmente melhor atendem tanto ao escopo contemporâneo da função jurisdicional (função de tutela) como ainda, em relação às questões labor-ambientais, o próprio perfil ontológico do bem da vida em crise."

Não cabe aqui, no entanto, tratar minuciosamente da casuística processual que diz respeito à concessão desse tipo de tutela, pois isso escaparia ao tema central deste estudo.

Contudo, quando se fala em substituição processual como forma de se assegurar a efetividade dos direitos fundamentais, é necessário destacarmos alguns pontos indispensáveis para que o instituto funcione da maneira mais ampliativa possível, em consonância com a decisão do Supremo Tribunal Federal, retrocitada e com o próprio cancelamento da Súmula n. 310 do Tribunal Superior do Trabalho.

Inicialmente, em relação aos direitos individuais homogêneos, são necessárias algumas considerações.

Filiamo-nos à corrente doutrinária que entende perfeitamente possível a substituição processual nestes casos, uma vez que a única condição legal para tanto é que tais direitos decorram "de uma origem comum".

Contudo, a questão não é consensual na doutrina[(17)].

Ada Pellegrini Grinover, para quem a heterogeneidade do direito importaria na ausência de condição da ação, por impossibilidade jurídica do pedido, nos termos do art. 267, VI, do Código de Processo Civil, pondera[(18)]:

> "Mas é preciso observar que a origem comum (causa) pode ser próxima ou remota. Próxima, ou imediata, como no caso da queda de um avião, que vitimou diversas pessoas; ou remota, mediata, como no caso de um dano à saúde, imputado a um produto potencialmente nocivo, que pode ter tido como causa próxima as condições pessoais ou o uso inadequado do produto. Quanto mais remota for a causa, menos homogêneos serão os direitos."

A professora Patrícia Miranda Pizzol[(19)], entretanto, posiciona-se de forma diametralmente oposta a tal distinção, *in verbis:*

> "Os direitos e interesses individuais homogêneos, por sua vez, caracterizam-se, no aspecto subjetivo, pela determinabilidade dos titulares e pela existência de

---

(15) MARINONI, Luiz Guilherme. *Tutela inibitória (individual e coletiva).* São Paulo: Revista dos Tribunais, 1998. p. 78-79.

(16) FELICIANO, Guilherme Guimarães. Tutela inibitória em matéria labor-ambiental. *Revista do Tribunal Superior do Trabalho,* São Paulo: Lex Magister, v. 77, n. 4, p. 140-161, out./dez. 2011.

(17) Desenvolvemos o tema. *In: Substituição processual sindical,* cit., p. 85-90.

(18) GRINOVER, Ada Pellegrini. *Da* class action for damages *à ação de classe brasileira:* os requisitos de admissibilidade. São Paulo: DPJ, 2006. p. 194-195.

(19) PIZZOL, Patrícia Miranda. A tutela antecipada nas ações coletivas como instrumento de acesso à justiça. *In:* FUX, Luiz; NERY JR., Nelson; WAMBIER, Teresa Arruda Alvim (coords.). *Processo e constituição:* estudos em homenagem ao professor José Carlos Barbosa Moreira. São Paulo: Revista dos Tribunais, 2006. p. 94.

uma origem comum e, no aspecto objetivo, pela divisibilidade do objeto (ressalte-se que a individualização do objeto se opera somente no momento da liquidação ou da execução da sentença condenatória genérica). É importante registrar que a lei não exige para a caracterização do direito como individual homogêneo a predominância das questões comuns sobre as questões individuais, tampouco requer para a adequação da ação coletiva que esta seja o meio mais eficaz de tutela do direito. Entendemos que, segundo o CDC, art. 81, parágrafo único, III, para a caracterização do direito individual homogêneo basta a origem comum (disso decorre a homogeneidade), não sendo necessário que as questões comuns predominem sobre as individuais, tampouco que o legitimado demonstre a utilidade da ação coletiva (a utilidade decorre da existência de direito coletivo *lato sensu*, tutelável via ação coletiva). Ainda que as questões individuais predominem sobre as comuns (como por exemplo, na hipótese de fumantes que tenham sofrido os mais diversos danos em razão do consumo de nicotina), a ação coletiva é importante (útil) para a coletividade, pois nela restam reconhecidas a responsabilidade do fornecedor e a necessidade de reparação dos danos causados aos consumidores, bastando a estes, nas respectivas liquidações (por artigos) demonstrar o dano individualmente sofrido, bem como o nexo de causalidade e o montante, o que sem dúvida alguma, é muito mais simples do que propor uma ação individual condenatória e fazer prova da responsabilidade do fornecedor e do dever de indenizar."

Entendemos, *c.m.v.*, que estabelecer mais um requisito para a tutela dos direitos individuais homogêneos, quando o legislador não o fez, é contrariar todo o arcabouço do processo coletivo, onde o que se pretende é facilitar o acesso do empregado ao Poder Judiciário.

Por mais genérico que seja um provimento judicial, ele sempre será melhor e mais específico que o simples texto da lei, já que, como todos nós sabemos, não basta que um direito seja assegurado positivamente para que isso garanta sua real fruição pelo empregado.

Pensar o contrário é negar a realidade das relações trabalhistas de nosso país na atualidade, onde o que existe é um art. 7º, I, da CF/88[20] ainda não regulamentado e um trabalhador que necessita de seu salário para sobreviver, o que, na prática, o impede de ajuizar ação trabalhista ainda no curso do contrato de trabalho, por maior e mais grave que seja a lesão a direito seu.

Claro que pode haver situações em que não reste configurada a hipótese de direito individual homogêneo, mas isso dependerá da análise do caso concreto e, diante dos arts. 81 e 95 do Código de Defesa do Consumidor, tal circunstância deve funcionar como exceção e não como regra[21].

---

(20) "Art. 7º São direitos dos trabalhadores urbanos e rurais, além de outros que visem à melhoria de sua condição social:

I — relação de emprego protegida contra despedida arbitrária ou sem justa causa, nos termos de lei complementar, que preverá indenização compensatória, dentre outros direitos."

(21) No sentido da interpretação ampliativa aqui defendida, veja-se o seguinte aresto da Lavra do Ministro do TST Luiz Philippe Vieira de Mello Filho:

"Ementa: RECURSO DE REVISTA — SINDICATO PROFISSIONAL — SUBSTITUIÇÃO PROCESSUAL — LEGITIMIDADE ATIVA — IRREGULARIDADE DO BANCO DE HORAS — HORAS EXTRAORDINÁRIAS — DIREITOS INDIVIDUAIS HOMOGÊNEOS. Segundo a moderna exegese do art. 8°, III, da Constituição Federal, deve ser reconhecida a possibilidade de substituição processual ampla dos sindicatos na defesa de interesses coletivos e individuais homogêneos dos integrantes da categoria que representa. Na hipótese, o sindicato profissional requer o reconhecimento da irregularidade do sistema de banco de horas praticado pela reclamada e, por conseguinte, postula o pagamento, a cada um dos substituídos, das horas de trabalho destinadas à compensação como horas extraordinárias, com os correspondentes reflexos. Logo, o pleito do sindicato está fundamentado e tem como causa de pedir a alegação de prática empresarial ilícita na instituição de regime de banco de horas irregular. Ou seja, a fonte das lesões é comum a todos os empregados interessados. Dessarte, os direitos reivindicados — pagamento de horas extraordinárias e reflexos — têm origem comum e afetam vários indivíduos da categoria, devendo ser considerados direitos individuais homogêneos, possibilitando a atuação do sindicato profissional como substituto processual.

Referido dispositivo legal — art. 95 do Código de Defesa do Consumidor — determina que "em caso de procedência do pedido, a condenação será genérica, fixando a responsabilidade do réu pelos danos causados".

Assim, passando para o próximo aspecto que pretendemos destacar, a substituição processual "é ampla, abrangendo a liquidação e a execução dos créditos reconhecidos aos trabalhadores", como expressamente constou da decisão do Supremo Tribunal Federal[22].

Isto porque, também nessa fase processual, o empregado que tomar a iniciativa de executar uma decisão transitada em julgado contra seu patrão, ainda na vigência do contrato de trabalho, correrá sério risco de perder seu posto de trabalho, exatamente da mesma maneira que ocorre na fase de conhecimento daquele processo.

Vale ressaltar que, em que pese a redação do art. 878 da CLT[23], muitos atos processuais ainda podem ser necessários (como indicação de bens, requerimento de medidas cautelares, etc.), para os quais o sindicato está, na maioria das vezes, muito mais preparado que o reclamante individual.

Aqui não seria o momento de desenvolvermos e examinarmos a casuística da execução, remetemos o leitor para obra de nossa autoria, aqui já mencionada, onde tratamos do tema[24].

Contudo, cumpre destacar que, por mais trabalhosas que sejam as fases liquidatória e executiva, nos processos coletivos, onde a tutela atinge direitos metaindividuais, este sempre será um esforço — muito mais econômico em termos de escala, que a multiplicidade de atos processuais que seriam praticados nas centenas ou até milhares de liquidações e execuções idênticas em seu objeto —, que se faz em prol da efetividade dos direitos fundamentais.

Ainda com relação à Súmula n. 31 do C.TST, hoje cancelada, ela tratava de questões como desistência e honorários advocatícios no sentido diametralmente oposto ao que se entende majoritariamente hoje, onde prevalece o entendimento de que permitir-se a desistência da ação pelo empregado importaria em sujeitá-lo às pressões do empregador[25] e, ainda, de que são devidos os honorários assistenciais quando o sindicato atua como substituto processual[26].

---

ressalte-se que a homogeneidade do direito se relaciona com a sua origem e com a titularidade em potencial da pretensão, mas não com a sua quantificação e expressão monetária. Precedentes. Recurso de revista conhecido e provido." Processo: RR — 25500-27.2008.5.04.0301 Data de Julgamento: 2.5.2012, Relator Ministro: Luiz Philippe Vieira de Mello Filho, 4ª Turma, Data de Publicação: DEJT 11.5.2012.

(22) "PROCESSO CIVIL. SINDICATO. ART. 8º, III, DA CONSTITUIÇÃO FEDERAL. LEGITIMIDADE. SUBSTITUIÇÃO PROCESSUAL. DEFESA DE DIREITOS COLETIVOS OU INDIVIDUAIS. RECURSO CONHECIDO E PROVIDO.

O art. 8º, III da Constituição Federal estabelece a legitimidade extraordinária dos sindicatos para defender em juízo os interesses coletivos ou individuais dos integrantes da categoria que representam.

Essa legitimidade extraordinária é ampla, abrangendo a liquidação e a execução dos créditos reconhecidos aos trabalhadores. Por se tratar de típica hipótese de substituição processual, é desnecessária qualquer autorização dos substituídos.

Recurso conhecido e provido" (RE 210029, publicado em 16.11.2005, tendo como Relator o *Ministro Carlos Mário Velloso* e Relator final o Ministro Joaquim Barbosa).

(23) "Art. 878. A execução poderá ser promovida por qualquer interessado, ou *ex officio* pelo próprio Juiz ou Presidente ou Tribunal competente, nos termos do artigo anterior.

Parágrafo único. Quando se tratar de decisão dos Tribunais Regionais a execução poderá ser promovida pela Procuradoria da Justiça do Trabalho."

(24) PIMENTA, Adriana Campos de Souza Freire. *Substituição processual sindical*, cit., p. 119-127.

(25) A propósito a seguinte ementa: "EMENTA. AÇÃO DE CUMPRIMENTO. SINDICATO-AUTOR. DESISTÊNCIA MANIFESTADA PELO SUBSTITUÍDO. O cancelamento das Súmulas ns. 180 e 255 do TST, que admitiam a possibilidade de o substituído manifestar o seu propósito de desistência, evidencia nova diretriz traçada por aquela Corte, deixando evidente que os substituídos não detém referida prerrogativa, pelo que deve ser ratificada a decisão recorrida, que não acolheu os pedidos individualmente formulados" (RO00095-2006-099-03-00-1 — TRT 3ª Região, 4ª Turma, Relator Desembargador Caio Luiz de Almeida Vieira de Mello, DJMG 7.10.2006).

(26) Assim é o entendimento jurisprudencial sumulado do C.TST:

Outra evolução importante em relação à referida Súmula diz respeito à necessidade da apresentação do rol de substituídos presente naquele verbete de jurisprudência, já superado.

A identificação dos substituídos, além de desacelerar o ajuizamento da ação não pode ser levada ao extremo, a ponto de sua falta configurar ausência de pressuposto de constituição válida e regular do processo, já que os substituídos podem ser identificados na fase liquidatória.

Vale ressaltar que, por força do disposto no já citado art. 95 do Código de Proteção do Consumidor, a sentença é genérica e a individuação do crédito será feita na fase liquidatória, quando o rol poderá ser apresentado.

E a coisa julgada em tais hipóteses far-se-á, nos moldes do art. 103, III, do Código de Defesa do Consumidor[27].

III — As verdadeiras autonomia e liberdade sindicais — O papel constitucional dos sindicatos

Mas não é apenas sobre os processos judiciais que trataremos nesse artigo.

Uma atuação mais incisiva dos sindicatos, em prol da efetividade dos direitos fundamentais sociais, inclusive valendo-se de ações judiciais, preferencialmente das ações coletivas, *lato sensu*, que possuem uma carga eficacial maior, como já ponderamos aqui, contribuirá para fortalecer os laços entre o sindicato e os trabalhadores por ele representados, o que, por sua vez, implicará no aumento do cumprimento espontâneo pelos empregadores das normas constitucionais e legais.

Isso facilitaria, em muito, o entendimento entre empregados e empregadores, inclusive no local de trabalho, favorecendo a negociação coletiva e, em última análise, desafogando a Justiça do Trabalho.

Ou seja, as ações coletivas, num primeiro momento, obviamente, judicializam mais as questões, mas, a médio e a longo prazos, terminam por diminuir a quantidade de processos judiciais, importando num real, isonômico e democrático acesso à justiça e preservando os postos de trabalho.

Sabemos que isso está ainda muito distante da realidade de muitas categorias profissionais

---

"SUM-219 HONORÁRIOS ADVOCATÍCIOS. HIPÓTESE DE CABIMENTO (nova redação do item II e inserido o item III à redação) — Res. n. 174/2011, DEJT divulgado em 27, 30 e 31.5.2011

I — Na Justiça do Trabalho, a condenação ao pagamento de honorários advocatícios, nunca superiores a 15% (quinze por cento), não decorre pura e simplesmente da sucumbência, devendo a parte estar assistida por sindicato da categoria profissional e comprovar a percepção de salário inferior ao dobro do salário mínimo ou encontrar-se em situação econômica que não lhe permita demandar sem prejuízo do próprio sustento ou da respectiva família. (ex-Súmula n. 219 — Res. n. 14/1985, DJ 26.9.1985)

II — É cabível a condenação ao pagamento de honorários advocatícios em ação rescisória no processo trabalhista.

III — São devidos os honorários advocatícios nas causas em que o ente sindical figure como substituto processual e nas lides que não derivem da relação de emprego."

(27) Art. 103. Nas ações coletivas de que trata este código, a sentença fará coisa julgada:

I — *erga omnes*, exceto se o pedido for julgado improcedente por insuficiência de provas, hipótese em que qualquer legitimado poderá intentar outra ação, com idêntico fundamento valendo-se de nova prova, na hipótese do inciso I do parágrafo único do art. 81;

II — *ultra partes*, mas limitadamente ao grupo, categoria ou classe, salvo improcedência por insuficiência de provas, nos termos do inciso anterior, quando se tratar da hipótese prevista no inciso II do parágrafo único do art. 81;

III — *erga omnes*, apenas no caso de procedência do pedido, para beneficiar todas as vítimas e seus sucessores, na hipótese do inciso III do parágrafo único do art. 81.

§ 1º Os efeitos da coisa julgada previstos nos incisos I e II não prejudicarão interesses e direitos individuais dos integrantes da coletividade, do grupo, categoria ou classe.

§ 2º Na hipótese prevista no inciso III, em caso de improcedência do pedido, os interessados que não tiverem intervindo no processo como litisconsortes poderão propor ação de indenização a título individual.

§ 3º Os efeitos da coisa julgada de que cuida o art. 16, combinado com o art. 13 da Lei n. 7.347, de 24 de julho de 1985, não prejudicarão as ações de indenização por danos pessoalmente sofridos, propostas individualmente ou na forma prevista neste código, mas, se procedente o pedido, beneficiarão as vítimas e seus sucessores, que poderão proceder à liquidação e à execução, nos termos dos arts. 96 a 99.

§ 4º Aplica-se o disposto no parágrafo anterior à sentença penal condenatória.

(e econômicas também), onde a existência sindical vincula-se, basicamente, ao imposto sindical obrigatório[28] mantido pelo art. 8º, IV, da Constituição Federal de 1988.

Certamente, dificuldades existem para os sindicatos nas negociações coletivas, na busca da preservação dos postos de trabalho, do valor dos salários e da melhora das condições de trabalho.

Por certo, destacamos uma vez mais, o sindicato, mormente o profissional, deve atuar sempre em prol da efetividade dos direitos fundamentais sociais, em consonância com o princípio da proteção ao hipossuficiente, caríssimo ao Direito do Trabalho.

Aí reside seu mister constitucional, conforme dispõe o art. 8º, aqui já citado, e o próprio art. 7º, onde várias questões essenciais ao contrato de trabalho podem ser alteradas, desde que o sindicato participe das negociações, *v.g.*, irredutibilidade do salário, salvo o disposto em acordo ou convenção coletiva (art. 7º, VI, CF/88), jornada de seis horas para o trabalho realizado em turnos ininterruptos de revezamento, salvo negociação coletiva (art. 7º, XIV, CF/88), além de outros.[29]

É esse poder, embora limitado pelo Estado, nos termos da própria Constituição, mas que propicia a elaboração de normas reguladoras das relações de trabalho, como resultado da negociação, adequando a legislação às especificidades de cada atividade e/ou empresa, que José Francisco Siqueira Neto[30] conceitua como autonomia sindical:

> "A autonomia coletiva é um poder autorizado e limitado pelo Estado. Não se confunde com a soberania, que é exclusiva do Estado. Nem por isso, entretanto, tem seu espaço de atuação restrito à esfera de atuação da norma estatal. ...
>
> Assim, o que presenciamos nas realidades onde a autonomia coletiva se consolidou são movimentos institucionais variados. Neste ritmo, ora a legislação recebe os resultados da negociação coletiva, ora outras leis se colocam com o objetivo de promover a negociação coletiva, ora a lei delegada à contratação coletiva a tarefa de ditar normas que superem a rigidez prevista na própria lei."

A denominada liberdade sindical, que o autor supra também define, demonstrando que deve ser utilizada em benefício da melhora das condições de trabalho daqueles que representa, pode ser direcionada para pacificar os conflitos trabalhistas:[31]

> "Liberdade sindical é um direito histórico decorrente do reconhecimento por parte do Estado, do direito de associação, que posteriormente adquiriu a qualidade de um dos direitos fundamentais do homem, conferido a trabalhadores, empregadores, e por respectivas organizações, consistente no amplo direito, em relação ao Estado e às contrapartes, de constituição de organizações sindicais em sentido teleológicos (comissões, delegados ...), em todos os níveis e âmbitos territoriais, de filiação então filiação sindical, de militância e ação, inclusive nos locais de trabalho, gerador da autonomia coletiva, preservado mediante a sua garantia contra todo e qualquer ato voltado a impedir ou a obstaculizar o exercício dos direitos a ele inerentes, ou de outros a ele conexos, instituto nuclear do Direito do Trabalho, instrumentalizador da efetiva atuação e participação democrática dos atores sociais nas relações de trabalho, em todas as suas esferas econômicas, sociais, administrativas públicas."

---

(28) "Art. 578 da CLT. As contribuições devidas aos Sindicatos pelos que participem das categorias econômicas ou profissionais ou das profissões liberais representadas pelas referidas entidades serão, sob a denominação do "imposto sindical", pagas, recolhidas e aplicadas na forma estabelecida neste Capítulo". (*Vide* Lei n. 11.648, de 2008).

(29) Sobre o tema escrevemos na obra *Substituição processual sindical,* aqui já mencionada, p. 128-134.

(30) SIQUEIRA NETO, José Francisco. *Liberdade sindical e representação dos trabalhadores nos locais de trabalho.* São Paulo: LTr, 2000. p. 65.

(31) *Ibidem,* p. 133-134.

Este é o mister constitucional dos sindicatos: buscar compor os conflitos entre o capital e trabalho — inerentes ao regime capitalista e representando, ambos, fundamentos da República Federativa do Brasil[32] —, conduzindo, democraticamente, a categoria profissional a atingir suas pretensões diante dos empregadores (categoria econômica).

IV — Conclusões

O sindicalismo brasileiro tem um caminho muito longo a trilhar! Quase tão longo quanto a nossa jovem democracia.

Muito nos resta de equivocado ou, pelo menos, discutível, *v. g.* o instituto da unicidade sindical e o do imposto sindical[33].

Lado outro, o art. 7º, I, da CF/88[34] ainda não foi totalmente regulamentado e já se vão mais de vinte anos da promulgação da nossa Constituição Federal.

Se a autonomia maior dos entes sindicais está na possibilidade de celebrar acordos e convenções coletivas, adequando a realidade das categorias à legislação heterônoma, nem sempre isso é possível, somente restando a empregados e empresas discutirem seus litígios na seara judicial.

Nessa hipótese, tal como ponderamos no início desse estudo, as ações coletivas, *lato sensu*, podem contribuir, em muito, para desafogar a Justiça do Trabalho, uma vez que atingem a um número considerável de empregados, a toda uma categoria ou mesmo a todo um segmento da coletividade.

Assim, não há conclusões definitivas em sede de institutos em construção, como é o caso do instituto da substituição processual sindical. Temos, contudo, uma certeza: a concretização da igualdade entre os litigantes, da democratização do acesso à justiça e da efetividade dos direitos fundamentais passa pelo processo coletivo.

Mas, enquanto não se realiza uma reforma sindical estrutural, iniciativas pioneiras como o Seminário *Liberdade Sindical e os Novos Rumos do Sindicalismo no Brasil*[35], promovido pelo Tribunal Superior do Trabalho, em abril/2012, onde se discutiu o papel das entidades sindicais, com olhos voltados para o futuro, podem ser muito significativos no sentido de alcançar a efetividade dos direitos fundamentais, inclusive através do processo coletivo.

V — Referências

BERCOVICI, Gilberto. Tentativa de instituição da democracia de massas no Brasil: instabilidade constitucional

(32) "Art. 1º A República Federativa do Brasil, formada pela união indissolúvel dos Estados e Municípios e do Distrito Federal, constitui-se em Estado Democrático de Direito e tem como fundamentos:

I — a soberania;

II — a cidadania;

III — a dignidade da pessoa humana;

IV — os valores sociais do trabalho e da livre iniciativa;

V — o pluralismo político."

(33) "Art. 8º É livre a associação profissional ou sindical, observado o seguinte:

[...]

II — é vedada a criação de mais de uma organização sindical, em qualquer grau, representativa de categoria profissional ou econômica, na mesma base territorial, que será definida pelos trabalhadores ou empregadores interessados, não podendo ser inferior à área de um Município;

[...]

IV — a assembleia-geral fixará a contribuição que, em se tratando de categoria profissional, será descontada em folha, para custeio do sistema confederativo da representação sindical respectiva, independentemente da contribuição prevista em lei."

(34) "Art. 7º São direitos dos trabalhadores urbanos e rurais, além de outros que visem à melhoria de sua condição social:

I — relação de emprego protegida contra despedida arbitrária ou sem justa causa, nos termos de lei complementar, que preverá indenização compensatória, dentre outros direitos."

(35) Sobre referido evento, inclusive material científico. Disponível em: <http://www.tst.jus.br/web/seminario-liberdade-sindical/programacao> Acesso em: 25.5.2012.

e direitos sociais na era Vargas (1930-1964). *In:* NETO, Cláudio Pereira de Souza *et al.* (coord.). *Direitos sociais:* fundamentos, judicialização e direitos sociais em espécie. Rio de Janeiro: Lumen Juris, 2008.

BONAVIDES, Paulo. *Curso de direito constitucional.* São Paulo: Malheiros, 1999.

FELICIANO, Guilherme Guimarães. Tutela inibitória em matéria labor-ambiental. *Revista do Tribunal Superior do Trabalho*, São Paulo: Lex Magister, v. 77, n. 4, p. 140/161, out./dez. 2011.

FIORILLO, Celso Antônio Pacheco. *Os sindicatos e a defesa dos interesses difusos no direito processual civil brasileiro.* São Paulo: Revista dos Tribunais, 1995.

GRINOVER, Ada Pellegrini. *Da* class action for damages *à ação de classe brasileira:* os requisitos de admissibilidade. São Paulo: DPJ, 2006.

______. Da defesa do consumidor em juízo. *In:* GRINOVER, Ada Pellegrini; VASCONCELOS E BENJAMIN, Antônio Herman de; FINK, Daniel Roberto; FILOMENO, José Geraldo Brito; WATANABE, Kazuo; NERY JÚNIOR, Nelson; DENARI, Zelmo (coords.). *Código brasileiro de defesa do consumidor comentado pelos autores do anteprojeto.* Rio de Janeiro: Forense Universitária, 1999.

MANCUSO, Rodolfo de Camargo. *Jurisdição coletiva e coisa julgada* — teoria geral das ações coletivas, São Paulo: Revista dos Tribunais, 2007.

MARINONI, Luiz Guilherme. *Tutela inibitória (individual e coletiva).* São Paulo: Revista dos Tribunais, 1998.

PIMENTA, Adriana Campos de Souza Freire. Proteção coletiva aos direitos trabalhistas. *Revista Trabalhista*, Rio de Janeiro, v. 35, p. 72-86, 2010.

______. *Substituição processual sindical.* São Paulo: LTr, 2011.

______. Substituição processual sindical e o meio ambiente de trabalho. *Revista LTr, Legislação do Trabalho*, v. 75, p. 827-835, 2011.

PIZZOL, Patrícia Miranda. A tutela antecipada nas ações coletivas como instrumento de acesso à justiça. *In:* FUX, Luiz; NERY JR., Nelson; WAMBIER, Teresa Arruda Alvim (coords.). *Processo e xonstituição:* estudos em homenagem ao professor José Carlos Barbosa Moreira. São Paulo: Revista dos Tribunais, 2006.

SIQUEIRA NETO, José Francisco. *Liberdade sindical e representação dos trabalhadores nos locais de trabalho.* São Paulo: LTr, 2000.

SMANIO, Gianpaolo Poggio. *Interesses difusos e coletivos.* São Paulo: Atlas, 2007.

Reflexões sobre a Execução Trabalhista

Antônio Álvares da Silva[(*)]

Sumário: *1. Etimologia de execução. 2. Conceito de execução. 3. A execução em seus aspectos fundamentais. 4. A voz dos números. 5. Medidas sugeridas. 5.1. O art. 475-O, § 2º, I, do CPC. 5.2. Hipoteca judiciária. 5.3. Execução provisória. 5.4. Multa do art. 475-J. 6. Sugestões de lege ferenda.*

1. Etimologia de execução

"Execução" provém da palavra latina *exsecutio, executionis* (genitivo), por exemplo, *iuris ordinarii executio*. Execução do processo ordinário.

A origem do termo é o verbo *sequor, ìris, sequi, secutus* sum = seguir, reforçado pelo prefixo "ex", dando a ideia de intensidade, ou seja, de seguir até o fim, até o último limite. Com este matiz semântico, foi usada em latim e nas línguas românicas: *Fugam alicuius exsequi*, acompanhar alguém na fuga; *exsequi funus*, acompanhar um enterro; *sua quisque concilia exsequentes*, cada um seguindo seu pensar; *exsequi delictus, sequi injurias*, perseguir o delito, perseguir as injúrias, já aqui no sentido de punir, perseguir até as últimas consequências.[(1)]

A palavra "execução" tem, pois, um sentido de materialização de algo, indicando a passagem da potência ao ato, da ideia ao concreto, da concepção à materialização.

Neste sentido, foi tomada pela Ciência do Processo, cuja primeira parte consiste no acertamento da controvérsia, ou seja, de uma ou várias oposições entre os litigantes extrair uma solução ou reconhecimento de quem está com a razão. Depois, há que trazer esta solução para a prática da vida, para torná-la útil e real. Eis aqui o papel da execução.

2. Conceito de execução

No Processo, a palavra resguardou o matiz semântico de sua origem. Depois de propor a "ação", isto é, a pretensão revestida de forma processual, na qual se discute o direito alegado e a controvérsia entre as partes, chega o juiz necessariamente a uma conclusão, a sentença, que deduz a síntese entre duas ou mais pretensões controvertidas.

A sentença é exatamente a resposta do tribunal ao que lhe foi pedido pelas partes: "Das Urteil muss der Klage entsprechen und

(*) Professor titular de direito do trabalho da FD/UFMG. Desembargador federal do trabalho (aposentado).

(1) SARAIVA, F. R. Santos. *Dicionário latino-português*. 11. ed. Rio de Janeiro: Garnier, 2000. p. 460.

wird durch sie nach Art und Mass bestimmt". (A sentença tem que corresponder ao pedido e é condicionada exatamente por ele).[2]

Com ela, o Estado cumpre sua obrigação constitucional — art. 5º, XXXV, da CF — ou seja, entrega à parte a prestação jurisdicional.[3]

Se a parte aceita, como seria de se esperar, o que foi dito em sentença irrecorrível, o processo termina. E a controvérsia se pacifica, pois o Juiz decide em nome do povo e do Estado Democrático de Direito, que o encarregam desta missão.

Não é esta, infelizmente, a regra. A parte derrotada, mesmo depois do pronunciamento final, não cumpre o comando ou dispositivo da sentença. Então é preciso executá-lo, ou seja, perseguir até o final o que foi prometido pelo Estado.

Este fato mostra que controvérsia na fase executiva deve ser restrita e o juiz deve assumir, como cânone interpretativo, a regra de que os fatos e direitos debatidos pelas partes já foram decididos pelo Estado e sobre eles não mais se discute. Que a parte exequente já tem seu direito reconhecido. Por isto, toda protelação deve ser rejeitada, multas devem ser aplicadas quando previstas em leis e o rigor do magistrado deve ser a regra, para que o processo chegue a seu fim.

A época própria da dialética plena já passou. A parte veio ao Judiciário. O réu contestou, negando o pedido. Foi democraticamente produzida a prova. O juiz decidiu livremente, segundo sua concepção, o que lhe foi pedido. O processo percorreu as instâncias cabíveis. Agora cumpre trazer para o mundo da realidade o que já foi assentado no plano lógico, a fim de que o Estado efetivamente cumpra o que prometeu.

Prorrogar desnecessariamente a execução é negar a mais democrática promessa das Constituições modernas: solucionar pelos caminhos legais as controvérsias e, dentro da lei, dar a cada um o que é seu num prazo razoável, exatamente para que a prestação tenha utilidade e a parte não sofra prejuízo em seu patrimônio, nem o Estado deixe impunes aqueles que violaram as normas legais.

Cumpre, portanto, ao juiz ter pulso firme e mão dura nos limites da lei, quando se tratar de execução, pois o Estado prometeu justiça e a parte precisa da reparação de seus direitos.

No caso do Direito do Trabalho, esta atitude é duplamente recomendável porque se trata de crédito alimentar, ou seja, de meio de subsistência digna de quem trabalha e a Constituição valorizou muito o trabalho, colocando-o como fundamento da República — art. 1º, IV, da Ordem Econômica — art. 170, e da Ordem Social, art. 193.

E esta ênfase valorativa não se altera nem se esvazia, quando o trabalho é o conteúdo de uma relação jurídica sobre a qual se controverte. Pelo contrário, mais se realça porque, se o trabalhador tiver razão, foi-lhe subtraído o meio de subsistência digna.

A ação trabalhista procedente nada mais é do que o exemplo vivo de valorização do crédito alimentar. Por isto deve durar pouco tempo e extinguir-se imediatamente. O mínimo que se exige do intérprete e do aplicador da lei é que dê concretude aos princípios constitucionais, valorizando o trabalho humano quando objeto de disputa judicial.

Processo e execução são entidades que se relacionam diretamente. Uma parte do processo se constitui de informação — inicial, defesa, instrução e sentença. Depura-se o fato reconstituído pela prova.

Depois da informação, a execução, ou seja, vem a concretização do que foi apurado e tradu-

---

(2) ROSENBERG/SCHWAB/GOTTWALD. *Zivilprozessrecht*. 15 auf. München: C. H. Beck, 1993. p. 508.

(3) A rigor, o art. 5º, XXV, não é técnico. Quando a parte vai a juízo, ela alega que sofre lesão ou ameaça a seu direito ou direitos, cumpre ao Estado apurar, reconhecer ou negar o que foi relatado, depois de instruir e julgar o processo. O que a parte afirma ser lesão ou ameaça pode não ser reconhecido do ponto de vista processual. Portanto o que o Estado promete não é a reparação de lesão ou ameaça, mas o acesso à jurisdição para que o Judiciário diga se há não o direito alegado. Acesso ao Judiciário é o que se garante. Reconhecimento de lesão ou ameaça é mérito da decisão. E ninguém tem direito prévio ao mérito de um conflito.

zido em realidade. Ambas se situam no mesmo plano, pois têm a mesma finalidade: aplicar o direito ao caso concreto e resolver o litígio.[4]

Por isso, nada ganha a doutrina e a ciência do processo com a distinção, criando para ambos — conhecimento e execução — processos diferentes. O que há é uma sequência de atos processuais, compositivos da controvérsia, até que o objetivo do processo se satisfaça, ou seja, solucionar a controvérsia e entregar o bem da vida ao titular do direito, assim reconhecido pela sentença judicial.

3. *A execução em seus aspectos fundamentais*

Há 5 espécies de pretensões que o autor reveste em forma de ação em seu pleito perante o Judiciário:

a) a de declarar, que assume o conteúdo das ações declaratórias;

b) a de constituir, que assume o conteúdo das ações constitutivas;

c) a de condenar, que assume o conteúdo das ações condenatórias;

d) a de mandar, que assume o conteúdo das ações mandamentais;

e) e, finalmente, a pretensão executiva que assume o conteúdo da ação de execução.

As quatro primeiras se localizam na fase do conhecimento, ou seja, na produção de provas, segundo a alegação das partes, e na sentença.

A última, sub e, centra-se na concretização da sentença, trazendo para o mundo dos fatos o que nela foi determinado.

Embora a finalidade de todas elas seja o pronunciamento final do Estado, há diferenças metodológicas entre conhecer e executar, em razão da variedade de objetivos que, mais tarde, concentram-se na síntese final da prestação jurisdicional. Eis o quadro

Pretensão declaratória
Pretensão constitutiva
Pretensão condenatória
Pretensão declaratória
Pretensão mandamental
} Processo de conhecimento (A)

Pretensão executiva (B)

} A +B - Aplicação da Lei ao fato

O legislador processual está certo em seu esforço de integração do processo, embora jamais hão de se confundir produção de prova (aspecto típico do processo de conhecimento) com atos executórios — penhora, caução, embargos, etc. — embora todos eles, em síntese, objetivem a aplicação da lei ao fato.

Por isto, a melhor orientação metodológica é considerar o processo como um todo, tendo sempre em vista que a parte deseja o resultado final. Para este propósito, pense-se sempre na instrumentalidade dos atos de conhecimento e de execução.

Em resumo, a atividade inteligente do legislador e do intérprete há de consistir em analisar cada pretensão de per si, na relação entre elas e, finalmente, desta em relação ao todo.

(4) PALACIO, Lino Enrique. *Manual de derecho procesal civil*. 14. ed. Buenos Aires: Perrot, 1988. p. 660.

"Execução é o atendimento ao enunciado que se contém na sentença se esse enunciado não é, em si mesmo, bastante."(5)

Se um enunciado é atendido quando passa do pensamento à ação, da potência para o fenômeno, a fim de servir aos propósitos que assinala. Sentença cujo enunciado não é atendido não é sentença porque não se desenrolou do abstrato para o concreto, para atuar no mundo dos fenômenos e modificá-lo.

Mesmo uma sentença declaratória implica um ato que se projeta na realidade, gerador de consequências jurídicas no mundo exterior. Se uma relação de emprego é declarada por sentença, por exemplo, ela passará a ser regida pelas normas trabalhistas necessariamente.

O ideal seria que, após o trânsito em julgado da sentença de conhecimento, a parte cedesse ao que lhe foi determinado e atendesse ao enunciado que nela se contém, pois deste ponto para frente, o âmbito da discussão se torna estrito e o mérito é intocável, embora possa sofrer pequenas variações em aspectos secundários.

Como não há este comportamento do executado, prossegue o juiz com o processo para tornar efetivo o enunciado da sentença.

Mesmo sabendo que as chances de modificação são pequenas, por que a parte condenada prefere seguir na demanda? Esta é a pergunta central das execuções, principalmente da trabalhista.

A resposta não é difícil de ser dada.

O empregador-executado sabe que prosseguir na demanda é um bom negócio para ele. Enquanto paga juros de 1% ao mês e pequena correção monetária, gira com o crédito do reclamante com juros de mercado que podem atingir até 10% ao mês. Por isto é que o saudoso mestre José Martins Catharino dizia, num dos últimos congressos a que compareceu, com sua voz mansa, pausada e cheia de verdades: "Empregador que paga em dia o crédito trabalhista administra mal seus negócios".

Está claro o que queria dizer: administra mal os negócios porque, não pagando e protelando, ganha muito mais. E a Justiça, que deveria impedir a fraude, é muitas vezes conivente com sua realização, porque não fornece a prestação jurisdicional em tempo razoável.

Com isto salientava a leniência da Justiça do Trabalho com o executado. Em vez de tomar medidas drásticas com os devedores do crédito alimentar, favorece pelo contrário a demanda, a ponto de fazê-la "um bom negócio" para o executado.

Outros, geralmente empresas pequenas e médias, já antevendo o insucesso comercial, planejam fechar suas portas. Empurrando para frente o débito trabalhista, deixa livre os bens para com eles praticar a fraude. Ao reclamante, fica o ônus de suportar a longa perda de tempo e a frustração de não receber o que lhe é devido.

Portanto o intérprete e o juiz da execução têm que levar em conta estes fatores, para que não haja exploração do trabalhador pelo trabalho não pago com o qual o empregador faz seu "bom negócio".

E o legislador tem que saber destas verdades antes de legislar no campo da execução trabalhista.

4. A voz dos números

A execução é, pois, o epílogo do processo e a consecução de seu propósito final. Por ela, o Estado cumpre sua promessa de reparar lesão ou ameaça a direito — art. 5º, XXXV — fazendo-o em tempo razoável — art. 5º, LXXVIII, ambos da CF. Pelo menos, é isto que dele se espera.

Entretanto a realidade da vida é bem diferente. Nem o empregado tem reparada a lesão a seu direito nem, quando realizada, é feita em tempo razoável e no valor devido. Lembre-se que o julgamento de um recurso de revista, segundo informação do próprio ministro-presidente do TST em seu discurso de posse dura

(5) MIRANDA, Pontes de. *Comentários ao CPC*. Rio de Janeiro: Forense, 1976. p. 9.

de 4 a 5 anos.(6) Um verdadeiro absurdo com o qual já convivemos há muitos anos.

Não se afirma com este dado que os ministros do TST não trabalham. Pelo contrário, exercem uma faina hercúlea para dar conta da pesada carga de trabalho que lhes é atribuída. Lembre-se que cada ministro recebeu, em 2010, 7.888 processos e uma média mensal de 779.

Uma distribuição desumana que mostra a necessidade de urgente reforma do processo do trabalho, de modo a que se permita subir àquela corte apenas os casos paradigmáticos e importantes para a fixação da jurisprudência e a correta interpretação da lei.(7)

Na execução, os dados são decepcionantes. Havia, no início de 2010, 2.604.360 acumulados. Destes, 696.994 foram encerrados. Portanto ainda restam, presos na execução, cerca de 2 milhões de processos.

A Consolidação Estatística não diz como foram encerrados os 696 mil processos. Os reclamantes-exequentes receberam o devido? Fizeram acordo? Ou perderam o esforço de vários anos de demanda para, no final, nada receberem?

Veja o leitor que, não obstante ser a Justiça do Trabalho a menos congestionada e a mais operosa, ainda estamos longe de atingir um nível pelo menos razoável de eficiência.

No TST há um congestionamento de 53%. Nos TRTs, 23,00. Nas Varas, na fase de conhecimento, 34%. Na execução, 68%.

O congestionamento na fase de execução é impressionante: apenas 32 processos em 100 se encerram. 68% se agarram nas malhas do processo executivo, trazendo prejuízos às partes, ao Estado e à sociedade.

Temos que agir imediatamente para combater este mal antes que a Justiça do Trabalho, à semelhança das outras, decaia da respeitabilidade perante o povo.

5. *Medidas sugeridas*

As medidas para resolver este problema, que serão propostas a seguir, já são praticadas na 4ª Turma do TRT da 3ª Região e não precisam do legislador. Basta a ação esclarecedora e justa do juiz na sua função de aplicar o Direito do Trabalho, pensando na solução dos problemas sociais.

Hoje é certo que a execução trabalhista entrou em colapso definitivo.

Além dos números impressionantes já citados, o acúmulo de processos parados nas estantes sem possibilidade de execução concreta (hoje em torno de dois milhões e meio) é um desrespeito aos cofres públicos que financiam um processo caro, através de uma imensa burocracia mais cara ainda, para que uma cifra tão grande de processos se perca por falta de bens para garantir o que foi decidido.

É preciso, portanto, uma ação enérgica do legislador para corrigir esta deficiência, sentida em todos os tempos, mas nunca enfrentada da forma que se faz necessária.

Há quase três décadas e meia, já dizia Cappelletti,

> "El proceso en materia asistencial y del trabajo es hoy uno de los escándalos más intolerables de nuestro sistema procedimental."(8)

O "escândalo" a que se referia Cappelletti num tempo tão longínquo ainda continua assombrando os vivos neste início de século 21.

Nada mudou ou, como se diz, tudo mudou para ficar no mesmo lugar, o que nos obriga a deduzir que o tempo passa, mas as instituições humanas não o acompanham. Deslocam-se sempre em atraso em relação ao tempo em que se situam. E muitas vezes não se movimentam nada até se extinguirem por obsolescência e velhice.

(6) Sobre o discurso de posse do atual presidente do TST, veja-se o livreto que publicamos sobre o fato: ÁLVARES DA SILVA, Antônio. *Um discurso e algumas reflexões sobre a justiça do trabalho*. Belo Horizonte: RTM. 2011.

(7) Veja-se para estes dados e outros a Consolidação Estatística da Justiça do Trabalho em relação o ano de 2011.

(8) CAPPELLETTI,. Mauro. *Proceso, ideologías, sociedad*. Buenos Aires: Jurídicas Europa-América. 1974. p. 226.

Parece ser este o caso do processo, principalmente o processo do trabalho. Todos professam a natureza alimentar do crédito trabalhista, do qual vive a maioria dos homens, cujo recebimento está diretamente ligado à sua sobrevivência digna.

Se um processo trabalhista pode durar oito anos e percorrer todas as instâncias, a prática da vida se distancia das palavras: que alimento é este que a parte tem que esperar tanto tempo, quando sua finalidade é satisfazer necessidades imediatas e inadiáveis?

Acostumamo-nos à injustiça que, fazendo parte do cotidiano de todos nós, passou a ser um dado imperceptível, como se fosse uma contingência, algo com que convivemos e não podemos evitar.

A injustiça se tornou uma doença crônica. Conviver com ela e não eliminá-la passou a ser regra do nosso dia a dia. Não há nada pior para a sociedade humana que o jurista e o legislador, embora de olhos abertos, não enxerguem a realidade. Tornam-se cegos com olhos normais.

No século 16, o escândalo denunciado por Cappelleti já fora percebido e enfrentado de modo conveniente. Uma lei de então prescrevia:

> **18.** E se a execução se retardar com embargos, com que a parte condenada venha, ou por sua causa se não acabar dentro em três meses, o condenado será logo preso (1), conforme a qualidade de sua pessoa, e não será solto, até a execução, com efeito, ser finda, salvo constando o Juiz que se não acabou dentro dos três meses por causa e culpa do vencedor. Porém a parte, que por tal causa for presa, poderá agravar por petição, ou instrumento (2), se lhe parecer, e não lhe será recebida apelação neste caso. Lei de 18 de novembro de 1577, § 48.
>
> **19.** E sendo a matéria tal, que se devam fazer artigos de liquidação (3), o Juiz os mandará fazer, e não haverá mais, que os ditos artigos e contrariedade a eles, e em tudo se procederá sumariamente. Lei de 18 de novembro de 1577, § 44. (Fizemos adaptações ortográficas para facilitar a leitura).

O prazo de três meses para terminar a execução e a prisão do devedor-protelador pelo inadimplemento da obrigação processual de cumprir o devido eram sanções perfeitas.

É pena que a sabedoria do legislador antigo se perdeu no tempo. A modernidade hoje regrediu cinco séculos.

Se tivéssemos ficado com a Lei de 1577, não haveriam as dificuldades e problemas com que hoje nos deparamos. Teríamos que construir prisões para dois milhões e meio de devedores e acabaríamos com o "escândalo" denunciado por Cappelletti?

Muitas vezes na humanidade o futuro não representa um progresso.

Vamos sugerir algumas medidas que certamente ajudariam a resolver o problema e tornar a Justiça do Trabalho sintonizada com o século em que vivemos, em que as instituições arcaicas e envelhecidas são desprezadas e colocadas fora do circuito econômico e social.

A evolução tecnológica criou uma nova mentalidade: realizar o mais que for possível dentro do mínimo tempo e esforço, de acordo com os meios técnicos produzidos pela ciência.

Não é isto, entretanto, que se vê com a Ciência do Processo: realiza o mínimo com grande esforço e prescinde dos meios técnicos modernos.

Se não houver mudança, o Judiciário estará definitivamente perdido: quem vive contra seu tempo será por ele destruído.

Os tempos mudam e com ele mudam-se também os homens.[9] Fazemos hoje exatamente o contrário do que os tempos em que vivemos exigem. Estes avançaram e nós ficamos para trás.

Fazemos a seguir algumas sugestões para a reforma da sentença trabalhista. Evitamos, de

(9) 225. *Tempora mutantur, nos et mutamur in illis.* [John Owen, Epigrammata 8.58]. *Apud* KOCHER, Henerick.*Dicionário de expressões e frases latinas*, facilmente obtenível na internet, digitando-se o nome do compilador.

propósito, propostas longas e envolventes, que sugerem nova redação ao capítulo das execuções na CLT.

Estes projetos apresentam dificuldades, porque suscitam discussões, intervenções e mudanças que acabam por desfigurá-los.

Optamos por algo mais simples e objetivo, que o legislador possa aprovar de uma só vez, sem as longas e intermináveis discussões que acabam por inutilizar o projeto.

Sempre que pudemos, aproveitamos a lei já existente no CPC ou em outro diploma legal. Quando não foi possível, adotamo-lhes o espírito com a intenção de que a proposta não seja uma ruptura, mas um aperfeiçoamento do que já temos.

O conhecido, embora transformado, é mais fácil de ser assimilado. Isto vale também para o legislador.

Vamos às sugestões.

5.1. O Art. 475-O, § 2º, I, do CPC

> § 2º A caução a que se refere o inciso III do caput deste artigo poderá ser dispensada: (Incluído pela Lei n. 11.232, de 2005)
>
> I — quando, nos casos de crédito de natureza alimentar ou decorrente de ato ilícito, até o limite de sessenta vezes o valor do salário mínimo, o exequente demonstrar situação de necessidade; (Incluído pela Lei n. 11.232, de 2005)
>
> II — nos casos de execução provisória em que penda agravo de instrumento junto ao Supremo Tribunal Federal ou ao Superior Tribunal de Justiça (art. 544), salvo quando da dispensa possa manifestamente resultar risco de grave dano, de difícil ou incerta reparação. (Incluído pela Lei n. 11.232, de 2005)
>
> § 3º Ao requerer a execução provisória, o exequente instruirá a petição com cópias autenticadas das seguintes peças do processo, podendo o advogado valer-se do disposto na parte final do art. 544, § 1º: (Incluído pela Lei n. 11.232, de 2005)

Este artigo do CPC, na parte citada que nos interessa, tem grande alcance e um profundo sentido social.

Seu ineditismo consiste em permitir o levantamento de dinheiro sem caução, o que é pioneiro em nosso sistema processual. Até que enfim vimos o legislador considerar o lado social da execução cujos riscos foram distribuídos com o executado.

Por isto, o preceito interessa muito mais ao Processo do Trabalho porque, aqui, provocará efeitos até então desconhecidos.

Para que se levante sem caução a quantia depositada, é necessário que se apresentem os seguintes requisitos:

a) o crédito há de ser alimentar;[10]

b) crédito decorrente de ato ilícito;

c) valor de 60 salários mínimos;

d) situação de necessidade do exequente.

A natureza alimentícia do crédito trabalhista satisfaz plenamente o requisito sub a.

As indenizações provenientes de ato ilícito são consideradas crédito de natureza alimentícia porque se presume que, quando morre um pai de família em um acidente, por exemplo, a família sofre consequências graves e por isto as indenizações deve ser imediatas, para substituir o crédito alimentar que não será mais fornecido por seu titular.

Em nossa jurisdição, o crédito de natureza alimentar proveniente de acidente de trabalho é o exemplo mais recorrente.

O valor de 60 salários mínimos consistiu numa medida de prudência do legislador. Mas o melhor teria sido o levantamento total da quantia depositada.

(10) Os débitos de natureza alimentícia compreendem aqueles decorrentes de salários, vencimentos, proventos, pensões; benefícios previdenciários; indenizações por morte ou invalidez, fundadas em responsabilidade civil em virtude de sentença transitada em julgado.

O Direito do Trabalho centra-se sobre a insuficiência econômica do empregado, compensando-o com algum tipo de superioridade jurídica, de forma que haja equilíbrio possível entre o empregador, por natureza suficiente, e o trabalhador, naturalmente considerado um necessitado.

Se as partes, nestas questões sociais, fossem supostas iguais, não haveria necessidade do Direito do Trabalho. O Direito Civil seria suficiente.

Sobre o tema, já escrevemos recentemente:

> A situação de necessidade é outra exigência incabível, pois quem carece de crédito alimentar, dele vive sempre em situação de carência, já que as necessidades de subsistência digna do assalariado são renováveis e permanentes. Provar o que é evidente por si mesmo torna-se dispensável.

No Direito do Trabalho, a necessidade é presumida, pois é em função dela que existem normas protetoras ao trabalhador. Se as partes fossem iguais na relação de trabalho, o legislador não precisaria instituir o contrato de trabalho, bastaria o contrato de prestação de serviços de natureza civil.

Por isto é que Wolgang Däubler disse, com toda sabedoria e correção, que, em vez de Direito do Trabalho, deveríamos dizer Direito do Trabalho Dependente:

> Statt "Arbeitsrecht" müsste man eigentlich sagen "Recht der abhängigen Arbeit".[11]

Quem presta trabalho em situação de dependência é sempre um necessitado, mesmo quando ganhe bem, pois pode ser dispensado a qualquer momento e ficar privado dos meios necessários para uma sobrevivência digna.

Para o trabalhador em geral, a situação de necessidade é uma constante, pois o que ganha está longe de satisfazer às necessidades de um cidadão comum.

Aliás, esta diferença entre o que se percebe e as necessidades reais gera uma "quota de carência" que constitui o subdesenvolvimento social. E não há perspectiva de que saiamos dele nos próximos anos.

O que o legislador deveria ter feito é exatamente atribuir ao réu a prova da inexistência da situação de necessidade, já que a presunção milita em favor do autor. No caso do Direito do Trabalho, caberia ao empregador provar que o empregado não está situação de necessidade.[12]

A CLT, operando com o conceito de hipossuficiência e necessidade do trabalhador, a presume em muitos casos. Cite-se como exemplo o art. 790, § 3º, da CLT. Ali se afirma que

> § 3º É facultado aos juízes, órgãos julgadores e presidentes dos tribunais do trabalho de qualquer instância conceder, a requerimento ou de ofício, o benefício da justiça gratuita, inclusive quanto a traslados e instrumentos, àqueles que perceberem salário igual ou inferior ao dobro do mínimo legal ou declararem, sob as penas da lei, que não estão em condições de pagar as custas do processo sem prejuízo do sustento próprio ou de sua família. (Redação dada pela Lei n. 10.537, de 27.8.2002)

A primeira presunção de situação de necessidade e hipossuficiência está na concessão da justiça gratuita, tomando-se como referência o salário.

A segunda levou em conta uma espécie de situação de necessidade social, para a qual basta a afirmativa de que o pagamento das custas afetaria o sustento próprio ou de sua família.

De ambas as hipóteses vê-se claramente que o Direito do Trabalho parte do pressuposto de que lida com uma pessoa carente enquanto parte no processo. Esta condição, evidentemente, não muda quando o conceito apenas se transfere de lugar, saltando do Processo do Trabalho para o Processo Civil.

Na realidade, não estamos importando nada do processo comum para o do trabalho,

(11) DÄUBLER, Wolfgang. *Arbeitsrecht*. 8. auf. Frankfurt, 2010. p. 29.

(12) Álvares da Silva, Antônio. *Diretrizes de ação dos juízes do trabalho*. Belo Horizonte: RTM, 2011. p. 157.

mas apenas trazendo de volta um conceito que teve aqui sua inspiração inicial.

Se o Processo Civil que opera com a igualdade das partes, chegou à conclusão de que elas são sob certas hipóteses desiguais e assim devem ser tratadas, seria uma extrema contradição que o Processo do Trabalho, que tem esta diferença como regra, não acolhesse esta desigualdade, principalmente quando foi ele que a inspirou.

Portanto, a conclusão a que se chega é de que o art. 475-0, § 2º, I tem plena compatibilidade com o processo do trabalho e serve mais a ele do que ao próprio processo civil.

Deixar de lado medida tão eficaz e útil é fechar os olhos à realidade e desconhecê-la. Este, sim, é o verdadeiro cego porque, mesmo que possa, não quer ver.

Para evitar rejeição de aplicação desta tão salutar medida no processo do trabalho, uma lei poderia simplesmente dizer: aplica-se ao processo do trabalho o art. 475-O, § 2º, I, presumindo-se a situação de necessidade a todo trabalhar que ganha até dois salários mínimos.

5.2. Hipoteca judiciária

O art. 466 do CPC dispõe sobre hipoteca judiciária:

> A sentença que condenar o réu no pagamento de uma prestação, consistente em dinheiro ou em coisa, valerá como título constitutivo de hipoteca judiciária, cuja inscrição será ordenada pelo juiz na forma prescrita na Lei de Registros Públicos.
>
> Parágrafo único. A sentença condenatória produz a hipoteca judiciária:
>
> I — embora a condenação seja genérica;
>
> II — pendente arresto de bens do devedor;
>
> III — ainda quando o credor possa promover a execução provisória da sentença.

Esta é outra poderosa ferramenta esquecida em nossa legislação processual. Não a empregam nem o juiz da justiça comum nem o da Justiça do Trabalho. Ela dorme sem uso no CPC quando, se fosse empregada, resolveria também o problema da execução trabalhista.[13]

Enquanto isto, nós ficamos a pedir reformas na legislação processual, quando a lei já nos fornece os instrumentos que não empregamos por omissão ou comodismo.

Para que se determinar a Hipoteca Judiciária (HJ) são necessários os seguintes requisitos convergentes:

a) Sentença condenatória;

b) Condenação a uma prestação em dinheiro ou coisa.

Satisfeitos estes requisitos, a sentença, automaticamente, se transforma em título constitutivo de hipoteca Judiciária, cuja inscrição será ordenada pelo juiz na forma da Lei de Registros Públicos.

A jurisprudência da 4ª Turma do TRT de Minas ampliou a garantia, estendendo-a também a bens móveis, pois a palavra "hipoteca" empregada no art. 466 do CPC tem, no campo processual, um sentido mais amplo do que no Direito Civil.

Não é apenas um instituto de Direito das Coisas, mas um meio de garantia do cumprimento das obrigações, a qual pode constituir-se também em um bem móvel, ampliando-se desta forma sua finalidade.

Garantindo-se a execução desde a sentença de primeiro grau, o esforço das partes e do Estado através do Judiciário não se perde em atos vãos. O processo é efetivamente executado e a parte recebe o que a lei lhe deu.

Aqui também bastaria uma lei dizer que a HJ, prevista no art. 466 do CPC aplicar-se à

(13) Para detalhes sobre o tema, ver Álvares da Silva, ver os dois estudos que escrevemos em livro recentemente publicado: *Hipoteca judiciária e agravo de instrumento, uma reforma pela metade*. Belo Horizonte: RTM. 2010. p. 7-59.

sentença condenatória trabalhista que, aliás, constitui a esmagadora maioria das sentenças trabalhistas.[14]

5.3. Execução provisória

O art. 899 da CLT diz:

> Os recursos serão interpostos por simples petição e terá efeito meramente devolutivo, salvo as exceções previstas neste Título, permitida a execução provisória até a penhora.

A execução provisória (EP) que no processo civil é exceção, no do trabalho é a regra. É um efeito natural do recurso. Portanto independe de requerimento da parte. Não é uma concessão do juiz, mas uma decorrência necessária que o legislador houve por bem atribuir ao recurso trabalhista.

A simples adoção desta medida resolveria praticamente todos os problemas trabalhistas da execução, pois a execução seria garantida pela penhora de bens, que não poderiam ser dispersos ou vendidos ilegalmente.

Esta medida, entretanto, foi praticamente revogada pelo desuso. Os recursos trabalhistas são recebidos simplesmente no efeito suspensivo ou, muitas vezes, nem se fala do efeito, subtendendo-se a suspensão automática. Um absurdo ininteligível que merece pronta censura.

O argumento de que o tribunal pode rever a sentença, tornando-se inútil a penhora é falso. O índice de reforma das sentenças de primeiro grau é mínimo. A reforma total é quase inexistente. Portanto a penhora feita na execução provisória persistirá na maioria dos casos. E basta isto para justificá-la.

Além do mais, hoje é muito fácil a realização da penhora por meios informáticos como o Bacenjud. No caso de seu cancelamento, bastará um procedimento que durará menos de um minuto.

Uma postura simples do juiz poderá mudar radicalmente as coisas. Bastará que, ao despachar o recurso, dizer que o recebe no efeito devolutivo, ou que o recebe em seu efeito legal, citando o art. 899 da CLT.

Sobre a penhora em dinheiro e a execução provisória, convém que se faça uma análise da Súmula n. 417 do TST. Seu texto é o seguinte:

> **Súmula n. 417 — TST** — Res. n. 137/05 — DJ 22, 23 e 24.8.2005 — **Conversão** das Orientações Jurisprudenciais ns. 60, 61 e 62 da SDI-II
>
> Mandado de Segurança — Penhora em Dinheiro — Justiça do Trabalho
>
> I — Não fere direito líquido e certo do impetrante o ato judicial que determina penhora em dinheiro do executado, em execução definitiva, para garantir crédito exequendo, uma vez que obedece à gradação prevista no art. 655 do CPC. (ex-OJ n. 60 — inserida em 20.9.2000)
>
> II — Havendo discordância do credor, em execução definitiva, não tem o executado direito líquido e certo a que os valores penhorados em dinheiro fiquem depositados no próprio banco, ainda que atenda aos requisitos do art. 666, I, do CPC. (ex-OJ n. 61 — inserida em 20.9.2000)
>
> III — Em se tratando de execução provisória, fere direito líquido e certo do impetrante a determinação de penhora em dinheiro, quando nomeados outros bens à penhora, pois o executado tem direito a que a execução se processe da forma que lhe seja menos gravosa, nos termos do art. 620 do CPC. (ex-OJ n. 62 — inserida em 20.9.2000)

O item III proíbe a penhora em dinheiro na EP. Considera que é direito líquido e certo do impetrante (ou seja, do executado) que não se penhore dinheiro, quando nomeados outros bens à penhora. Fundamento: o executado tem o direito de ver processada a execução da forma menos gravosa ao seu patrimônio.

> Preliminarmente, esta parte da Súmula n. 417 está revogada pela atual redação do art. 475-O do CPC que diz:

(14) Infelizmente, temos que recorrer ao legislador para introduzir no processo do trabalho dispositivo tão útil que resolve o problema da execução trabalhista. A medida, como é óbvio, poderia ser transladada para o processo do trabalho por meio da jurisprudência, pois é muito mais útil no processo do trabalho do que no CPC.

A execução provisória da sentença far-se-á no que couber, do mesmo modo que a definitiva, observando-se as seguintes normas...

Ora, se a execução provisória se faz "do mesmo modo que a definitiva", é evidente que se permite penhora em dinheiro em quaisquer dos tipos de execução. Nada há em lei alguma nada que vede penhora em dinheiro em execução definitiva e a EP, segundo a lei, se fará do mesmo modo.

Também "do mesmo modo" se observará, na execução provisória, a gradação do art. 655 CPC relativamente à precedência dos bens à penhora. E dinheiro é exatamente o primeiro da longa enumeração dos onze itens ali dispostos.

A nomeação de outros bens à penhora, em desobediência à gradação, é ilegal e, portanto, nula.

A afirmativa de que "o executado tem direito a que a execução se processe da forma que lhe seja menos gravosa, nos termos do art. 620 do CPC" é impertinente.

Esta prescrição do CPC só pode ser interpretada dentro do contexto sistemático da execução. A primeira delas está no art. 591:

"O devedor responde, para o cumprimento das obrigações, com todos os seus bens presentes e futuros, salvo as restrições estabelecidas em lei."

Portanto qualquer restrição à penhora de bens presentes e futuros só pode ser fruto de previsão legal. E esta previsão não existe em lei alguma, a não ser no item III da Súmula n. 417. Houve assim invasão da jurisprudência sobre a competência legal.

Mais uma vez, a jurisprudência emperra o desenvolvimento do processo do trabalho e o impede de ser um efetivo instrumento de aplicação da lei trabalhista.

A forma de execução menos gravosa não pode verificar-se com sacrifício da lei, como fez o item III.

Para que se aplique de modo isento e correto o princípio, é preciso que haja outros meios de execução para que, dentre eles, se escolha a forma menos gravosa. E mais ainda: esta escolha não pode prejudicar a execução nem o exequente.

No caso concreto, há outro modo de escolha (ou seja, penhora em outros bens que não dinheiro), mas com grave prejuízo ao exequente, pois o dinheiro tem liquidez plena e evita todos os atos processuais da execução: praça, arrematação, etc., isto quando se encontram bens. Na maioria dos casos, tudo já foi dispersado, vendido, escondido, malbaratado.

Será que a existência de dois milhões e meio de processos emperrados na execução trabalhista nao sensibiliza o TST para abrir os horizontes e adotar medidas simples existentes no processo civil?

A prova está no alto número de processos — cerca de dois milhões e meio — que se encontra em fase de execução, com grande possibilidade de malogro.

A forma menos gravosa tem que ser uma escolha ponderada. Pode, sem dúvida, ser escolhida, quando existir, pois não tem sentido submeter o executado ao sofrimento de perder o patrimônio pelo modo mais gravoso.

Mesmo tendo sido condenado e sabendo da pouca possibilidade de êxito, o demandado muitas vezes com intuito protelatório, durante vários anos, como acontece frequentemente na Justiça do Trabalho, toca o processo adiante, prejudicando gravemente o reclamante-exequente.

Ainda assim, o legislador foi concessivo e leniente com o executado. Porém este favor não pode ir além do ponderável e prejudicar o exequente porque aí se reverte totalmente a lógica das coisas.

Depois de demandar anos a fio, é justo que o trabalhador queira receber o que lhe é devido. E a penhora em dinheiro, seja na EP ou na definitiva, é um reconhecido meio de garanti-las e, muitas vezes, quando ainda há bens, de facilitar um acordo para encerrar o litígio.

Causa espanto que não se veja este fato com a clareza devida. A proteção ao executado não é legítima se vier a prejudicar o crédito alimentar do reclamante.

Penhorando-se dinheiro na execução provisória, o juiz do trabalho terá em mãos mais uma poderosa ferramenta para fazer justiça social e impor limites ao demandismo estéril e protelador que hoje é a regra na Justiça do Trabalho.

Finalmente há que se ponderar que o meio menos oneroso não pode prejudicar o alto significado do recebimento do crédito trabalhista cuja natureza alimentar transcende a qualquer outro raciocínio.

Também aqui se fará necessária a intervenção do legislador para corrigir este evidente erro do TST.

5.4. Multa do art. 475-J.

Para lembrar:

Art. 475-J. Caso o devedor, condenado ao pagamento de quantia certa ou já fixada em liquidação, não o efetue no prazo de quinze dias, o montante da condenação será acrescido de multa no percentual de dez por cento e, a requerimento do credor e observado o disposto no art. 614, inciso II, desta Lei, expedir-se-á mandado de penhora e avaliação.

Nosso CPC se pôs na reta da modernidade, adotando a aplicação de penas pecuniárias (astreinte) como meio de cumprimento espontâneo da obrigação material ou processual.[15]

Estas penas ou sanções pecuniárias têm grande significado prático. Demovem os demandistas da intenção de sempre recorrer para protelar. Impõem ônus ao demandista renitente e ajudam decisivamente no cumprimento do preceito ao qual servem de meio ou instrumento de execução.

É aqui que se finca a raiz do excessivo volume de demandas. Já se disse, no tempo da ditadura, que tínhamos "o maior partido político do ocidente", a Arena.

Agora, podemos repetir a frase com adaptações ao pós-moderno: hoje temos a maior justiça do trabalho do ocidente, exatamente num tempo em que há um esforço concentrado de retirar do Estado a solução de conflitos, conciliando os interessados envolvidos a resolvê-los por meio extrajudiciais, sempre mais rápidos e baratos (pelo menos para o povo) do que os procedimentos judiciais.

A protelação do pagamento de créditos alimentares é hoje, como já se viu, um bem jurídico de alto valor econômico para o empregador: pagar 10 anos depois o que se a obrigação de pagar imediatamente, com o capital acrescido de juros de 1% e correção monetária irrisória, enquanto ele rende, no jogo econômico, 10% ao mês, é mesmo um negócio da China, embora feito no Brasil.

Por que esta cultura da protelação do crédito trabalhista, transformando a Justiça do Trabalho num imenso mar de reclamações? Exatamente porque esta protelação traz vantagem econômica ao empregador e não é sancionada.

No dia em que, por meio de sanção, contenção de recursos e solução rápida do conflito, tornarmos efetivas as normas trabalhistas, iniciaremos uma nova fase do Processo do Trabalho no Brasil, que não será o maior do ocidente, mas talvez o melhor.

A aplicação da multa do art. 475-J do CPC tem plena e óbvia compatibilidade como processo do trabalho. Já demonstramos isto em livro, para o qual remetemos o autor por falta de espaço neste artigo.[16]

6. Sugestões de lege ferenda

Evidentemente não é propósito deste artigo fazer uma ampla sugestão de reforma

(15) Sobre o tema ver o amplo e substancioso livro de CHOLET, Didier. *La celérité de la procédure en droit processual.* Paris: LGDJ, 2006. p. 713, em que o autor, em completo estudo, mostra a relação entre a celeridade do processo e a aplicação de astreintes, da qual hoje nenhum sistema processual pode prescindir.

(16) *A multa do art. 475-J do CPC.* 2. ed. Belo Horizonte: RTM, 2010, onde o leitor encontrará vários argumentos sobre a compatibilidade da multa com o processo do trabalho e a crítica à jurisprudência do TST, que insiste em desconsiderar o óbvio.

da execução trabalhista. Nem isto é preciso ou conveniente. Bastam algumas medidas básicas e tudo estará resolvido.

A sugestão que faremos agora é uma a mais na fundamentação de todas: a regulamentação do Fundo de Garantia de Indenizações Trabalhistas, FUNGIT — previsto, mas ainda não instituído, no art. 3º da EC n. 45/04.

Para prover o legislador de dados, redigi o seguinte anteprojeto:

ANTEPROJETO DE REGULAMENTAÇÃO DO FUNDO DE GARANTIA DE INDENIZAÇÕES TRABALHISTAS, PREVISTO NO ART. 3º DA EMENDA CONSTITUCIONAL N. 45/04.

Art. 1º Fica instituído o Fundo de Garantia de Indenizações trabalhistas (FUGIT), previsto no art. 3º da EC n. 45/04, constante de multas decorrentes de condenações trabalhistas e administrativas oriundas da fiscalização do trabalho, que serão depositadas numa conta aberta na CEF para este fim.

Art. 2º O Presidente da República transferirá dos fundos existentes uma soma para constituir o patrimônio do Fundo criado nesta lei, a fim de sirva imediatamente às suas finalidades.

Art. 3º Nas sentenças condenatórias, só se admitirá recurso mediante depósito do valor da condenação até 40 salários mínimos.

Ao despachar o recurso, o Juiz do Trabalho autorizará o levantamento imediato da quantia depositada.

Art. 4º Se a sentença for reformada, total ou parcialmente, em instância superior, o desembargador ou ministro expedirá alvará para reposição do valor pago, com juros e correção, sub-rogando-se o Fundo no direito de reivindicar a quantia no processo.

Art. 5º Em caso de falência, o crédito reconhecido em sentença transitada em julgado na Justiça do Trabalho será pago imediatamente ao empregado, sub-rogando-se o Fundo no direito de reivindicá-lo no juízo da falência.

Art. 6º Quando o crédito devido ao reclamante em execuções trabalhistas se mostrar de difícil ou improvável recebimento, o Juiz do Trabalho, em despacho fundamentado, autorizará seu pagamento pelo Fundo, que se sub-rogará no direito de perseguir a quantia na execução, com todos os direitos processuais do reclamante.

Art. 7º Quando a condenação da sentença importar também sanção de ordem administrativa, prevista na CLT ou em legislação completar, fica o Juiz do Trabalho autorizado a aplicá-la, fazendo-se a cobrança respectiva nos próprios autos.

§ 1º O valor apurado será depositado na conta do Fundo de Garantia de Indenizações Trabalhistas.

Este anteprojeto é uma ideia que não exclui naturalmente a contribuição de outros anteprojetos sobre o tema.[17]

O ponto alto do que aqui se propõe é o levantamento imediato da quantia depositada para recurso. Já de posse do dinheiro da condenação, o reclamante terá satisfeito o crédito alimentar a que fez jus. Este fato será um vigoroso desestímulo à recorribilidade protelatória que hoje impera na Justiça do Trabalho.

Mas se o recurso for sério e o Tribunal a ele der provimento, revogando a sentença de primeiro grau favorável ao reclamante, a empresa-recorrente não deixará de receber imediatamente o que pagou, pois o Fungit repor-lhe-á a quantia imediatamente — ver o art. 4º.

Hoje, quem assume os ônus da execução é apenas o empregado. A empresa executada pode livremente demandar pelo tempo que quiser. No final, desbarata seus bens e o exequente nada recebe depois de anos de demanda. Contra este absurdo, não se ouve da doutrina nenhuma crítica ou proposta. Todos têm o fato como uma consequência natural do destino de toda execução: se a empresa não tem bens, o que se há de fazer? Uma posição comodista contra uma das

(17) Veja-se, por exemplo, o parecer da Comissão de Assuntos Sociais sobre o Projeto n. 246 de autoria da senadora Ana Júlia Carepa, assinado pelo senador Geraldo Mesquita Júnior, com fundados e oportunos conceitos sobre o tema. Merece ser lido pela contribuição que trouxe ao tema. O importante é que se institua imediatamente a previsão constitucional de criação do Fundo, seja por que projeto for, em virtude da contribuição que trará ao Direito do Trabalho brasileiro.

partes da execução, exatamente a que ganhou a demanda e pede ao Estado o cumprimento do que lhe foi garantido.

Para solucionar este impasse, antes da EC n. 45/04, que criou o Fugit, foi editada a Lei n. 8.177/99, cujo art. 40 diz:

> O depósito recursal de que trata o art. 899 da Consolidação das Leis do Trabalho fica limitado a Cr$ 20.000.000,00 (vinte milhões de cruzeiros), nos casos de interposição de recurso ordinário, e de Cr$ 40.000.000,00 (quarenta milhões de cruzeiros), em se tratando de recurso de revista, embargos infringentes e recursos extraordinários, sendo devido a cada novo recurso interposto no decorrer do processo.

Este dispositivo foi simplesmente revogado pela Instrução Normativa n. 3 do TST. Essa aberração jurídica — uma instrução normativa revogar uma lei — nunca foi objeto de uma ação declaratória de constitucionalidade, o que mostra a conformidade dos nossos sindicatos com a injustiça que se pratica ao trabalhador por eles representado.

Se tivesse sido observado o que dispõe o art. 40 acima citado em sua parte final, ou seja, depósito a cada novo recurso interposto no decorrer do processo, o problema das execuções trabalhistas já estaria definitivamente resolvido há muitos anos.

A doutrina reinante achou que seria inconcebível o empregador depositar mais do que fora condenado a pagar, mas achou e acha normal que o empregado nada receba, quando há execuções contra empresas que nada mais têm. Portanto cabe somente a ele correr os riscos da execução negativa.

Como nenhuma das entidades jurídicas nomeadas no art. 103 da CF jamais propôs uma ADI contra a referida Instrução Normativa n.3, a injustiça contra o trabalhador se perpetua.

Agora, com a possibilidade de regulamentação do Fugit, esta anormalidade pode ser corrigida, pois tanto o exequente-trabalhador quanto a empresa-executada terão os seus créditos garantidos.

Portanto uma lei que regulamente o Fugit é a mais importante medida para a reforma da execução trabalhista em nosso país.

6. *A PEC Peluso ou PEC dos recursos*

Finalmente, sugerimos e desejamos que o Congresso Nacional aprove a PEC de autoria do ministro Cezar Peluso que, com apenas dois artigos, é a mais séria, a mais científica e a mais completa das propostas sobre reforma do Judiciário brasileiro de todos os tempos.[18]

Com ela realmente se fará praticamente toda a reforma de que precisamos para tornar nosso Judiciário moderno e eficaz.

Dentro dos limites deste artigo, restringimo-nos a apresentar o texto da PEC, remetendo o leitor à obra já citada.

> Art. 105-A A admissibilidade do recurso extraordinário e do recurso especial não obsta o trânsito em julgado da decisão que os comporte.
>
> Parágrafo único. A nenhum título será concedido efeito suspensivo aos recursos, podendo o Relator, se for o caso, pedir preferência no julgamento.
>
> Art. 105-B Cabe recurso ordinário, com efeito devolutivo e suspensivo, no prazo de quinze (15) dias, da decisão que, com ou sem julgamento de mérito, extinga processo de competência originária:
>
> I — de Tribunal local, para o Tribunal Superior competente;
>
> II — de Tribunal Superior, para o Supremo Tribunal Federal.

O que efetivamente interessa é o art. 1º, o qual afirma ser a admissibilidade do recurso extraordinário e do recurso especial compatível

(18) Para um estudo mais aprofundado, veja-se ÁLVARES DA SILVA, Antônio. *A PEC dos recursos e a reforma do judiciário — defesa da proposta do ministro Peluso.* Belo Horizonte: TRM, 2011, onde o leitor encontrará detalhes sobre o assunto e sua repercussão no direito brasileiro.

com o trânsito em julgado da sentença que os comporte.

Isto significa que, julgado o processo em segunda instância, se a parte recorre através de recurso especial ou extraordinário, este fato não impede o trânsito da sentença.

Portanto, do ponto de vista prático, todo o Judiciário se limitará a duas instâncias, pois o provimento destes recursos é de apenas 5%.

Se ao recurso extraordinário e ao especial acrescentarmos o recurso de revista, o que naturalmente o Congresso fará,[19] a emenda terá efeitos históricos e fundamentais, pois limitará a demanda trabalhista a apenas duas instâncias.

Hoje, em Minas, uma reclamação trabalhista, em primeira instância, dura cerca de 100 dias. Corrigindo-se o acúmulo em certas e poucas Varas, através de medidas administrativas adequadas, a prestação jurisdicional será de 60 dias, um recorde histórico absoluto no Judiciário brasileiro. Poderemos então afirmar que teremos uma das melhores justiças do trabalho do mundo.

Significativas melhoras haverá também na justiça comum, mas aqui haverá também a necessidade de reformas administrativas para que o sistema, como um todo, possa funcionar bem.

Não é este o caso da Justiça do Trabalho, em que a infraestrutura é de alta qualidade, dotada de excelentes servidores. A falha estava na estrutura recursal que a Emenda Peluso vai corrigir. Portanto falta muito pouco para a grande revolução. Basta que o Congresso cumpra seu dever histórico e promulgue a emenda.

7. *Conclusões*

Independentemente da Emenda Peluso e da aprovação do Fugit, as medidas apontadas ao longo deste artigo reestruturam a execução trabalhista e a transformam num instrumento apto e capaz de aplicar o Direito do Trabalho. Lembre-se da multa do art. 475-J, do levantamento de quantia de até 60 salários mínimos — art. 475, § 2º, I e da hipoteca Judiciária — art. 466, todos do CPC e plenamente compatíveis com o processo do trabalho.

A reforma da execução trabalhista está muito mais nas mãos do juiz do trabalho do que do legislador, que esqueceu o processo do trabalho e há muitos anos nada faz para a sua modernização.

Entretanto a jurisprudência trabalhista não vem correspondendo à sua missão histórica de interpretar a relação material e processual do trabalho de modo que a rapidez com segurança prevaleça sobre a protelação desnecessária. Sempre se arranja um modo de travar ou impedir, nunca de progredir e avançar.

A pequena análise que fizemos neste artigo demonstrou o que afirmamos.

Só temos dois caminhos: ou modernizamos a Justiça do Trabalho para que ela seja um instrumento de composição do conflito social neste começo de século em que nosso país já figura entre as dez maiores economias do mundo, ou então será melhor extingui-la como jurisdição especializada, transferindo para a Justiça Comum a solução de conflitos trabalhistas, pois o CPC vem se tornando, contraditoriamente, mais social e progressista do que o processo do trabalho.

(19) A PEC apresentada pelo senador Aloysio Nunes Ferreira já acrescentou o recurso de revista. Evidentemente, seria outro arrematado absurdo deixar de lado o recurso de revista, pois o processo do trabalho é o que mais se beneficiará com a apresentação desta esperançosa PEC.

Representatividade de categoria. Por uma aplicação do Princípio da Unicidade Sindical obstativa da precarização trabalhista

BRUNO ALVES RODRIGUES(*)

A forma de convívio entre os institutos da unicidade sindical e do imposto sindical deve ser repensada na cultura jurídica brasileira, pelo menos até que seja aprovada reforma legislativa capaz de estruturar entes coletivos legítimos e capazes de estabelecerem normas autônomas efetivamente edificantes, na equalização dos interesses econômicos e profissionais. Ao se emprestar força a normas infraconstitucionais contemporâneas à edição da CLT, para se viabilizar "registro enquadrador" de sindicatos decorrentes de fracionamento de categorias profissionais diversas, embora vinculadas a uma mesma categoria econômica, negligencia-se a uma necessária atuação afirmativa do estado para garantia de direitos sociais, já que desta omissão potencializa-se a terceirização e a alienação da base das categorias.

Palavras-chave: Imposto, unicidade, sindicato, categoria, representatividade.

INTRODUÇÃO

O mundo testemunha momento de ruptura de paradigma, pautado pela crescente onda de protestos no Norte da África e no Oriente Médio. A queda de ditadores, frente à mobilização social propositiva de governos mais democráticos, deixa um legado de vida cidadã marcada pela resistência à opressão.

A experiência concreta das comunidades envolvidas garante a legitimidade das conquistas, na reestruturação dos modelos políticos. O significado de vida cidadã para os povos que passam por processo revolucionário sempre será mais expressivo, principalmente comparado à perspectiva mantida por povos que contam com participação popular por mera concessão.

O modelo democrático no Brasil não foi implantado a partir de grande comoção social. Advém mais de uma questão circunstancial, do que propriamente de uma ruptura. A transição da Monarquia para a República decorreu de

(*) Juiz do Trabalho Substituto do TRT da 3ª Região e Mestre em Filosofia do Direito.

um golpe militar (Marechal Deodoro da Fonseca), com preponderante influência externa (Revolução Francesa) e não interna. Não por outra razão, o modelo de República adotado mostrou-se fraco, viabilizando sucessivas tomadas de poder por ditadores (Getúlio Vargas e Ditadura Militar).

A conformação de consciência cívica no Brasil, assim, está mais associada a um lento processo de transformação dos membros da comunidade do que a uma experiência emblemática e de marcante simbologia.

Mesmo a implantação da República Nova, que contou com o movimento "Diretas Já", não fugiu à tradição, na medida em que esta mobilização, que culminou na maior manifestação pública da história do Brasil (um milhão e quintas mil pessoas, no comício de 16 de abril de 1984) não resultou na aprovação da Emenda das Eleições Diretas, na votação ocorrida em 25 de abril de 1984, por ausência de *quorum*. A realização das eleições diretas apenas ocorreu em 1989, após a promulgação de uma Constituição que, apesar de avançada em diversos tópicos, é tratada como mero texto formal, depreendida da força inerente a um poder constituinte originário, o que explica o fato de já contar com nada menos do que 67 Emendas.

Uma "Constituição da República" detém forte significado. É a constituição da *res publica* (coisa pública). O espírito constituinte, assim, é um espírito ético-comunitário, e não individualista. É o espírito livre, de concessão imediata ao público (e, apenas de forma mediata, a si próprio, enquanto integrante do público). No Brasil, como visto, este espírito inspirou a Constituição de 1988, mas com menor intensidade do que em outras comunidades. Se a comoção social que permeia a elaboração de uma Constituição é menor, a sensação de pertencimento à *res publica* constituída também é menor. E se a sensação de pertencimento social é menor, a legitimidade do texto formal enfraquece, dificultando a preservação e a aplicação de sua pauta de princípios pelas instituições.

Predomina, assim, a alienação do nosso povo, que não valoriza a oportunidade de autode-terminação política, seja pelo déficit educacional, seja pelo desprendimento em relação a qualquer marco histórico de maior representatividade e sacrifício, em prol da democracia.

As instituições constituídas por este povo não poderiam deixar de ser reflexo dele. O Congresso Nacional, fraco, vê o vácuo legislativo ser ocupado pelas outras esferas de Poder (Medidas Provisórias, Súmulas Vinculantes) — o que não o preocupa, na medida em que, no fundo, grande parte dos membros não estão ali para figurarem como porta-voz da sociedade, em decorrência de afinidade ideológica. São votados, sim, em contraprestação a interesses comezinhos. Abandonou-se a *res publica* para prevalecer o individualismo, seja o do deputado, que está ali para ser instrumento de *lobby* para grandes interesses privados, seja por parte do povo que o elege, que está mais ocupado de seu ganho direto em políticas assistencialistas.

A ironia está no fato de que, se o povo não se ressente com o que é feito <u>pelo</u> Congresso, também não se importa com o que é feito <u>com</u> o Congresso; e este agora é espectador de sua própria reestruturação, pautada pelo Judiciário que, antes das eleições de 2010, inspirou o movimento "ficha limpa" e, após as eleições, vem pautando a forma de preenchimento de vagas parlamentares por suplentes, resgatando-se o debate da importância do voto por legenda. O Sistema, assim, aproveitou-se da ausência da legitimidade real dos membros do Congresso para mudar o próprio Congresso, que agora tenta resgatar as rédeas do processo, criando a Comissão da Reforma Política no Senado.(1)

Toda a digressão feita tem o propósito de pontuar o problema da representatividade política no Brasil em todas as instâncias, bem como instigar reflexão acerca da fragilidade do texto formal posto por estes próprios representantes, a começar pela Constituição de 1988.

---

(1) Disponível em: <http://pe360graus.globo.com/noticias/politica/brasilia/2011/02/23/NWS,529569,7,381,NOTICIAS,766-SENADO-INSTALA-COMISSAO-REFORMA-POLITICA.aspx> Acesso em: 23.2.2011, às 12:26hs.

Se a Constituição não representa efetivo momento de reinício para uma comunidade, mas apenas um texto formal, o seu potencial transformador vai ser mitigado por um princípio de inércia. Mais fácil do que modificar as estruturas de uma comunidade, a partir de um texto, é modificar o próprio texto, ou não regulamentá-lo em seu conteúdo programático (inércia do legislativo). Mais fácil do que reinterpretar todo um ordenamento jurídico infraconstitucional, com base em uma nova Carta, é interpretar esta própria Carta, com base no ordenamento previamente em vigor.

O sistema sindical brasileiro tem sua evolução bloqueada pelas questões abordadas. Em primeiro lugar, porque a mesma alienação política que corrompe a real representatividade do cidadão por congressistas, também o faz, no mundo do trabalho, em relação ao "síndico" gestor do Sindicato. Em segundo lugar, porque a tendência de manutenção do *status quo*, frente à promulgação do texto constitucional, fez com que, a princípio, se preservasse a estrutura sindical que, no Brasil, sempre atendeu a interesses de pelegos mais apegados à divisão do bolo do Imposto Sindical do que, propriamente, aos legítimos interesses de categoria. O estudo histórico da forma de estruturação dos Sindicatos no Brasil ilustra melhor a questão.

II — Evolução legislativa do princípio da unicidade sindical

O estudo histórico das Constituições Federais brasileiras promulgadas desde a proclamação da República dá conta de que o princípio da unicidade sindical representa positivação inédita no âmbito constitucional, para a qual não se emprestou a devida força em prol da consolidação de um novo paradigma.

A CF de 1891 não abordava a estrutura sindical, apenas trazendo previsão do direito de associação, nos seguintes termos:

> Art. 72. A Constituição assegura a brasileiros e a estrangeiros residentes no país a inviolabilidade dos direitos concernentes à liberdade, à segurança individual e à propriedade nos termos seguintes. § 8º A todos é lícito associarem-se e reunirem-se livremente e sem armas; não podendo intervir a policia, senão para manter a ordem publica.

Já a Constituição Federal de 1934 trouxe previsão expressa de regra pertinente à estruturação sindical, garantindo a <u>pluralidade sindical</u>, princípio diametralmente oposto ao da unicidade sindical constitucionalizado no art. 8º, II, da Carta Magna vigente. Sob o prisma deste preceito é que se estruturaram os primeiros Sindicatos do Brasil, o que inviabiliza o convívio de diversos dos mesmos com a nova ordem constitucional. Assim dispõe a CF/34:

> Art. 120. Os syndicatos e as associações profissionaes serão reconhecidos de conformidade com a lei.
>
> <u>Paragrapho único. A lei assegurará a pluralidude syndical e a completa autonomia dos syndicatos.</u> (grifamos)

A Constituição Federal de 1937 também trouxe expressa previsão acerca da forma de estruturação dos Sindicatos, mostrando-se silente no que tange aos princípios da unicidade ou pluralidade sindical, mas explicitando forte carga de intervencionismo estatal. *In literis*:

> Art 138. A associação profissional ou sindical é livre. <u>Sómente, porém, o sindicato regularmente reconhecido pelo Estado tem o direito de representação legal dos que participarem da categoria de produção para que foi constituído</u>, e de defender-lhes os direitos perante o Estado e as outras associações profissionais, estipular contratos coletivos de trabalho obrigatórios para todos os seus associados, impor-lhes contribuições e exercer em relação a eles funções delegadas de poder publico. (grifamos)

Sob este manto constitucional, de forte intervencionismo, é que a regulamentação infraconstitucional de estruturação sindical sobreveio, com a aprovação da CLT, pelo Decreto-lei n. 5.453/43, na qual se destaca o Capítulo de Enquadramento Sindical (Capítulo II, do Título V, da CLT).

A Constituição Federal de 1967 trouxe formal previsão de liberdade sindical, mas se lhe sobrepôs o AI-5, em 1968, que pautou regime ditatorial no qual nem sequer se poderia imaginar consolidação de efetiva de cultura de liberdade. Dispunha a CF/67 que:

> Art. 159. É livre a associação profissional ou sindical; a sua constituição, a representação legal nas convenções coletivas de trabalho e o exercício de funções delegadas de poder público serão regulados em lei.
>
> § 1º Entre as funções delegadas a que se refere êste artigo, compreende-se a de arrecadar, na forma da lei, contribuições para o custeio da atividade dos órgãos sindicais e profissionais e para a execução de programas de interêsse das categorias por êles representadas.
>
> § 2º É obrigatório o voto nas eleições sindicais.

O art. 5º, II, do AI-5, por sua vez, suspendia direitos políticos e, expressamente, o direito de votar e ser votado, nas eleições sindicais.

Enfim, com a CF/88, instaurou-se no Brasil um regime efetivamente democrático, rompendo-se todos os paradigmas anteriores, ao se dispor que:

> Art. 8º É livre a associação profissional ou sindical, observado o seguinte:
>
> I — a lei não poderá exigir autorização do Estado para a fundação de sindicato, ressalvado o registro no órgão competente, vedadas ao Poder Público a interferência e a intervenção na organização sindical;
>
> II — é vedada a criação de mais de uma organização sindical, em qualquer grau, representativa de categoria profissional ou econômica, na mesma base territorial, que será definida pelos trabalhadores ou empregadores interessados, não podendo ser inferior à área de um Município; (grifamos)
>
> III — ao sindicato cabe a defesa dos direitos e interesses coletivos ou individuais da categoria, inclusive em questões judiciais ou administrativas;
>
> IV — a assembleia geral fixará a contribuição que, em se tratando de categoria profissional, será descontada em folha, para custeio do sistema confederativo da representação sindical respectiva, independentemente da contribuição prevista em lei;
>
> V — ninguém será obrigado a filiar-se ou a manter-se filiado a sindicato.

Surgem, assim, fundamentos para a consolidação de um novo modelo sindical, no qual se mostra intolerável o intervencionismo sindical, que antes se realizava por meio da CES (Comissão de Enquadramento Sindical). A matéria chegou aos Tribunais e o STJ, em 1990, decidiu que, *tendo em vista a nova ordem constitucional que veda a interferência na criação de sindicatos, não se há falar em pronunciamento prévio da CES.*[2]

O papel do Estado, por meio do Ministério do Trabalho, passou a ser passivo, e não ativo. Pela nova Ordem Constitucional, o MTe não tem que ENQUADRAR nada ou ninguém, já que isto representaria postura ativa e intervencionista. A função do MTe passou a ser, somente, de REGISTRAR — que é uma postura passiva, que deve aferir apenas um critério, por expressa previsão constitucional: a UNICIDADE SINDICAL.

O legislador infraconstitucional, contudo, permaneceu inerte na regulamentação da matéria, o que fez com que o STF fosse provocado por meio do Mandado de Injunção n. 144/SP, decidido, em 1992, no sentido de que

> o decisivo, para que se resguardem as liberdades constitucionais de associação civil ou de associação sindical, e, pois, que se trate efetivamente de simples registro — ato vinculado, subordinado apenas a verificação de pressupostos legais —, e não de autorização ou de reconhecimento discricionários. 2. A diferença entre o novo sistema, de simples registro, em relação ao antigo, de outorga discricionária do reconhecimento sindical não resulta de caber o registro dos sindicatos ao Ministério do Trabalho ou a outro oficio de registro público. 3. Ao registro das entidades sindicais inere a função de garantia da imposição de unicidade — esta, sim, a mais importante das limitações constitucionais ao princípio da liberdade sindical 4.

(2) Processo MS n. 81/DF; MANDADO DE SEGURANÇA n. 1989/0007473-3; Relator Ministro Geraldo Sobral; Órgão Julgador S1 — Primeira Seção; Data do Julgamento: 17.4.1990; Data da Publicação/Fonte DJ 25.6.1990, p. 6016, DJ 3.2.1992, p. 422; *Revista LTr*, v. 1, p. 59, jan. 1991; *RSTJ*, v. 17, p. 214.

A função de salvaguarda da unicidade sindical induz a sediar, *si et in quantum*, a competência para o registro das entidades sindicais no Ministério do Trabalho, detentor do acervo das informações imprescindíveis ao seu desempenho. 5. O temor compreensível — subjacente a manifestação dos que se opõem a solução —, de que o habito vicioso dos tempos passados tenda a persistir, na tentativa, consciente ou não, de fazer da competência para o ato formal e vinculado do registro, pretexto para a sobrevivência do controle ministerial asfixiante sobre a organização sindical, que a Constituição quer proscrever — enquanto não optar o legislador por disciplina nova do registro sindical —, há de ser obviado pelo controle jurisdicional da ilegalidade e do abuso de poder, incluída a omissão ou o retardamento indevidos da autoridade competente.(3)

Seguindo a hermenêutica constitucional inspiradora do Acórdão plenário retratado é que editou-se a Súmula n. 677 do STF, que dispõe que *até que lei venha a dispor a respeito, incumbe ao Ministério do Trabalho proceder ao registro das entidades sindicais e zelar pela observância do princípio da unicidade*.(4)

III — Da releitura do princípio da unicidade sindical

A unicidade sindical garante que exista apenas um sindicato profissional que seja contra factual em relação à determinada categoria econômica.

A CF/88 trata de *organização sindical* representativa *de categoria profissional ou econômica* (art. 8º, II, da CF/88). A existência de UMA categoria representa pressuposto para a estruturação de UM Sindicato; e apenas UM Sindicato pode representar determinada categoria, econômica ou profissional.

Aristóteles trata das categorias (تJôçpïéJé) no primeiro Capítulo do *Órganon*, salientando que estas se referem a palavras ou expressões não combinadas que significam uma das seguintes coisas: substância (ïPكJ), quantidade (ïüي), qualidade (ïéüي), relação (ü ôé), lugar (ïو), tempo (ïôف), estado (êoضèJé), hábito (-÷oéي), ação (ïéoضي) e paixão (-÷oéي).(5)

Profissional e *econômico* (trabalho e capital) são *correlativos* no Direito do Trabalho. Segundo Aristóteles, *chamamos uma coisa de relativa quando desta se diz que é o que é por dependência de alguma outra coisa (...) Todos os relativos têm seus correlativos. Escravo significa escravo de um senhor, e senhor, por sua vez, implica em escravo. O dobro significa o dobro de sua metade, tal como metade significa metade de seu dobro (...) se um relativo é definitivamente conhecido, aquilo ao que é ele relativo também será então definitivamente conhecido*.(6)

Enquanto termos *correlatos*, na linguagem do Direito do Trabalho, UMA categoria *econômica* corresponde a UMA categoria *profissional* e vice-versa.

A substância (ïPكJ) poderia emprestar significado ao *profissional*, para efeito de acepções *secundárias*, como as de *profissional técnico*, *profissional manual* e *profissional intelectual*. Segundo Aristóteles, *nos referimos a substâncias secundárias, aquelas dentro das quais — sendo elas espécies — estão incluídas as substâncias primárias ou primeiras e aquelas dentro das quais — sendo estas gêneros — estão contidas as próprias espécies*.(7)

Contudo, na definição de *categoria profissional* importa, ainda, para sistêmica hermenêutica constitucional, buscar efetividade ao preceito insculpido no art. 7º, XXXII, da CF/88, que traz *proibição de distinção entre trabalho manual, técnico e intelectual ou entre os profissionais respectivos (grifamos)*.

Fica claro, assim, que a especialização de atividade como manual, técnica ou intelectual não pode ser utilizada como critério para a definição de *categoria profissional*.

(3) MI n. 144/SP — SÃO PAULO, MANDADO DE INJUNÇÃO; Relator(a): Min. Sepúlveda Pertence; Julgamento: 3.8.1992; Órgão Julgador: TRIBUNAL PLENO; Publicação DJ 28.5.1993, p. 381, EMENT v. 1705-01 p. 13, RTJ v. 147-03 p. 868.

(4) Data de Aprovação: Sessão Plenária de 24.9.2003; Fonte de Publicação: DJ 9.10.2003, p. 4; DJ 10.10.2003, p. 4; DJ 13.10.2003, p. 4.

(5) ARISTÓTELES. *Órganon*. 1. ed. São Paulo: Edipro, 2005. p. 41.

(6) ARISTÓTELES. *Órganon*. 1. ed. São Paulo: Edipro, 2005. p. 54-60.

(7) ARISTÓTELES. *Órganon*. 1. ed. São Paulo: Edipro, 2005. p. 42.

Neste sentido é que se encontra recepcionado o conceito de categoria profissional definido a partir da correlata *categoria econômica* insculpida no art. 511, § 2º, da CLT. *In literis*:

> **A similitude de condições de vida oriunda da profissão ou trabalho em comum, em situação de emprego na mesma atividade econômica ou em atividades econômicas similares ou conexas, compõe a expressão social elementar compreendida como categoria profissional.** (grifamos)

Nem todo o art. 511 da CLT, contudo, encontra-se recepcionado.

A figura da categoria profissional diferenciada prevista no § 3º, do art. 511 da CLT, viola a literalidade do disposto no art. 7º, XXXII, da CF/88, ao permitir tratamento díspare à determinada categoria profissional substancialmente secundária.

Não bastasse este dado, há de se destacar que a figura da categoria diferenciada conta com regulamentação no próprio quadro de enquadramento sindical do art. 577 da CLT, que não se encontra recepcionado pela CF/88.

Aliás, todo o modelo de enquadramento sindical regulamentado pelos arts. 570 e segs. da CLT não foi recepcionado pela Constituição Federal de 1988. A respeito, já decidiu o STF *que em face das disposições contidas nos incisos I e II do art. 8º da Constituição Federal não mais prevalecem as restrições previstas na CLT.*[8]

Dispõe o art. 570 da CLT, que *os sindicatos constituir-se-ão, normalmente, por categorias econômicas ou profissionais específicas, na conformidade da discriminação do quadro das atividades e profissões a que se refere o art. 577, ou segundo as subdivisões que, sob proposta da Comissão de Enquadramento Sindical, de que trata o art. 576, forem criadas pelo Ministério do Trabalho.* Todos os demais dispositivos do Capítulo II, do Título V, da CLT, trazem sistemática normativa que disciplina o enquadramento sindical, segundo mais rígido modelo corporativista, com ampla intervenção estatal, por meio da Comissão de Enquadramento Sindical, e por meio deste sistema é que se reconheceram as categorias consagradas e especificadas no quadro a que alude o art. 577 da CLT.

Trata-se de construção jurídica, fundada em modelo sindical que antagoniza com o princípio da liberdade sindical, preceituado no art. 8º, I, da CF/88, que extinguiu a interveniência performativa do Estado, via CES, na organização sindical.

Verdadeira autoridade no campo do Direito Coletivo do Trabalho, profundo estudioso da matéria no Direito Comparado, Antônio Álvares da Silva, ao tratar da estrutura sindical brasileira em sua obra *Dissídio Coletivo e a Emenda Constitucional n. 45/04* trouxe importante reflexão no sentido de que

> somos o último exemplo mundial de modelo sindical corporativismo, que bebeu no fascismo as linhas mestras de sua estrutura básica. Em discurso de 14.11.1933, na assembléia geral do Conselho Nacional das Corporações, sobre o Estado Corporativo, disse Mussolini: "Doravante não há um só campo econômico em que o Estado não tenha de intervir. E completava, logo adiante: "o corporativismo supera o socialismo e supera o liberalismo: cria uma nova síntese. Ocorre depois do partido único o Estado totalitário, isto é, o Estado que absorve para transformar e fortalecer toda a energia, todos os interesses, todas as esperanças de um povo". Nos princípios do Conselho Nacional das Corporações foi estabelecido que "o Estado maior da corporação deve compreender os representantes das administrações do Estado, do partido, do capital, do trabalho e da técnica". Esta "síntese estrutural" correspondia a uma "unicidade organizativa" a que se reduziriam todas as instituições políticas, sociais e jurídicas: estado totalitário e absorvente, partido único, sindicato único, envolvendo o capital e o trabalho

(8) RE n. 207.910 AgR/SP — SÃO PAULO; AG.REG.NO RECURSO EXTRAORDINÁRIO; Relator(a): Min. Maurício Corrêa; Julgamento: 17.4.1998; Órgão Julgador: Segunda Turma; Publicação DJ 26.6.1998, p. 7, EMENT v. 1916-03, p. 509.

e, por fim, os representantes da técnica, ou seja, da ciência. O modelo espalhou-se pela Espanha e Portugal e chegou ao Brasil para ficar. Enquanto, nestes dois países, assistimos a um notável desenvolvimento político, econômico e social, em que os sindicatos assumem uma relevante e indispensável função social, o Brasil ficou para trás, insistindo no atraso. **Se a organização do Estado brasileiro não é, para nossa felicidade, um estado fascista, o mesmo não se pode dizer dos sindicatos, cuja estrutura básica assumida pela CLT seguiu modelo filosófico da Constituição de 197. Para constituir a síntese pretendida por Mussolini, a estrutura sindical assumiu a carta de lavoro que, nos seus 23 princípios, foi adotada sem reserva, entre nós. Morta na Itália e na Europa, veio para o Brasil, para ter vida eterna. Passou pelas Constituições de 1946, 1967, 1988 e agora, por mais incrível que pareça, sobreviveu, qual fênix miraculosa, na EC n. 45, que deixou a estrutura intocada.** Pelo que até hoje conseguiu o chamado Fórum Nacional do Trabalho, a vida longa vai ter sequência na nova reforma sindical, que será enviada ao Congresso Nacional.[9] (grifamos)

Emprestar força normativa aos quadros de enquadramento sindical ministeriais, dando vigência à dispositivos celetistas disciplinadores do modelo de mais ampla interveniência Estatal na Organização Sindical, equivale a ser mais conservador do que o próprio modelo constitucional vigente — que, embora preveja uma liberdade sindical mitigada pela existência da unicidade sindical compulsória, pela contribuição sindical reconhecida de natureza tributária (que alcança filiados e não filiados) e pelo poder normativo, de qualquer forma é suficiente para extinguir a figura do "enquadramento sindical". Estaremos tão mais distantes do modelo estatal corporativista, quanto mais reconhecermos a estruturação sindical pautada pela autonomia organizacional coletiva, em distanciamento da intervenção heterônoma, aceitando tendência positivada, constitucionalmente, pela própria EC n. 45/04, que reduziu hipótese de recorrência ao poder normativo, ao instaurar a necessidade do comum acordo, no art. 114, § 2º, da CF/88.

Por todo o exposto é que sustenta-se que todo o Capítulo II, do Título V, da CLT, não foi recepcionado pela CF/88, em face do texto do seu art. 8º, I.

Diante da não recepção dos mencionados dispositivos, remanesce a indagação: como devem conviver os institutos do registro sindical e da unicidade sindical, para se potencializar o princípio da liberdade sindical?

Fica evidente que não se pode partir do trabalho, pelo trabalho, para definição de categoria profissional, com fins de estruturação sindical. Para determinada atividade/categoria econômica (institucionalizada, ou não, em Sindicato) corresponderá uma categoria profissional. Parte-se da especialização da categoria econômica para a possibilidade de especialização da categoria profissional. Em termos, a especialização da atividade econômica sempre deve preceder a especialização da categoria profissional.

Esta lógica vem sendo paulatinamente rompida, com a criação desenfreada de Sindicatos que tratam, no fundo, da mesma categoria econômica, em determinada base territorial.

IV — O princípio da unicidade sindical, a terceirização e o peleguismo

Atualmente, na aferição da unicidade sindical, aquilo que se faz sob a denominação de "especialização" nada mais é do que subdivisão da mesma categoria profissional — o que contraria o princípio da unicidade sindical.

Prova disto é que, conforme se depreende de estudo do Fórum Nacional do Trabalho em 2001, *havia 15.961 sindicatos, sendo 11.416 de trabalhadores e 4.545 de empregadores.*[10]

(9) ÁLVARES DA SILVA, Antônio. *Dissídio coletivo e a Emenda Constitucional n. 45/04.* Belo Horizonte: RTM, 2005. p. 10-12.

(10) Disponível em: <http://www.mte.gov.br/fnt/DIAGNOSTICO_DAS_RELACOES_DE_TRABALHO_NO_BRASIL.pdf>.

Este mesmo fenômeno de especialização de profissão desatrelada da especialização da atividade econômica desencadeou acelerado processo de terceirização, enquanto perniciosa técnica de desmembramento entre atividades manuais de necessidade permanente de determinada empresa (principalmente de asseio e conservação) das atividades técnicas ou intelectuais.

A terceirização ocorre no setor em que o exército de desempregados é maior e o acesso à educação — premissa para atuação coletiva consciente dos trabalhadores — é menor. Neste contexto de fragilidade de "representatividade" de trabalhadores exercentes de atividades essencialmente manuais e desprovidas de profissionalização (que buscam, tão somente, a manutenção de seus empregos, e não a aquisição de direitos), efetivamente tem-se como perversa a terceirização, na medida em que se separam tais trabalhadores, que também contribuem diretamente para o mesmo empreendimento, daqueles outros empregados diretamente vinculados (tidos como exercentes de atividades fim), aos quais se aplicariam condições de trabalho mais benéficas.

A empresa é um todo organizacional — ideia já defendida, desde a formulação da teoria institucionalista de Maurice Hariou, com moderno desenvolvimento que ressalta a ideia de colaboração, dentro deste corpo social. Luiz José de Mesquita, citado por Delgado, dispõe que

> o moderno aspecto institucional da relação de trabalho tem objeto não numa prestação e uma correspondente contraprestação, mas sim numa colaboração econômico-social entre os membros da comunidade da empresa.[11]

A criação, dentre os prestadores de serviços em prol de uma mesma empresa, de categorias profissionais supostamente diversas daquela de maior centralidade na atividade econômica viabiliza a separação discriminatória dos trabalhadores de pouca formação, bem como o inchaço do exército setorial de desempregados, que estimula um círculo vicioso, já que, neste contexto, os alijados não conseguem obter condições de trabalho similares às da outras classes de trabalhadores, eclodindo franco tratamento discriminatório.

Não por outro motivo, hoje resta consagrado, no Direito Individual do Trabalho, o modelo de subordinação integrativa/estrutural, que defendemos acadêmica e jurisdicionalmente, desde 2003[12], como elemento fático-jurídico determinante da relação de emprego.

Infelizmente, contudo, no âmbito do Direito Coletivo, ainda prevalece o loteamento do Imposto Sindical, como mola propulsora para a criação de mais e mais sindicatos.

E o imposto sindical representa intervenção heterônoma que convive, de forma antagônica, com a liberdade sindical. Na verdade, a positivação constitucional da liberdade sindical, no Brasil, não atende aos ditames da Convenção n. 87 da OIT, que apesar de existir há mais de 60 anos e figurar no rol das Convenções fundamentais, não foi ratificada pelo Brasil.

Devemos, assim, na impossibilidade de se eliminar administrativa e jurisdicionalmente o imposto sindical, pelo menos tentar minorar a imposição burocrática do mesmo, o que não se garante ao se permitir a criação de sucessivas entidades sindicais, cujo escopo notório está nesta simples arrecadação da contribuição compulsória.

Contraditoriamente, o MTE, quando aceita pedido de inscrição de qualquer sindicato que se "enquadra" na tabela do art. 577 da CLT está tendo uma postura muito mais ativa e intervencionista (com base no quadro heterônomo) do que se estivesse indeferindo os pedidos de regis-

(11) DELGADO, Mauricio Godinho. *Introdução do direito do trabalho.* 3. ed. São Paulo, LTr, 2001. p. 280.

(12) RODRIGUES, Bruno Alves. Novo paradigma de subordinação na relação de emprego. *Revista do TRT da 3ª Região,* Belo Horizonte: Sigma, p. 57-74, 2004. *Vide,* ainda, em relação ao conceito de empresa como todo organizacional, sentença publicada no exercício jurisdicional perante a 30ª VT de Belo Horizonte, aos 4 dias do mês de setembro de 2003, às 17:30 horas, no processo 00665-2003-109-03-00-3, e que se encontra publicada *Revista do TRT da 3ª Região.* Belo Horizonte: Sigma, p. 57-74, 2004.

tro, com a demonstração de lesão ao princípio de unicidade sindical por categoria profissional.

Neste sentido é que entendemos que os Sindicatos que representam fracionadamente determinada categoria profissional contam com estrutura organizacional não recepcionada pela CF/88, e ainda que criados antes da edição da Carta, não merecem reconhecimento na nova ordem constitucional, já que a ela não se sobrepõe a figura do chamado ato jurídico perfeito.[13]

A via hermenêutica sugerida estagnaria o crescente processo de fragmentação sindical apegado apenas à autossubsistência de dirigentes sindicais e desvinculada de interesses de categorias, ao passo em que estimularia o debate político dentro dos Sindicatos, com a ampliação das bases.

Por outro lado, a solução encontrada refrearia o precarizante processo de terceirização, pois o mote maior deste fenômeno está, exatamente, na desvinculação da obrigação de negociação com ente coletivo representativo de seu prestador de serviços, na artificial pressuposição de que a relação com este deveria ser pautada pelo intermediador de mão de obra, que apenas exerce a mercancia sobre o trabalho humano.

Conclusão

O Brasil aguarda há anos por uma reforma legislativa que equacione o problema da indústria do imposto sindical que estimula a formação de cúpulas descompromissadas com a base das categorias econômica e profissional. O Poder Executivo chegou a enviar ao congresso a PEC n. 369/2005, mas a tramitação deste Projeto está interrompida há quase 6 anos, diante da dinâmica de interesses econômicos e políticos.

Neste contexto, resta à administração pública e ao Judiciário interpretar o direito posto conforme a Constituição, numa leitura propositiva das limitações heterônomas impostas pelo art. 8º da CF/88, referentes ao Imposto Sindical e ao Princípio da Unicidade Sindical.

Se por um lado fica claro que o sistema ideal passa pela abolição das duas figuras lesivas à Convenção n. 87 da OIT (contribuição e unicidade impostos pelo Estado), a partir do momento em que estas perduram como institutos constitucionais, a multiplicação de entidades sindicais cobradoras de imposto deve encontrar freio numa rigorosa aplicação do princípio da unicidade sindical.

A imperatividade do imposto sindical tem sido garantida com intensidade muito superior à verificação da unicidade sindical. O MTe tudo "registra" com base no inconstitucional quadro de "enquadramento" do art. 577 da CLT, numa postura permissiva que tem estimulado o fracionamento de categorias profissionais diversas, vinculadas a uma mesma categoria econômica.

A liberdade sindical, contudo, não está garantida pela suposta postura omissiva do Estado, mas principalmente por uma postura afirmativa que passa pelo equacionamento da realidade anacrônica, em que dirigentes sindicais atomizam cada vez mais os entes coletivos em prol de interesses próprios e contrariando interesses dos trabalhadores, estes cada vez mais alienados na representatividade de categoria e sujeitos ao pernicioso processo discriminatório da terceirização.

Defende-se, assim, que a unicidade sindical garante que exista apenas um sindicato profissional seja contra factual em relação à determinada categoria econômica. Não se pode partir do trabalho, pelo trabalho, para definição de categoria profissional, com fins de estruturação sindical. Para determinada atividade/categoria econômica (institucionalizada, ou não, em Sindicato) corresponderá uma categoria profissional. Parte-se da especialização da categoria econômica para a possibilidade de especialização da categoria profissional.

---

(13) Neste sentido: EMENTA: CONSTITUCIONAL. RECURSO EXTRAORDINÁRIO. OFENSA À CONSTITUIÇÃO. I. A questão constitucional invocada no recurso — CF, art. 5º, XXXVI — não foi apreciada e decidida no acórdão recorrido, incidindo as Súmulas ns. 282 e 356-STF. II. A verificação, no caso concreto, da existência, ou não, do direito adquirido situa-se no campo infraconstitucional. III. Agravo não provido. (DJ n. 67, 8.4.2005; 2ª Turma; RE 437.384; Min. Carlos Velloso) (grifamos)

Constitucionalidade da Certidão Negativa de Débitos Trabalhistas (CNDT) e seu Questionamento Perante o Supremo Tribunal Federal

Cláudio Dias Lima Filho(*)

Sumário: *1. Introdução. 2. Primeira suposta inconstitucionalidade: violação ao contraditório e à ampla defesa. 2.1. Caracterização do inadimplemento em face de sentença trabalhista transitada em julgado. 2.2. Caracterização do inadimplemento decorrente de execução de acordos firmados perante o Ministério Público do Trabalho ou Comissão de Conciliação Prévia. 2.3. Suposta inconstitucionalidade por violação ao contraditório e à ampla defesa pelo art. 642-A § 1º, inciso I, da CLT. 2.4. Suposta inconstitucionalidade por violação ao contraditório e à ampla defesa pelo art. 642-A, § 1º, inciso II, da CLT. 3. Segunda suposta inconstitucionalidade: violação aos princípios da isonomia, da licitação pública, da concorrência e da livre-iniciativa. 3.1. Modificações na Lei de Licitações e Contratos (Lei n. 8.666/93). 3.2. Suposta inconstitucionalidade — a CNDT como critério arbitrário de limitação à participação em procedimento licitatório. 4. Conclusões. Referências.*

1. Introdução

A Lei federal n. 12.440, de 7 de julho de 2011, inseriu novo título na Consolidação das Leis do Trabalho (Título VII-A, denominado "Da prova de inexistência de débitos trabalhistas"), novo dispositivo no corpo da CLT (art. 642-A), além de alterar o art. 27, IV, da Lei n. 8.666/93 (passando a Lei de Licitações e Contratos a exigir, dentre outras, a regularidade fiscal *e trabalhista* dos interessados que pretendam habilitar-se na licitação) e o novo inciso V no art. 29 dessa mesma lei, segundo o qual a regularidade *trabalhista* será demonstrada mediante a apresentação de certidão negativa que comprove a inexistência de débitos inadimpli-

(*) Mestre em Direito Público pela Universidade Federal da Bahia (UFBA). Procurador do Trabalho com lotação na Procuradoria Regional do Trabalho da 5ª Região (Salvador/BA), onde desempenha a função de Coordenador do Núcleo de Estágio Acadêmico (NEA). Professor de Direito Processual do Trabalho da Faculdade de Tecnologia e Ciências (FTC). Membro associado ao IPEATRA (Instituto de Pesquisas e Estudos Avançados da Magistratura e do Ministério Público do Trabalho) e ao IGT (Instituto Goiano de Direito do Trabalho).

dos perante a Justiça do Trabalho. Essa certidão — conhecida pela sigla CNDT, referindo-se à "Certidão Negativa de Débitos Trabalhistas" — começou a ser expedida gratuita e eletronicamente pela Justiça do Trabalho a partir de 4 de janeiro de 2012, data a partir da qual se iniciou a vigência da Lei n. 12.440/2011 (segundo o seu art. 4º, a lei entraria em vigor em 180 dias após a publicação).

Apesar de ter promovido importante alteração na Lei n. 8.666/93, a Lei n. 12.440/2011 também acrescentou dispositivo ao texto da CLT, o qual, além de instituir "a Certidão Negativa de Débitos Trabalhistas (CNDT), expedida gratuita e eletronicamente, para comprovar a inexistência de débitos inadimplidos perante a Justiça do Trabalho" (art. 642-A, *caput*, da CLT), estabelece as circunstâncias que *impedem* a obtenção da CNDT (art. 642-A, § 1º, incisos I e II) e a possibilidade de expedição de CPDT (Certidão Positiva de Débitos Trabalhistas) com os mesmos efeitos da CNDT (art. 642-A, § 2º).

A instituição e a exigência dessa certidão foram, porém, alvo de questionamento perante o Supremo Tribunal Federal por meio da ação direta de inconstitucionalidade n. 4.716/DF, ajuizada pela Confederação Nacional da Indústria (CNI), segundo a qual a Lei n. 12.440/2011 violaria os princípios constitucionais do contraditório e da ampla defesa (art. 5º, inciso LV, da Constituição), além de contrariar os "princípios da isonomia, da livre-iniciativa e da concorrência (art. 170, IV e parágrafo único) e da licitação pública, eis que amplia indevidamente o comando do inciso XXI, do art. 37 da Constituição, criando restrição competitiva sem amparo constitucional"[(1)].

O objetivo deste texto é sustentar que não existe qualquer inconstitucionalidade na lei que instituiu a CNDT. Para tanto, a abordagem partirá dos argumentos lançados pela CNI na petição inicial da ADI n. 4.716/DF, com a demonstração de que *nenhum* deles tem sustentáculo na vigente ordem constitucional, de modo a evidenciar que, observando-se o texto constitucional, não há razão alguma para julgar a demanda procedente, total ou parcialmente.

2. *Primeira suposta inconstitucionalidade: violação ao contraditório e à ampla defesa*

2.1. Caracterização do inadimplemento em face de sentença trabalhista transitada em julgado

O art. 642-A da CLT dispõe o seguinte a respeito:

> Art. 642-A. [...]
>
> § 1º O interessado não obterá a certidão quando em seu nome constar:
>
> I — o inadimplemento de obrigações estabelecidas em sentença condenatória transitada em julgado proferida pela Justiça do Trabalho ou em acordos judiciais trabalhistas, inclusive no concernente aos recolhimentos previdenciários, a honorários, a custas, a emolumentos ou a recolhimentos determinados em lei; [...].

A sentença há de ter *transitado* em *julgado*, de modo a não caber mais discussões a respeito do alcance do seu teor. Também deve ser a decisão *condenatória*, afinal a certidão visa a certificar a respeito da existência de *débitos* trabalhistas, cujo reconhecimento é incompatível com decisões de natureza *declaratória* ou *constitutiva*.

O dispositivo refere-se ainda aos "acordos judiciais trabalhistas", sem mencionar a necessidade de sentença homologatória nem a ocorrência de trânsito em julgado. A técnica adotada pelo legislador, embora pudesse parecer falha, é consentânea com os dispositivos da CLT atinentes ao processo do trabalho: as passagens celetistas que se referem ao "acordo trabalhista" dispensam, em sua maioria, a menção à *sentença homologatória*, pois esse acordo, reduzido a termo, deve ser "assinado pelo

(1) Trecho da petição inicial da ADI reproduzido pela notícia sobre o ajuizamento dessa demanda no *website* do Supremo Tribunal Federal (BRASIL. Supremo Tribunal Federal. *ADI questiona exigência de certidão negativa de débito trabalhista*. Brasília, 3 de fevereiro de 2012. Disponível em: <http://www.stf.jus.br/portal/cms/verNoticiaDetalhe.asp?idConteudo=199050> Acesso em: 6.9.2012).

presidente [*Juiz do Trabalho*] e pelos litigantes, consignando-se o prazo e demais condições para seu cumprimento" (art. 846, § 1º, da CLT). Sendo "assinado pelo presidente" (*rectius*: homologado judicialmente por sentença), o acordo judicial trabalhista, tal como concebido pelo art. 642-A da CLT, *pressupõe a homologação judicial*, sendo desnecessário mencionar-se especificamente a sentença homologatória nesse caso, a qual, inequivocamente, também resolve a questão meritória, nos termos do art. 269, III, do CPC. Já no que concerne ao trânsito em julgado, também neste ponto repercute uma peculiaridade do processo do trabalho: a de que, em regra, o acordo judicialmente homologado não comporta recurso (art. 831, parágrafo único, da CLT), fazendo coisa julgada material de imediato (Súmula n. 100, V, do TST), não necessitando a lei de menção específica quanto à ocorrência de *trânsito em julgado* da decisão homologatória de acordo, ante a expressa previsão da CLT.

O inadimplemento abrange as obrigações que constam em sentença condenatória transitada em julgado ou em acordo judicialmente homologado. Estando inadimplente com as obrigações impostas judicialmente, o nome do devedor será inscrito no Banco Nacional de Devedores Trabalhistas (BNDT), base de dados que alimenta o sistema responsável pela emissão da Certidão Negativa de Débitos Trabalhistas (CNDT). O BNDT foi instituído pela normatização que regulamentou, no âmbito da Justiça do Trabalho, a expedição da CNDT — trata-se da Resolução Administrativa (RA) n. 1.470/2011, aprovada pelo Órgão Especial do Tribunal Superior do Trabalho em 24 de agosto de 2011, a qual dispõe, em seu art. 1º, *caput*, que "é instituído o Banco Nacional de Devedores Trabalhistas — BNDT, composto dos dados necessários à identificação das pessoas naturais e jurídicas, de direito público e privado, inadimplentes perante a Justiça do Trabalho".

Mas quais obrigações seriam essas?

De acordo com a mesma RA n. 1.470/2011, "é obrigatória a inclusão no BNDT do devedor que, devidamente cientificado, não pagar o débito ou descumprir obrigação de fazer ou não fazer, no prazo previsto em lei" (art. 1º, § 1º, da Resolução). Logo, tanto as obrigações de dar/pagar quanto as obrigações de fazer ou não fazer ensejam a inscrição do responsável no Banco Nacional de Devedores Trabalhistas, *desde que se trate de execução definitiva*, pois, em caso de execução provisória, a decisão ainda pende de recurso (art. 899, *caput*, da CLT). No mesmo sentido o disposto no art. 1º, § 3º, da RA n. 1.470/2011, segundo o qual "não será inscrito no Banco Nacional de Devedores Trabalhistas o devedor cujo débito é objeto de execução provisória".

Também será tido por inadimplente aquele que, mediante decisão da Justiça do Trabalho transitada em julgado, estiver em débito quanto aos recolhimentos previdenciários, honorários, custas, emolumentos ou recolhimentos determinados em lei. São, portanto, débitos de três naturezas distintas, que podem ser assim agrupados: os *débitos relativos a obrigações tributárias*; os *débitos relativos à remuneração de serviços profissionais* no processo; e *demais recolhimentos legalmente obrigatórios*.

Quanto às obrigações de natureza *tributária*, o aspecto mais relevante diz respeito às obrigações *previdenciárias*, entendidas estas como as que, nos termos do art. 114, VIII, da Constituição, são executáveis de ofício pela Justiça do Trabalho, após o reconhecimento judicial de débito dessas contribuições. Abarcam aquelas previstas no art. 195, I, *a* da Constituição — contribuição do empregador ou tomador do serviço incidente sobre a remuneração paga ou creditada, a qualquer título, à pessoa física que lhe preste serviço, mesmo sem vínculo empregatício, incluindo a contribuição do Seguro de Acidente de Trabalho (SAT)[2] — e a prevista

(2) "*Orientação Jurisprudencial n. 414 da SBDI-1*. COMPETÊNCIA DA JUSTIÇA DO TRABALHO. EXECUÇÃO DE OFÍCIO. CONTRIBUIÇÃO SOCIAL REFERENTE AO SEGURO DE ACIDENTE DE TRABALHO (SAT). ARTS. 114, VIII, E 195, I, *A*, DA CONSTITUIÇÃO DA REPÚBLICA. (DEJT divulgado em 14, 15 e 16.2.2012). Compete à Justiça do Trabalho a execução, de ofício, da contribuição referente ao Seguro de Acidente de Trabalho (SAT), que tem natureza de contribuição para a seguridade social (arts. 114, VIII, e 195, I, *a*, da CF), pois se destina ao financiamento de benefícios relativos à incapacidade do empregado decorrente de infortúnio no trabalho (arts. 11 e 22 da Lei n. 8.212/1991)".

no inciso II do mesmo artigo — contribuição do trabalhador e dos demais segurados da previdência social. Também são débitos de natureza tributária as *custas*, entendidas estas como "taxas pagas em razão de atos praticados no processo"[(3)], os *emolumentos*, que são "taxas relativas a serviços não judiciais prestados pelos órgãos auxiliares da Justiça do Trabalho"[(4)], sendo ambas espécies tributárias enquadradas como *taxas*.

Já o segundo grupo, abarcando despesas que se destinam a remunerar profissionais que auxiliam o trabalho do Poder Judiciário, abrange os *honorários advocatícios*, que são aqueles devidos aos advogados da parte adversa, nos casos em que houver condenação em honorários sucumbenciais[(5)] à parte vencida na causa; a *verba honorária pericial*, devida ao profissional que atuou no processo para a produção de prova pericial (médico, engenheiro, contador, etc.), cujo pagamento incumbe à parte sucumbente no objeto da perícia, independentemente de sua vitória na causa, salvo se beneficiária da justiça gratuita (art. 790-B da CLT), situação em que o pagamento caberá à União, nos termos da Resolução n. 66/2010 do Conselho Superior da Justiça do Trabalho; e a *verba honorária devida aos tradutores e intérpretes*, embora seja bastante duvidosa a extensão da inadimplência a essa modalidade remuneratória, pois é raríssima a hipótese de não ter havido o depósito respectivo no curso do processo e/ou a reversão da sucumbência em fase recursal que impute ao reclamante, agora vencido na causa, o ressarcimento da despesa que a reclamada tivera efetuado para custear esse serviço no curso do processo.

O terceiro grupo, dos *demais recolhimentos determinados em lei*, pode conter exações tanto de natureza *tributária*, como o recolhimento do imposto de renda nos termos do art. 28 da Lei n. 10.833, de 29 de dezembro de 2003[(6)], quanto de-

(3) ALMEIDA, Cléber Lúcio de. *Direito processual do trabalho*. 2. ed. Belo Horizonte: Del Rey, 2008. p. 274.

(4) *Idem*.

(5) A Súmula n. 219 do TST restringe o pagamento de honorários sucumbenciais a quatro hipóteses: 1) assistência sindical ao empregado beneficiário da justiça gratuita (Súmula n. 219, I); 2) ação rescisória (Súmula n. 219, II); 3) demandas em que a entidade sindical atue como substituto processual (Súmula n. 219, III); e 4) demandas que não derivem da relação de emprego (Súmula n. 219, III). Essa restrição parte da ideia de que o exercício do *jus postulandi* previsto no art. 791 da CLT torna o uso dos serviços de um advogado uma mera faculdade, não sendo adequado condenar a parte adversa por um "capricho" do vencedor na causa. Há, no entanto, forte corrente na doutrina, que avança entre os magistrados de primeiro grau, no sentido de que esse entendimento sumulado não se mostra adequado em face da abrangência do princípio do acesso à Justiça, que não compreende apenas a *possibilidade de ingressar no Judiciário*, mas também o direito de *deter as melhores condições possíveis de utilização das técnicas processuais a fim de tutelar o direito pretendido* (cf. MARINONI, Luiz Guilherme. *Curso de processo civil*. 3. ed. São Paulo: Revista dos Tribunais, 2008, p. 184-187. v. 1 – Teoria Geral do Processo.). Afinal, "há de se lembrar que o fundamento básico da prestação jurisdicional justa consiste em que a parte que tem razão não seja penalizada com qualquer custo processual, revertendo-se estes para a parte perdedora" e que "sob a perspectiva do conceito de processo efetivo, ou seja, aquele que é eficiente para dar a cada um o que é seu por direito e nada além disso, a presença do advogado é fator decisivo para que a consecução deste ideal" (MAIOR, Jorge Luiz Souto. Honorários advocatícios no processo do trabalho: uma reviravolta imposta também pelo novo código civil. *Revista do Tribunal Superior do Trabalho*, Brasília, v. 69, n. 1, p. 150-157, 2003, p. 152). É, pois, cada vez menos sustentável o entendimento sumulado pelo TST a respeito do assunto, pois consolida, ao trabalhador, um prejuízo patrimonial inquestionável: ou o trabalhador desacompanhado de advogado deixa de obter direitos na Justiça do Trabalho, pelo fato de desconhecer a intrincada construção da legislação trabalhista e processual; ou o trabalhador arcará sozinho, *com parte dos seus rendimentos obtidos judicialmente*, com as despesas contraídas pelo "luxo" de contar com um advogado. Mas, ao menos nos TRTs e no TST, essa é, ainda, a posição prevalecente.

(6) "Art. 28. Cabe à fonte pagadora, no prazo de 15 (quinze) dias da data da retenção de que trata o caput do art. 46 da Lei n. 8.541, de 23 de dezembro de 1992, comprovar, nos respectivos autos, o recolhimento do imposto de renda na fonte incidente sobre os rendimentos pagos em cumprimento de decisões da Justiça do Trabalho.

§ 1º Na hipótese de omissão da fonte pagadora relativamente à comprovação de que trata o *caput*, e nos pagamentos de honorários periciais, competirá ao Juízo do Trabalho calcular o imposto de renda na fonte e determinar o seu recolhimento à instituição financeira depositária do crédito.

§ 2º A não indicação pela fonte pagadora da natureza jurídica das parcelas objeto de acordo homologado perante a Justiça do Trabalho acarretará a incidência do imposto de renda na fonte sobre o valor total da avença.

§ 3º A instituição financeira deverá, na forma, prazo e condições estabelecidas pela Secretaria da Receita Federal, fornecer à pessoa física beneficiária o Comprovante de Rendimentos Pagos e de Retenção do Imposto de Renda na Fonte, bem como apresentar à Secretaria da Receita Federal declaração contendo informações sobre:

ter natureza diversa, o que ocorre com as multas por descumprimento da decisão ou por manejo de embargos de declaração protelatórios, além de juros de mora, dentre outras.

A inadimplência do devedor — seja quanto às obrigações de dar/pagar, fazer ou não fazer consignadas na decisão, seja quanto às obrigações conexas (tributárias e outras) — não será reconhecida imediatamente após a certificação, pela Secretaria, do trânsito em julgado. Haverá, ainda, duas circunstâncias intermediárias até que o nome do devedor passe a constar no Banco Nacional de Devedores Trabalhistas: 1) a necessidade de prévia "determinação judicial expressa, preferencialmente por meio eletrônico" (art. 2º, *caput*, da RA n. 1.470/2011); e 2) após a determinação judicial, "o devedor comporá pré-cadastro para a emissão da CNDT e disporá do prazo improrrogável de 30 (trinta) dias para cumprir a obrigação ou regularizar a situação, a fim de evitar a positivação de seus registros junto ao BNDT" (art. 1º, § 4º, da RA n. 1.470/2011). *Somente após o escoamento desse prazo* é que o devedor estará impossibilitado de obter a CNDT.

2.2. Caracterização do inadimplemento decorrente de execução de acordos firmados perante o Ministério Público do Trabalho ou Comissão de Conciliação Prévia

O art. 642-A da CLT dispõe o seguinte a respeito:

"Art. 642-A. [...]

§ 1º O interessado não obterá a certidão quando em seu nome constar:

[...]

II — o inadimplemento de obrigações decorrentes de execução de acordos firmados perante o Ministério Público do Trabalho ou Comissão de Conciliação Prévia.

[...]".

Como se viu no subtópico anterior, o inciso I desse parágrafo trata dos *títulos executivos judiciais trabalhistas*, ou seja: sentença condenatória transitada em julgado e "acordo judicial" (este, em observância à curiosa técnica adotada pela CLT segundo a qual o "acordo judicial" seria algo diferente de "sentença", quando, na verdade, o acordo somente será *titulo judicial quando homologado por sentença*). Já este inciso II trata dos *títulos executivos extrajudiciais* previstos no art. 876, *caput*, da CLT — "os termos de ajuste de conduta firmados perante o Ministério Público do Trabalho e os termos de conciliação firmados perante as Comissões de Conciliação Prévia".

Em sua atuação extrajudicial, cabe ao Ministério Público do Trabalho "instaurar inquérito civil e outros procedimentos administrativos, sempre que cabíveis, para assegurar a observância dos direitos sociais dos trabalhadores" (art. 84, II, da Lei Complementar n. 75/93). O inquérito civil, principal instrumento dessa atuação extrajudicial, destina-se à "preparação para o exercício das atribuições inerentes às suas funções institucionais" (art. 1º da Resolução n. 23/2007 do Conselho Nacional do Ministério Público), servindo, na prática, como meio de obtenção de provas que visem a esclarecer os fatos investigados. Para tanto, o MPT poderá notificar investigados e testemunhas, requisitar documentos, perícias e informações, realizar inspeções e diligências investigatórias (art. 8º e incisos I a IX da LC n. 75/93).

Em regra, o inquérito civil pode ser encerrado de três formas: 1) pelo *arquivamento*, quando, esgotadas todas as possibilidades de diligências, o membro do Ministério Público convencer-se da inexistência de fundamento para a propositura de ação civil pública (art. 9º da Lei n. 7.347/85 e art. 10, *caput*, da Resolução n. 23/2007 do CNMP); 2) pelo contrário, caso estejam presentes elementos para a atuação

---

I — os pagamentos efetuados à reclamante e o respectivo imposto de renda retido na fonte, na hipótese do § 1º;

II — os honorários pagos a perito e o respectivo imposto de renda retido na fonte;

III — as importâncias pagas a título de honorários assistenciais de que trata o art. 16 da Lei n. 5.584, de 26 de junho de 1970;

IV — a indicação do advogado da reclamante."

judicial, o inquérito será arquivado pelo *ajuizamento de ação civil pública ou coletiva*, hipótese em que as provas colhidas no inquérito podem[7] ser utilizadas para instruir a inicial; 3) pelo compromisso do investigado em firmar *termo de ajuste de conduta*, destinado a adequar as suas práticas às exigências legais ou normativas (art. 5º, § 6º, da Lei n. 7.347/85 e art. 14 da Resolução n. 23/2007 do CNMP).

Esse Termo de Ajuste de Conduta (TAC) é título executivo extrajudicial (art. 5º, § 6º, da Lei n. 7.347/85), cabendo ao Ministério Público do Trabalho executá-lo na Justiça do Trabalho (art. 876 da CLT).

Em regra, o TAC veicula obrigações que, se não contassem com o compromisso do investigado, embasariam o ajuizamento de ação civil pública ou ação civil coletiva. Assim, no âmbito do Ministério Público do Trabalho, o TAC destina-se a assegurar a observância — em âmbito difuso, coletivo e individual homogêneo — aos direitos fundamentais atinentes às relações de trabalho, sendo executável o título caso uma ou mais das obrigações assumidas não sejam cumpridas, sem prejuízo de execução, também, da sanção pecuniária em razão do descumprimento.

Já o "acordo firmado perante a Comissão de Conciliação Prévia" diz respeito a um termo de conciliação em que a Comissão de Conciliação Prévia (CCP), colegiado organizado por empresa ou por sindicato, dotado de composição paritária, com representantes dos empregados e empregadores, manifesta a sua prerrogativa de conciliar os conflitos individuais do trabalho (art. 625-A da CLT). A CCP, recebendo representação do empregado a respeito de determinada controvérsia em face do seu empregador, designará sessão de conciliação para que as partes compareçam e exponham seus pontos de vista sobre o conflito. Se, na sessão, houver conciliação a respeito da controvérsia, "será lavrado termo assinado pelo empregado, pelo empregador ou seu preposto e pelos membros da Comissão, fornecendo-se cópia às partes" (art. 625-E, *caput*, da CLT).

As obrigações constantes nesse termo deverão ser cumpridas nos prazos e condições nele estabelecidas. Não havendo cumprimento, o empregado credor poderá promover *execução por título executivo extrajudicial* a fim de obter a satisfação da obrigação, bem como das sanções pecuniárias pelo descumprimento, com a chancela da Justiça do Trabalho, nos termos dos arts. 625-E, parágrafo único, e 876, *caput*, da CLT.

Tanto no caso da execução do TAC quanto na execução do termo de compromisso firmado perante a CCP não há restrições quanto às modalidades das obrigações exequendas: tanto as obrigações de dar/pagar quanto as obrigações de fazer e não fazer que constam em ambos os títulos viabilizam, uma vez descumpridas, a inscrição do nome do executado no BNDT, de forma idêntica ao que ocorre na hipótese do art. 642-A, § 1º, inciso I, da CLT.

A execução desses títulos conta, no entanto, com um aspecto peculiar, no que se refere aos impactos na expedição da CNDT, e que merece uma breve abordagem. De acordo com o art. 1º, § 1º, da Resolução Administrativa (RA) n. 1.470/2011, "é obrigatória a inclusão no BNDT do devedor que, devidamente cientificado, não pagar o débito ou descumprir obrigação de fazer ou não fazer, no prazo previsto em lei". Chama-se a atenção para o fato de que esses títulos costumam trazer, em regra, concessão de *prazos específicos* para o cumprimento da obrigação, que geralmente são mais dilatados — e, portanto, mais *benéficos ao empregador* — do que os previstos em lei (por exemplo: pagamento do décimo terceiro salário do ano anterior até o dia "X", sendo que, nos termos da lei, esse pagamento deveria ter sido feito no próprio ano a que se refere).

(7) Em regra, os elementos colhidos no inquérito são, todos, destinados à prova documental na ação civil pública ou coletiva. Mas essa prática não é obrigatória, já que o inquérito civil é *facultativo* (art. 8º, § 1º, da Lei n. 7.347/85 e art. 1º, *caput*, da Resolução n. 23/2007 do CNMP), não sendo a sua instauração "condição de procedibilidade para o ajuizamento das ações a cargo do Ministério Público, nem para a realização das demais medidas de sua atribuição própria" (art. 1º, parágrafo único, da Resolução n. 23/2007 do CNMP).

Esse prazo estará expressamente previsto no próprio instrumento do TAC ou termo de compromisso e tem duas finalidades principais: delimitar o marco temporal a partir do qual o compromissado estará irregular, em caso de descumprimento da obrigação; e apontar o termo inicial para a incidência e o cálculo da sanção pecuniária devida em razão do descumprimento.

No caso da execução desses títulos executivos extrajudiciais, a inclusão do nome do executado no BNDT não depende da observância do "prazo previsto em lei", mas sim do "prazo previsto no termo", o qual, reitere-se, é geralmente mais elástico e, portanto, mais benéfico ao compromissado do que os prazos legalmente estabelecidos. A promoção de execução desses títulos antes de expirado o prazo concedido pelo Ministério Público do Trabalho ou pelo empregado na conciliação firmada perante a CCP fulmina a demanda executiva, por falta de um pressuposto específico, que é a apresentação, juntamente com a petição inicial da execução, de prova de que se verificou a condição, ou ocorreu o termo (arts. 572 e 614, III, do CPC). Satisfeita essa exigência, porém, a execução desses títulos mostra-se como providência apta à inclusão do nome do devedor no Banco Nacional de Devedores Trabalhistas, situação que somente será revertida se "paga a dívida ou satisfeita a obrigação" (art. 3º, § 4º, da RA n. 1.470/2011). Havendo obrigações de fazer, não fazer e dar/pagar, somente com a quitação de *todas elas* será possível a exclusão do nome do devedor do BNDT. Apresentando o devedor valores suficientes para *garantir o débito*, não será, porém, possível a expedição da CPDT com efeitos de negativa, pois remanesceriam, nessa hipótese, as obrigações de fazer e não fazer inadimplidas por parte do executado. Restariam ao devedor, nesse caso, duas saídas: ou se cumprem as obrigações previstas no título integralmente, caso em que o seu nome será retirado do BNDT (a não ser que haja outros processos que justifiquem a sua manutenção no banco de dados); ou se obtém alguma medida judicial que *suspenda a exigibilidade das obrigações de fazer e não fazer*, não servindo a mera garantia do juízo para tal finalidade, já que esta se destina a assegurar os *valores pecuniários devidos*, não impactando nas demais modalidades de obrigação consignadas no título exequendo.

2.3. Suposta inconstitucionalidade por violação ao contraditório e à ampla defesa pelo art. 642-A, § 1º, inciso I, da CLT

A petição inicial da ADI enfatiza a existência de violação ao contraditório e à ampla defesa, nos seguintes termos:

> Na hipótese do inciso I, exame preliminar pode até aparentar a preservação da aplicação dos princípios constitucionais do contraditório e da ampla defesa, na medida em que a recusa de fornecimento da CNDT só teria lugar depois de exaurida a fase de cognição.
>
> Não se pode olvidar, todavia, que o respeito àqueles princípios se estende à fase executória, durante a qual, não raramente, afloram conflitos, sobretudo a respeito da extensão da tutela já alcançada, ou, por exemplo, da impenhorabilidade de um bem. Com efeito, o processo de execução não é uma simples e automática sucessão de atos.[8]

O argumento é equivocado na medida em que despreza uma situação relevante: *a sentença já transitou em julgado* e, portanto, firmou a presunção de certeza acerca da existência da obrigação. Nesse sentido, o art. 467 do CPC enuncia expressamente que a coisa julgada material corresponde à "eficácia, que torna *imutável* e *indiscutível* a sentença, não mais sujeita a recurso ordinário ou extraordinário".

A ação da CNI pretende, na verdade, viabilizar a absurda implantação de um "efeito suspensivo" em *sentença transitada em julgado*, efeito esse inadmissível mesmo quando a sentença ainda não tenha transitado em julgado, pois, em regra, nem as decisões trabalhistas recorríveis são atacáveis por recurso com efeito suspensivo (art. 899, *caput*, da CLT: "os recursos

---

(8) A petição inicial pode ser encontrada na página virtual do Supremo Tribunal Federal, no seguinte *link:* <http://redir.stf.jus.br/paginadorpub/paginador.jsp?docTP=TP&docID=1695266&ad=s#1%20-%20Peticao%20inicial%20-%20Peti%E7%E3o%20 Inicial%201>.

serão interpostos por simples petição e terão efeito meramente devolutivo, salvo as exceções previstas neste Título, permitida a execução provisória até a penhora").

Já houve, aliás, manifestação na doutrina que veio a sustentar esse entendimento equivocado sobre a inconstitucionalidade da CNDT nesse caso:

> [...] vejam que os recursos trabalhistas cabíveis legalmente, e até mesmo o recurso extraordinário, disposto na Constituição e na lei, não podem ser objeto de vedação para que uma empresa busque sua ampla defesa na execução e queira ser parte em uma licitação pública.(9)

A afirmação não procede. Primeiro porque os recursos trabalhistas — como os demais recursos em outros ramos processuais — não são cabíveis em face de decisão transitada em julgado. Somente se admitem recursos em face de decisão proferida *na própria execução*. Há a possibilidade, no entanto, de o interessado ajuizar ação rescisória e requerer, liminarmente, medida que vise a suspender os efeitos da sentença e/ou a sua execução, nos termos da Súmula n. 405 do TST(10).

Além disso, a *ampla defesa* está mais do que assegurada nesse caso: a normatização do Conselho Superior da Justiça do Trabalho concedeu *mais trinta dias de prazo de "carência"* até que o devedor comprove que a inscrição de seu nome no BNDT está irregular, ou que adotou as medidas necessárias para quitar o débito: "o devedor comporá pré-cadastro para a emissão da CNDT e disporá do prazo improrrogável de 30 (trinta) dias para cumprir a obrigação ou regularizar a situação, a fim de evitar a positivação de seus registros junto ao BNDT" (art. 1º, § 4º, da RA n. 1.470/2011). *Somente após o escoamento desse prazo* é que o devedor estará impossibilitado de obter a CNDT, não havendo qualquer risco de surpreendê-lo com a inscrição no BNDT.

Mas não é só: inscrito o nome do devedor no Banco Nacional de Devedores Trabalhistas, há ainda a possibilidade de expedição de *Certidão Positiva de Débitos Trabalhistas com Efeitos de Negativa*, que será emitida se "suspensa a exigibilidade do débito ou garantida a execução por depósito, bloqueio de numerário ou penhora de bens suficientes, devidamente formalizada" (art. 6º, § 2º, da RA n. 1.470/2011). A certidão terá *os mesmos efeitos da CNDT*, não havendo, portanto, qualquer prejuízo ao executado.

O devedor teve a chance de quitar o seu débito extrajudicialmente. Não o fazendo, poderia tê-lo feito no curso da reclamação trabalhista. Condenado na sentença, poderia ainda quitar a sua obrigação antes do trânsito em julgado da decisão, ou recorrer, demonstrando estar equivocada a decisão condenatória. Mesmo que não apresente defesa minimamente apta a suspender a exigibilidade da obrigação, contará, ainda, com mais 30 (trinta) dias de carência, para regularização do débito, antes de ter o seu nome incluído no BNDT. Não o fazendo, pode, ainda, defender-se na execução e obter certidão que confere os mesmos efeitos da CNDT. E mesmo assim se reclama da ausência de "ampla defesa" nesse caso. E pensar que todas essas oportunidades não são dadas pelas mesmas empresas quando pretendem inscrever o nome de um cidadão num dos serviços de proteção ao crédito existentes ou mesmo ao imputar ao trabalhador uma prática irregular no curso do contrato de emprego...

2.4. Suposta inconstitucionalidade por violação ao contraditório e à ampla defesa pelo art. 642-A § 1º, inciso II, da CLT

É veemente a manifestação da CNI a respeito da inconstitucionalidade do art. 642-A, § 1º, II, da CLT:

---

(9) MACIEL, José Alberto Couto. Inconstitucionalidade da certidão negativa de débito trabalhista. *Revista Magister de Direito do Trabalho*, Porto Alegre, v. 7, n. 44, p. 76-88, set./out. 2011.

(10) "SÚMULA N. 405. AÇÃO RESCISÓRIA. LIMINAR. ANTECIPAÇÃO DE TUTELA. I — Em face do que dispõe a MP n. 1.984-22/00 e reedições e o art. 273, § 7º, do CPC, é cabível o pedido liminar formulado na petição inicial de ação rescisória ou na fase recursal, visando a suspender a execução da decisão rescindenda. II — O pedido de antecipação de tutela, formulado nas mesmas condições, será recebido como medida acautelatória em ação rescisória, por não se admitir tutela antecipada em sede de ação rescisória."

Em pior medida, ainda, a redação do inciso II do § 1º, do art. 642-A, que se dirige aos acordos firmados perante o Ministério Público do Trabalho ou a Comissão de Conciliação Prévia, de vez que, na hipótese, o inadimplente será assim considerado sem que sequer tenha havido exame judicial prévio sobre a controvérsia ratificando o alegado descumprimento dos acordos. É dizer que a empresa receberá a atestação de inadimplente perante a Justiça do Trabalho antes mesmo de a ela ter-se submetido.[11]

A petição tenta propagar a impressão de que bastaria o descumprimento das obrigações constantes nesses títulos para que o nome do devedor fosse inscrito no BNDT. Nisso, está alinhada com as considerações de José Alberto Couto Maciel, que, depois de afirmar que a hipótese do art. 642-A, § 1º, II, da CLT seria um "absurdo jurídico", passa a sustentar que "o TAC, firmado com o Ministério Público do Trabalho, não é processo judicial nem transita em julgado, não podendo o que foi lá acordado ser objeto de penhora, como também não o é os termos da Comissão de Conciliação Prévia"[12].

O equívoco dessas formulações é facilmente detectável: como bem frisa o art. 642-A, § 1º, II, é necessário que seja promovida a *execução judicial* desses títulos ("inadimplemento de obrigações decorrentes de *execução de acordos firmados* perante o Ministério Público do Trabalho ou Comissão de Conciliação Prévia"). Nada mais adequado: se a CNDT destina-se a sinalizar a existência de execuções trabalhistas pendentes de pagamento ou de garantia do juízo, não há razão suficiente para proibir-se que as execuções por *títulos executivos extrajudiciais* detenham o mesmo tratamento jurídico, inclusive *sujeitando, sim, o devedor à penhora em caso* — frise-se uma vez mais — *de execução promovida perante a Justiça do Trabalho*. Não faria sentido algum a inserção, na lei, de títulos *executivos extrajudiciais* se a eles fosse atribuída uma importância meramente simbólica. E, por isso mesmo, a execução por título executivo extrajudicial, no processo do trabalho, não difere em nada da fase de execução trabalhista judicial típica iniciada pelo art. 880 e seguintes da Consolidação das Leis do Trabalho.

Assim, é completamente descabida a ideia de que "a empresa receberá a atestação de inadimplente perante a Justiça do Trabalho antes mesmo de a ela ter-se submetido", sustentada pela petição inicial da ADI.

Um receio que a leitura açodada do dispositivo poderia acarretar seria o fato de que, no processo trabalhista, o magistrado do trabalho não tem ingerência direta acerca da citação, ao contrário do que ocorre no processo civil. O art. 223 do Código de Processo Civil, ao tratar da ciência do réu a respeito da propositura da demanda, menciona o *deferimento* da citação, que deve ser acompanhada de cópia do *despacho* do juiz. Já o art. 841 da Consolidação das Leis do Trabalho alude ao *recebimento da reclamação pelo servidor da Justiça do Trabalho*, o qual deverá, sem intervenção do magistrado, providenciar a expedição da notificação ao reclamado. Comparando-se os dois dispositivos, constata-se que, de fato, o processo trabalhista começa sem qualquer intervenção do juiz, o qual somente terá contato com os autos, em regra, na primeira audiência, situação que difere daquela descrita no CPC, que submete o pedido de citação do réu ao controle judicial (oportunidade em que serão conferidos o recolhimento das custas e o cumprimento dos requisitos legais da petição inicial, nos termos do que prevê o art. 282 do CPC). Assim, seria possível, nessa primeira percepção, *inscrever o nome do executado no Banco Nacional dos Devedores Trabalhistas sem que houvesse sequer um controle judicial a respeito*, pois a execução seria iniciada sem a necessidade de determinação judicial específica. Em outras palavras: se o *caput* do art. 642-A restringe o conteúdo da certidão

(11) A petição inicial pode ser encontrada na página virtual do Supremo Tribunal Federal, no seguinte *link:* <http://redir.stf.jus.br/paginadorpub/paginador.jsp?docTP=TP&docID=1695266&ad=s#1%20-%20Peticao%20inicial%20-%20Peti%E7%E3o%20Inicial%201>.

(12) MACIEL, José Alberto Couto. Inconstitucionalidade da certidão negativa de débito trabalhista. *Revista Magister de Direito do Trabalho*, Porto Alegre, v. 7, n. 44, p. 76-88, set./out. 2011.

aos "débitos inadimplidos perante a Justiça do Trabalho", como essa mesma Justiça poderia inscrever o nome do devedor no BNDT sem que houvesse uma apreciação judicial a respeito desses créditos?

Essa foi uma preocupação que acometeu José Alberto Couto Maciel:

> Como pode uma lei afirmar no art. 642-A que é instituída a Certidão Negativa de Débitos Trabalhistas, expedida *para comprovar a inexistência de débitos inadimplidos perante a Justiça do Trabalho*, e no § 1º, item II, do mesmo artigo, dizer que o inadimplemento de obrigações decorrentes de execução de acordos firmados perante o Ministério Público do trabalho, ou Comissão de Conciliação Prévia também impossibilitam a Certidão Negativa, *se esses débitos não são inadimplidos perante a Justiça do Trabalho*? Viola-se também o art. 5º, II da Constituição, pois a lei determina o impossível, o que ela mesma afirma não poder conceder, pois se a certidão negativa é de débitos trabalhistas existentes na Justiça do Trabalho, como vai encontrar débitos trabalhistas judiciais em acordos e TACs não integrantes da Justiça?[13]

Essa solução, no entanto, é manifestamente precipitada, por duas razões. A primeira, porque a demanda executiva de títulos executivos extrajudiciais no processo do trabalho segue, apesar de não existir previsão específica a respeito, a mesma tramitação da execução judicial comum, nos termos do Título X, Capítulo V, Seção II ("do mandado e da penhora") da CLT. Assim, "requerida a execução, o juiz ou presidente do tribunal *mandará expedir mandado de citação do executado*" (art. 880 da CLT, *caput*, primeira parte). Ora, se o magistrado deve "mandar expedir o mandado", isso significa que a petição inicial da execução trabalhista deve, ao contrário do que ocorre com a reclamação trabalhista, ser submetida ao juiz, para que se determine a expedição de mandado, restando, pois, a causa submetida ao crivo judicial. A segunda razão para rejeitar aquela solução açodada é dada pela Resolução Administrativa que rege o assunto, a qual exige, para a inscrição do nome do devedor no BNDT, a necessidade de prévia "determinação *judicial* expressa, preferencialmente por meio eletrônico" (art. 2º, *caput*, da RA n. 1.470/2011). Por isso, não há qualquer risco de a Justiça do Trabalho ser alijada do amplo controle que deve deter quanto ao gerenciamento e à expedição da certidão, o que torna inócua a ideia de que a disciplina do art. 642-A, § 1º, II, da CLT estaria em contradição com a disposição do próprio *caput*, que restringe a certidão aos "débitos inadimplidos perante a Justiça do Trabalho".

Assim, tanto no caso do inciso I do § 1º do art. 642-A quanto no caso do inciso II, existe *efetivo* controle judicial a respeito da expedição dessas certidões. Diferem as hipóteses dos dois incisos em poucos aspectos: enquanto o inciso I aborda a execução por título executivo *judicial*, o inciso II trata da execução deflagrada por título executivo *extrajudicial*; a hipótese do inciso I pode comportar tanto uma imposição *judicial* (sentença condenatória) quanto um *negócio jurídico processual* (acordo trabalhista homologado pelo juízo), ao passo que nas hipóteses do inciso II, a execução decorre de descumprimento de título *assinado pelo futuro executado*, no qual constam obrigações que ele *voluntariamente* assumiu (pois ninguém é obrigado a firmar conciliação na Comissão de Conciliação Prévia nem aceitar proposta de Procurador do Trabalho para firmar termo de ajuste de conduta); outra diferença reside no fato de que, sendo a hipótese do inciso II uma execução por título executivo extrajudicial, há de se adotar o cuidado de submeter a petição inicial ao crivo judicial, antes de expedir o mandado de citação do executado, não se aplicando o art. 841 da CLT nesse caso.

Deve, pois, a Justiça do Trabalho deve observar os seguintes procedimentos quanto

(13) MACIEL, José Alberto Couto. Inconstitucionalidade da certidão negativa de débito trabalhista. *Revista Magister de Direito do Trabalho*, Porto Alegre, v. 7, n. 44, p. 76-88, set./out. 2011.

a essa modalidade de postulação: 1) nessa execução por título executivo extrajudicial, *não há notificação inicial remetida pelos Correios, nem designação de audiência pelo Setor de Distribuição;* 2) *os autos devem ser tornados conclusos ao juiz assim que autuadas as peças protocoladas pelo exequente;* 3) *é necessária uma determinação judicial específica para que se confeccione o pertinente mandado de citação e penhora* (art. 880, *caput*, da CLT); 4) o mandado deverá estar acompanhado de uma via da petição inicial da demanda executiva e de *uma cópia do título executivo* (termo de conciliação ou de ajuste de conduta), nos termos do art. 880, § 1º, da CLT; e 5) a citação *deve ser promovida por Oficial de Justiça*[14], conforme dispõe o art. 880, § 2º, da CLT.

Vê-se, pois, que nenhum dos incisos do § 1º do art. 642-A contém qualquer mácula que atinja a sua constitucionalidade. A CNDT não será expedida, pois, se houver constatação *judicial* de que houve inadimplemento das obrigações previstas nos títulos executivos, critério razoável e *bem mais benéfico ao devedor* do que os critérios adotados pela chamada "Administração Tributária", que não adota o costume de "processualizar", ainda que administrativamente, a certificação dos supostos débitos encontrados perante o fisco.

3. Segunda suposta inconstitucionalidade: violação aos princípios da isonomia, da licitação pública, da concorrência e da livre-iniciativa

3.1. Modificações na Lei de Licitações e Contratos (Lei n. 8.666/93)

Como já afirmado na introdução deste texto, a Lei n. 12.440/2011 alterou dois dispositivos da Lei n. 8.666/93: o art. 27, IV, passou a exigir, dentre outras, a regularidade fiscal *e trabalhista* dos interessados que pretendam habilitar-se na licitação; e um novo inciso (o V) foi inserido no art. 29 dessa mesma lei, para que a regularidade *trabalhista* seja demonstrada mediante a apresentação de certidão negativa que comprove a inexistência de débitos inadimplidos perante a Justiça do Trabalho.

O impacto dessas modificações é amplo: a própria Lei n. 8.666/93 estipula ser cláusula obrigatória do contrato administrativo "a obrigação do contratado de manter, durante toda a execução do contrato, em compatibilidade com as obrigações por ele assumidas, *todas as condições de habilitação e qualificação exigidas na licitação*" (art. 55, XIII). Dessa forma, enquanto incumbe ao contratado manter as condições que ostentava à época da licitação, deve a Administração fiscalizar a execução do contrato (arts. 58, III, e 67), inclusive quanto ao cumprimento da obrigação de manutenção de regularidade, a qual, desde a lei instituidora da CNDT, *também deve abarcar o aspecto trabalhista.*

A regularidade da habilitação do contratado, quanto ao aspecto *trabalhista* (art. 27, IV, da Lei n. 8.666/93, com a redação que lhe foi dada pela Lei n. 12.440/2011) será verificada, como já se expôs, pela expedição da CNDT (ou da CPDT com efeitos de CNDT). E é *dever da Administração consultar o BNDT, na licitação e, depois de firmado o contrato, periodicamente, de preferência antes de emissão de nova fatura pelo pagamento dos serviços, a fim de que seja verificada a regularidade trabalhista do licitante e, firmado o contrato, do contratado.* A eventual ausência dessa verificação significa, para a Administração, o descumprimento do *dever de fiscalização contratual*, por violação aos arts. 58, III, e 67, *caput*, da Lei n. 8.666/93, de modo que, a um só tempo, *configura-se a conduta culposa da Administração* e o *dever de o ente público assumir o ônus dessa prática, sendo-lhe imputada a responsabilidade subsidiária pelo inadimplemento trabalhista do contratado*, nos termos do item V da Súmula n. 331 do Tribunal Superior do Trabalho[15].

---

(14) Durante algum tempo a carreira de oficial de Justiça, no âmbito do Judiciário da União, foi denominada de *Analista Judiciário — Área Execução de Mandados*. Desde a Lei n. 11.416, de 15 de dezembro de 2006, esse profissional, no âmbito do Judiciário da União, "cujas atribuições estejam relacionadas com a execução de mandados e atos processuais de natureza externa, na forma estabelecida pela legislação processual civil, penal, trabalhista e demais leis especiais" passou a ser denominado como *Oficial de Justiça Avaliador Federal* (art. 4º, § 1º dessa lei).

(15) "Súmula n. 331. [...]. V —Os entes integrantes da administração pública direta e indireta respondem subsidiariamente, nas mesmas condições do item IV, caso evidenciada a sua conduta culposa no cumprimento das obrigações da Lei n. 8.666/93,

3.2. Suposta inconstitucionalidade — a CNDT como critério arbitrário de limitação à participação em procedimento licitatório

A CNI encara a CNDT como critério que inviabiliza arbitrariamente a participação dos interessados nos procedimentos licitatórios:

> A prova de regularidade trabalhista como condição de participação nas licitações públicas revela distorção do procedimento constitucionalmente fincado para satisfação do interesse público, que reclama o maior número de interessados e deve ser pautado pelo princípio da isonomia e ter como propósito maior a obtenção da proposta mais vantajosa para a Administração Pública. [...]
>
> Não se discute que habilitação em processo licitatório é matéria disciplinada pela legislação infraconstitucional, mas não há dúvidas de que essa regulamentação não pode desbordar dos limites impostos pelo inciso XXI do art. 37 da CF, reduzindo a competitividade do certamente com a criação de regras que não se destinem a apurar a capacitação de alguém contratar com o Poder Público. [...]
>
> Certo é que a exigência da CNDT não pretende guardar qualquer relação ou compatibilidade com a natureza do objeto por licitar, nem tampouco revela, necessariamente, traço de qualificação econômica, sabido que visa, unicamente, a se impor como mecanismo "privilegiado" de coerção para cumprimento de decisões judiciais trabalhistas. [...]

Sobressai com nitidez ímpar, portanto, a conclusão de que a exigência da regularidade trabalhista que se pretende implantar, ou por outra, a "mora trabalhista" instaurada através de um banco nacional de devedores, em nada e por nada evidencia que o licitante estaria economicamente comprometido para satisfazer os encargos do contrato a ser celebrado com a Administração Pública.[16]

Segundo o art. 37, XXI, da Constituição, o processo licitatório "somente permitirá as exigências de qualificação técnica e econômica indispensáveis à garantia do cumprimento das obrigações". Houve quem sustentasse que a exigência da CNDT não se enquadraria em qualquer dessas modalidades, por supostamente exorbitar os critérios "técnicos" e "econômicos" referidos no texto constitucional[17]. Mas a certidão, exatamente por se tratar de *adimplência dos créditos trabalhistas*, refere-se inequivocamente à qualificação *econômica* da empresa, de modo que, nesse caso, teria a Administração Pública certa segurança quanto às condições financeiras da contratada para que esta arque com o seu débito. Também se justifica a CNDT, nesse aspecto, pelo fato de que, estando a empresa inadimplente na Justiça do Trabalho, é de se questionar se o cumprimento da legislação trabalhista seria uma prática empresarial consolidada ou não, o que repercute, indubitavelmente, no prejuízo que a Administração contratante suportaria em caso de responsabilização subsidiária — a CNDT, aqui, também viria ao encontro da exigência constitucional de *garantia do cumprimento das obrigações*: qual a garantia de cumprimento das obrigações contratuais que a Administração Pública obteria se a empresa não consegue se-

---

especialmente na fiscalização do cumprimento das obrigações contratuais e legais da prestadora de serviço como empregadora. A aludida responsabilidade não decorre de mero inadimplemento das obrigações trabalhistas assumidas pela empresa regularmente contratada".

(16) A petição inicial pode ser encontrada na página virtual do Supremo Tribunal Federal, no seguinte *link*: <http://redir.stf.jus.br/paginadorpub/paginador.jsp?docTP=TP&docID=1695266&ad=s#1%20-%20Peticao%20inicial%20-%20Peti%E7%E3o%20Inicial%201>.

(17) "O processo de licitação, portanto, constitucionalmente, somente permite exigências de qualificação técnica e econômica indispensáveis à garantia do cumprimento das obrigações. As exceções, na forma do citado inciso, são ressalvas especificadas em leis ordinárias, possibilitando a legislação suplementar definir hipóteses específicas de inexigibilidade e de dispensa de licitação, mantidas sempre, quando houver licitação obrigatória, exigências de qualificação técnica e econômica, indispensáveis à garantia do cumprimento das obrigações, exigências estas que nada têm a ver com a certidão negativa de débitos trabalhistas. [...] Ora, uma empresa que se defende na execução, por meios processuais próprios previstos na legislação, não pode ser proibida de integrar a licitação pública mediante uma certidão negativa de débito trabalhista, pois este débito não a coloca como sem qualificação técnica ou econômica, sendo de se lembrar que, dificilmente, alguma empresa no país deixa de ter um processo trabalhista em execução de sentença" (MACIEL, José Alberto Couto. Inconstitucionalidade da certidão negativa de débito trabalhista. *Revista Magister de Direito do Trabalho*, Porto Alegre, v. 7, n. 44, p. 76-88, set./out. 2011).

quer cumprir as obrigações relativas aos direitos dos efetivos executores do contrato — os seus empregados? E qual a garantia de solvabilidade da empresa que se pode ter se nem mesmo a mais elementar de suas responsabilidades — a observância dos direitos de seus empregados — está sendo cumprida regularmente?

É certo que a CNDT também funciona como uma ferramenta para minimizar os riscos de inexecução contratual em caso de contratação de serviços terceirizados por parte da Administração Pública — e não há qualquer inconstitucionalidade ou arbitrariedade no fato de o ente público reduzir as possibilidades de sua responsabilização subsidiária em caso de inadimplemento do contratado. De acordo com a jurisprudência consolidada do Tribunal Superior do Trabalho, uma vez ocorrendo o inadimplemento das verbas trabalhistas devidas, o tomador do serviço, pessoa jurídica de direito público ou privado, responderá subsidiariamente pelo débito, que "abrange *todas* as verbas decorrentes da condenação referentes ao período da prestação laboral" (Súmula n. 331, VI, do TST). Constata-se, pois, a existência de uma correlação entre *a amplitude da CNDT* — todas as obrigações decorrentes de decisão judicial trabalhista — e a *amplitude da responsabilização subsidiária* — todas as verbas decorrentes da condenação, correlação esta amparada em duas circunstâncias: *uma*, o fato de o tomador ter sido o beneficiário direto do serviço prestado, devendo assumir os ônus *integrais* por conta da equivocada contratação e fiscalização, e *duas*, o fato de que, destinando-se a CNDT a abranger *todas* as importâncias discutidas no processo trabalhista, o pagamento ou a garantia integral do débito, para que se possa expedir a certidão, aumenta a certeza, para o ente público contratante, da *solvência* da empresa contratada, tendo sido sua saúde financeira demonstrada, em tese, a partir do momento em que a devedora reúne condições de cobrir todos os seus débitos, ao menos na Justiça do Trabalho.

Por tudo isso, sendo a regularidade trabalhista uma demonstração inequívoca da *capacidade econômica* da empresa em cumprir o contrato administrativo, não se verifica qualquer mácula ao art. 37, XXI, da Constituição, por parte da Lei n. 12.440/2011.

Também não se constata qualquer agressão ao princípio da isonomia, pois *todas as interessadas em participar da licitação deverão apresentar a CNDT ou a certidão positiva com efeitos de negativa*. A Lei n. 12.440/2011 não criou qualquer ressalva a essa exigência, de modo a ficar evidente a inexistência de qualquer inconstitucionalidade nesse sentido.

Idênticas considerações são extensivas à suposta violação ao princípio da livre-iniciativa: além de *todas as interessadas serem obrigadas a apresentar a CNDT nas licitações*, a certidão, como já visto, *não impõe qualquer restrição indevida ao exercício de atividade econômica*, visto que as empresas que são devedoras perante a Justiça do Trabalho podem constituir-se e funcionar normalmente. Não poderão participar de licitações, é certo, mas isso não implica uma agressão a esse princípio, pois a livre-iniciativa não autoriza o exercício *irresponsável* de atividade econômica, tampouco de exploração *impune* dessa atividade. Especialmente no que diz respeito aos direitos dos trabalhadores, não é demais lembrar que *a livre-iniciativa está ao lado dos valores sociais do trabalho* como fundamento da República Federativa do Brasil (ambos mencionados no art. 1º, IV, da Constituição). Por isso, não é concebível a concessão de um privilégio àquela em detrimento destes.

Por fim, cabe apontar que a aceitação desse argumento traria consequências nefastas tanto para os trabalhadores quanto para a Administração Pública: ao se permitir que participem da licitação uma empresa regular com suas responsabilidades trabalhistas e outra com débitos em face de seus empregados, esta tem inequívoca condição de oferecer proposta com menor preço, já que o "custo trabalhista" não precisaria ser honrado. A permissão desse cenário significaria a aceitação da concorrência desleal, essa sim violadora da livre concorrência a que se refere o art. 170, IV, da Constituição, além de viabilizar a prática do conhecido *dumping social*, expediente a partir do qual as garantias sociais básicas são vilipendiadas para que se obtenham ganhos econômicos desproporcionais, desequilibrando as relações sociais e a dinâmica da economia de mercado.

4. Conclusões

Como se constata, nada há de inconstitucional na Lei n. 12.440/2011, sendo certo que a Certidão Negativa de Débitos Trabalhistas não afronta, nem na sua instituição, nem no procedimento de sua obtenção, qualquer preceito constitucional.

A postulação da CNI ampara-se, como visto, em premissas inconsistentes. Ao se pretender a obtenção de efeito suspensivo a uma sentença trabalhista transitada em julgado, a ação direta de inconstitucionalidade ignora que a ampla defesa e o contraditório foram exercidos durante toda a construção do título executivo. Se, apesar dos meios de resistência processual, houve condenação, isso significa que efetivamente o débito existia. Mesmo assim, ainda há a possibilidade de defesa na execução, o que viabiliza a obtenção de certidão positiva com os mesmos efeitos da CNDT, não havendo, pois, qualquer prejuízo ao interessado.

A ADI também manifesta incompreensão quanto à execução por título executivo extrajudicial trabalhista, pois a simples existência do título, ainda que as obrigações tenham sido descumpridas, não gera, de imediato, a inviabilidade de obtenção da CNDT, a qual somente será obstada depois de determinação judicial específica.

Ao contrário de afrontar as premissas constitucionais relativas à licitação — isonomia entre os participantes e a garantia, pelo contratado, do cumprimento das obrigações — a Certidão Negativa de Débitos Trabalhistas é mecanismo que reforça a isonomia no procedimento licitatório (ao inviabilizar que empresas descumpridoras de suas obrigações trabalhistas possam oferecer, artificialmente, um menor preço em sua proposta) e colabora para que os valores sociais do trabalho sejam respeitados pelos empregadores interessados em contratar com a Administração Pública, minimizando o risco de os entes públicos arcarem com débitos trabalhistas que deveriam ser assumidos pelos empregadores que prestaram o serviço ao Estado.

Não é por acaso que, no período anterior à edição da Lei n. 12.440/2011, percentual significativo das demandas trabalhistas que diuturnamente chegavam à Justiça do Trabalho versava sobre responsabilidade subsidiária do ente público tomador do serviço, o qual se via na obrigação de arcar com os débitos trabalhistas de empregados de prestadoras de serviço sem qualquer idoneidade econômico-financeira. Espera-se que, com a instituição da CNDT, esse cenário possa ser extinto ou, ao menos, minimizado.

Referências

ALMEIDA, Cléber Lúcio de. *Direito processual do trabalho*. 2. ed. Belo Horizonte: Del Rey, 2008.

BRASIL. Supremo Tribunal Federal. *ADI questiona exigência de certidão negativa de débito trabalhista*. Brasília, 3 de fevereiro de 2012. Disponível em: <http://www.stf.jus.br/portal/cms/verNoticiaDetalhe.asp?idConteudo=199050> Acesso em: 6.9.2012.

MARINONI, Luiz Guilherme. *Curso de processo civil*. 3. ed. São Paulo: Revista dos Tribunais, 2008. v. 1 — Teoria Geral do Processo.

MAIOR, Jorge Luiz Souto. Honorários advocatícios no processo do trabalho: uma reviravolta imposta também pelo novo código civil. *Revista do Tribunal Superior do Trabalho*, Brasília, v. 69, n. 1, p. 150-157, 2003.

MACIEL, José Alberto Couto. Inconstitucionalidade da certidão negativa de débito trabalhista. *Revista Magister de Direito do Trabalho*, Porto Alegre, v. 7, n. 44, p. 76-88, set./out. 2011.

O Pacto de São José da Costa Rica e a Possibilidade de Prisão Civil por Dívida Alimentar Trabalhista

Marcelo José Ferlin D'Ambroso(*)

Sumário: Introdução. 1. Princípios fundamentais da República e acesso à justiça. 2. Retenção de salários, mora salarial e danos sociais. 3. Resposta judicial in extremis *— fundamentos acautelatórios. 4. Prisão civil por dívida alimentar trabalhista. 5. Conclusões. 6. Referências bibliográficas e links de consulta.*

Resumo: o artigo sustenta a possibilidade de prisão civil por dívida alimentar de caráter trabalhista dos responsáveis por retenção de salários, abordando a incorporação do Pacto de São José da Costa Rica ao ordenamento jurídico pátrio e suas implicações na questão, desde a perspectiva do acesso à justiça.

Palavras-chave: Pacto de São José da Costa Rica; acesso à justiça; prisão civil; dívida alimentar trabalhista; retenção de salários; débito salarial; mora contumaz.

Introdução

Discute-se, neste texto, a ponderação entre dois valores: o direito individual à liberdade dos empregadores, em cotejo do próprio direito à vida dos trabalhadores, seriamente comprometido quando submetidos à situação de mora salarial.

Com efeito, a proposta é questionar quais são as consequências e responsabilidades daqueles que dão causa a uma situação de extrema vulnerabilidade dos trabalhadores e de seus familiares, com a retenção de salários, inflamando problemas sociais gravíssimos, com dimensões que se fazem sentir muito além do âmbito das relações entre capital e trabalho.

(*) Procurador do Trabalho, Coordenador da Procuradoria do Trabalho no Município de Chapecó — SC, Coordenador Regional da Coordenadoria Nacional de Combate às Irregularidades na Administração Pública na PRT12, Vice-Coordenador Regional da Coordenadoria Nacional de Erradicação do Trabalho Escravo na PRT12, Diretor Jurídico do IPEATRA — Instituto de Estudos e Pesquisas Avançadas da Magistratura e do Ministério Público do Trabalho, Bacharel em Direito pela Universidade Federal de Santa Catarina, Pós-graduado em Trabalho Escravo pela Faculdade de Ciência e Tecnologia da Bahia, especialista em Relações Laborais (OIT, *Università di Bologna, Universidad Castilla-La Mancha*), especialista em Direitos Humanos (Universidad Pablo de Olavide e Colégio de América), especialista em Jurisdição Social (*Consejo General del Poder Judicial de España* – Aula Iberoamericana).

Por outro lado, se todas as pessoas em situação vulnerável gozam, atualmente, de proteção especial do Estado e de mecanismos contemporâneos de efetividade de seus direitos, como se pode ver no Estatuto da Criança e do Adolescente, no Estatuto do Idoso, na Lei Maria da Penha, ou no próprio Código de Defesa do Consumidor, etc., no âmbito trabalhista, embora a CLT esteja desatualizada para proteção do trabalhador exposto às situações vulneráveis como a ora narrada, há fato novo concernente ao *status* do Pacto São José da Costa Rica (Convenção Americana sobre Direitos Humanos, de 22 de novembro de 1969[(1)]) no contexto pós EC n. 45/2004.

E é justamente na esteira da decisão do excelso STF que, com base neste diploma internacional, extinguiu a prisão civil do depositário infiel, a fundamentação dessas breves anotações da possibilidade de elastecimento da prisão civil para abarcar a hipótese de inadimplemento de obrigação de caráter alimentar trabalhista, na forma contida no art. 7º, 7, do Pacto, consoante adiante se esmiuçará.

Como a Constituição da República resguarda a apreciação judicial de lesão ou ameaça à direito, nos termos do art. 5º, XXXV, e ante a vulnerabilidade impingida às vítimas da odiosa prática de retenção de salários, já por este prisma se iniciará o embasamento da justificação da medida proposta em caráter excepcionalíssimo.

É o que se passa a explanar.

1. *Princípios fundamentais da República e acesso à justiça*

O respeito à legislação trabalhista e ao trabalhador é condição fundamental para o desenvolvimento sustentável da sociedade e para o cumprimento dos princípios fundamentais da República concernentes ao valor social do trabalho e dignidade da pessoa humana. Por óbvio que as condutas que violam a legislação social, notadamente as atitudes abusivas daqueles empregadores que se valem de sua posição econômica para impor condições aviltantes às pessoas que necessitam vender sua força de trabalho, dentro de seu microcosmo legisferante (empresa)[(2)], constituem macro lesões que afrontam a própria existência do Estado.

Não há dúvida de que os objetivos fundamentais constantes do art. 3º, I a IV, da CF, relativos à construção de uma sociedade livre, justa e solidária, garantia do desenvolvimento nacional, erradicação da pobreza e da marginalização e redução das desigualdades sociais e regionais, e, finalmente, promoção do bem de todos, sem preconceitos de origem, raça, sexo, cor, idade e quaisquer outras formas de discriminação, ficam seriamente comprometidos com a conduta de retenção de salários.

Com esta abordagem inicial, e lembrando que o art. 7º da Constituição da República consagra os chamados direitos humanos de segunda geração, os direitos sociais da massa trabalhadora, os quais se pode ter por praticamente violados em sua integralidade diante de uma retenção de salários, é que se adentra na temática propriamente dita.

Pois bem. As novas modificações do art. 5º da CF, cujo § 3º foi acrescentado pela EC n. 45/04, elevando os tratados e convenções sobre direitos humanos à condição de norma constitucional, positivam um sistema protecional e de prevalência dos direitos humanos na República.

O direito de acesso à justiça, por sua vez, que também constitui um direito humano (e de primeira geração, por se enquadrar no rol de direitos civis e políticos), está identicamente previsto na cláusula pétrea do art. 5º, XXXV, da Constituição da República, restando diretamente imbricado na questão. A garantia de acesso à justiça está elencada na Convenção Americana sobre Direitos Humanos (Pacto de São José da Costa Rica — Dec. n. 678/92), como direito civil das pessoas, como se lê em seu art. 25, *litteram*:

"Art. 25. Proteção Judicial

(1) Decreto Legislativo n. 27, de 26.5.1992.

(2) Refiro-me ao poder regulamentador empresarial.

1. Toda pessoa tem direito a um recurso simples e rápido ou a qualquer outro recurso efetivo, perante os juízos ou tribunais competentes, que a projeta contra atos que violem seus direitos fundamentais reconhecidos pela constituição, pela lei ou pela presente Convenção, mesmo quando tal violação seja cometida por pessoas que estejam atuando no exercício de suas funções oficiais.

2. Os Estados-Partes comprometem-se:

a) a assegurar que a autoridade competente prevista pelo sistema legal do Estado decida sobre os direitos de toda pessoa que interpuser tal recurso;

b) a desenvolver as possibilidades de recurso judicial; e

c) a assegurar o cumprimento, pelas autoridades competentes, de toda decisão em que se tenha considerado procedente o recurso."

Vale dizer, no ordenamento positivo brasileiro, o direito de acesso à justiça do cidadão trabalhador garante que, em caso de mora salarial, tenha à disposição um recurso simples, rápido e efetivo perante os juízos e tribunais trabalhistas para resolver o problema.

Segundo o entendimento de Joel Dias Figueira Júnior, para que o acesso à ordem jurídica justa se concretize em toda a sua plenitude é imprescindível que se verifique, primeiramente, a formação da conscientização difusa do direito de ação ou conscientização coletiva do direito de acesso aos tribunais. Em segundo lugar, faz-se necessário que se proporcione aos litigantes a paridade jurídica e fática concedida às partes dentro do processo, apta a conferir igualdade de instrumentos para a consecução de seus objetivos. Todos têm direito à adequada tutela jurisdicional, não bastando apenas a previsão normativa constitucional e principiológica do acesso à justiça, sendo necessária a existência de mecanismos geradores da efetividade do processo por intermédio de instrumentos que possibilitem a consecução dos objetivos perseguidos pelo autor, com rapidez (ou seja, dentro de um período de tempo razoável e compatível com a complexidade do litígio, proporcionando, assim, ao beneficiário da medida, a concreta satisfação do escopo perseguido)[(3)].

O direito em geral deve ser examinado considerando a perspectiva dos "usuários" e não somente a perspectiva dos produtores do direito, de modo que a recomposição da ordem jurídica pela atuação concreta e efetiva do Estado-juiz, em face de qualquer lesão ou ameaça a direito, é uma manifesta afirmação de cidadania, além de representar confiança no poder legalmente constituído[(4)].

José Afonso da Silva ressalta que onde não há conflitos de interesses, não há necessidade de justiça, que deve ser entendida como aquele valor supremo de uma sociedade fraterna, pluralista e sem preconceito, conforme dispõe o Preâmbulo da Constituição. A cidadania é o foco para onde converge a soberania popular e consiste na consciência de pertinência à sociedade estatal como titular dos direitos fundamentais, da dignidade como pessoa humana, da integração participativa no processo do poder com a igual consciência de que essa situação subjetiva envolve também deveres de respeito à dignidade do outro, de contribuir para o aperfeiçoamento de todos. Portanto, essa cidadania requer providências estatais no sentido da satisfação de todos os direitos fundamentais em igualdade de condições. Dentre os direitos fundamentais da pessoa humana sobreleva o direito que todos têm à jurisdição[(5)].

Vale a transcrição do entendimento de José Afonso da Silva, na referência à Cappelletti:

"[...] o acesso à justiça não é só uma questão jurídico-formal, mas é também e especialmente um problema econômico social, de sorte que sua aplicação real depende da

(3) FIGUEIRA JÚNIOR, Joel Dias. Acesso à justiça e tutelas de urgência: o pleno acesso à ordem jurídica justa e a efetividade do processo. *Jurisprudência Brasileira Cível e Comercial*, v. 175, p. 62-63, jul. 1994.

(4) FIGUEIRA JÚNIOR, Joel Dias. *Op. cit.*, p. 64.

(5) SILVA, José Afonso da. Acesso à justiça e cidadania. *Revista de Direito Administrativo*, Rio de Janeiro: Renovar, v. 216, p. 9-11, abr. 1999.

remoção de vários obstáculos de caráter material, para que os pobres possam gozar do princípio de uma Justiça igual para todos. Ter acesso ao Judiciário sem a garantia de um tratamento igualitário não é participar de um processo justo. [...] A cidadania não se realizará com a simples igualdade perante a lei, pois, como lembra Cappelletti, 'hoje, é bem claro que tratar como iguais a sujeitos que econômica e socialmente estão em desvantagem não é outra coisa senão uma ulterior forma de desigualdade e de injustiça'."(6)

Dessa forma, o direito de acesso à justiça é o primeiro fundamento para que o Poder Judiciário atue concretamente nos casos de mora contumaz salarial, proporcionando o efetivo acesso à justiça pelos trabalhadores-vítimas, com um remédio jurídico rápido, simples e efetivo.

2. Retenção de salários, mora salarial e danos sociais

O salário é a principal contraprestação devida pelo empregador no contrato de trabalho por constituir a remuneração da força de trabalho despendida pelo empregado e a razão de sua subsistência, assim, tem inegável caráter ALIMENTAR.

Por isto mesmo, o crédito trabalhista goza de superprivilégio na hierarquia creditícia brasileira, conforme previsão legal (art. 83, I, da Lei n. 11.101/05 — Lei das Falências, e art. 449 da CLT), inclusive se sobrepondo ao crédito tributário, na consonância da disposição do art. 186 do Código Tributário Nacional ("o crédito tributário prefere a qualquer outro, seja qual for a natureza ou o tempo da constituição deste, **ressalvados os créditos decorrentes da legislação do trabalho**" — com destaque).

Tal preferência desdobra-se no direito processual do trabalho, com a previsão do parágrafo único do art. 652 da CLT, de que os créditos de natureza salarial terão preferência para julgamento.

De sorte que a dimensão da violação à ordem jurídico-social que se perpetra com a conduta de retenção de salários alcança espectro múltiplo e de alto potencial de nocividade às vítimas e à sociedade, sendo diversos os dispositivos e princípios constitucionais desprezados (*e.g.*, arts. 1º, III e IV, 170, *caput*, e 193, *caput*, da Constituição Federal), além de tratar-se de comportamento rechaçado pela legislação pátria na **categoria de crime** (art. 7º, X, da CF, c/c art. 4º do Dec.-lei n. 368/68), consubstanciando, assim, fundamento relevante para se invocar a tutela excepcional de segregação do responsável.

E conquanto até a presente data não tenha havido regulamentação do art. 7º, X, da CF, a lacuna pode ser preenchida com o citado Decreto-lei n. 368/68 — dispõe sobre efeitos de débitos salariais e dá outras providências, que trabalha dois conceitos distintos:

— débito salarial: de acordo com o parágrafo único do art. 1º, é o não pagamento, no prazo e nas condições da lei ou do contrato, do salário devido aos empregados, caso em que os diretores, sócios, gerentes, membros de órgãos fiscais ou consultivos, titulares de firma individual ou quaisquer outros dirigentes de empresa responsável, não poderão pagar honorário, gratificação, *pro labore* ou qualquer outro tipo de retribuição ou retirada a seus diretores, sócios, gerentes ou titulares da firma individual; nem distribuir quaisquer lucros, bonificações, dividendos ou interesses a seus sócios, titulares, acionistas, ou membros de órgãos dirigentes, fiscais ou consultivos; a empresa também não poderá ser dissolvida;

— mora contumaz: segundo o § 1º do art. 2º, "considera-se mora contumaz o atraso ou sonegação de salários devidos aos empregados, por período igual ou superior a 3 (três) meses, sem motivo grave e relevante, excluídas as causas pertinentes ao risco do empreendimento". Nesta hipótese, além das proibições *supra*, não poderá haver favorecimento com qualquer benefício de natureza fiscal, tributária, ou financeira, por parte de órgãos da União, dos Estados ou dos Municípios, ou de que estes

(6) SILVA, José Afonso da. *Op. cit.*, p. 15.

participem, salvo se a operação de crédito se destinar à liquidação dos débitos salariais existentes.

Crucial frisar que o art. 4º do Dec.-lei n. 368 tipifica a conduta contrária às proibições do art. 1º referentes à vedação de distribuições de *pro labore*, gratificações, lucros, etc., ao corpo diretivo e societário do empreendimento, como crime sujeito à pena de detenção de um mês a um ano, sendo que o art. 7º ainda acresce multa administrativa independente da responsabilidade criminal das pessoas implicadas, a ser aplicada pelo Delegado Regional do Trabalho, da ordem de 10% a 50% do débito salarial.

Verifica-se aqui a dimensão múltipla e gravidade da violação social atinente à mora salarial, com implicações de ordem civil (trabalhista e dano moral), administrativa e criminal.

De modo que a lei presume a **retenção dolosa** de salários quando a mora atinge os noventa dias. Mas, e quando a mora é inferior, *quid iuris*?

Nos tempos que correm, ninguém está preparado a suportar mora de sua renda por prazo superior a trinta dias, que dirá noventa, quando, atrasados por consequência pelo mesmo período, luz, água, prestação de imóvel ou aluguel, prestação do carro, etc., o cidadão ficará absolutamente à míngua, pois fatalmente haverá corte de água e energia e já estará com o Oficial de Justiça batendo na porta para retomar o veículo e o imóvel. Isto para não falar nos devedores de pensão alimentícia familiar, cuja prisão será iminente — sobre isto tornarei adiante.

Como dito, o Decreto-lei n. 368/68, pela leitura conjugada dos arts. 4º e 2º, adota a presunção de retenção dolosa a partir dos noventa dias, qualificando-a de contumaz, e legitimando a ação penal pelo crime do art. 4º, sem maiores evidências além da identificação dos responsáveis (autoria), e da mora contumaz combinada com a infração às vedações do art. 1º (materialidade), porém, nada impede a prova ou demonstração da mora intencional pelos meios usuais em direito admitidos em lapso menor, porquanto, repita-se, não é razoável aguardar o atraso de três meses de salário para a adoção de medida efetiva (de ordem penal), contra o infrator[7].

E considerando o arcabouço de princípios protetivos relativos ao salário, notadamente os da pontualidade e da intangibilidade, estampados nos arts. 459 e 462 da CLT, e, também, o ônus da prova do empregador quanto à paga de salários (art. 464 da CLT), e a distribuição do ônus da prova pela aptidão de sua produção (arts. 355, 357 e 359 do CPC, c/c art. 6º, VIII, do CDC; CLT, art. 769), em caso de débito salarial, cabe ao empregador acionado demonstrar em juízo o evento não intencional e que possa ser escusado — ou seja, que pelo princípio da razoabilidade, possa ser compreendido como não causado por sua conduta (caso fortuito, força maior, fato do príncipe, ato de terceiro), excluídos sempre os riscos do empreendimento.

3. *Resposta judicial in extremis — fundamentos acautelatórios*

Superando a fase introdutória da temática, resta a indagação de qual a resposta da Justiça do Trabalho diante de uma conduta de mora salarial por retenção dolosa de salários.

Dos ensinamentos de Ovídio Baptista da Silva, colhe-se que:

"Casos há, de urgência urgentíssima, em que o julgador é posto ante a alternativa

(7) Segundo o parágrafo único do art. 4º, caso a autoridade do Ministério do Trabalho e Emprego apure infração às vedações do art. 1º, na hipótese de débito salarial, caberá representar ao Ministério Público para instauração da competente ação penal, sob pena de responsabilidade, estabelecendo, também, a obrigatoriedade da medida criminal (ação penal de caráter público). Não pretendendo avançar na temática, que não é objeto deste estudo, entende-se que tal representação deva ser feita ao Ministério Público do Trabalho, que é o ramo naturalmente legitimado para as medidas coercitivas quando das transgressões à legislação social, na forma da Constituição da República (art. 128, I, *b*, c/c art. 129, I) e da LOMPU, abrindo-se o exercício da ação penal pelo ramo ministerial trabalhista com fundamento nos arts. 6º, V, c/c art.84, *caput*, da Lei Complementar n. 75/93, na Justiça Comum dos Estados, enquanto suspensa a possibilidade de competência penal da Justiça do Trabalho pela liminar do STF na ADI n. 3.684.

entre prover ou perecer o direito que, no momento, apresente-se apenas como provável, ou confortado com prova de simples verossimilhança. Em tais casos, se o índice de plausibilidade do direito for suficientemente consistente aos olhos do julgador — entre permitir sua irremediável destruição ou tutelá-lo como simples aparência — esta última solução torna-se perfeitamente legítima. O que, em tais casos especialíssimos, não se mostrará legítimo será o Estado recusar-se a tutelar o direito verossímil, sujeitando seu titular a percorrer as agruras do procedimento ordinário, para depois, na sentença final, reconhecer a existência apenas teórica de um direito definitivamente destruído pela completa inocuidade prática."[8]

Ora, os arts. 798 e 799 do CPC[9], que regulam o poder geral de cautela do Magistrado, de aplicação subsidiária ao processo do trabalho, de acordo com o art. 768 da CLT, assim dispõem:

"**Art. 798.** Além dos procedimentos cautelares específicos, que este Código regula no Capítulo II deste Livro, poderá o juiz determinar as medidas provisórias que julgar adequadas, quando houver fundado receio de que uma parte, antes do julgamento da lide, cause ao direito da outra lesão grave e de difícil reparação.

Art. 799. No caso do artigo anterior, poderá o juiz, para evitar o dano, autorizar ou vedar a prática de determinados atos, ordenar a guarda judicial de pessoas e depósito de bens e impor a prestação de caução."

Havendo prova inequívoca de mora salarial mediante retenção dolosa, abre-se a possibilidade de conhecimento de plano da matéria de fundo. No mesmo compasso, documentos e depoimentos podem estampar a verossimilhança da alegação desta prática. Em qualquer dessas hipóteses, a cautela de segregação dos responsáveis torna-se a medida cabível e mais eficaz para debelar um problema social premente e obrigar os infratores ao cumprimento da legislação trabalhista vilipendiada, ato este afeto ao poder geral de cautela ínsito aos Magistrados e contido nos citados arts. 798 e 799 do CPC, que pode ser usado sempre que houver fundado receio de ameaça a direito e possibilidade de lesão irreparável. Ora, nada mais irreparável do que a perda da subsistência mediante sonegação de salários!

Está-se a tratar aqui de caso de violação extrema de contrato, atingindo esfera intangível relativa à sobrevivência do contratado (trabalhador) e que, *ipso facto*, de caráter excepcionalíssimo, a justificar até mesmo (dependendo da prova que embasar o pleito) concessão de liminar *inaudita altera pars*, cuja finalidade será sempre a preservação de eficácia do provimento jurisdicional de fundo no tocante à subsistência das vítimas (trabalhadores).

A natureza da cautela, frise-se, de ordem excepcional, visará à correção imediata da mora e a impedir a ampliação de seus efeitos deletérios, através da segregação dos réus, como forma mais célere e eficaz (e, por isto mesmo, em consonância do art. 25.1 do Pacto de São José da Costa Rica), de evitar enormes lesões aos trabalhadores-vítimas que prestaram serviços, valendo lembrar a situação privilegiada dos responsáveis que, ao usufruir dos frutos desta mão de obra, deixam à míngua o pessoal. Por pior, usualmente nesses casos, os contratos de trabalho seguem em aberto, com paralisação de atividades empresariais, e, como corolário, as CTPSs ficam também sem baixa ou até retidas, comprometendo a busca de novo emprego (renda) pelas vítimas.

Por estas razões, é crucial lembrar a eventual inocuidade do provimento jurisdicional final para agasalhar este tipo de pedido de natureza alimentar, quando não promovida a cautela aqui defendida, pois significaria um prêmio aos infratores da lei, que poderiam continuar atrasando ou sonegando novos pagamentos de salários enquanto se arrastar o processo,

(8) Silva, Ovídio A. Baptista da. A antecipação da tutela na recente reforma processual. *In:* TEIXEIRA, Sálvio de Figueiredo. *Reforma do código de processo civil*. São Paulo: Saraiva, 1996.

(9) Em sede de ação civil pública ou medida cautelar preparatória, o art. 12 da Lei n. 7.345/87 autoriza a concessão de mandado liminar, com ou sem justificação prévia.

ou simplesmente não solver a mora salarial já ocorrida.

Neste norte, é até despiciendo falar em *periculum in mora* nas situações de retenção de salários, quando se imagina os trabalhadores à míngua e o justo receio de que os responsáveis venham a se evadir, juntamente com os bens do empreendimento, deixando os obreiros completamente desamparados e à mercê da própria sorte.

Este é, por excelência, o tipo de situação trabalhista de ordem periclitante e que, por sua própria natureza, sempre representará desafio à eficácia do resultado final do provimento judicial vindicado (purga da mora), como problema de ordem social instaurado a partir da sonegação de créditos alimentares dos que venderam sua força de trabalho em promessa de percepção de salário, fonte de subsistência. O risco de evasão dos sócios e ou de dissipação dos bens que possam solver os débitos é uma ameaça constante de esvaziamento do conteúdo do provimento judiciário trabalhista final, a acarretar total frustração das verbas destinadas à sobrevivência dos trabalhadores vítimas deste tipo de conduta.

Não é, portanto, situação de ordem corriqueira e sem repercussões: toda mora salarial representa séria possibilidade de lesão irreparável aos direitos dos trabalhadores vítimas, especialmente os relacionados à sua subsistência.

Por estes relevantes fundamentos do Estado democrático de direito brasileiro, na proteção dos direitos humanos, impõe-se uma reação enérgica a essas condutas nefastas que mancham a sociedade, de forma indelével, de vergonha e impunidade, na medida em que a sonegação da fonte de renda do cidadão trabalhador significa a ameaça à sua existência e dignidade, evidenciando, muito além da infração ao direito individual da vítima, um dano social, por violação da moralidade coletiva.

A tudo isto, podemos acrescentar a brilhante lição de Guilherme Guimarães Feliciano, acerca da tutela dos direitos humanos nas relações de trabalho:

"IV. TUTELA PROCESSUAL DOS DIREITOS HUMANOS NAS RELAÇÕES DE TRABALHO

4.1. AÇÕES CIVIS PÚBLICAS E COLETIVAS. DANO MORAL COLETIVO

No limiar do século XXI, o Direito universal ressentiu-se da necessidade de instrumentos processuais que favorecessem **tutelas coletivas,** paralelamente aos instrumentos históricos de tutela processual dos direitos individuais (que estão radicados nas concepções individualistas do liberalismo do século XVIII). Nesse encalço, também a legislação brasileira se modernizou.

No Brasil, os mais formidáveis instrumentos para a tutela coletiva dos direitos fundamentais da pessoa humana trabalhadora — tanto no que concerne aos direitos de primeira geração (notadamente se *enfeixados* — interesses individuais homogêneos), quanto no que atine aos direitos de segunda geração (que, enfeixados, configuram interesses coletivos *stricto sensu*) e aos de terceira geração (interesses difusos), são as **ações civis públicas e coletivas.** Esses institutos inspiraram-se nas *public interest actions* e nas *class actions* norte-americanas — essas últimas espelham-se melhor nas ações civis coletivas — e foram introduzidos no Brasil pela Lei da Ação Civil Pública (Lei n. 7.347, de 24.7.1985) e pelo Código de Defesa do Consumidor (Lei n. 8.078, de 11.9.1990), respectivamente.

A esse respeito, interessa desde logo distinguir e definir, com base no direito positivo vigente, as três classes de **interesses coletivos** *lato sensu* (artt. 81 do CDC). Empregamos tal expressão para designar o gênero dos interesses perseguidos em ações coletivas, já que a tendência atual da doutrina é a de empregar a expressão "transindividual" apenas para os interesses difusos e coletivos *stricto sensu* (sem incluir, portanto, os interesses individuais homogêneos).

Nos termos do art. 81 do CDC, os interesses coletivos *lato sensu* podem ser:

I — interesses ou direitos difusos, assim entendidos, para efeitos deste código, os transindividuais, de natureza **indivisível**, de que sejam titulares pessoas indeterminadas e ligadas por **circunstâncias de fato** [titulares **in-**

determinados e **indetermináveis;** *e. g.*, direito da Humanidade ao meio ambiente ecologicamente equilibrado];

II — interesses ou direitos coletivos [*stricto sensu*], assim entendidos, para efeitos deste código, os transindividuais, de **natureza indivisível** de que seja titular grupo, categoria ou classe de pessoas ligadas entre si ou com a parte contrária por uma **relação jurídica base** [titulares em geral **indeterminados,** porém **determináveis;** *e.g.*, direito dos metalúrgicos a um reajuste salarial];

III — interesses ou direitos individuais homogêneos, assim entendidos os decorrentes de **origem comum** [titulares em geral **determinados de plano,** ou ao menos **determináveis**].

Diz-se haver **ação civil pública** quando o interesse sob tutela processual é um interesse coletivo *stricto sensu* ou um interesse difuso. De outra parte, fala-se em **ação civil coletiva** (art. 91 do CDC) quando a tutela processual favorece interesses individuais homogêneos.

Na verdade, as ações que perseguem individuais homogêneos postos no processo do trabalho são as tradicionais **reclamações plúrimas** (com a diferença de que, a partir de 1990, podem agir pelos trabalhadores todos os entes legitimados nos arts. 82, I a IV, do CDC, e 5º da LACP — inclusive **sindicatos,** nos limites do art. 5º, I e II, da LACP). Logo, o Ministério Público do Trabalho está legitimado a demandar judicialmente em favor de interesses individuais homogêneos, notadamente se **indisponíveis** (como será o caso, sempre que o objeto da tutela forem direitos humanos fundamentais do trabalhador, em vista da própria irrenunciabilidade desses direitos), ou ainda quando *"estes últimos, a despeito de serem individuais, assumirem, no seu conjunto, feição coletiva, cuja violação poderá acarretar grave perturbação à* ordem jurídica estabelecida *(Constituição Federal, art. 127)"*.

Embora constantes de um diploma específico (CDC), os critérios de classificação dos interesses juridicamente relevantes são aplicáveis a quaisquer outros ramos do Direito (como, *e.g.*, no Direito e no Processo do Trabalho). Note-se que a classificação dos direitos e interesses normalmente não se faz *ontologicamente* (= pela essência primeira), mas *instrumentalmente,* i. e., conforme o **tipo de tutela jurisdicional** que se pede. Exemplo eloquente disso nos é dado por Nelson Nery Jr., que hipoteticamente identificou quatro possibilidades distintas de ações e interesses no caso *Bateau Mouche IV*, a saber, interesse individual (pretensão de indenização de uma das vítimas, em ação ordinária de perdas e danos), individual homogêneo (pretensão de indenização a favor de todas as vítimas, em ação ajuizada por entidade associativa), coletivo (pretensão de obrigação de fazer, em ação coletiva movida por associação das empresas de turismo, com vistas à manutenção da boa imagem do segmento econômico local) ou difuso (tutela da vida e da segurança das pessoas em geral, mediante ação coletiva ajuizada pelo Ministério Público para interditar a embarcação e evitar novos acidentes).

Acresça-se, quanto à utilidade das ações civis públicas e coletivas na Justiça do Trabalho, que o grau de **efetividade** e de **plasticidade** emprestado por essas ações à tutela jurídico-processual dos direitos fundamentais da pessoa humana trabalhadora não tem precedentes ou equivalentes no caso brasileiro. Isso porque:

(a) diante da redação aberta do art. 3º da LACP e da referência à ação civil pública cautelar no art. 4º do mesmo diploma, é cediço que as ações civis públicas e coletivas são idôneas à provocação de *quaisquer espécies* de provimentos jurisdicionais: declaratórios, constitutivos, condenatórios à obrigação de pagar (art. 3º, 1ª parte) ou de fazer (art. 3º, *in fine*, e art. 11), mandamentais ou ainda *cautelares* (art. 4º);

(b) em função dessa versatilidade, as ações civis públicas e coletivas prestam-se ainda à obtenção judicial de *declarações de nulidade* (efeito declaratório) e de *anulações* (efeito desconstitutivo) de cláusulas de acordos coletivos ou convenções coletivas de trabalho, sempre que tais cláusulas contravierem normas de interesse público ou prejudicarem direitos humanos fundamentais dos trabalhadores;

(c) os *sindicatos* estão legitimados à propositura de ações civis públicas e coletivas (desde que, no caso das primeiras, estejam regularmente constituídos há pelo menos um ano, nos termos da lei civil — art. 5º, I, da LACP), tratando-se de legitimidade *concorrente* (logo, não excludente) que está acometida também ao Ministério Público do Trabalho e aos entes da Administração (União, Estados, Municípios, Distrito Federal, autarquias, estatais e fundações públicas);

(d) antes mesmo da Lei n. 8.952/94 (que introduziu, no art. 273 do CPC, um modelo geral de antecipação dos efeitos da tutela de mérito), a LACP já ensejava a *concessão liminar* de decisões antecipatórias dos efeitos da sentença de mérito, com ou sem justificação prévia, a exemplo do próprio mandado de segurança (cf. arts. 12 da LACP e 7º, II, da Lei n. 1.533/51);

(e) as ações civis públicas e coletivas também admitem, em tese, controle difuso de constitucionalidade na base de dispositivos com efeitos *erga omnes* (art. 16 da Lei n. 7.347/85) ou *ultra partes* (art. 91 do CDC c.c. art. 21 da Lei 7.347/85), a depender do interesse tutelado (o que os aproxima, em alguma medida, dos efeitos dimanados em sede de controle concentrado de constitucionalidade, que é privativo do Supremo Tribunal Federal);

(f) as ações civis públicas e coletivas são particularmente idôneas à demanda de indenização pelos chamados **danos morais coletivos**, que amiúde se verificam nos supostos de violação multitudinária de direitos fundamentais da pessoa trabalhadora (terceirizações e quarteirizações fraudulentas, "coopergatos", agronegócios baseados em trabalho escravo contemporâneo, etc.).

Esse derradeiro item merece algum estudo adicional.

Em se tratando de ações civis públicas, tem-se entendido que as indenizações correspondentes devem reverter para o FAT (Fundo de Amparo ao Trabalhador). A prevalecer essa tese, convirá projetar e ultimar, no plano legislativo, uma *gestão regionalizada* do FAT, visando a que as compensações financeiras dos danos morais coletivos favoreçam *precisamente* a comunidade atingida; ou, alternativamente, valeria engendrar *fundos específicos de âmbito local*, diversos do FAT, destinados à gestão e à aplicação dos recursos arrecadados com as indenizações para o incremento socioeconômico direto das populações vitimadas. Observe-se que já existe um mecanismo semelhante no cenário legislativo nacional: em se tratando de violação aos direitos e interesses da infância e da juventude, os valores das multas (e, com mesma razão, os das indenizações por danos morais coletivos) devem reverter ao fundo gerido pelo Conselho dos Direitos da Criança e do Adolescente do respectivo município (art. 214, *caput*, do ECA), que os aplicará em benefício da comunidade afetada.

A reversão aos fundos é o único equacionamento possível quando se trata de salvaguardar interesses difusos ou coletivos *stricto sensu*, nos quais a titularidade é sempre **indeterminada.** Já no caso das ações civis coletivas em matéria trabalhista (= interesses individuais homogêneos), parece-nos mais apropriado que as indenizações pelos danos morais coletivos revertam *em favor das pessoas prejudicadas* (os trabalhadores), mediante distribuição proporcional que observe, em sede de liquidação, as necessidades e/ou os danos sofridos por cada titular determinado. Não tem sido esse, porém, o entendimento dominante.

Aduza-se que a tese dos *danos morais coletivos* e da sua monetização têm merecido ampla aceitação na jurisprudência pátria, mormente nos casos de trabalho escravo contemporâneo e de trabalho infantojuvenil proibido. Veja-se, por todos:

> TRABALHO EM CONDIÇÕES SUBUMANAS. DANO MORAL COLETIVO PROVADO. INDENIZAÇÃO DEVIDA. Uma vez provadas as irregularidades constatadas pela Delegacia Regional do Trabalho e consubstanciadas em Autos de Infração aos quais é atribuída fé pública (art. 364 do CPC), como também pelo próprio depoimento da testemunha da recorrente, é devida a indenização por dano moral coletivo, vez que a só notícia da existência de trabalho escravo ou em condições subumanas no Estado do Pará e no Brasil faz com que todos os cidadãos se envergonhem o sofram abalo moral, que deve ser reparado, com o principal objetivo de inibir condutas semelhantes. Recurso improvido.

É, de fato, como pensamos. Fracassada a prevenção (prioritária em todo caso), é melhor que a repressão judicial tenha efeitos consistentemente pedagógicos."[10]

4. Prisão civil por dívida alimentar trabalhista

Dispõe o art. 5º, LXVII, da Carta Republicana, que "*não haverá prisão civil por dívida, salvo a do responsável pelo inadimplemento voluntário e inescusável de obrigação alimentícia e a do depositário infiel*" (com destaque).

Tal dispositivo sempre foi interpretado no sentido de que o inadimplemento voluntário e inescusável de obrigação alimentícia refere-se à obrigação de sustento decorrente de pensão alimentar entre familiares.

Contra esse entendimento, já sustentou corretamente o eminente Juiz do Trabalho, Dr. João Humberto Cesário[11]:

> "Ponderam ainda alguns pensadores do Direito, que a tardança na cobrança do crédito alimentar seria hábil à descaracterização dele como tal, já que não soaria plausível que alguém demorasse a postular em juízo o indispensável à sua sobrevivência, sendo tórrida a jurisprudência do STJ em tal sentido.
>
> Logo de início, devo advertir que a jurisprudência do STJ a respeito da matéria não deve impressionar aos Juízes do Trabalho, pois, como não é difícil de se intuir, construída a partir de bases diametralmente discrepantes das que enfrentamos no nosso cotidiano forense.

Ademais, por óbvio, no caso juslaboral a palavra a respeito caberá ao Tribunal Superior do Trabalho, não sendo desmesurado destacar que seu atual corregedor, Ministro Ronaldo Lopes Leal, tem se demonstrado um entusiasta da ideia da prisão civil por dívidas trabalhistas[12].

De outro tanto, como ninguém duvida, ainda nos dias atuais é corrente a edição de listas negras[13] por parte de empregadores inescrupulosos, colimando o espúrio intento de impedir o acesso dos trabalhadores ao judiciário, em cabal afronta à garantia fundamental constitucional da inafastabilidade da jurisdição (art. 5º, XXXV, da CRFB).

De tal arte, não são poucos os trabalhadores que, assustados pelo temor de se tornarem vítimas das mencionadas listas, fato que lhes dificultaria, ainda mais, a desejada recolocação no mercado de trabalho, acabam por retardar ao máximo a propositura de eventual reclamação trabalhista, às vezes assumindo dívidas insondáveis, ou, no mais das vezes, valhendo-se, para a subsistência, do humilhante auxílio de parentes, vizinhos e amigos.

Logo, desnaturar a evidente natureza alimentar do crédito trabalhista, em função de contingente demora no aforamento da reclamatória correlata, seria ato de clamorosa perversidade intelectual, senão de cabal menosprezo aos princípios fundamentais da República Federativa do Brasil, previstos no art. 1º, II, III e IV, da CRFB, de respeito à cidadania plena, à dignidade

---

(10) FELICIANO, Guilherme Guimarães. Tutela processual dos direitos humanos nas relações de trabalho. *Jus Navigandi*, Teresina, ano 10, n. 910, 30 dez. 2005. Disponível em: <http://jus2.uol.com.br/doutrina/texto.asp?id=7810>.

(11) CESÁRIO, João Humberto. Prisão civil oriunda do inadimplemento voluntário e inescusável de obrigação alimentícia de origem trabalhista: uma hipótese a ser considerada. *Jus Navigandi*, Teresina, a. 10, n. 860, 10 nov. 2005. Disponível em: <http://jus2.uol.com.br/doutrina/texto.asp?id=7482>. As notas a seguir são extraídas do texto do próprio autor: As notas de rodapé a seguir correspondem à transcrição das existentes na citação do Dr. João Humberto Cesário.

(12) "A respeito do afirmado, conferir, *v.g.*, a notícia intitulada "Ministro do TST defende prisão de quem não paga débito trabalhista", veiculada no sítio Consultor Jurídico (<conjur.com.br>), na data de 2.5.2003."

(13) Amauri Mascaro Nascimento, no seu monumental artigo "Princípios do Direito do Trabalho e Direitos Fundamentais do Trabalhador", adverte: Existem listas chamadas negras de trabalhadores. Não se percebe que o nome dado às listas é discriminatório. *Revista LTr*, v. 67, n. 8, p. 912, ago. 2003.

da pessoa humana e aos valores sociais do trabalho."[14]

E, no contexto pós-Emenda n. 45/04, não há dúvida de que é plenamente possível a prisão civil por dívida do empregador em mora salarial, mediante retenção dolosa, ante o **caráter alimentar** da verba. Tudo por força do disposto no Pacto de São José da Costa Rica, que admite a prisão civil nesta hipótese, *verbis:*

"Art. 7º Direito à liberdade pessoal

...

7. Ninguém deve ser detido por dívidas. **Este princípio não limita os mandados de autoridade judiciária competente expedidos em virtude de inadimplemento de obrigação alimentar."** (com negrito e sublinha)

Explica-se: com a EC n. 45/04, o art. 5º da Constituição da República foi acrescido do § 3º, com a seguinte redação: "Os tratados e convenções internacionais sobre direitos humanos que forem aprovados, em cada Casa do Congresso Nacional, em dois turnos, por três quintos dos votos dos respectivos membros, serão equivalentes às emendas constitucionais".

O referido tratado passou a integrar o ordenamento jurídico pátrio pelo Dec. n. 678/92, cujo art. 1º recomenda seu cumprimento *"tão inteiramente como nela se contém"*.

Em comentários ao § 3º do art. 5º, da CF, artigo publicado no Boletim Científico do Ministério Público da União (a. III, n. 13, p. 19-35, out./dez. 2004), de lavra de Bernardo Montalvão Varjão de Azevedo, intitulado *Uma Reflexão acerca dos Pactos e Convenções Internacionais e sua Aplicação no Ordenamento Jurídico Pátrio*, indica que: "Em síntese bem apertada de tudo quanto até aqui foi exposto, podemos, segundo o nosso entender, acentuar que os tratados internacionais, conforme a matéria e os princípios que os norteiam, são, no que concerne às matérias em geral (direito civil, comercial e outras), equiparados às leis ordinárias; no que se refere ao direito tributário, aos transportes internacionais (CF, art. 178) e a algumas legislações especiais (Lei n. 6.815/80), equiparados às leis especiais e, **quanto aos direitos fundamentais, às garantias (individuais e institucionais) e alguns ramos do direito (como, por exemplo, os direitos penal e processual penal), equivalentes às normas constitucionais"**. (Grifamos)

Logo, como o referido tratado internacional integra o ordenamento jurídico pátrio com *status* de norma constitucional, claro está que ampliou a abrangência da hipótese de prisão civil por dívida contida no art. 5º, LXVII, da CF, inserindo no permissivo, com toda evidência, outros créditos com natureza alimentar que não só aqueles oriundos de pensões alimentícias na forma da acanhada interpretação realizada até o advento da EC n. 45/04, do disposto no art. 5º, LXVII, da CF.

Convém repisar, uma vez mais, que, no contrato de trabalho, a contraprestação salarial destina-se à sobrevivência do obreiro. Daí toda a principiologia tutelar do hipossuficiente na relação de trabalho e o caráter privilegiado do crédito trabalhista conferido pela legislação na hierarquia creditícia, como explanado antes.

Consoante o princípio de acesso à justiça, tal qual estampado na Constituição e no próprio Pacto de São José da Costa Rica, para todo direito vilipendiado deve corresponder um instrumento processual simples, rápido e eficaz.

Não há dúvida que tanto a CF quanto o Pacto repetem o termo "obrigação alimentar", e não pensão alimentícia, de modo que não há razão alguma para uma leitura interpretativa restritiva à prisão civil apenas dos devedores de alimentos de categoria familiar, pois SALÁRIO É ALIMENTO.

Para os que sustentam que o simples bloqueio eletrônico de contas bancárias pode solver a questão, vale o contra argumento de que o mesmo se pode dizer nas pensões alimentícias de ordem familiar, e que não se trata

(14) Tudo isso sem levar em conta que o prazo prescricional trabalhista é dos menores que tem notícia no direito pátrio (arts. 7º, XXIX, da CRFB e 11 da CLT), fato que, por si só, possui o condão de impedir o alongamento indefinido do trabalhador na propositura da ação trabalhista."

de medida eficaz quando esvaziadas as contas dos responsáveis. De mais a mais, para que não haja margem para a alegação de que a proposta é exagerada, a vítima de sonegação de salários necessita de liquidez imediata, o que não se alcança com simples penhora de bens, não devendo o Judiciário correr atrás de providências que competem ao infrator-devedor.

Destarte, para a espécie aqui tratada, correspondente à retenção dolosa de salários, que se pode enquadrar como conduta de **flagrante violação de direitos humanos e exploração de trabalhadores em condições desumanas e degradantes**, comportamento vedado pelo art. 5º, III, da CF ("ninguém será submetido a tortura nem a tratamento desumano ou degradante"), salta aos olhos que qualquer conduta de débito salarial ou mora contumaz terá o nítido efeito de **limitar a vontade e a liberdade dos trabalhadores** reduzindo a zero sua capacidade de reação ao sistema exploratório a que submetidos, por completamente dependentes do empregador para a sua sobrevivência. O remédio jurídico para esta situação há de ser, em caráter excepcional, o da prisão civil por dívida alimentar trabalhista.

E o STF já interpretou que as normas insertas no art. 5º da Constituição, relativas a direitos e garantias fundamentais, constantes de cláusula pétrea, são autoaplicáveis, logo, a falta de norma regulamentadora de prisão por dívida trabalhista de caráter alimentar não é argumento para que não se efetue a prisão civil, mesmo porque a medida se insere no poder geral de cautela ínsito ao Juízo, contido no art. 798 do CPC.

POR OUTRAS PALAVRAS, SEM TRABALHO NÃO HÁ SALÁRIO NEM HÁ COMIDA, NÃO HÁ LIBERDADE NEM DIGNIDADE: é emblemática a situação que embasou a ACP n. 0001547-59.2011.5.12.0025 (com medida cautelar inominada de prisão civil por dívida alimentar trabalhista — CauInom 0001546-74.2011.5.12.0025), que tramitou na Vara do Trabalho de Xanxerê — Santa Catarina, em que um dos trabalhadores vítima de mora contumaz, estava com a prisão civil decretada por falta de pagamento de pensão alimentícia (ora, como ia pagar, se não recebia salário), enquanto outros, arregimentados em outras cidades, eram obrigados a viver de favores, implorando abrigo.

Por tais fundamentos, resta indene de dúvidas que a conduta retro descrita é tão ou mais grave que a dos pais que deixam de prover alimentos aos filhos, **especialmente pelo número de vítimas a ela associado, as quais também possuem famílias dependentes de sua renda.** Sem contar a menção ao prejuízo que os familiares dos trabalhadores podem ter com a situação de miserabilidade a que submetidos, a fomentar trabalho infantil, mendicância, evasão escolar e, quiçá, até criminalidade.

Assim, diante de uma situação de inescusável mora salarial, deverá o operador do direito ponderar a hipótese de requerer, à analogia do art. 733, § 1º, do CPC, seja expedido pela Justiça do Trabalho, de forma incidental ou preparatória à ação principal, mandado de prisão por até noventa dias, enquanto não efetuado o pagamento devido do débito salarial.

Caberá ao Ministério Público do Trabalho, quando tomar conhecimento de situação do gênero, analisar a proposta da medida enquanto fiscal da lei (art. 83, II e XII, da LOMPU)[15], caso instado a se manifestar em ação trabalhista, ou ajuizar ação cautelar com este pedido, visando ao resguardo da coletividade dos trabalhadores vítimas de retenção dolosa de salários.

A responsabilidade recairá, na forma do Decreto-lei n. 368/68 e consoante o art. 927 do

(15) Art. 83. Compete ao Ministério Público do Trabalho o exercício das seguintes atribuições junto aos órgãos da Justiça do Trabalho:

...

II — manifestar-se em qualquer fase do processo trabalhista, acolhendo solicitação do juiz ou por sua iniciativa, quando entender existente interesse público que justifique a intervenção;

XII — requerer as diligências que julgar convenientes para o correto andamento dos processos e para a melhor solução das lides trabalhistas.

CCB(16), sobre as pessoas físicas que compõem o corpo diretivo empresarial, não podendo servir a pessoa jurídica da empresa de escudo para comportamentos nocivos ao convívio pacífico em sociedade, quando mais demonstradores de conduta irresponsável e de descaso com a vida de pessoas que vendem sua força de trabalho para sobreviver, com traços indicativos de capitalismo selvagem. Ademais, a empresa não age com vontade autônoma, mas sob o comando de seus sócios-dirigentes, que determinam quando e para quem se alocam os recursos e os lucros do empreendimento, sendo inegável que a mora salarial dá-se por atos de gestão empresarial.

Conclusões

Não só as leis devem mudar, mas principalmente a mentalidade do intérprete jurídico.

Como visto, é perfeitamente sustentável, do ponto de vista científico, com base no direito positivo pátrio, a possibilidade de prisão civil por dívida decorrente do inadimplemento inescusável de obrigação alimentar trabalhista.

Não é nossa pretensão conferir a toda infração à legislação social uma dimensão de aplicação de medidas duras, mas sim pontuar casos do quotidiano trabalhista, como na espécie, de sonegação de salários, em que se evidencia uma desproporcionalidade do sistema judiciário ao tratar brandamente condutas cujo potencial de nocividade atrai consequências sociais gravíssimas, em atos de verdadeira exploração predatória da parte notadamente mais fraca na relação de direito material — que é o trabalhador, causando chagas de miséria visíveis no campo e nas cidades, palco de toda sorte de miséria humana.

O enfoque deste texto parte da retenção dolosa de salários, mas a porta está aberta para estudos quanto aos casos de inadimplemento de pensão devida em casos de acidente de trabalho.

Em síntese, a casuística deve determinar quando e porque deva ou não ser adotada a medida.

Na riqueza do mundo dos fatos não se deve perder, porém, a exata noção da ponderação referida na introdução deste estudo, concernente aos valores que se pretende preservar: a liberdade do empregador ou a sobrevivência do trabalhador.

Para finalizar, vale transcrever as oportunas lições de Cristiano Chaves de Farias, sobre a temática:

> "Ora, a solução para o problema, então, passa, necessariamente, pela técnica de ponderação de interesses, justapondo na balança (equilibrada pelo pêndulo da dignidade da pessoa humana) os dois valores conflitantes: a garantia contra a prisão civil por dívida, denotando a natural repulsa do ordenamento por meios vexatórios para o cumprimento das obrigações, e, de outra banda, a possibilidade de prisão civil do devedor alimentar como mecanismo intimidatório, tendente à afirmação dos valores superiores de dignidade do credor."

Em outras palavras: compreender a possibilidade de prisão do devedor de alimentos pela dívida pretérita passa pela concordância prática entre os direitos fundamentais do credor e do devedor, a partir da legalidade constitucional. Limitação do uso da prisão civil (art. 5º, LVII) *versus* afirmação da dignidade humana e da igualdade substancial, além do implemento das condições de solidariedade social (arts. 1º, III, 3º e 5º).

O resultado, via de consequência, dependerá do caso concreto, impondo-se uma ponderação da situação que gerou a dívida e seu inadimplemento em contraponto à necessidade da medida prisional como forma de atendimento do débito.

De qualquer maneira, não se pode olvidar que, casuisticamente, deve preponderar a solução que se preste a conferir maior latitude à dignidade da pessoa humana, bem como implemente a solidariedade social e humana que justifica a obrigação alimentar. Por isso, já se disse que "o direito a alimentos tem caracte-

(16) Art. 927. Aquele que, por ato ilícito (arts. 186 e 187), causar dano a outrem, fica obrigado a repará-lo.

rísticas subjetivas naturais, é produto da ética e da solidariedade humana".[17]

Em síntese, retornando às críticas trazidas à lume quando se defende a competência penal da Justiça do Trabalho, que abordam a desnecessidade de penalização de ilícitos trabalhistas e a tendência para o Direito Penal mínimo, as quais poderiam ser repaginadas quanto à proposta de prisão civil trabalhista para dizer que se trata de ato extremado, constrangedor e excessivamente gravoso para o devedor, *v.g.*, — parece que sempre que se trata de Direito e Processo do Trabalho há um preconceito arraigado no mundo jurídico quanto à matéria, pois, no universo do direito do consumidor, podemos ter delitos, na CLT, não[18]; no universo dos acidentes de trânsito, pode haver novos delitos e agravação de penas, o mesmo não se repetindo quanto à acidentes de trabalho (embora tão preocupantes estatística e socialmente quanto); e no universo do trabalhador que não paga pensão, ele pode ser preso, mas o seu empregador em mora contumaz, certamente não. É tempo de rechaçar estes sofismas e repensar quais valores a sociedade brasileira pretende efetivamente defender: o valor social do trabalho e a dignidade do cidadão trabalhador, os direitos humanos frente ao capital, ou a prevalência da impunidade nas relações de trabalho e o capitalismo selvagem, eis a questão.

O Direito Penal mínimo e a restrição da prisão civil não podem ser opostos a instrumentos de efetividade dos direitos sociais, esta sim, valor de relevo a ser erigido pela sociedade contemporânea para proteção de direitos humanos constitucionalmente positivados. Urge abandonar preconceitos e redirecionar a tutela penal, como *ultima ratio,* para as condutas que realmente causam abalo social — e aqui, peço vênia para asseverar, a despeito de outras áreas, que a trabalhista é grande fonte delas, a fim de caminhar em busca da sociedade livre, justa e solidária mencionada na Constituição da República.

Referências bibliográficas

AZEVEDO, Bernardo Montalvão Varjão de. Uma reflexão acerca dos pactos e convenções internacionais e sua aplicação no ordenamento jurídico pátrio. *Boletim Científico do Ministério Público da União,* a. III, n. 13, p. 19-35, out./dez. 2004.

CESÁRIO, João Humberto. Prisão civil oriunda do inadimplemento voluntário e inescusável de obrigação alimentícia de origem trabalhista: uma hipótese a ser considerada. *Jus Navigandi,* Teresina, a. 10, n. 860, 10 nov. 2005. Disponível em: <http://jus2.uol.com.br/doutrina/texto.asp?id=7482>.

FARIAS, Cristiano Chaves de. Prisão civil por alimentos e a questão da atualidade da dívida à luz da técnica de ponderação de interesses (uma leitura constitucional da Súmula n. 309 do STJ): o tempo é o senhor da razão. *Panóptica,* Vitória, ano 1, n. 2, p. 34-59, out. 2006. Disponível em: <http://www.panoptica.org>.

FELICIANO, Guilherme Guimarães. Tutela processual dos direitos humanos nas relações de trabalho. *Jus Navigandi,* Teresina, ano 10, n. 910, 30 dez. 2005. Disponível em: <http://jus2.uol.com.br/doutrina/texto.asp?id=7810>.

FIGUEIRA JÚNIOR, Joel Dias. Acesso à justiça e tutelas de urgência: o pleno acesso à ordem jurídica justa e a efetividade do processo. *Jurisprudência Brasileira Cível e Comercial,* v. 175, jul. 1994.

GAGLIANO, Pablo Stolze. *Prisão civil do devedor de alimentos.* Disponível em: <http://www.juspodivm.com.br> Acesso em: 17.9.2012.

GRISARD FILHO, Waldyr. *O futuro da prisão civil do devedor de alimentos:* caminhos e alternativas. Disponível em: <sisnet.aduaneiras.com.br/lex/doutrinas/arquivos/090407.pdf> Acesso em: 17.9.2012.

MACHADO JÚNIOR, Arnaldo de Aguiar. Proteção jurídica dos direitos fundamentais sociais. Uma abordagem consentânea com o estabelecimento de novos critérios materiais. *Jus Navigandi,* Teresina, ano 13, n. 2133, 4

(17) Citação do texto: "STJ, Ac. 4ª T., REsp.9.393/SP, rel. Min. Sálvio de Figueiredo Teixeira, in RSTJ 30:285."

(18) Aliás, diante da atualização do CDC em comparação à CLT, como instrumento contemporâneo de defesa de direitos, é possível afirmar que a legislação brasileira prestigia as relações de consumo em detrimento das relações de trabalho. Bastaria substituir o termo "consumidor" no Código de Defesa do Consumidor, por "trabalhador", e fazer uma rápida comparação com a CLT para se ter noção da diferença de tratamento entre ambos, no contexto de dois diplomas legais que tratam de contratos.

maio 2009. Disponível em: <http://jus2.uol.com.br/doutrina/texto.asp?id=12735>.

SILVA, José Afonso da. Acesso à justiça e cidadania. *Revista de Direito Administrativo*, Rio de Janeiro, Renovar, v. 216, abr. 1999.

SILVA, Ovídio A. Baptista da. A antecipação da tutela na recente reforma processual. *In:* TEIXEIRA, Sálvio de Figueiredo. *Reforma do código de processo civil*. São Paulo: Saraiva, 1996.

TREVISO, Marco Aurélio Marsiglia. A proteção jurídica dos direitos sociais. Uma visão à luz da teoria crítica dos direitos humanos. *Jus Navigandi*, Teresina, ano 13, n. 2148, 19 maio 2009. Disponível em: <http://jus2.uol.com.br/doutrina/texto.asp?id=12861>.

O Limbo Jurídico: o Trabalhador que é Considerado Apto pelo INSS e Inapto pelo Empregador Uma Solução Hermenêutica em prol da Justiça do Trabalho

MARCO AURÉLIO MARSIGLIA TREVISO(*)

Resumo: Torna-se cada vez mais comum determinada empresa possuir algum empregado que encontra-se afastado, por incapacidade laborativa (decorrente, ou não, do contrato de trabalho), recebendo benefício previdenciário junto ao INSS. Chega-se o momento que esta benesse é cancelada. O trabalhador dirige-se à empresa, para retomar suas atividades profissionais. Ali chegando, submete-se a um exame clínico, ocasião em que o empregador constata a inaptidão para o trabalho. O empregado, neste contexto, não retoma a sua vida profissional junto ao tomador de seus serviços. Também não recebe benefício previdenciário. Fica alijado de qualquer fonte de renda. Neste contexto, é preciso buscar uma solução judicial que resguarde a garantia do *mínimo existencial*. Neste estudo procuraremos demonstrar que este importante papel foi colocado nas mãos da Justiça do Trabalho, após a última reforma constitucional.

Palavras-Chaves: Justiça do Trabalho; benefício previdenciário; incapacidade laborativa.

O sofrimento do trabalhador

É muito comum o Poder Judiciário Trabalhista ser chamado a enfrentar a seguinte situação: determinado empregado encontra-se afastado de suas atividades, por força de benefício previdenciário (auxílio-doença comum ou acidentário), até o momento em que esta prestação é cancelada, pelo fato de que o INSS o considerou apto ao trabalho; o trabalhador, neste contexto, dirige-se à sede da empregadora para retomar as suas atividades profissionais, quando é comunicado pelo médico da empresa que, na verdade, ainda encontra-se inapto ao labor.

(*) Juiz Auxiliar da 2ª Vara do Trabalho de Uberlândia (MG) e Pós-Graduando em "Teoria Crítica dos Direitos Humanos", pela *Universidad Pablo de Olavide* (Sevilha, Espanha). Mestrando em Direito Público, com ênfase em Direitos e Garantias Fundamentais, pela Universidade Federal de Uberlândia — FADIR/UFU (MG). Membro da Associação Latino-Americana de Juízes do Trabalho. Sócio-fundador do Instituto de Pesquisas e Estudos Avançados da Magistratura e Ministério Público do Trabalho (IPEATRA). Professor de Direito do Trabalho e Processo do Trabalho, em Uberlândia (MG).

Com isso, se inicia um martírio na vida daquela pessoa: passa, a partir da decisão exarada pelo INSS, a não receber mais valores a título de benefício previdenciário; ao mesmo tempo, por força da avaliação do médico da empresa, não poderá retomar as suas atividades laborativas, ficando, também, sem receber salários. O resultado é um só: surge para o trabalhador um limbo jurídico, uma vez que lhe é retirada a fonte de renda imprescindível para arcar com o sustento próprio e/ou familiar.

Geralmente, diante desta situação, o trabalhador, com base no laudo emitido pelo médico da empresa, formula pedido administrativo de reconsideração do cancelamento do benefício junto ao INSS. Caso tal requerimento seja negado, passa a bater às portas do Poder Judiciário, ingressando ora com uma demanda perante a Justiça Comum (Federal ou Estadual, a depender da prestação que está recebendo), para postular o restabelecimento da benesse previdenciária, ora na Justiça do Trabalho, para reclamar os salários não pagos e demais parcelas durante todo este período. E, durante o período de tramitação destas demandas, continua o trabalhador sem receber a renda necessária para a sua subsistência.

A situação é contraditória, na mente do trabalhador. Afinal de contas, está ele apto ou inapto para o desempenho de sua atividade laborativa? Esta é a pergunta da qual se aguarda uma resposta do Poder Judiciário. Mas, a Justiça do Trabalho e a Justiça Federal, em demandas *distintas*, poderão ofertar uma resposta *coerente* à pretensão de direito material vindicada? Não há dúvidas que, em tese, a resposta a esta pergunta será negativa, dada a possibilidade de decisões contraditórias. Expliquemo-nos.

As duas ações tramitam em órgãos distintos do Poder Judiciário (Justiça Comum, Estadual e/ou Federal e Justiça do Trabalho). Em ambos os processos, provavelmente, serão realizadas perícias médicas distintas. Basta, para tanto, que os laudos sejam contraditórios: aquele realizado perante a Justiça Comum, considerando o trabalhador apto ao trabalho, dando razão ao INSS no cancelamento do benefício previdenciário; o apresentado pelo perito nomeado pela Justiça do Trabalho, por sua vez, considera o trabalhador inapto, dizendo que a postura do empregador está correta.

E, agora? As decisões judiciais, calcadas nos referidos laudos médicos, serão provavelmente contraditórias. O Poder Judiciário, ao invés de pacificar o conflito, agravou a situação do trabalhador! A conclusão, neste caso, é inequívoca: existe algo de *equivocado*, uma vez que, até para o mais leigo ser humano, um trabalhador apenas poderá ser considerado apto ou inapto ao trabalho. Não existe aptidão e inaptidão simultâneas. A dignidade da pessoa humana, sem dúvidas, é desrespeitada, por retirar do trabalhador a condição de adquirir os bens materiais e imateriais necessários para uma vida digna, já que, num simples *passe de mágica*, deixa de receber salários e benefício previdenciário, sem qualquer outra fonte de renda.

Devemos, neste compasso, buscar uma solução mais adequada. Uma resposta que esteja calcada nos primados do valor social do trabalho, no respeito à pessoa humana e na garantia do *mínimo existencial*. Precisamos buscar um *mecanismo* que possa, efetivamente, equilibrar este problema. Esta equação perpassa, obrigatoriamente, pelo pleno acesso à Justiça do Trabalho. A nova ordem constitucional, trazida pela EC n. 45/04, autoriza a criação de um entendimento que, de uma vez por todas, sane o equívoco ora apontado, criando um caminho processual que, sem dúvidas, trará maior *segurança jurídica* às partes envolvidas, bem como demarcará, de forma definitiva, o importante papel consagrado à Justiça do Trabalho pelo legislador constitucional, na promoção dos direitos sociais fundamentais. É o que passaremos a expor.

Uma nova interpretação das normas constitucionais: em busca da competência da Justiça do Trabalho

A dignidade da pessoa humana e o valor social do trabalho são princípios fundamentais que estão previstos no art. 1º, incisos III e IV, de nossa Constituição Federal. O preâmbulo da CF, por sua vez, dispõe que o Brasil é considerado um Estado Democrático de Direito, destinado a assegurar o efetivo exercício dos direitos sociais, além de promover a igualdade e a justiça como valores supremos de uma sociedade fraterna, justa e igualitária. A Constituição Federal, do ponto de vista político-ideológico, representa um projeto liberal de sociedade. E, nas palavras de Wilson Steinmetz[(1)]:

> Trata-se de um liberalismo humanizado, democrático e socialmente orientado: de um liberalismo matizado ("temperado") pela dignidade da pessoa humana, pelos direitos e garantias fundamentais, pela democracia e pelas aspirações de igualdade, de bem-estar e de justiças sociais. Ao lado do princípio da livre-iniciativa, assegurador da economia de mercado (CF, arts. 1º, IV, e 170, *caput*) e do princípio geral de liberdade (CF, art. 5º, *caput*) estão o princípio da dignidade da pessoa humana (CF, art. 1º, III) os direitos e as garantias fundamentais (CF, Título II), o princípio democrático (CF, art. 1º, parágrafo único), o princípio da igualdade (CF, art. 5º, *caput*, e art. 3º, III e IV) e o princípio objetivo de construção de uma sociedade justa e solidária (CF, art. 3º, I).

Estes são os pilares que devem nortear o intérprete e o aplicador do direito, na solução dos casos concretos. Discorrendo sobre a interpretação das normas constitucionais, ensina Luis Roberto Barroso[(2)] que:

> As especificidades das normas constitucionais levaram a doutrina e a jurisprudência, já de muitos anos, a desenvolver ou sistematizar um elenco próprio de princípios aplicáveis à interpretação constitucional. Tais princípios, de natureza instrumental, e não material, são pressupostos lógicos, metodológicos ou finalísticos da aplicação das normas constitucionais. São eles, na ordenação que se afigura mais adequada para as circunstâncias brasileiras: o da supremacia da Constituição, o da presunção de constitucionalidade das normas e atos do Poder Público, o da interpretação conforme a Constituição, o da unidade, o da razoabilidade e o da efetividade.
>
> (...)
>
> A interpretação jurídica tradicional desenvolveu-se sobre duas grandes premissas: (i) quanto ao papel da norma, cabe a ela oferecer, no seu relato abstrato, a solução para os problemas jurídicos; (ii) quanto ao papel do juiz cabe a ele identificar, no ordenamento jurídico, a norma aplicável aos problemas a ser resolvido, revelando a solução nele contida. Vale dizer: a resposta para os problemas está integralmente no sistema jurídico e o intérprete desempenha uma função técnica de conhecimentos, de formulação de juízos de fato. No modelo convencional, as normas são percebidas como regras, enunciados descritivos de condutas a serem seguidas, aplicáveis mediante subsunção.

Com o avanço do direito constitucional, as premissas ideológicas sobre as quais se erigiu o sistema de interpretação tradicional deixaram de ser integralmente satisfatórias. Assim: (i) quanto ao papel da norma, verificou-se que a solução dos problemas jurídicos nem sempre encontra relato abstrato no texto normativo. Muitas vezes só é possível produzir a resposta constitucionalmente adequada à luz do problema, dos fatos relevantes, analisados topicamente; (ii) quanto ao papel do juiz, já não lhe caberá apenas uma função de conhecimento técnico, voltado para revelar a solução contida no enunciado normativo. O intérprete torna-se coparticipante do processo de criação do Direito, completando o trabalho do legislador, ao fazer valorações de

(1) STEINMETZ, Wilson. *A vinculação dos particulares a direitos fundamentais*. São Paulo: Malheiros, 2004. p. 99-100.

(2) BARROSO, Luis Roberto. Neoconstitucionalismo e transformações do direito constitucional contemporâneo. *In:* LIMA, Martonio Mont'Alverne Barreto; ALBUQUERQUE, Paulo Antonio de Menezes. *Democracia, direito e política:* estudos internacionais em homenagem a Friedrich Muller. Florianópolis: Boiteux, 2006. p. 488-489.

sentido para as cláusulas abertas e ao realizar escolhas entre soluções possíveis.

Pois bem. Com o advento da EC n. 45/04, foi rompido o antigo paradigma de que a Justiça do Trabalho possuía competência restrita, diretamente relacionada aos sujeitos da relação processual: empregado *versus* empregador. A partir de então, a competência desta Especializada deixou de se guiar pelo aspecto subjetivo, para adotar um critério puramente objetivo. Assim, todas as matérias que sejam oriundas da relação de trabalho passam a ser processadas e julgadas por este órgão especializado do Poder Judiciário (art. 114, inciso I, da CF), situação que abrange, inclusive, a administração pública direta e indireta (destaque-se, para este estudo, a autarquia previdenciária).

Esta mudança constitucional, atrelada à consagração do princípio fundamental da duração razoável do processo, tendo como escopo a ser perseguido a concretização do princípio da dignidade da pessoa humana, deve ser levada em consideração para a análise dos demais preceitos constitucionais que regulamentam as competências atribuídas aos diversos órgãos do Poder Judiciário brasileiro. Ganha especial destaque e relevo a previsão contida no art. 109, § 3º, da CF, *in verbis*:

> Art. 109. Aos juízes federais compete processar e julgar:
>
> Inciso I. as causas em que a União, entidade autárquica ou empresa pública federal forem interessadas na condição de autoras, rés, assistentes ou oponentes, exceto as de acidente do trabalho, e as sujeitas à Justiça Eleitoral e Justiça do Trabalho.
>
> § 3º Serão processadas e julgadas na justiça estadual, no foro de domicílio dos segurados ou beneficiários, as causas em que forem parte instituição de previdência social e segurado, sempre que a comarca não seja sede de vara do juízo federal, e, se verificada essa condição, poderá a lei permitir que outras causas sejam também processadas e julgadas pela justiça estadual.

A disposição constitucional acima transcrita parece revelar que a competência dos juízes federais ou estaduais, em relação aos benefícios previdenciários, é plena. Porém, a interpretação literal da norma constitucional, sem atentar-se para as demais disposições, também de caráter constitucional e, principalmente, para o princípio da dignidade da pessoa humana não se amolda ao contexto apresentado por Barroso. E, como adverte o autor italiano Emilio Betti(3),

> As normas, uma vez postas, tendem a se enrijecer na sua objetividade: eis a razão para o perigo de que elas se tornem, distanciando-se da atualidade, estranhas às exigências da vida. Percebe-se, assim, a necessidade de reagir a um enrijecimento estático, oferecendo instrumentos que assegurem a elasticidade e a capacidade dinâmica da ordem jurídica, mantendo-a em perene eficácia perante as exigências emergentes da vida social.

A evolução da sociedade e a complexidade de situações atualmente vivenciadas exigem do aplicador do Direito a busca de novas soluções jurídicas. Impõe-se ao intérprete a tarefa de superar o duradouro comportamento intelectualista, que tende a reduzir o objeto da interpretação à mera literalidade da lei, cujo ofício seria uma simples operação lógica-formal, tornando-a, muitas vezes, opaca, ou seja, não permeável às necessidades de uma apreciação adversa à dinâmica do direito(4). Neste contexto, são mais uma vez precisas as lições de Barroso(5) que, em estudo específico sobre a interpretação de novas normas constitucionais em relação àquelas que anteriormente vigiam, fruto da tarefa desempenhada constituinte originário ou reformador, no sentido de que "deve-se rejeitar uma das patologias crônicas da hermenêutica constitucional brasileira, que é a interpretação retrospectiva, pela qual se procura interpretar

(3) BETTI, Emilio. *Interpretação da lei e dos atos jurídicos*. São Paulo: Martins Fontes, 2007. p. 198.

(4) *Idem*.

(5) BARROSO, Luis Roberto. *Interpretação e aplicação da constituição*. 7. ed. São Paulo: Saraiva, 2010. p. 75.

o texto novo de maneira que ele não inove em nada, mas, ao revés, fique tão parecido quanto possível com o antigo". Ainda sobre a interpretação retrospectiva, assinala José Carlos Barbosa Moreira[(6)],

> Põe-se ênfase nas semelhanças, corre-se um véu sobre as diferenças e conclui-se que, à luz daquelas, e a despeito destas, a disciplina da matéria, afinal de contas, mudou pouco, se é que na verdade mudou. É um tipo de interpretação... em que o olhar do intérprete dirige-se antes ao passado que ao presente, e a imagem que ele capta é menos a representação da realidade que uma sombra fantasmagórica.

Com efeito, é inquestionável a competência da Justiça do Trabalho para apreciar algumas matérias de natureza eminentemente previdenciária. A execução das contribuições sociais, o reconhecimento incidental de acidente do trabalho para concessão da estabilidade prevista no art. 118 da Lei n. 8.213/91 ou, até mesmo, para a condenação em pedidos de indenização por danos morais e materiais, são matérias corriqueiras no âmbito desta Justiça Especializada.

E, para solucionarmos o problema apresentado, precisamos adotar uma postura que analise a situação concreta vivenciada pelas partes envolvidas, buscando soluções que visem resguardar o princípio da dignidade da pessoa humana e o valor social do trabalho, além da duração razoável do processo, à luz do novo regramento constitucional trazido pela EC n. 45/04, notadamente no que diz respeito à norma contida no art. 114, inciso I da Magna Carta. A Constituição, atualmente, precisa ser encarada como um sistema aberto de princípios e regras, cujo papel central é estabelecido pelos ideais de justiça e da realização dos direitos fundamentais. Tal sistema deve ser compreendido, adotando-se as palavras de Juarez de Freitas[(7)], como sendo uma rede axiológica e hierarquizada topicamente de princípios fundamentais, de normas estritas (ou regras) e de valores jurídicos cuja função é a de, evitando ou superando antinomias em sentido lato, dar cumprimento aos objetivos justificadores do Estado Democrático, assim como se encontram consubstanciados, expressa ou implicitamente, na Constituição.

Como expõe Barroso[(8)], *é preciso transpor a fronteira da reflexão filosófica, ingressar na prática jurisprudencial e produzir efeitos positivos sobre a realidade.* A interpretação das normas constitucionais deve se abalizar na busca constante de sua máxima efetividade, com a eliminação de eventuais lacunas existentes, procurando, sempre, a solução de questões jurídicas para que a pacificação social seja alcançada. Precisamos adotar o espaço emancipador de interpretação das normas constitucionais, notadamente aquelas de ordem processual, para buscar uma solução que não seja considerada *suicida* para o trabalhador. Torna-se necessário, ainda, concretizar, promover e efetivar os direitos sociais constitucionalmente garantidos. Nas palavras de Daniel Sarmento[(9)], devemos ter em mente que:

> A dignidade da pessoa humana é o princípio mais relevante da nossa ordem jurídica, que lhe confere unidade de sentido e de valor, devendo por isso condicionar e inspirar a exegese e aplicação de todo o direito vigente, público ou privado. Além disso, o princípio em questão legitima a ordem jurídica, centrando-se na pessoa humana, que passa a ser concebida como 'valor-fonte fundamental de Direito'. Desta forma, alicerça-se o direito positivo sobre profundas bases éticas, tornando-o merecedor do título de 'direito justo'.

(6) MOREIRA, José Carlos Barbosa. O poder judiciário e a efetividade da nova constituição. *Revista Forense,* Rio de Janeiro, v. 304:151, p. 152, 1988.

(7) FREITAS, Juarez. *A interpretação sistemática do direito.* São Paulo: Malheiros, 1995. p. 54.

(8) BARROSO, Luís Roberto. *Interpretação e aplicação da constituição.* São Paulo: Saraiva, 2004. p. 384.

(9) SARMENTO, Daniel. *Direitos fundamentais e relações privadas.* Rio de Janeiro: Lumen Juris, 2008. p. 86.

Nesta esteira de raciocínio, convém ressaltar que num contrato de emprego, ao trabalhador são garantidos, entre vários outros, dois direitos sociais que, para nós, possuem especial importância para o desenvolvimento deste trabalho: o direito à percepção de salário, observando os patamares mínimos fixados pela CF; e, na hipótese de, por algum motivo, ficar impossibilitado de laborar, por exemplo, pela aquisição de uma doença (profissional ou não) e, desde que preenchidos os chamados períodos de carência (quando existentes), o direito ao recebimento de uma prestação social, de natureza previdenciária. Como afirma Gregorio Robles[(10)],

> A remuneração adequada para uma vida digna, a moradia, a formação escolar, a saúde, constituem bens de cuja qualidade ninguém pode duvidar. (...) Os direitos econômicos e sociais se referem, sobretudo, às condições necessárias para uma existência digna. Atendem, essencialmente, à cobertura das necessidades básicas, requisito prévio de qualquer diferenciação social.

No contexto do direito previdenciário, existem várias formas de se atrelar à Previdência Social (convencionalmente denominados de segurados *facultativos* e/ou *obrigatórios*). Porém, a maneira mais comum de um trabalhador encontrar a proteção previdenciária decorre, sem dúvidas, da relação jurídica havida com o seu empregador. A simples formalização de um vínculo de natureza empregatícia automaticamente gera a inscrição daquele empregado em nosso sistema previdenciário. A relação previdenciária, portanto, possui a sua origem na relação empregatícia. Torna-se plenamente possível, neste compasso, entender que a responsabilidade do INSS (autarquia federal responsável pela concessão dos benefícios previdenciários) e do empregador são, em um paralelismo, os *dois lados da mesma moeda*. Assim, quando o empregado encontra-se perfeitamente apto ao desenvolvimento de suas atividades laborativas, receberá do empregador a devida contraprestação; porém, se no curso deste contrato de emprego, vier a ser constatada eventual incapacidade, passará aquele mesmo trabalhador a perceber o benefício previdenciário tipificado em lei.

Agora, indaga-se: porque obrigar o trabalhador a ajuizar uma ação (contra o INSS) perante um ramo do Poder Judiciário e outra demanda (contra o empregador) em outro órgão do mesmo Poder, dentro da problemática apresentada, quando tal conflito envolve os *dois lados da mesma moeda*? Ora: se o trabalhador está inserido num contrato de emprego, a responsabilidade pela garantia de pagamento dos valores mínimos necessários para se viver com dignidade, quando apto ao labor é, sem dúvidas, do empregador; e, quando inapto, a responsabilidade é simplesmente *transferida* para o INSS, por força do mesmo vínculo jurídico base. E, isto ocorre, porque, como ensina Milton Vasques Thibau[(11)].

No sistema da Previdência Social as prestações consistem, precipuamente, em benefícios, que são rendas mensais cuja natureza jurídica é de "substitutivo de salário", ou seja, toda vez que o trabalhador se afasta do trabalho por fatores alheios à sua vontade, por ter sido acometido por infortúnio, é privado da renda que lhe garante a subsistência, razão pela qual os benefícios previdenciários substituem essa renda da qual o segurado foi privado.

A resposta que encontramos para o problema apresentado é simples: ao invés de serem propostas ações distintas, deverá ser concedida ao trabalhador a *faculdade* de ajuizar demanda única, contra o empregador e o INSS, cujo feito, por força da EC n. 45/04, será processado e julgado pela Justiça do Trabalho, já que, no caso específico, a relação previdenciária é *oriunda* do contrato de emprego havido.

Convém ressaltar uma limitação objetiva em nosso pensamento: não se pretende, neste trabalho, dizer que a Justiça Especializada possui competência ampla e irrestrita para apreciar

(10) ROBLES, Gregorio. *Os direitos fundamentais e a ética na sociedade atual*. Barueri: Manole, 2005. p. 99.

(11) ALMEIDA, Milton Vasques Thibau de. *Fundamentos constitucionais da previdência social*. Belo Horizonte: Fórum, 2011. p. 102.

todas e quaisquer questões referentes ao ramo previdenciário. As matérias relacionadas à revisão de benefícios, períodos de carência, concessão de prestações quando o contrato de trabalho não está mais em vigor ou, ainda, quaisquer outras demandas ajuizadas, apenas, contra o INSS, permanecem na órbita da competência da Justiça Comum, Estadual ou Federal.

O que se pretende defender é, somente, a criação de um caminho *alternativo* ao trabalhador que consideramos mais rápido, célere e eficaz, em atenção à duração razoável do processo e que respeite, ainda, os princípios da dignidade da pessoa humana e o valor social do trabalho. A competência da Justiça do Trabalho, assim, estaria *restrita* à discussão envolvendo a eventual (in)capacidade laborativa do autor, em um contrato de trabalho vigente ou que foi rescindindo de maneira indevida (quando se postula, então, a declaração de nulidade da dispensa, por força da suspensão do contrato, com efeitos *ex tunc*), já que decorrentes da mera relação empregatícia e que, por força destes fatos jurídicos, envolvem obrigações devidas pelo empregador ou pelo INSS.

Tudo isso decorre do já conhecido o princípio da unidade de convicção. Assim, quando um mesmo fato tiver de ser analisado mais de uma vez, deve sê-lo pelo mesmo juízo. Em outras palavras: incumbe atribuir ao *mesmo* órgão do Poder Judiciário os fatos decorrentes da *mesma* relação jurídica base, neste caso, a eventual (in) capacidade laborativa do trabalhador, *por conta dos graves riscos de decisões contraditórias, sempre inteligíveis para os jurisdicionados e depreciativas para a justiça*[12]. Este princípio, que é adotado pelo Supremo Tribunal Federal, parte do pressuposto de que a cisão de competência não favorece a aplicação da *justiça*, além do fato de que a possibilidade de divergência de decisões para ações decorrentes da mesma relação jurídica base, por força de solução adotada por órgãos jurisdicionais distintos, causa impacto perverso para o jurisdicionado e para a credibilidade do Poder Judiciário.

Na situação apresentada neste trabalho, o trabalhador, por ter sido considerado apto ao trabalho pelo INSS e inapto pelo empregador, fica sem receber salários e benefício previdenciário, restando privado de seu único meio de subsistência. A cisão de competência para a análise deste problema jurídico pode apresentar soluções divergentes. Basta, para tanto, que a Justiça Comum reconheça que o autor está apto para o trabalho (cuja perícia, geralmente, é realizada sob o prisma da aptidão ou inaptidão para o labor *em geral*), ao passo que, numa demanda de natureza trabalhista, a Justiça do Trabalho venha a declarar que, na verdade, aquela pessoa encontra-se incapacitada para retomar as funções para as quais foi efetivamente contratado (capacidade para a profissão ou ofício à qual se habilitou, na esteira do prevê o art. 950 do CC).

Esta possibilidade de entendimentos divergentes ofende o princípio da dignidade da pessoa humana, na medida em que, em razão da denegação de solução efetiva para o caso concreto por parte do Judiciário, o trabalhador se vê tolhido do *mínimo existencial* para sua sobrevivência.

Por isso, nestas situações, o trabalhador poderá ajuizar demanda única, que será processada e julgada pela Justiça do Trabalho, colocando no polo passivo, não só o empregador, mas também a autarquia federal (INSS). A causa de pedir é a mesma: a existência, ou não, de incapacidade laborativa num contrato de emprego. O que existe são meros *desdobramentos* relacionados ao pedido: se o autor estiver apto para o trabalho, possui o direito inconteste de voltar a desempenhar as suas atividades laborativas, sendo a empregadora, neste contexto, responsável pelo pagamento dos salários, desde a alta médica até o efetivo retorno. Porém, se estiver inapto, a responsabilidade recai, agora, sobre o INSS, que deverá restabelecer o benefício previdenciário, com o pagamento integral dos valores indevidamente suprimidos.

(12) Trecho extraído do voto de lavra do Ministro Cezar Peluso, no julgamento do CC n. 7.204. Disponível em: <www.stf.jus.br> Acesso em: 3.9.2012.

São esclarecedoras, neste contexto, as palavras de José Eduardo Resende Chaves Júnior[(13)], para quem:

> Parece interessante resgatar a conceituação de competência perpetrada por Celso Neves, que abandona a tradicional 'medida da jurisdição', concebendo-a como a relação de adequação legítima entre o processo e o órgão judiciário, ou seja, uma noção concreta, pragmática, porém, racional de competência. A ideia do processualista paulista é superar as conceituações quantitativas da competência — competência enquanto medida — para caminhar em direção a uma conceituação qualitativa. A conceituação qualitativa, segundo Celso Neves, tem um aspecto subjetivo e outro objetivo. Do ponto de vista subjetivo, a competência é definida como atributo para o exercício da jurisdição, decorrente da investidura legítima. Do ponto de vista objetivo, que aqui nos interessa mais especificamente, como a relação necessária, de adequação legítima, entre o processo e o órgão jurisdicional.

Para isso, é necessário que a ampliação de competência, que deflui da locução relação de trabalho, não se limite à definição do número de categorias do labor humano subsumidas na respectiva locução conceitual, mas proceda, também, a uma intensificação qualitativa na tutela do trabalho humano. Em outras palavras, ampliar a competência da Justiça do Trabalho tem de significar também ampliar o grau de intensidade de proteção ao trabalho humano, mormente aquele prestado sob alheação.

Uma solução simples para uma problemática tão complexa, calcada, apenas, na reinterpretação das normas constitucionais. Afinal de contas, se o direito é indivisível, em si, também indivisível deve ser a sua tutela, notadamente quando *una* é a jurisdição. A *vis attractiva protectionis* da Justiça do Trabalho autoriza, sobremaneira, o entendimento ora proposto. Parte-se da situação concretamente vivenciada pelos trabalhadores, frontalmente contrária ao princípio da dignidade da pessoa humana, para a busca, na interpretação sistemática das normas constitucionais, sem qualquer proposta de alteração legislativa, a solução para o caso. Como afirma Luiz Gustavo Bóiam Pancotti[(14)], *o hermeneuta deverá dar à norma constitucional a interpretação adequada com a realidade social no momento histórico em que se encontra, de forma que promova uma constante atualização da regra com os anseios sociais, sem alterar o seu texto.* Na esteira dos ensinamentos de Barroso, o *papel do juiz* (na qualidade de intérprete e aplicador do Direito) não se restringirá a uma função de conhecimento técnico, voltado para revelar a solução contida no enunciado normativo. O intérprete efetivamente atua na qualidade de coparticipante do processo de criação do Direito, completando o trabalho do legislador, fazendo as valorações necessárias, escolhendo uma solução possível e, principalmente, respeitando o princípio da dignidade da pessoa humana.

Por fim, visando a demonstrar os efeitos práticos desta linha de pensamento, passaremos, agora, a discorrer sobre algumas *vantagens* para o trabalhador, empregador e INSS ao se adotar tal posicionamento. Afinal de contas, como adverte Ricardo Luis Lorenzetti[(15)], na análise de casos considerados difíceis, torna-se necessário conhecer os benefícios e prejuízos que sofre a sociedade, numa perspectiva sistemática. Assim, estaremos num campo sólido, concreto, seguro, para tentar convencer os nossos leitores a adotarem o caminho aqui proposto.

(13) CHAVES JÚNIOR, José Eduardo Resende. A justiça do trabalho enquanto *vis attractiva protectionis:* o trabalho "biopolítico" na perspectiva de uma especialização democrática dos ramos judiciários. *In: Congreso de Magistrados del Orden Social: el futuro de la jurisdición social.* Madrid: Foro de Estudios Europeos de Múrcia. Consejo General del Poder Judicial. Centro de Documentación Judicial, 2007. p. 931-944.

(14) PANCOTTI, Luiz Gustavo Bóiam. *Conflitos de princípios constitucionais na tutela de benefícios previdenciários.* São Paulo: LTr, 2009. p. 47.

(15) LORENZETTI, Ricardo Luis. *Fundamentos de direito privado.* São Paulo: Revista dos Tribunais, 1998. p. 422.

As vantagens para o trabalhador

Não há dúvidas que o manejo de uma única demanda traz inúmeras vantagens para o trabalhador. Em primeiro lugar, devemos frisar que a Justiça do Trabalho é a mais célere do País, possuindo totais condições de analisar esse tipo de demanda. O princípio da duração razoável do processo, trazido pela EC n. 45/04, sem dúvidas, será respeitado. Além disso, o acesso do trabalhador à Justiça Especializada é muito mais simples, seja pelos princípios norteadores do sistema processual trabalhista, que visam a rápida satisfação de direitos estritamente alimentares, seja pelo regramento específico que facilita o ajuizamento de demandas, como, por exemplo, o pagamento de custas processuais, apenas, ao final, e a concessão de benefícios da justiça gratuita por simples declaração, além do sempre criticado *jus postulandi*.

A possibilidade de ajuizamento de única ação impede, sem sombra de dúvidas, a possibilidade de prolação de decisões contraditórias. Afinal de contas, ou se reconhece que o trabalhador estará apto ao trabalho, fazendo jus aos salários, ou se declara a sua inaptidão, passando a ter o direito de receber o benefício previdenciário correspondente. O trabalhador poderá, assim, em curto espaço de tempo, recuperar a sua dignidade, seja voltando ao labor, seja recebendo o benefício previdenciário correspondente, não precisando recorrer aos caminhos da informalidade. Além disso, por força da sua vinculação à previdência social, poderá o trabalhador, muito bem, no curso do processo, ser agraciado com a concessão da benesse previdenciária. O Juiz do Trabalho, de posse do laudo exarado pelo médico da empresa, poderá antecipar os efeitos da tutela, determinando o restabelecimento do benefício suprimido.

Mas, indaga-se: e se ao final do processo, for constatado que o autor realmente estava apto ao trabalho, ao contrário do que foi declarado pelo médico da empresa, recebendo, por força da antecipação de tutela concedida, benefício previdenciário de maneira *indevida*? Como ficaria o critério da irreversibilidade do provimento jurisdicional, previsto no art. 273, § 2º, do CPC? A solução jurídica é simples, senão vejamos: a) prolata-se a decisão de mérito, neste sentido, reconhecendo a aptidão do trabalhador; b) condena-se a empresa, então, a efetuar o pagamento dos salários, desde a alta médica até o efetivo retorno ao trabalho; c) solicita-se que o INSS, na fase de liquidação de sentença, traga aos autos um simples extrato, demonstrando os valores pagos ao trabalhador a título de benefício previdenciário; d) determina-se, então, a dedução dos valores devidos pelo empregador ao trabalhador, com vistas a se evitar enriquecimento indevido; e) com a condenação do empregador, efetua-se a devolução ao INSS dos valores percebidos pelo trabalhador; f) havendo valores remanescentes em favor do autor da demanda, passa-se à fase de execução da empregadora.

O laudo pericial exarado pelo médico do INSS poderá ser objeto, ainda, de questionamento judicial, trazendo para o *contraditório* as partes que serão atingidas pela decisão judicial: o empregador, o trabalhador e o INSS. Pacifica-se, desta forma, de maneira concreta, o conflito existente. Elimina-se o caminho *suicida* que era percorrido pelo trabalhador.

A segurança jurídica para o empregador

Todas as vezes que o empregado é considerado, pelo INSS, apto ao trabalho e o médico da empresa apresenta um parecer em sentido diametralmente oposto, surge uma dúvida para o empregador: O que fazer? Qual é a postura a ser adotada? Existem decisões judiciais estabelecendo que, neste caso, deverá o empregador efetuar o pagamento dos salários, já que deverá prevalecer a decisão administrativa exarada pela autarquia federal. Neste sentido, o seguinte aresto:

> AFASTAMENTO PREVIDENCIÁRIO. EMPREGADO CONSIDERADO APTO PARA O TRABALHO PELO INSS. INAPTIDÃO CONSTATADA NO EXAME DE SAÚDE OCUPACIONAL. INDEFINIÇÃO QUANTO A SITUAÇÃO DO CONTRATO DE TRABALHO. MEIOS DE SOBREVIVÊNCIA DO

TRABALHADOR. CULPA DA EMPRESA. Tem se tornado comum nesta Justiça do Trabalho o caso em que o trabalhador se apresenta para retomar seu posto de trabalho, ao receber alta médica do órgão previdenciário, mas não é aceito pelo empregador, porque o exame médico ocupacional constata a inaptidão para o trabalho. Nessa situação, o contrato de trabalho não pode permanecer no limbo, isto é, não pode o empregado ficar, ao mesmo tempo, sem o benefício previdenciário, que não mais recebe, e sem auferir salários, da empresa que não o aceita de volta. Se o empregador discorda do resultado da decisão do INSS, que de alguma forma lhe impõe aceitar o retorno do empregado ao trabalho, deve recorrer da decisão junto à Previdência Social ou dispensar o trabalhador. (TRT 3ª R., Nona Turma 00570-2009-063-03-00-2 RO, Rel.: Desembargador Antônio Fernando Guimarães, DEJT 17.3.2010, p. 94).

Mas, como obrigar o empregador a efetuar o pagamento de salários, sem poder utilizar-se da respectiva mão de obra? E se a decisão administrativa, de fato, estiver equivocada? Apontamos, ainda, outro grave entrave: o risco daquele trabalhador que, em tese, está inapto para o desenvolvimento de suas atividades laborativas, venha a sofrer um acidente do trabalho nas dependências da empresa aumenta consideravelmente. Assim, poderá a empregadora ser condenada ao pagamento de indenizações por danos morais e materiais decorrentes daquele infortúnio laboral, simplesmente pelo fato de ter assumido o risco de colocar, no posto de serviço, uma pessoa que, segundo o médico contratado pela própria ré, estaria incapacitada para o exercício daquela tarefa. O empregador seria considerado negligente.

Como se vê, a contradição entre pareceres médicos poderá prejudicar, sensivelmente, não só a capacidade laborativa do trabalhador, atentando, mais uma vez, contra a sua dignidade, como também trazer sérias responsabilidades e consequências jurídicas à empregadora. Adotar, por exemplo, a última solução apresentada na ementa acima transcrita (qual seja, simplesmente *dispensar o trabalhador*) não resolve, *data venia*, o problema; na realidade, apenas o agrava; a discussão encerra-se, não por força da solução a respeito da (in)capacidade laborativa daquela pessoa, mas pela simples extinção do contrato de emprego. Não me parece que esta solução esteja adequada aos princípios de proteção ao hipossuficiente.

Por isso, entendemos que a empregadora também será beneficiada com a possibilidade por nós apresentada. Haverá *segurança jurídica* a respeito da situação clínica do trabalhador, diante da prolação de uma decisão judicial reconhecendo a capacidade ou incapacidade para o labor. Haverá uma discussão profunda a respeito da saúde do trabalhador, com todos os desdobramentos que surgirem deste fato. Sendo possível, adota-se o caminho da reabilitação profissional. Caso tal conduta não se mostre razoável, por exemplo, pelo *tamanho* da empresa ou pela qualidade do empregador (que, diga-se, poderá até mesmo ser um empregador doméstico), mantem-se a benesse previdenciária, até o restabelecimento completo da capacidade laborativa.

Os efeitos da participação do INSS

As perícias médicas realizadas pela autarquia passarão a sofrer controle jurisdicional perante o órgão do Poder Judiciário mais *apto* na análise destas questões. Os médicos que prestam serviços para o INSS poderão, ainda, atuar no feito na qualidade de assistentes técnicos, trazendo elementos necessários para o julgamento *justo*.

Além disso, em casos de acidente do trabalho ou doença ocupacional, a empresa poderá ser condenada a arcar com despesas médicas e cirúrgicas, para o restabelecimento completo da saúde do trabalhador, que, assim que alcançada, autorizará o INSS a cancelar o benefício, contribuindo, assim, para se evitar a *indústria* do pagamento indevido de prestações previdenciárias. Soma-se, ainda, o fato de que a empresa poderá, neste último caso, ser condenada a promover a efetiva reabilitação profissional do trabalhador, em atenção ao que prevê o art. 62 da Lei n. 8.213/91.

Ademais, em casos típicos de acidente do trabalho, a instrução processual contribuirá para que o INSS, posteriormente, tenha os elementos jurídicos necessários para o ajuizamento da demanda regressiva em face do empregador, postulando o ressarcimento dos valores pagos a título de benefício previdenciário ao erário público, na esteira do que expressamente dispõe o art. 120 da Lei n. 8.213/91. E, nesta demanda de caráter regressiva, movida pelo INSS, dificilmente haverá a possibilidade de novos questionamentos sobre os fatos discutidos na ação principal, uma vez que todos os envolvidos (o empregado, a empregador e INSS) produziram as provas que reputarem necessárias para o julgamento da lide movida pelo trabalhador, sempre em atenção aos princípios, também fundamentais, da ampla defesa e do contraditório.

O desafogamento do Poder Judiciário

O verdadeiro escopo da jurisdição é pacificar um conflito subjetivo de interesses. A prolação de decisões contraditórias, sobre o mesmo *tema-base* (incapacidade laborativa do autor), não existirá, o que apenas contribui para o crédito que a sociedade deve conferir a esta importante tarefa estatal. O processo será resolvido de maneira mais rápida e ágil, já que sabemos o elevado número de ações que tramitam na Justiça Federal, contribuindo para desafogar este órgão. O número de ações, ao final, diminuirá, uma vez que não haverá necessidade de se provocar a jurisdição, em órgãos distintos, sobre o mesmo *pano de fundo* jurídico.

Não há dúvidas que, com a promulgação da EC n. 45/04, foi reconhecido um importante papel à Justiça do Trabalho, aumentando-se o leque de demandas atribuídas à apreciação por este órgão do Poder Judiciário. A Justiça do Trabalho é, sem dúvidas, aquela que detém as melhores condições para solucionar, de forma definitiva, o conflito estabelecido entre todas as partes envolvidas (empregado, empregador e INSS). A celeridade, marca indelegável da Justiça do Trabalho, apenas contribuirá para a concretização do princípio da duração razoável do processo, à luz da princípio máximo de todo o sistema jurídico constitucional brasileiro, qual seja, a dignidade da pessoa humana. O papel conferido à Justiça do Trabalho, pelo legislador constitucional, ampliando o leque de atribuições e responsabilidades será, sem dúvidas, sedimentado, com a solução de um conflito que apenas contribuía para o martírio na vida do trabalhador.

É se entender, portanto, que a solução apresentada neste trabalho apenas beneficiará todas as partes envolvidas na relação (trabalhador, empregador e INSS), bem como a própria sociedade, que terá a certeza de que o Poder Judiciário cumpriu o seu papel de pacificador dos conflitos existentes. Inexistem entraves para este pensamento, salvo a interpretação absolutamente gramatical e literal da regra constante no art. 109 da CF que, *data vênia*, não se justifica, porque não atende aos postulados da dignidade da pessoa humana, da unidade (inclusive do Poder Judiciário) e da justiça social, dentro da visão pós-positivista do ordenamento jurídico.

A tutela jurisdicional dará efetividade e concretude aos direitos fundamentais do trabalhador, restabelecendo a sua dignidade, com a certeza e garantia de que perceberá os proventos necessários para a aquisição dos bens materiais e imateriais necessários para a subsistência própria e familiar, seja através do pagamento de salários, seja por meio do benefício previdenciário adequado ao caso. E, com a facilidade de se postular o *restabelecimento* de sua dignidade, através do Poder Judiciário que mais se aproxima do cidadão e da promoção dos direitos sociais fundamentais: a Justiça do Trabalho.

É por isso que finalizamos este trabalho dizendo que a reinterpretação das normas constitucionais, dentro da concepção trazida pelo pós-positivismo jurídico, resgatando os ideais de valores, justiça social e dignidade da pessoa humana, concedendo à Justiça do Trabalho a competência para apreciar e julgar, de maneira concreta, o conflito apresentado, sem que haja ofensa à previsão contida no art. 109, § 3º, da CF é, em nossa visão, a única forma de se garantir a efetividade do direito fundamental ao recebimento de valores necessários para a aquisição dos bens necessários para uma vida digna, garantindo-se, assim, o *mínimo existencial*, dentro da problemática apresentada.

CONSIDERAÇÕES FINAIS

Ao longo deste trabalho, apresentamos, inicialmente, a situação que tanto aflige a vida de vários trabalhadores. A possibilidade de decisões contraditórias, no caminho normalmente percorrido é latente, o que contribui para o descrédito e a insatisfação geral da sociedade para com o Poder Judiciário Brasileiro.

Este problema deve ser analisado sob outro *viés*. Reconhecer a existência de um caminho *alternativo*, concedendo ao trabalhador a possibilidade de ajuizamento de única demanda contra o empregador e o INSS perante a Justiça do Trabalho, nestes casos, é, em nossa visão, a maneira mais prática, efetiva e célere de equacionar esta questão.

As vantagens para todos os envolvidos (empregado e empregador, INSS e Judiciário) são várias. Algumas foram apontadas, o que não impede o reconhecimento de outras. A única desvantagem está calcada na interpretação literal da disposição contida no art. 109 da CF que, como procuramos demonstrar, não deverá mais subsistir.

A Justiça do Trabalho é a mais célere do País. É a única que possui como mandamento constitucional o escopo de trazer a efetiva proteção angariada em lei ao trabalhador. Os Juízes do Trabalho já estão plenamente acostumados e adaptados com a inclusão do INSS no polo passivo das demandas que são processadas por este ramo do Poder Judiciário. Não haverá novidades.

Temos a convicção que o trabalhador e a sociedade serão os grandes beneficiários desta tutela, por força de uma simples reinterpretação das normas constitucionais. Torcemos para que os juristas (juízes, advogados, estudantes e demais operadores) abracem esta causa social, para que os trabalhadores, nos momentos mais críticos de suas vidas, não fiquem à margem da possibilidade de, concretamente, adquirirem os meios necessários para viverem com dignidade.

BIBLIOGRAFIA

ANTUNES, Davi José Nardy. Gasto social e desigualdade social. *In:* FAGNANI, Eduardo; POCHMANN, Márcio (org.). *Mercado de trabalho, relações sindicais, pobreza e ajuste fiscal.* São Paulo: LTr, 2007.

ANTUNES, Ricardo. O neoliberalismo e a precarização estrutural do trabalho na fase da mundialização do capital. *In:* DA SILVA, Alessandro; MAIOR, Jorge Luiz Souto; FELIPPE, Kenarik Boujikian; SEMMER, Marcelo. *Direitos humanos:* essência do direito do trabalho. São Paulo: LTr, 2007.

ALEXY, Robert. *Teoria dos direitos fundamentais.* São Paulo: Malheiros, 2008.

BARROSO, Luís Roberto. *Interpretação e aplicação da constituição.* São Paulo: Saraiva, 2004.

______. *Interpretação e aplicação da constituição.* 7. ed. São Paulo: Saraiva, 2010.

______. Neoconstitucionalismo e transformações do direito constitucional contemporâneo. *In:* LIMA, Martonio Mont'Alverne Barreto; ALBUQUERQUE, Paulo Antonio de Menezes. *Democracia, direito e política:* estudos internacionais em homenagem a Friedrich Muller. Florianópolis: Boiteux, 2006.

BETTI, Emilio. *Interpretação da lei e dos atos jurídicos.* São Paulo: Martins Fontes, 2007.

CAMPOS, Cristiane Soares; DUTRA, Flávia Cristina Rossi. Globalização e dignidade da pessoa humana. *Revista do Tribunal Regional do Trabalho da 3ª Região*, Belo Horizonte, v. 73, 2006.

CANARIS, Claus-Wilhelm. *Direitos fundamentais e direito privado.* Coimbra: Almedina, 2003.

______. *Pensamento sistemático e conceito de sistema na ciência do direito.* 4. ed. Lisboa: Calouste Gulbenkian, 2008.

CAPLAN, Luciana. O direito do trabalho e a teoria crítica dos direitos humanos. In: DA SILVA, Alessandro; MAIOR, Jorge Luiz Souto; FELIPPE, Kenarik Boujikian; SEMMER, Marcelo. *Direitos humanos:* essência do direito do trabalho. São Paulo: LTr, 2007.

CAPLAN, Luciana. Direitos sociais da constituição cidadã e as armadilhas ideológicas que levam à sua inefetividade: uma leitura a partir da teoria crítica. *In: Direitos sociais na Constituição de 1988:* uma análise crítica vinte anos depois. São Paulo: LTr, 2008.

CHAVES JÚNIOR, José Eduardo Resende. A justiça do trabalho enquanto *vis attractiva protectionis:* o trabalho 'biopolítico' na perspectiva de uma especialização democrática dos ramos judiciários. *In: Congreso de Magistrados del Orden Social:* el futuro de la jurisdicición social. Madri: Foro de Estudios Europeos de Múrcia. Consejo General del Poder Judicial. Centro de Documentación Judicial, 2007.

COLUSSI, Luiz Antonio. *Direito, estado e regulação social*: o papel do contrato de trabalho na sociedade em transformação. São Paulo: LTr, 2009.

COSTA, Flávio Divino de Castro e. A função realizadora do poder judiciário e as políticas públicas do Brasil. *In: Direitos sociais na Constituição de 1988:* uma análise crítica vinte anos depois. São Paulo: LTr, 2008.

DELGADO, Mauricio Godinho. *Capitalismo, trabalho e emprego*: entre o paradigma da destruição e os caminhos da reconstrução. São Paulo: LTr, 2006.

FLORES. Joaquín Herrera. *A (re)invenção dos direitos humanos.* Florianópolis: Boiteux, 2009.

FREITAS, Juarez de. *A interpretação sistemática do direito.* São Paulo: Malheiros, 2004.

GOSDAL, Thereza Cristina. *Dignidade do trabalhador:* um conceito construído sob o paradigma do trabalhado decente e da honra. São Paulo: LTr, 2008.

HINKELAMMERT, Franz J. La inversión de los derechos humanos: el caso de John Locke. *In:* HERRERA FLORES, Joaquín (ed.). *El vuelo de anteo:* derechos humanos y crítica de la razón liberal. Bilbao: Desclee de Brouwer, 2000.

MAIOR, Jorge Luis Souto. Direito social, direito do trabalho e direitos humanos. *In:* DA SILVA, Alessandro; MAIOR, Jorge Luiz Souto; FELIPPE, Kenarik Boujikian. SEMMER, Marcelo. *Direitos humanos:* essência do direito do trabalho. São Paulo: LTr, 2007.

MORAES, Alexandre de. *Direito constitucional.* 15. ed. São Paulo: Atlas, 2004.

MOREIRA, José Carlos Barbosa. O poder judiciário e a efetividade da nova constituição. *Revista Forense*, Rio de Janeiro, v. 304:151, 1988.

PANCOTTI, Luiz Gustavo Bóiam. *Conflitos de princípios constitucionais na tutela de benefícios previdenciários.* São Paulo: LTr, 2009.

ROBLES, Gregorio. *Os direitos fundamentais e a ética na sociedade atual.* Barueri: Manole, 2005.

SARLET, Ingo Wolfgang. *A eficácia dos direitos fundamentais*: uma teoria geral dos direitos fundamentais na perspectiva constitucional. Porto Alegre: Livraria do Advogado, 2009.

______. Os direitos fundamentais sociais na Constituição de 1988. *Revista Diálogo Jurídico*, Porto Alegre, ano I, v. 1, p. 10, 2001.

SARMENTO, Daniel. *Direitos fundamentais e relações privadas.* Rio de Janeiro: Lumen Juris, 2008.

SILVA, José Antônio Ribeiro de Oliveira. *A saúde do trabalhador como um direito humano:* conteúdo essencial da dignidade humana. São Paulo: LTr, 2008.

STEINMETZ, Wilson. *A vinculação dos particulares a direitos fundamentais.* São Paulo: Malheiros, 2004.

<www.stf.jus.br>

<www.trt3.jus.br>

A Democratização do uso das Ações Processuais Disponíveis no Ordenamento Jurídico Brasileiro na Defesa dos Direitos Coletivos

MARIA DE NAZARÉ MEDEIROS ROCHA(*)

Vive-se um momento de transformação na mentalidade jurídica de proteção dos direitos, pois, se antes, com o advento do Código Civil de Beviláqua (1916), passamos por uma etapa marcadamente individualista, baseada na autonomia da vontade do cidadão, expurgada a ampla possibilidade das tutelas coletivas, considerando ter sido vetado pelo Presidente da República o dispositivo contido no texto original da Lei de Ação Civil Pública (Lei n. 7.347/1985), que tratava da tutela de quaisquer direitos difusos e coletivos, por não haver expressa definição legislativa para tais direitos, hoje, desde o advento da Constituição Cidadã (1988), temos o incremento do acesso à justiça tanto quanto à tutela dos interesses individuais como dos interesses coletivos (CF/88 — Título II, Capítulo I), o que deu ensejo, por exemplo, à edição da Lei n. 8.078/1990 (Código de Defesa do Consumidor) que expressamente definiu os direitos metaindividuais, prevendo sua tutela por meio da Ação Civil Pública (incluído pela Lei n. 8.078 de 1990).

Já a contar dos primórdios da história da civilização humana existia a presença e proteção de objetos e lugares relativo ao uso da *res communes.* Fosse na sociedade primitiva (*res universitalis*), fosse na sociedade medieval com predominância religiosa (*res sacrae*), fosse na sociedade moderna ou na contemporânea, sempre houve bens e interesses não inseridos na titularidade individual, ao revés, alcançando um número ilimitado de sujeitos que transcendiam um universo restrito.

A complexa sociedade contemporânea somente veio realçar os interesses comuns, evidenciando a necessária proteção destes, inseridos na dimensão coletiva das relações sociais.

Isso ocorre porque a ação individual, como centro base de todo o sistema de proteção de direitos, não foi mais capaz de responder às profundas transformações sociais e econômicas que o mundo contemporâneo vem enfrentando ao longo dos últimos dois séculos. De certo, a quantidade de acontecimentos que permeou e que permeia o mundo atual, do ponto de vista

(*) Juíza do Trabalho (TRT da 8ª Região). Titular da 7ª Vara do Trabalho de Belém/PA. Especialista em Trabalho e Sindicalismo pela Unicamp. Mestranda em Direito pela Universidade Federal do Pará (UFPA).

histórico, é muito mais substancial em comparação com qualquer outra era da humanidade. O processo de industrialização, de urbanização e de globalização geraram e geram um fluxo de informações tão intenso que permitem inúmeras relações de produção de bens e de consumo, as quais influenciam nas expectativas dos homens para com o futuro.

O Direito não pode ficar ao largo dessas transformações, sendo forçado a admitir, pelas circunstâncias atuais, que o antigo dualismo Estado e indivíduo deu lugar a uma visão publicista do Direito, onde se verifica o privilégio do interesse coletivo frente ao interesse individual. Somente esta nova concepção do Direito é capaz de satisfazer as demandas de massa, proveniente das sociedades de massa, onde ocorrem as chamadas lesões de massa.

O caráter universalizante do Direito compõe a agenda do dia, onde o Estado deve interferir na regulação das relações entre seus jurisdicionados, com ênfase na preocupação social, na proteção substancial dos direitos humanos e na efetividade dos direitos fundamentais constitucionalizados.

A litigiosidade de massa reclama uma resposta jurisdicional coletiva como forma de efetivamente inibir, em tempo razoável, as lesões da coletividade enquanto interesse público, ou seja, enquanto lesões que extrapolam os interesses meramente individuais, que põem em risco a preservação harmoniosa da sociedade na realização de seus objetivos constitucionais.

Segundo Fredie Didier Jr. "...As ações coletivas tem, em geral, duas justificativas atuais de ordem sociológica e política: a primeira, mais abrangente, revela-se no princípio de acesso à Justiça; a segunda, de política judiciária, no princípio da economia processual..."[(1)].

Disse o mesmo autor que as motivações políticas mais comuns respondem à redução dos custos materiais e econômicos da justiça que, dentre outros, aponta a segurança jurídica "...decorrente do atingimento das pretensões constitucionais de uma justiça mais célere e efetiva..."[(2)]. Quanto às motivações sociológicas, estas revelam-se pelo controle das demandas em massa, cuja resposta do Poder Judiciário deve obedecer a mesma dimensão coletiva.

A necessária proteção dos direitos coletivos de grupos, categorias ou classe de pessoas ressalta a preocupação doutrinária e legislativa na identificação dos mesmos e nas formas jurisdicionais de sua proteção. Entretanto, mister que se ressalte a diferença entre a dimensão coletiva do Direito e os mecanismos de sua proteção.

A dimensão coletiva do direito está inserida em uma realidade que se opõe à dimensão individual. O coletivo é representado por meio de categorias como Estado, Família, Igreja, Comunidades, Povo, Nação, Massa ou Classe, sendo estudado consoante a dinâmica de interações individuais ou grupais. Ele não se reduz ao social totalizado, pois seu funcionamento não pode ser apreendido por entre dinâmicas das relações interindividuais ou grupais, muito pelo contrário, o coletivo não está apenas em um ou vários interesses, mas entre o espaço-tempo comum, impessoal e partilhável na relação funcional de um plano coletivo.

A subjetividade relacional do direito coletivo inclui sistemas extrapessoais ou sociais na medida de sua multiplicidade impessoal de interesses, esta, por sua vez, contrapõe-se ao conjunto ou somatório dos interesses individuais das pessoas. O coletivo é impessoal, indivisível e transindividual.

Por outro lado, a proteção da dimensão coletiva do direito revela-se pelas formas dos diversos tipos de tutela processual disponíveis em um determinado ordenamento jurídico.

No Brasil, inicialmente, a tutela processual disponível para defesa dos direitos coletivos fez-se presente por meio das ações de dissídio coletivo (CLT, art. 856 e ss.), na área do direito processual do trabalho, posteriormente, foi editada a Lei da Ação Popular (Lei n. 4.717/65), que representou o sistema único de tutela coletiva no

(1) DIDIER JR., Fredie. *Curso de direito processual civil. Processo coletivo*. 7. ed. Salvador: JusPodivm, 2012. p. 35.
(2) *Idem*.

direito brasileiro, pois qualquer cidadão, no pleno gozo de seus direitos civis e políticos, poderia ingressar em juízo para defesa do patrimônio público da prática de atos ilegais. Todavia, a primeira lei que tratou de forma sistemática da defesa dos direitos transindividuais em juízo foi a da Ação Civil Pública (Lei n. 7.347/85).

Contudo, não obstante a grande importância trazida pela Lei da Ação Popular na esfera de proteção coletiva dos direitos, esta apenas tutelava os direitos coletivos *lato sensu*, deixando de lado os direitos coletivos *stricto sensu* e os direitos individuais homogêneos.

A dimensão coletiva *stricto sensu* do direito e os direitos individuais homogêneos, ao lado da própria dimensão coletiva *lato sensu*, somente passaram a integrar o sistema de tutela coletiva do direito brasileiro com a promulgação da Constituição Federal de 1988, que mencionou esses três tipos de proteção em vários de seus dispositivos, como por exemplo os arts. 8º, III; 5º, LXXIII; 127; 129, III.

Posteriormente, com a edição do Código de Defesa do Consumidor (Lei n. 8.078/90), que regulamentou as questões importantes, tais como a legitimidade, a competência, a litispendência e a coisa julgada da tutela coletiva de direitos, foi aperfeiçoado o sistema brasileiro de tutela jurídica massificada.

Ainda em contribuição à defesa dos direitos coletivos, a Constituição de 1988 previu a interposição do Mandado de Segurança Coletivo pelos Partidos Políticos (art. 5º, LXX, da CF/88), sendo que, em 10 de agosto de 2009, foi publicada nova lei do Mandado de Segurança Individual e Coletivo (Lei n. 12.019/2009), que restringiu o alcance deste instituto processual aos direitos coletivos *stricto sensu* e individual homogêneo, excluindo, portanto, os direitos coletivos *lato sensu*, revelando o contraste com o disposto no art. 5º, LXX, da CF/88, que não traz esta reserva.

Atualmente a doutrina se debruça na definição do que seriam os direitos difusos, coletivos e individuais homogêneos.

Como direitos difusos, entende-se aqueles relacionados aos interesses transindividuais, ou seja, aos interesses que ultrapassam a esfera de um único indivíduo; de indeterminação absoluta de seus titulares, eis que a ligação entre esses decorre da mera circunstância de fato. Constituem-se em interesses indivisíveis onde a lesão e a reparação afeta a todos os possíveis interessados, por isso mesmo, não são suscetíveis de apropriação individual, ato de renúncia ou transação.

Os direitos coletivos também são transindividuais, mas a determinação de seus titulares coletivos é relativa, sendo a vinculação desses, por meio de uma relação jurídica-base. São direitos indivisíveis, somente satisfeitos na forma que atenda a todos os seus titulares, por isso mesmo, são também insuscetíveis de apropriação individual, de renúncia ou de transação.

Os direitos individuais homogêneos, por sua vez, são aqueles onde é possível a identificação do sujeito e a identificação dele com o objeto pleiteado. A vinculação de seus sujeitos decorre das circunstâncias de serem titulares de direitos da mesma origem, portanto, são direitos divisíveis, fazendo parte do patrimônio particular individual de cada um de seus titulares, podendo ser satisfeito de forma diferenciada e individualizada, isto é, a satisfação de um dos indivíduos não prejudicará a satisfação do outro. Nesse compasso, são passíveis de renúncia e transação, salvo as proibições legais.

Como se pode observar, as duas primeiras dimensões de direitos coletivos, os chamados direitos difusos e coletivos, respectivamente, *lato sensu e stricto senso*, possuem características comuns como o interesse transindividual e a indivisibilidade da lesão e de sua satisfação, porquanto, constituem-se em espécies do gênero direitos coletivos, diferentemente dos direitos individuais homogêneos, que não são nem transindividuais, nem indivisíveis, *ab initio*.

O art. 81, parágrafo único, inciso III, do Código de Defesa do Consumidor define o direito individual homogêneo como aquele que tem "origem comum". Esta definição não atende as necessidades substanciais de identificação deste tipo de direito, sendo revelante a interpretação da doutrina e da jurisprudência pátria para uma melhor explicação do instituto.

Na verdade, o Código de Defesa do Consumidor se preocupou muito mais em definir os chamados direitos difusos e coletivos e muito menos em esclarecer o que seria os direitos individuais homogêneos, como se a este último restasse apenas as situações que envolvessem os interesses juridicamente protegidos que não se enquadrassem nas definições de direitos difusos e coletivos.

A dificuldade na definição do instituto do direito individual homogêneo leva-nos ao significado de sua natureza jurídica. Sabendo-se ser a este inerente a individualidade de seus sujeitos, havemos de considerar o interesse desses indivíduos na postulação de seus direitos.

A pretensão dos sujeitos do direito individual homogêneo encontra-se situada no campo do interesse juridicamente tutelado, sendo, na verdade, um poder conferido a cada indivíduo a partir de uma determinada ordem jurídica vigente, que visa a garantia e fortalecimento dos direitos considerados essenciais à manutenção do nível de vida necessário à participação do indivíduo como membro pleno da sociedade.

Nesse sentido invoco as lições de Pietro Perlingieri. Vejamos: "... no ordenamento moderno, o interesse é tutelado se, e enquanto for conforme não apenas ao interesse do titular, mas também àquele da coletividade. Na maior parte das hipóteses, o interesse faz nascer uma situação subjetiva complexa, composta tanto de poderes quanto de deveres, obrigações, ônus. É nesta perspectiva que se coloca a crise do direito subjetivo. Este nasceu para exprimir um interesse individual e egoísta, enquanto que a noção de situação subjetiva complexa configura a função de solidariedade presente ao nível constitucional..."[(3)].

A natureza do direito individual homogêneo constitui-se em um interesse juridicamente tutelado, individual e complexo, dizendo respeito não só às necessidades pessoais de cada um dos indivíduos (considerada sua perspectiva individual e isolada), mas também, pelo compartilhamento dessas necessidades por todo um grupo de indivíduos (direitos 'com origem comum'), fazendo despontar a relevância social da questão.

Destarte, de início, o direito individual homogêneo não é um direito coletivo, pois nasce de um interesse individual isolado, entretanto, justifica-se como coletivo, em um segundo momento, quando o direito de um determinado indivíduo se revela igual ao direito de vários outros sujeitos (origem comum com o direito das outras pessoas), diante do qual torna-se apto à identificação de um determinado grupamento social, onde a situação comum observada passa a produzir efeitos dentro desta determinada coletividade, obrigando o ordenamento jurídico a tutelar o direito como coletivo *lato sensu*.

A origem comum do direito, que une um determinado grupamento social interessado no deslinde da controvérsia, revela a extensão social coletiva desse mesmo direito, justificando uma tutela específica por parte do Estado, pois existe uma questão coletiva comum a todos os membros da classe que se sobrepõe as eventuais questões individuais.

Por isso, os direitos individuais homogêneos são divisíveis, eis que seus sujeitos são identificáveis, onde a lesão do direito e a sua satisfação estão relacionados individualmente com cada um de seus titulares. Se em um primeiro momento, o direito individual homogêneo seria, em tese, difuso ou coletivo, no momento seguinte, por suas peculiaridades, passou a ser divisível e, por isso mesmo, subordinado à regramento específico referente a satisfação concreta dos lesados.

Nesse sentido, Tycho Brahe Fernandes esclarece: "...Logo, direitos ou interesses individuais homogêneos são aqueles interesses que decorrem de um fato comum, correspondente ao ato lesivo ao ordenamento jurídico, permitindo desde logo a determinação de quais membros da coletividade foram atingidos. Quando se fala em homogeneidade, deve-se ter em mente que tais direitos ou interesses devem decorrer de uma origem comum, ou seja, devem ser

(3) PERLINGIERI, Pietro. *Perfis do direito civil* — introdução ao direito civil constitucional. Tradução de Maria Cristina de Cicco. Rio de Janeiro: Renovar, 1997. p. 89 e segs.

homogêneos qualitativamente e apresentados com uniformidade, de maneira a viabilizar a defesa coletiva. Para ser homogêneo basta a uniformidade qualitativa. Dispensada está a uniformidade quantitativa, pois com relação aos aspectos pessoais diferenciados, próprios de cada situação concreta, de cada consumidor, estes poderão ser postulados pelos próprios interessados em uma fase posterior denominada habilitação e que ocorre na liquidação da sentença genérica proferida por ocasião da ação coletiva. É mister salientar que "origem comum" não significa, necessariamente, uma unidade fatual e temporal. O importante é que tais lesões decorram de um fato comum, embora a forma, o tempo, a localidade, a quantidade das lesões sejam diferentes em relação a cada indivíduo. O interesse ou direito individual homogêneo é todo aquele que, possuindo mais de um titular, identificado ou identificável e, embora possa ter seu objeto divisível e até mesmo disponível, protegido individualmente, sem uma relação jurídica base entre os consumidores, têm uma causa comum..."[(4)].

Ressalte-se ainda, a diferença existente entre o direito individual homogêneo e o instituto processual do litisconsórcio, porquanto este último se compõe de estrutura multitudinária, onde seus sujeitos somam-se quantitativamente sem que se observe a relevância coletiva da questão, mas apenas o interesse privado de um determinado grupo de pessoas.

Já os chamados direitos difusos e coletivos representam interesses transindividuais ou metaindividuais, os quais não pertencem a um indivíduo de forma isolada, ao revés, transcendem o sujeito, ultrapassam o limite de direitos e deveres individuais, sendo que a todos pertence, mas ninguém especificamente o possui. Nasceram da necessidade do Estado em tutelar as violações de massa, oriundas da complexidade das relações sociais hodiernas, que revelaram a dimensão coletiva da conflituosidade de comunidades inteiras, de grupos sociais ou de categoriais de indivíduos.

Também os direitos difusos e coletivos dizem respeito a um bem idôneo, apto à satisfação de uma necessidade comum, que possuem um vínculo jurídico unificador de dimensão coletiva, assegurando a homogeneidade dos elementos componentes de uma determinada coletividade, categoria ou grupo de pessoas.

As breves considerações acima alinhavadas demonstram que, não obstante as peculiaridades de cada um dos direitos coletivos identificáveis pelo ordenamento jurídico brasileiro (difuso, coletivo ou individual homogêneo), um ponto comum revela-se entre todos, a chamada dimensão coletiva desses interesses, consubstanciada no potencial de conflituosidade da questão posta em debate junto ao Judiciário e a na relevância social deste debate, os quais despontam a 'estrutura molecular do litígio'[(5)].

O fator comum entre todos os três tipos de direitos coletivos tutelados pela legislação brasileira (estrutura molecular do litigio) deveria constituir o único requisito necessário à utilização dos instrumentos de tutela de proteção desses mesmos direitos.

Como sabemos, existem diversas ações processuais admissíveis no Brasil para proteção dos direitos coletivos, tais como: a Ação Civil Pública, a Ação Popular, o Mandado de Segurança Coletivo, a Ação de Improbidade Administrativa, as Ações previstas no Código de Defesa do Consumidor (Ex: a Ação Civil Coletiva — arts. 91 a 100 do CDC) e etc., as quais, em suas respectivas especificidades, demandam proteção ou do direito difuso, ou do direito coletivo, ou do direito individual homogêneo, podendo também, destinarem-se à proteção concomitante de mais um desses direitos, mas não de todos ao mesmo tempo, como por exemplo, é o caso da Ação Civil Pública, destinada à tutela dos direitos difusos e coletivos, em contraste com a Ação Civil Coletiva (arts. 91 a

(4) FERNANDES, Tycho Brahe; GUIMARÃES, Angela Silva. A *legitimação do ministério público na tutela dos interesses ou direitos individuais homogêneos*, artigo publicado no *site:* <http://portalmpsc.mp.sc.gov.br/site/portal/portal_detalhe.asp?campo=2561>.

(5) WATANABE, Kasuo. Demandas coletivas e problemas emergentes da práxis forense. *Revista de Processo*, São Paulo: RT, n. 67, p. 15, 1992.

100 do CDC) destinada apenas à proteção dos direitos individuais homogêneos.

Entretanto, o potencial de conflituosidade das relações sociais modernas, que geram lesões em massa e, por isso mesmo, reclamam soluções em massa, não se revela mais pertinente à fragmentação dos instrumentos de proteção da dimensão coletiva dos direitos, de modo a limitar a utilização das diversas tutelas disponíveis no ordenamento jurídico pátrio de acordo com a natureza do direito lesado: se difusa, coletiva ou individual homogênea.

O professor Antonio Gidi pondera que '...o critério científico para identificar se determinado direito é difuso, coletivo, individual homogêneo ou individual puro não é a matéria, o tema ou mesmo o assunto abstratamente considerado, ao revés, repousa no direito subjetivo específico que foi violado...', atestando existir um único titular para cada um destes direitos: "... uma comunidade no caso de direitos difusos, uma coletividade, no caso de direito coletivos ou um conjunto de vítimas indivisivelmente considerado no caso de direitos individuais homogêneos..."[(6)].

Nesse sentido, por certo que as três dimensões coletivas de direitos previstas no ordenamento jurídico pátrio possuem pontos comuns que as difere, em essência, das lesões puramente individuais, qual seja: o grau de coletivização do conflito de interesses concretamente considerado e a relevância social da matéria posta em debate junto ao poder judiciário, os quais revelam a estrutura molecular do litígio, isto é, os diversos conjuntos atomizados de interesses presentes em uma determinada sociedade. Estes elementos comuns autorizam o uso de todos os instrumentos processuais disponíveis no ordenamento jurídico pátrio, tanto para proteção dos direitos transindividuais, como para proteção dos individuais homogêneos.

A necessária democratização do uso das ações processuais disponíveis no ordenamento jurídico brasileiro na defesa dos direitos de dimensão coletiva encontra substrato no desmedido crescimento das relações econômicas sociais, no crescimento desenfreado do consumo de massa e no acelerado crescimento urbano, os quais dão azo às lesões em massa, que envolvem uniformemente uma vasta área de interesses, cuja particularidade não pertence a um único sujeito, mas a todos os membros de uma determinada coletividade. Por isso mesmo, o Estado, baseado nessa nova realidade, deve procurar disponibilizar aos cidadãos em geral todas as formas de proteção dos direitos lesados em dimensão coletiva, de modo a responder prontamente e de forma eficaz ao grande número de conflitos provenientes das relações jurídico-econômico-sociais assemelhadas e uniformizadas sem a imposição de nenhum tipo de restrição processual.

Ademais, devido a complexidade substancial dos conflitos oriundos das relações econômico-sociais atuais, na maioria das vezes, torna-se difícil a tarefa de identificação, no caso concreto, das lesões aos direitos de ordem difusa, coletiva ou individual homogênea, sendo de suma importância, nesse diapasão, apenas a definição do elemento comum existente entre essas três dimensões, isto é, a uniformidade social do conflito, para que possa ser manipulado, sem restrição, qualquer um dos remédios jurídicos que compõem o portfólio legal.

Nesse sentido, Gustavo Tepedido salienta não ser exagero "...afirmar que, em termos práticos, as lesões a interesses coletivos ou difusos normalmente implicam na configuração de interesses individuais homogêneos, sendo muito difícil isolar cada uma dessas espécies de interesses, de modo a que se pudesse identificar, diante de uma hipótese concreta, a presença do interesse estritamente coletivo ou exclusivamente individual homogêneo..."[(7)].

Seguindo os passos dessa nova reflexão destacamos a lição de José Roberto Freire Pimenta, o qual, tratando dos conceitos de

(6) GIDI, Antonio. *Coisa julgada e litispendência em ações coletivas*. São Paulo: Saraiva, 1995. p. 23.

(7) TEPEDINO, Gustavo José Mendes. A questão ambiental, o ministério público e as ações civis públicas. *In: Temas de direito civil*. Rio de Janeiro: Renovar, 1999. p. 302.

direitos metaindividuais difuso, coletivo ou individual homogêneo destacou a possibilidade de "...uma mesma ocorrência fático-jurídica poder permitir o seu enquadramento em qualquer uma dessas categoriais, dependendo da ótica em que se coloque o observador e do 'grau de coletivização' que implique o conflito de interesses concretamente considerado...'[8].

Há quem defenda a tese da impossibilidade desta situação devido ao elemento caracterizador dos direitos difusos: a indeterminação de seus titulares, contudo, também quanto a este aspecto deve ser considerada a perspectiva relativista do argumento que, no âmbito desse estudo, pouco contribui para sua oposição.

É assim que Mauricio Godinho Delgado declara "...Esclareça-se, por fim, um importante aspecto no que toca os interesses e direitos difusos: a indeterminação de seus titulares não é, evidentemente, absoluta. Apenas considerando o seu todo é que esses titulares não podem ser determinados, embora, eventualmente, uma certa parte deles possa ser identificada. Tal identificação torna-se, porém, em princípio, irrelevante, não só por não atingir toda a potencialidade dos titulares, como também em virtude da tutela pretendida ser única, favorecendo a cada um deles..."[9].

Como pode-se verificar, a doutrina reconhece como elemento crucial à definição dos direitos difusos muito mais a sua dimensão coletiva e relevância social e muito menos a indeterminação de seus titulares.

Assim também os direitos coletivos, em sua natureza, possuem a qualidade massiva, pois alcançam em grande magnitude a esfera social, sem contudo, poderem se afastar da sua dimensão estritamente individual atomizada.

Por fim, os direitos individuais homogêneos que, inicialmente, não possuem qualidade massiva, sendo em si mesmos atomizados, mas, em um segundo momento, passam a adquiri-la, em virtude da origem comum da ligação comunitária, ampla e social que se revela entre os demais sujeitos.

Em sendo assim, não há como se negar a existência do elemento-mor entre os direitos difusos, coletivos e individuais homogêneos, o qual, devido a sua importância, permite sejam utilizadas todas as ações coletivas *lato sensu* existentes no direito pátrio na defesa indiscriminada desses mesmos direitos.

No tempo histórico atual, onde transparece o nexo massivo complexo das relações econômicas-jurídicas-sociais, que aproxima inúmeros titulares de direitos às circunstâncias comuns, não se concebe que os instrumentos processuais de tutela desses interesses múltiplos estejam subdivididos em categorias de direitos estanques, ensejando a ultrapassada noção dualista entre direito público e direito privado, contrário senso à novel concepção publicista, onde o Estado tem o dever constitucional de garantir o acesso amplo e irrestrito de todos cidadãos à justiça (CF, art. 5º, XXXV), visando estes, um direito individual ou coletivo, inseridos no rol dos direitos fundamentais, garantidos no capítulo I, do Título II da Carta da República.

Por evidente temos consciência de que esta possibilidade carece de reforma legislativa, entretanto, tal restrição não deve servir de obstáculo às reflexões acerca de um novo paradigma do Direito, que parte da velha concepção dual entre o direito público e o privado para uma nova consciência tendente a dar um tratamento jurídico uniforme a todos os indivíduos que são alvo da mesma lesão, seja aquela decorrente de uma circunstância de fato, seja decorrente de uma relação jurídica-base ou seja decorrente de direitos com origem comum.

Conclusões

Por tudo o que foi exposto, chega-se às seguintes conclusões:

(8) PIMENTA, José Roberto Freire. Ação Civil Pública — RO n. 14779/01-TRT 3ª Região-30.01.2002 — Relator: Juiz J. R. F. Pimenta (hoje atual (TIRAR ESSE "ATUAL" Ministro do TST) in *Revista Trabalhista — Direito e Processo*, Rio de Janeiro: Forense, ano 1, v. I, p. 206, jan./mar. 2002.

(9) DELGADO, Mauricio Godinho. *Direito coletivo do trabalho*. 4. ed. São Paulo: LTr, 2011. p. 249.

a) O interesse ou direito individual homogêneo possui um elemento comum com os direitos difusos e coletivos, constituindo-se em bem idôneo, apto à satisfação de uma necessidade comum, que possui um vínculo jurídico unificador de dimensão coletiva, assegurando a homogeneidade dos elementos componentes de uma determinada estrutura molecular, seja de uma coletividade, categoria ou grupo de pessoas.

b) Este elemento comum (estrutura molecular) autoriza o uso, sem restrição, de todos os instrumentos processuais disponíveis no ordenamento jurídico brasileiro na defesa das três dimensões coletivas do direito (difuso, coletivo e individual homogêneo).

c) Faz-se necessário, entretanto, uma maior reflexão acerca desse novo paradigma do Direito a ensejar reforma legislativa, que permita aos cidadãos a defesa eficaz dos direitos coletivos por todos os instrumentos legais disponíveis em nosso portfólio jurídico.

Bibliografia

AGUIAR JR., Ruy Rosado de. O acesso do consumidor à justiça no Brasil. *Revista de Direito do Consumidor*, São Paulo, n. 16, p. 22-28, out./dez. 1995.

ALVIM, Teresa Arruda. Noções gerais sobre o processo no código de defesa do consumidor. *Revista de Direito do Consumidor*, São Paulo, n. 10, p. 248-257, abr./jun. 1994.

BRAGA, Carlos Eduardo Faraco. Ações coletivas. *Revista de Direito do Consumidor*, São Paulo, n. 7, p. 85-100, jul./set. 1993.

DELGADO, Mauricio Godinho. *Direito coletivo do trabalho*. 4. ed. São Paulo: LTr, 2011.

FERNANDES, Sérgio Ricardo de Arruda. Breves considerações sobre as ações coletivas contempladas no CDC. *Revista de Direito do Consumidor*, São Paulo, n. 14, p. 93-107, abr./jun. 1995.

FERNANDES, Tycho Brahe; GUIMARÃES, Angela Silva. *A legitimação do ministério público na tutela dos interesses ou direitos individuais homogêneos*, artigo publicado no *site:* <http://portalmpsc.mp.sc.gov.br/site/portal/portal_detalhe.asp?campo=2561>.

FREDIE JR., Didier. *Curso de direito processual civil — processo coletivo*. Salvador: JusPodivm, 2012. v. 4.

GIDI, Antonio. *Coisa julgada e litispendência em ações coletivas*. São Paulo: Saraiva, 1995.

GRINOVER, Ada Pellegrini. A ação civil pública e a defesa de interesses individuais homogêneos. *Revista de Direito do Consumidor*, São Paulo, n. 5, p. 206-229, jan./mar. 1993.

MANCUSO, Rodolfo de Camargo. Defesa do consumidor: reflexões acerca da eventual concomitância de ações coletivas e individuais. *Revista de Direito do Consumidor*, São Paulo, n. 2, p. 148-155, 1992.

MELO FILHO, Hugo Cavalcanti; AZEVEDO NETO, Platon Teixeira (coords.). *Temas de direito coletivo do trabalho*. São Paulo: LTr, 2010.

PERLINGIERI, Pietro. *Perfis do direito civil* — introdução ao direito civil constitucional. Tradução de Maria Cristina de Cicco. Rio de Janeiro: Renovar, 1997

PIMENTA, José Roberto Freire. Ação Civil Pública — RO n. 14779/01-TRT 3ª Região-30.01.2002- Relator: Juiz J. R. F. Pimenta (hoje Ministro do TST), *in Revista Trabalhista — Direito e Processo*, Rio de Janeiro. Forense, ano 1, v. I, p. 206, jan./ mar. 2002.

SANTOS, Ronaldo Lima dos. *Sindicatos e ações coletivas* — acesso à justiça, jurisdição coletiva e tutela dos interesses difusos, coletivos e individuais homogêneos. 2. ed. São Paulo: LTr, 2008.

TEPEDINO, Gustavo José Mendes. A questão ambiental, o ministério público e as ações civis públicas. In: *Temas de direito civil*. Rio de Janeiro: Renovar, 1999.

WATANABE, Kasuo. Demandas coletivas e problemas emergentes da práxis forense. *Revista de Processo*, São Paulo: RT, n. 67, 1992.

A Sentença Criminal e Seus Efeitos na Jurisdição Trabalhista Coletiva

Pedro Lino de Carvalho Júnior(*)

Resumo: O presente escrito sustenta que a sentença condenatória penal, nas hipóteses em que as vítimas do delito se constituem em um universo de trabalhadores, ao fazer coisa julgada na esfera trabalhista, equivale à condenação genérica prevista no art. 95 do CDC, na medida em que para promover a condenação, o magistrado criminal deve reconhecer a existência do crime e sua autoria, tornando certa a obrigação de indenizar, nos termos do art. 91, I do CP c/c art. 935 do CC/2002. Neste sentido, ao defender a competência da justiça do trabalho para o processamento de uma *actio civilis ex delicto* coletiva, analisa diversas questões reflexas e, em especial, a legitimação do Ministério Público do Trabalho para sua propositura.

Palavras-Chave: Sentença penal. Jurisdição trabalhista. Competência.

Sumário: 1. Introdução. 2. A competência da justiça do trabalho para o processamento da actio civilis ex delicto. *3. Os reflexos da sentença condenatória criminal prolatada contra empregado em relação ao empregador. 4. A possibilidade de suspensão da ação trabalhista para se aguardar o desfecho da ação penal. 5. A legitimação do Ministério Público do Trabalho para propositura da* actio civilis ex delicto *coletiva. 6. A possibilidade de se promover, na jurisdição laboral, a reclamação do valor mínimo previsto na sentença penal condenatória, conforme art. 387, IV, do CPP. 7. Considerações finais em derredor da temática. Referências.*

1. Introdução

Uma das dimensões mais importantes na tutela dos direitos metaindividuais é o combate aos ilícitos penais que os violem, mesmo porque tais lesões, por atingirem um universo expressivo de bens e pessoas, clamam por pronta e eficaz reprimenda. Conquanto a tendência na contemporaneidade seja a descriminalização das condutas e o predomínio de sanções de natureza patrimonial, é patente que em hipóteses de ferimento aos direitos coletivos resulta imprescindível que se prestigie a tutela penal e que esta seja devidamente instrumentalizada

(*) Procurador do Trabalho/PRT5 e Professor Assistente de Direito Civil da Faculdade de Direito da UFBA. Membro do Instituto de Pesquisas e Estudos Avançados da Magistratura e do Ministério Público do Trabalho — IPEATRA.

como relevante mecanismo de repressão a tais comportamentos.

Tanto isso é verdadeiro que a própria Lei dos Crimes Ambientais (Lei n. 9.605/98) chegou a estipular a responsabilidade criminal da pessoa jurídica, o que significou uma mudança paradigmática nos rumos traçados pela dogmática penal.

Alguns diplomas normativos igualmente tipificam condutas violadoras dos interesses coletivos *lato sensu*, a exemplo das disposições constantes nos arts. 63 a 75 do CDC; das disposições da Lei n. 8.137/90, que tipificam delitos contra a ordem econômica; da Lei de Licitações (Lei n. 8.666/93), dentre outros.

Por tais motivos, defendemos que a sentença penal condenatória ostenta, em vários casos, na jurisdição trabalhista metaindividual, os atributos da sentença condenatória genérica prevista no art. 95 do CDC, razão pela qual é de indiscutível relevância o estudo dos seus efeitos, dada a similitude existente entre ambas.

Ademais, existe expressa previsão legal em tal sentido no CDC:

> Art. 103. Nas ações coletivas de que trata este Código, a sentença fará coisa julgada:
>
> (...)
>
> § 3º Os efeitos da coisa julgada de que cuida o art. 16, combinado com o art. 13 da Lei n. 7.347, de 24 de julho de 1985, não prejudicarão as ações de indenização por danos pessoalmente sofridos, propostas individualmente ou na forma prevista neste Código, mas, se procedente o pedido, beneficiarão as vítimas e seus sucessores, que poderão proceder à liquidação e à execução, nos termos dos arts. 96 a 99.
>
> § 4º *Aplica-se o disposto no parágrafo anterior à sentença penal condenatória.*

Nessa orientação, os ensinamentos de Ada Pellegrini Grinover:

> Na verdade, o que o Código faz, no dispositivo ora em exame, é aplicar aos interesses difusos e coletivos o critério adotado pelo art. 63 do CPP, quanto aos efeitos civis da sentença penal condenatória, ampliando o conceito de *ofendido pelo crime* e adequando-o às infrações penais que ofendem a coletividade.(1) (Grifos no original).

Ou seja, o sistema da jurisdição coletiva admite expressamente o transporte *in utilibus* da coisa julgada que se formar na esfera criminal para beneficiar todos aqueles que sofreram prejuízos em razão de eventuais condutas delituosas.

Diante de tal particularidade, nos crimes que vitimem um universo de trabalhadores é possível se divisar em diversas situações a agressão a direitos individuais homogêneos, de maneira que se houver condenação definitiva de empregador pela prática de tais ilícitos, esta sentença equivale à condenação genérica prevista no art. 95 do CDC; isto porque a decisão criminal, ao fixar a autoria e a materialidade delitivas, impõe o dever de reparar os danos perpetrados, conforme art. 91, I, do CP e art. 63 do CPP.

Nestes casos, à luz da aplicação conjunta do art. 129, III, da CF/1988; do art. 1º, IV, da LACP; do art. 935 do CC; dos art. 95 e 103, § 4º do CDC; e das disposições pertinentes da Lei Orgânica do Ministério Público da União, além de outras normas legais insculpidas no CP e no CPP, resulta perfeitamente concebível uma *actio civilis ex delicto coletiva*(2), aforada em sede de jurisdição trabalhista metaindividual, a ser veiculada por conduto de ação civil pública, consoante aplicação do art. 83 do CDC c/c art. 3º da LACP.

Ora, da mesma forma que ocorre na jurisdição trabalhista coletiva, quando um magistrado prolata sentença condenatória nos termos do art. 95 do CDC, condenando genericamente o empregador a reparar os danos causados por sua conduta, o juiz criminal, nos delitos que atingem um universo de trabalhadores, ao prolatar sentença condenatória, também torna certa

---

(1) GRINOVER, Ada Pellegrini. *Código brasileiro de defesa do consumidor* — comentado pelos autores do anteprojeto. 5. ed. Rio de Janeiro: Forense, p. 733.

(2) Destinada à busca do ressarcimento dos danos causados pela infração penal.

a obrigação genérica de indenizar os danos, o que reclama, igualmente, liquidação e execução do *quantum* reparatório.

Não seria uma clássica ação civil *ex delicto*(3), uma vez que não se limita a postular a reparação dos danos. Mais que isso, englobará pedidos de tutela de obrigação de fazer e não fazer, característicos das demandas coletivas.

Pois bem. A relação entre a jurisdição penal e a jurisdição extrapenal é tema ainda pouco abordado na doutrina laboral, apesar da relevância prática que dele se pode extrair.

Inegável que a jurisdição é una e as compartimentalizações existentes pretendem usufruir tão somente dos benefícios da divisão de trabalho. Una e indivisível, a jurisdição expressa a soberania estatal. Deveras é comum um mesmo fato acarretar uma pluralidade de consequências jurídicas, como no exemplo de motorista de ônibus que, dirigindo imprudentemente, atropela e mata criança que trafegava na via pública, acidente no qual também ficam gravemente feridos alguns passageiros e o cobrador. Os pais da vítima acionam a empresa na busca da reparação civil e ao mesmo tempo o Ministério Público estadual denuncia o condutor por homicídio culposo. A empresa responderá civilmente nos termos do art. 932 do Código Civil (responsabilidade por fato de terceiro). O mesmo evento ensejará o pagamento do seguro DPVAT em favor dos pais do menor. Igualmente, o cobrador poderá entrar em gozo do auxílio-doença acidentário, e os passageiros haverão de ser indenizados nos termos do CDC e do Código Civil, já que celebraram contrato de transporte regido por normas consumeristas.

Essas e outras repercussões são originárias de um mesmo evento, de maneira que é fundamental indagar-se quais os efeitos da decisão criminal na órbita trabalhista, em especial em relação aos delitos que agridem uma coletividade de trabalhadores.

O art. 935 do CC/2002 tem preceito que baliza esta consequência: "Art. 935. A responsabilidade civil é independente da criminal, não se podendo questionar mais sobre a existência do fato, ou sobre quem seja o seu autor, quando estas questões se acharem decididas no juízo criminal".

Constata-se, portanto, que as jurisdições cíveis e criminais intercomunicam-se. A segunda reverbera de modo absoluto na primeira, quando reconhece a existência do fato ou sua autoria.

Deve-se afirmar que a dissociação entre jurisdição civil e penal há de ser compreendida em sentido lato: jurisdição civil é a não penal, ou seja, a cível, trabalhista, administrativa, etc. Esta a exata compreensão do referido dispositivo, pois é manifesto que a decisão penal espraia seus efeitos em todas as províncias do direito, nas hipóteses de enfrentamento de matérias comuns. O assunto é complexo e exige análise da legislação vigente em suas múltiplas dimensões, embora resumidamente.

Ao tratar dos efeitos genéricos e específicos da condenação criminal, o Código Penal expressamente dispõe: "Art. 91. São efeitos da condenação: I — tornar certa a obrigação de indenizar o dano causado pelo crime; [...]".

De modo assemelhado, o Código de Processo Penal ao disciplinar a *actio civilis ex delicto* estabeleceu igualmente esta simbiose entre as instâncias penal e cível:

> Art. 63. Transitada em julgado a sentença condenatória, poderão promover-lhe a execução, no juízo cível, para o efeito da reparação do dano, o ofendido, seu representante legal ou seus herdeiros.
>
> Art. 64. Sem prejuízo do disposto no artigo anterior, a ação para ressarcimento do dano poderá ser proposta no juízo cível, contra o autor do crime e, se for caso, contra o responsável civil.
>
> Parágrafo único. Intentada a ação penal, o juiz da ação civil poderá suspender o curso desta, até o julgamento definitivo daquela.

A Lei n. 9.099/05, por sua vez, praticamente unificou-as, ao dispor: "Art. 74. A composição

(3) A ação civil *ex delicto* envolve tanto a execução da sentença condenatória criminal (art. 63 do CPP) quanto a ação civil de conhecimento (art. 64 do CPP). A ênfase deste estudo é obviamente a executoriedade do titulo judicial constituído na esfera penal.

dos danos civis será reduzida a escrito e, homologada pelo Juiz mediante sentença irrecorrível, terá eficácia de título a ser executado no juízo civil competente".

E, finalmente, o CPC considerou a sentença penal condenatória um título executivo judicial: "Art. 475-N. São títulos executivos judiciais: [...] II — a sentença penal condenatória transitada em julgado; [...]".

Com olhos na legislação vigente, é possível oferecer a presente síntese: a sentença condenatória penal faz coisa julgada no juízo trabalhista, na medida em que, para promover a condenação, o magistrado deve reconhecer a existência do crime e sua autoria, tornando certa a obrigação de indenizar, nos termos do art. 91, I do CP c/c art. 935 do CC/2002. Quando se tratar de sentença absolutória, ela poderá ou não fazer coisa julgada na jurisdição laboral. Fará coisa julgada se reconhecer categoricamente a inexistência do fato ou autoria (art. 66 do CCP c/c art. 935 do CC/2002) ou nos casos de acolhimento de excludentes de antijuridicidade, a exemplo da legítima defesa, estrito cumprimento de dever legal ou exercício regular de direito, nos termos do art. 65 do CPP, à exceção do estado de necessidade, por conta de disposições expressas contidas nos arts. 188 e 930 do CC/2002.

Por outro lado, consoante os arts. 66, 67 e 386 do CPP, a sentença absolutória criminal não fará coisa julgada na órbita laboral nas hipóteses de falta ou insuficiência de prova, inexistência de culpa do agente (a culpa civil mesmo levíssima enseja a reparação, diferentemente do Juízo criminal) ou o fato não constituir infração penal, casos em que não se impedirá o ajuizamento de ação indenizatória.

Ademais, contempla o Código Civil dispositivo de cabal importância para a regulação do prazo prescricional com plena aplicabilidade na jurisdição trabalhista:(4) "Art. 200. Quando a ação se originar de fato que deva ser apurado no juízo criminal, não correrá a prescrição antes da respectiva sentença definitiva".

Praticada ilicitude trabalhista que simultaneamente se revele um ilícito penal, o prazo prescricional para a propositura da ação indenizatória na jurisdição trabalhista ficará suspenso durante a tramitação do processo criminal respectivo(5), e somente retomará seu curso a partir do trânsito em julgado da sentença condenatória ou absolutória, pois a lei não faz distinção entre ambas. O que se exige, sim, é o trâmite de processo penal, a pressupor o recebimento da ação penal, pública ou privada, o que por si só é ato idôneo à suspensão do prazo prescricional no âmbito laboral.

Na verdade, ficará suspenso o prazo para reclamação de *todos* os créditos trabalhistas e não apenas os oriundos de eventual reparação de danos, isto porque procedentes de uma mesma causa de pedir: a relação de emprego. A distinção que muitos fazem entre créditos trabalhistas *típicos e atípicos* se revela frágil e artificial, além de ocasionar inevitáveis problemas de ordem prática(6).

(4) "PREJUDICIAL DE MÉRITO. PRESCRIÇÃO. ACIDENTE DO TRABALHO. MORTE DO EMPREGADO. EXISTÊNCIA DE AÇÃO PENAL. INCIDÊNCIA DO ART. 200 DO CÓDIGO CIVIL. INTERRUPÇÃO DA PRESCRIÇÃO. A fim de garantir a reparação do dano moral e patrimonial a vítima, havendo ação penal cujo objeto é a apuração de conduta da qual dependa a pretensão formulada, por força do art. 200 do Código Civil, não correrá a prescrição antes do trânsito em julgado da respectiva sentença criminal, porquanto, constatada a existência de dano oriundo de crime, a sentença penal confere executoriedade à pretensão buscada no Juízo Cível ou Trabalhista. Caso contrário, poderão advir situações nas quais, mesmo havendo sanção penal, a vítima não seja indenizada pelo prejuízo sofrido, na esfera civil ou trabalhista, ou na hipótese inversa, poderá ocorrer a condenação da parte ao pagamento de indenização decorrente de fato, cuja responsabilidade venha a ser afastada em Ação Criminal. Ademais, a teor do art. 935 do CC, ainda que a responsabilidade civil seja independente da criminal, não se pode questionar sobre a existência de fato, ou sobre quem seja o seu autor, quando estas questões se acharem decididas no juízo criminal, como na hipótese dos autos. Prescrição afastada." TRIBUNAL: 23ª Região. DECISÃO: 7.11.2007 RO N.: 01953-2006-009-23-00-0- NÚMERO ÚNICO PROC: RO — 01953-2006-009-23-00 DJ/MT DATA: 30.11.2007.

(5) A 3ª Turma do TST, ao afastar a pronúncia da prescrição em relação a demanda ajuizada após o prazo de dois anos da extinção do contrato de trabalho, adotou o entendimento de que seria aplicável o art. 200 do Código Civil. No caso tratava-se de pedido de indenização por danos morais, proposta por trabalhador acusado de prática de furto e indiciado em inquérito policial, que acabou por concluir pela ausência de crime. (TST- RR-7179-2004-013-09-00.5).

(6) Basta imaginar sentença penal condenatória com trânsito em julgado proferida em queixa-crime por delito de assédio sexual prolatada 8 (oito) anos após a extinção do vínculo empregatício. Se a ex-empregada assediada pretender liquidá-la e executá-la

Por fim, deve-se considerar a hipótese de liquidação e execução na jurisdição trabalhista do valor mínimo fixado na sentença penal para a reparação dos danos, por força de recentes alterações legislativas empreendidas na legislação processual penal (CPP, art. 387: "O juiz, ao proferir sentença condenatória: [...] IV — fixará valor mínimo para reparação dos danos causados pela infração, considerando os prejuízos sofridos pelo ofendido; (Redação dada pela Lei n. 11.719, de 2008) [...]").

Oferecido este panorama geral e em razão dele, vários questionamentos se apresentam e são dignos de esforços para respondê-los, tais como: a) a competência da Justiça do Trabalho para o processamento da *actio civilis ex delicto*; b) os reflexos da sentença condenatória criminal prolatada contra empregado em relação ao empregador; c) a possibilidade de suspensão da ação trabalhista para se aguardar o desfecho da ação penal; d) a legitimação do Ministério Público do Trabalho para propositura da *actio civilis ex delicto* coletiva; e, e) finalmente, a possibilidade de se promover, na jurisdição laboral, a reclamação do valor mínimo previsto na sentença penal condenatória, conforme art. 387, II, do CPP.

2. A competência da Justiça do Trabalho para o processamento da *actio civilis ex delicto*

Não resta dúvida de que a Justiça do Trabalho — notadamente após a ampliação de sua competência em razão da EC n. 45 —, tem atribuição para o processamento e julgamento da *actio civilis ex delicto*. Ela é competente para julgar toda e qualquer demanda que tenha por fundamento a relação de trabalho em sentido lato. Por tais razões, ao decidir o CC n. 7.204, o Supremo Tribunal Federal, revendo posicionamento anterior, assentou a competência da Justiça do Trabalho para julgar as ações de indenização por danos, morais ou materiais, decorrentes de acidente de trabalho, ajuizadas após a EC n. 45/04.

O que não dizer do assédio sexual, da ofensa à honra do empregado (com falsas imputações de crimes para embasar suposta justa causa), das práticas discriminatórias, das práticas racistas, da omissão na inserção de dados ou inserção de dados falsos na carteira de trabalho, da redução a condição análoga à de escravo, do descumprimento das normas de segurança e higiene do trabalho, dentre outras ilicitudes que se relacionam diretamente com a relação de emprego e que em geral acarretam danos graves e expressivos aos trabalhadores. Em todas estas situações não devem existir dúvidas que a reparação por danos morais e materiais por estas práticas há de ser postulada no juízo laboral, conforme registra a farta jurisprudência das cortes trabalhistas[7]:

> AGRAVO DE INSTRUMENTO — RECURSO DE REVISTA — VALOR DA INDENIZAÇÃO POR DANO MORAL — *ASSÉDIO SEXUAL* — O Tribunal, ao exame dos fatos e dos elementos de prova constantes dos autos, reconheceu a existência de constrangimento a que foi submetida a autora, em face do comportamento do sócio-gerente, que puxou sua blusa frente única, no meio do salão, na frente de outros funcionários. Agravo conhecido e não provido. (TST — AI-RR 1354/2005-018-03-40.0-3ª R. — 6ª T. — Rel. Juiz Conv. José Ronaldo C. Soares — DJU 8.6.2007) RJ16-2007.
>
> RECURSO DO RECLAMADO — INDENIZAÇÃO POR DANOS MORAIS — Comprovado

na Justiça do Trabalho deverá vindicar não apenas os danos morais mas todos os créditos trabalhistas "típicos", em especial os advindos da despedida indireta. Pensar diferentemente seria exigir que ela propusesse reclamatória trabalhista no biênio respectivo simultaneamente ao aforamento da ação penal privada, o que implicaria a negação de toda sistemática da *actio civilis ex delicto*, e, o que é pior, se eventualmente celebrasse acordo na ação trabalhista com a famigerada "quitação geral", não faltaria quem sustentasse que esta abrangeria o dano moral que poderia ter origem na condenação criminal: ou seja, acolhida semelhante tese, estaria a Justiça do Trabalho negando o princípio da *actio nata*, permitindo a quitação "antecipada" de verba ainda não reconhecida em juízo e na prática tornando ineficaz a condenação reparatória da jurisdição criminal, proferida nos termos do art. 387, IV, do CPP.

(7) Muitos desses delitos vitimam igualmente profissionais autônomos, os quais, da mesma forma, devem formular suas pretensões ressarcitórias no juízo laboral, desde que, evidentemente, a ilicitude guarde um nexo de causalidade com a relação de trabalho havida entre as partes.

o dano moral sofrido, em decorrência das *ofensas verbais de cunho racista* por parte de superiores hierárquicos, do assédio moral para que pedisse demissão do emprego, bem como da agressão física por parte do supervisor de equipe é devida indenização. O valor arbitrado observa a dupla finalidade da indenização por dano moral: Compensar a vítima e punir o agressor, com finalidade pedagógica, não sendo excessiva, de forma a gerar enriquecimento sem causa da vítima, nem irrelevante diante da capacidade financeira do agressor. Recurso não provido. RECURSO DO RECLAMANTE — HONORÁRIOS ASSISTENCIAIS — Atendidos os requisitos da Lei n. 1.060/50, com a declaração de insuficiência econômica juntada aos autos, são devidos os honorários de assistência judiciária de 15% sobre o valor bruto da condenação. Recurso provido. (TRT 4ª R. — RO 00406-2004-402-04-00-8 — Relª Juíza Maria Helena Mallmann — J. 11.4.2007) (grifamos).

Essas ilicitudes são penais e ao mesmo tempo cíveis e trabalhistas. Realmente, basta conferir a legislação aplicável e a diversidade de tipos penais para se constatar a ampla variedade de condutas delituosas que podem vitimar os trabalhadores, isolada ou coletivamente considerados:

Código penal

Assédio sexual

Art. 216-A. Constranger alguém com o intuito de obter vantagem ou favorecimento sexual, prevalecendo-se o agente da sua condição de superior hierárquico ou ascendência inerentes ao exercício de emprego, cargo ou função.

Pena — detenção, de 1 (um) a 2 (dois) anos.

Lei n. 9.029/95.

Art. 2º Constituem crime as seguintes práticas discriminatórias:

I — a exigência de teste, exame, perícia, laudo, atestado, declaração ou qualquer outro procedimento relativo à esterilização ou a estado de gravidez;

II — a adoção de quaisquer medidas, de iniciativa do empregador, que configurem:

a) indução ou instigamento à esterilização genética;

b) promoção do controle de natalidade, assim não considerado o oferecimento de serviços e de aconselhamento ou planejamento familiar, realizados através de instituições públicas ou privadas, submetidas às normas do Sistema Único de Saúde — SUS.

Pena: detenção de um a dois anos e multa.

Parágrafo único. São sujeitos ativos dos crimes a que se refere este artigo:

I — a pessoa física empregadora;

II — o representante legal do empregador, como definido na legislação trabalhista;

III — o dirigente, direto ou por delegação, de órgãos públicos e entidades das administrações públicas direta, indireta e fundacional de qualquer dos Poderes da União, dos Estados, do Distrito Federal e dos Municípios.

Art. 3º Sem prejuízo do prescrito no artigo anterior, as infrações do disposto nesta Lei são passíveis das seguintes cominações:

I — multa administrativa de dez vezes o valor do maior salário pago pelo empregador, elevado em cinquenta por cento em caso de reincidência;

II — proibição de obter empréstimo ou financiamento junto a instituições financeiras oficiais.

Lei n. 7.716, de 5 de janeiro de 1989

Define os crimes resultantes de preconceitos de raça ou de cor

Art. 1º Serão punidos, na forma desta Lei, os crimes resultantes de discriminação ou preconceito de raça, cor, etnia, religião ou procedência nacional. (Redação dada ao artigo pela Lei n. 9.459, de 13.5.1997)

(...)

Art. 4º Negar ou obstar emprego em empresa privada:

Pena: reclusão de 2 (dois) a 5 (cinco) anos.

Lei n. 7.853, de 24 de outubro de 1989

Dispõe sobre o apoio às pessoas portadoras de deficiência, sua integração social, sobre a Coordenadoria Nacional para Integração da Pessoa Portadora de Deficiência — CORDE, institui a tutela jurisdicional de interesses coletivos ou difusos dessas pessoas, disciplina a atuação do Ministério Público, define crimes, e dá outras providências

Art. 8º Constitui crime punível com reclusão de 1 (um) a 4 (quatro) anos, e multa:

(...)

III — negar, sem justa causa, a alguém, por motivos derivados de sua deficiência, emprego ou trabalho."

Lei n. 10.741 (Estatuto do Idoso)

Art. 100. Constitui crime punível com reclusão de 6 (seis) meses a 1 (um) ano e multa:

(...)

II — negar a alguém, por motivo de idade, emprego ou trabalho."

Código penal

Frustração de direito assegurado por lei trabalhista

Art. 203. Frustrar, mediante fraude ou violência, direito assegurado pela legislação do trabalho:

Pena — detenção de um ano a dois anos, e multa, além da pena correspondente à violência. (NR) (Redação dada à pena pela Lei n. 9.777, de 29.12.1998, DOU 30.12.1998)."

Código penal

Falsificação de documento público

Art. 297. Falsificar, no todo ou em parte, documento público, ou alterar documento público verdadeiro:

(...)

§ 3º Nas mesmas penas incorre quem insere ou faz inserir:

I — na folha de pagamento ou em documento de informações que seja destinado a fazer prova perante a previdência social, pessoa que não possua a qualidade de segurado obrigatório;

II — na Carteira de Trabalho e Previdência Social do empregado ou em documento que deva produzir efeito perante a previdência social, declaração falsa ou diversa da que deveria ter sido escrita; III — em documento contábil ou em qualquer outro documento relacionado com as obrigações da empresa perante a previdência social, declaração falsa ou diversa da que deveria ter constado. (Parágrafo acrescentado pela Lei n. 9.983, de 14.7.2000, DOU 17.7.2000)

§ 4º Nas mesmas penas incorre quem omite, nos documentos mencionados no § 3º, nome do segurado e seus dados pessoais, a remuneração, a vigência do contrato de trabalho ou de prestação de serviços. (Parágrafo acrescentado pela Lei n. 9.983, de 14.7.2000, DOU 17.7.2000)

Código penal

Redução a condição análoga à de escravo

Art. 149. Reduzir alguém a condição análoga à de escravo, quer submetendo-o a trabalhos forçados ou a jornada exaustiva, quer sujeitando-o a condições degradantes de trabalho, quer restringindo, por qualquer meio, sua locomoção em razão de dívida contraída com o empregador ou preposto:

Pena — reclusão, de dois a oito anos, e multa, além da pena correspondente à violência.

§ 1º Nas mesmas penas incorre quem:

I — cerceia o uso de qualquer meio de transporte por parte do trabalhador, com o fim de retê-lo no local de trabalho;

II — mantém vigilância ostensiva no local de trabalho ou se apodera de documentos ou objetos pessoais do trabalhador, com o fim de retê-lo no local de trabalho.

§ 2º A pena é aumentada de metade, se o crime é cometido:

I — contra criança ou adolescente;

II — por motivo de preconceito de raça, cor, etnia, religião ou origem. (NR) (Redação dada ao artigo pela Lei n. 10.803, de 11.12.2003, DOU 12.12.2003)

Lei n. 8.213/91

Acidente de trabalho

Art. 19. Acidente do trabalho é o que ocorre pelo exercício do trabalho a serviço da empresa ou pelo exercício do trabalho dos segurados referidos no inciso VII do art. 11 desta Lei, provocando lesão corporal ou perturbação funcional que cause a morte ou a perda ou redução, permanente ou temporária, da capacidade para o trabalho.

(...)

§ 2º Constitui contravenção penal, punível com multa, deixar a empresa de cumprir as normas de segurança e higiene do trabalho.

Código penal

Perigo para a vida ou saúde de outrem

Art. 132. Expor a vida ou a saúde de outrem a perigo direto e iminente:

Pena — detenção, de 3 (três) meses a 1 (um) ano, se o fato não constitui crime mais grave."

São apenas algumas hipóteses em que é possível identificar condutas que são tipificadas como delituosas na esfera criminal e que também configuram ilícitos na jurisdição trabalhista, a ensejarem, neste último caso, a mais ampla e completa reparação pelos danos causados.

A maior parte deles se constitui em crimes de ação penal pública, cuja titularidade pertence ao Ministério Público Estadual ou Ministério Público Federal, a depender da natureza da infração. Alguns desses delitos atingem trabalhadores isoladamente; outros, de forma coletiva.

Sob tal perspectiva, é lícito conceber determinadas hipóteses.

Figure-se situação em que grande fazendeiro é condenado definitivamente à pena de reclusão pelo reconhecimento do concurso material dos delitos insculpidos nos arts. 149 e 203 do Código Penal (redução a condição análoga à de escravo e frustração, mediante violência, de direitos trabalhistas, respectivamente).

Em conformidade com o asseverado, a sentença criminal definitiva é título executivo judicial (CPC, art. 475-N, II), dotado de certeza (art. 91, I, do CP) e exigibilidade, ou seja, torna certa a obrigação de indenizar, sendo este um dos mais relevantes efeitos da referida decisão.

Diante da natureza dos interesses em foco, pois se trata de ferimento a direitos difusos e coletivos, mas também, e fundamentalmente, de violação a direitos individuais homogêneos, é induvidoso que o Ministério Público do Trabalho estará legitimado a liquidá-la e executá-la na justiça laboral, uma vez que constitui situação equivalente à condenação genérica prevista no art. 95 do CDC.

Em regra, o mais ocorrente em casos tais é o Ministério Público do Trabalho propor ação coletiva com vistas a obter tutelas inibitórias (obrigações de fazer e não fazer relativas ao cumprimento da legislação trabalhista) e tutelas ressarcitórias (pagamento de verbas trabalhistas e dano moral coletivo) e, ao mesmo tempo, o Ministério Público Federal oferecer denúncia pela prática dos crimes perpetrados(8).

Na hipótese de transitar em julgado sentença penal condenatória e estando ainda em curso a ação coletiva no Judiciário Trabalhista (por exemplo, na fase recursal), é inquestionável que o "decisum" prolatado na área criminal fará coisa julgada na órbita laboral, de maneira que não se poderá mais questionar acerca da autoria e materialidade delitivas (art. 935 do Código Civil), com o que o processo de conhecimento terá continuidade tão somente para assegurar pretensões não abrangidas pelos efeitos da sentença criminal, a exemplo da implantação de

(8) "PROCESSO PENAL — CONFLITO DE COMPETÊNCIA NEGATIVO — ALICIAMENTO DE TRABALHADORES — REDUÇÃO A CONDIÇÃO ANÁLOGA À DE ESCRAVO — ATENTADO CONTRA A LIBERDADE DE TRABALHO — CRIME CONTRA DIREITOS HUMANOS — ART. 109, V-A, VI, DA CONSTITUIÇÃO FEDERAL — COMPETÊNCIA DA JUSTIÇA FEDERAL — 1. Tratam-se de crimes de aliciamento de trabalhadores, redução a condição análoga à de escravo e atentado contra a liberdade de trabalho, cujo alvo não se limitava a determinado grupo de trabalhadores. 2. Inteligência dos comandos insertos no art. 109, V-a, VI, da Constituição Federal, no art. 10, VII, da Lei n. 5.060/66 e no título IV, da parte especial do Código Penal. 3. Precedentes do STF e deste STJ. 4. Conflito conhecido para declarar competente o juízo federal de Marabá, suscitado." (STJ — CC 200401690395 — (47455) — PA — 3ª S. — Relª. Min. Maria Thereza de Assis Moura — DJU 22.11.2007 — p. 183).

normas de segurança e medicina do trabalho, tão comuns em demandas desta natureza[9].

Imaginem-se outras condutas delituosas muito comuns no mundo do trabalho, em rol apenas exemplificativo: I — empregador que induz ou exige que seus trabalhadores assinem documentos total ou parcialmente em branco, para serem posteriormente por aquele preenchidos e juntados em processos judiciais com vistas a obter o reconhecimento da quitação de débitos trabalhistas, o que tipifica crime de falsidade ideológica (art. 299 do CP) e uso de documento falso (art. 304 do CP)[10]; II — empregador que habitualmente simula a rescisão de contratos de trabalho para permitir que seus empregados saquem o FGTS, em geral obtendo destes a devolução da multa fundiária[11], o que configura o delito de estelionato (art. 171, § 3º, do CP); III — empregador que, pretendendo encerrar seus negócios, simula lide com suposto empregado, dando ensanchas à penhora de todos os bens da empresa, para fraudar direitos dos demais trabalhadores, de terceiros e do erário, a caracterizar o crime de estelionato (art. 171 do CP)[12]; IV — empregador que, fraudulentamente, viola direitos dos empregados, consignando nas carteiras de trabalho apenas parte dos salários pagos, com a intenção de frustrar a incidência de encargos sociais, tributos e direitos trabalhistas[13], a incidir nas penas dos arts. 203 e 299 do CP; V— Empregador que não registra a CTPS, omitindo-se de lançar nome do segurado e seus dados pessoais, a remuneração, a vigência do contrato de trabalho ou de prestação de serviços, para fraudar contribuição previdenciária, prejudicado não somente o INSS, mas fundamentalmente os empregados, a tipificar o crime do art. 297 do CP (Falsificação de documento

(9) Improcedente a denúncia, com o acolhimento de negativa de autoria e/ou materialidade delitivas, a ação coletiva trabalhista prosseguirá normalmente, pois ostenta pretensões muito mais amplas, mas o "decisum" criminal por certo influenciará na fixação do *quantum* de eventual condenação por danos morais coletivos e mesmo na exclusão do empregador do cadastro previsto na Portaria n. 540, de 2004 do MTE, dentre outras repercussões.

(10) "USO DE DOCUMENTO FALSO, ART. 304, *CAPUT*, DO CÓDIGO PENAL. DOCUMENTO ASSINADO EM BRANCO, POR EMPREGADO, PREENCHIDO PELO EMPREGADOR E UTILIZADO EM AUDIÊNCIA DA JUSTIÇA DO TRABALHO. Prova de que o citado documento fora assinado, em branco, em confiança, pelo empregado mas, falsamente, preenchido pelo empregador. Caracterizacão da falsidade ideológica. Réu condenado a 2 (dois) anos e 5 (cinco) meses de reclusão, e multa. Sentença confirmada." (TJPR — Apelação Crime: ACR 264904 PR Apelação Crime — 0026490-4 Relator(a): Jorge Andriguetto Julgamento: 17.6.1993. Órgão Julgador: 1ª Câmara Criminal).

(11) "PENAL. ESTELIONATO. SAQUE FRAUDULENTO DE VALORES DA CONTA VINCULADA AO FGTS. MATERIALIDADE E AUTORIA COMPROVADAS. TIPICIDADE CONFIGURADA. APLICAÇÃO DA PENA. A SEGUNDA FASE DA APLICAÇÃO DA PENA DE MULTA DEVE-SE ATER À CONDIÇÃO ECONÔMICA DO RÉU. MANUTENÇÃO DA PENA DE MULTA FACE À AUSÊNCIA DE PROVA DE DIFICULDADES FINANCEIRAS. 1. A simulação de rescisão do contrato de trabalho que visa ao saque fraudulento de valores de conta vinculada ao FGTS caracteriza-se como crime de estelionato previsto no art. 171, § 3º, do CP. 2. A vantagem ilícita está configurada na medida em que o art. 20 da Lei n. 8.036/90 não prevê a possibilidade de saque do FGTS quando inocorre a demissão do trabalhador sem justa causa. 3. O saque fraudulento causa prejuízo a outrem, haja vista que prejudica os programas de habitação popular, saneamento básico e infraestrutura urbana. 4. A segunda fase da aplicação da pena de multa deve levar em consideração a capacidade econômica do réu ao estabelecer o valor do dia-multa, nos termos do art. 60, *caput*, do CP. 5. Manutenção da pena de multa em razão da falta de prova das alegadas dificuldades financeiras. 6. Apelação improvida." (TRF 4 Relator(a): Fábio Bittencourt da Rosa Julgamento: 25.9.2001, Órgão Julgador: Sétima Turma. Publicação: DJ 10.10.2001. p. 1027).

(12) "EMENTA: *HABEAS CORPUS*. ESTELIONATO JUDICIÁRIO. SIMULAÇÃO DE RECLAMATÓRIA TRABALHISTA. TRANCAMENTO DA AÇÃO PENAL. IMPOSSIBILIDADE — A simulação de relação de trabalho, na qual o suposto empregado é pessoa de confiança, objetivando o esvaziamento dos bens, através da preferência gozada pelo crédito trabalhista, de maneira a inviabilizar as demais execuções, é conduta que se amolda ao tipo penal previsto no art. 171 do Código Penal — Ordem denegada." (TRF 4, HC 2006.04.00.012005-6, Sétima Turma, Relatora p/ Acórdão Maria de Fátima Freitas Labarrère, DJ 21.6.2006).

(13) "CRIMES CONTRA A ORGANIZAÇÃO DO TRABALHO E DE FALSIDADE IDEOLÓGICA — FRUSTRAÇÃO, MEDIANTE FRAUDE, DE DIREITO ASSEGURADO PELA LEI TRABALHISTA — Preliminar de prescrição da ação penal — Inocorrência — Rejeição — Delitos caracterizados — Empregador que, fraudulentamente, viola direito trabalhista de determinado empregado, consignando na sua carteira de trabalho apenas parte de salário recebido, com a intenção de frustrar a incidência de encargos sociais, impostos e seus direitos trabalhistas — Anotação fraudulenta em documento público (CTPS) — Caracterização dos delitos previstos nos arts. 203 e 299 do Código Penal — Decisão mantida — Recurso desprovido." (TJMG — Apelação criminal (Apelante) n. 000.180.698-3/00 — Comarca de Belo Horizonte — Apelante(s): Carlos Fernando Ribeiro Grego ou Carlos Fernando Ribeiro Greco — Apelado(s): Ministério Público do Estado de Minas Gerais, PJ 1ª V CR Comarca de Belo Horizonte — Relator: Exmo. Sr. Des. Luiz Carlos Biasutti).

público); VI — empregador que dolosamente contrata pseudocooperados, pseudoautônomos, pseudoestagiários, ou falsifica recibos de quitação pretendendo frustrar, mediante fraude, direitos assegurados na legislação trabalhista, a se enquadrar nas penas do art. 203 do CP(14); VII — empresa que, por seus diretores, sócios, gerentes, membros de órgãos fiscais ou consultivos, titulares de firma individual ou quaisquer outros dirigentes, em débito salarial com seus empregados, com mora contumaz por período igual ou superior a 3 (três) meses, paga honorário, gratificação, *pro labore* ou qualquer outro tipo de retribuição ou retirada a seus diretores, sócios, gerentes ou titulares da firma individual, ou distribui quaisquer lucros, bonificações, dividendos ou interesses a seus sócios, titulares, acionistas, ou membros de órgãos dirigentes, fiscais ou consultivos, a incidir nas penas do art. 4º do **Decreto-lei n. 368, de 19 de dezembro de 1968**; VIII — empresa que, por seus diretores, sócios, gerentes, membros de órgãos fiscais ou consultivos, titulares de firma individual ou quaisquer outros dirigentes, em mora para com o FGTS, paga honorário, gratificação, *pro labore*, ou qualquer tipo de retribuição ou retirada a seus diretores, sócios, gerentes ou titulares de firma individual e distribui quaisquer lucros, bonificações, dividendos ou interesses a seus sócios, titulares, acionistas, ou membros de órgãos dirigentes, fiscais ou consultivos, sujeitando-se à pena de à pena de detenção de um mês a um ano (Decreto-lei n. 368, de 1968, art. 4º), conforme Decreto n. 99.684/90(15).

Suponha que determinado empresário venha a ser condenado por tais delitos, em sentença penal transitada em julgado. No caso, estará legitimado tanto o Ministério Público do Trabalho ou eventualmente o sindicato (ou sindicatos) da categoria a liquidá-la e executá-la na justiça laboral, quando então se postulará o pagamento das eventuais reparações pelos danos causados, além de outros pleitos, sem excluir a legitimidade (preferencial, repita-se) dos prejudicados individuais em reivindicá-las. Por exemplo: empregador que induz ou exige que seus trabalhadores assinem documentos total ou parcialmente em branco, para serem posteriormente preenchidos e juntados em processos judiciais com vistas a obter o reconhecimento da quitação de débitos trabalhistas, o que tipifica crime de falsidade ideológica (art. 299 do CP) e uso de documento falso (art. 304 do CP).

Havendo sentença condenatória em sede penal, poderá o *parquet* laboral postular a imposição de obrigação de não fazer no judiciário trabalhista, qual seja, a de que o empregador se abstenha da prática de qualquer coação contra seus empregados ou candidatos a empregos por ele oferecidos, na busca da obtenção de suas assinaturas em documentos não preenchidos, total ou parcialmente, na celebração, durante a vigência ou quando da extinção do pacto laboral, bem como de abster-se de manter, sob sua guarda, ou fazer uso de quaisquer documentos dessa natureza, sob pena de pagamento de multa que vier a ser arbitrada.

Da mesma forma, haverá de liquidar e executar os prejuízos experimentados pelos trabalhadores lesados, nos termos do art. 97 do CDC, ou, subsidiariamente, postular a publicação de edital, nos termos do art. 100 do CDC, conclamando os eventuais interessados a vindicarem seus créditos, na forma e prazo estabelecidos na lei, sendo que decorrido o prazo de 1 (um) ano sem habilitação de interessados em número compatível com a gravidade do dano, promover a liquidação e execução da indenização devida em favor do fundo de recomposição dos bens lesados.

Igualmente, sobrevindo decisão condenatória penal (com trânsito em julgado) no curso

(14) "*Habeas corpus*. Falsificação de recibos de quitação de direitos trabalhistas e sua utilização, contra o empregado, na Justiça do Trabalho, configura-se, no caso, concurso formal de crimes (os previstos nos arts. 299 e 203 do Código Penal), e não concurso aparente de normas penais." (HC n. 56355/SP, Rel. Ministro Moreira Alves, RTJ 91-02/460).

(15) Estas últimas duas condutas delituosas são corriqueiras e lamentavelmente não tem merecido a punição a que fazem jus, de maneira que seria salutar desenvolver a prática de remessa, por parte das autoridades competentes, de cópias dos procedimentos apuratórios respectivos ao órgão ministerial competente para oferecimento da denúncia criminal, nas hipóteses cabíveis, consoante art. 40 do CPP.

da ação civil pública, extrair a certidão respectiva e acostá-la a ação coletiva, o que ensejará o *julgamento antecipado da lide*, pela desnecessidade de dilação probatória, já que, no particular, existe uma adequada similitude entre as pretensões da lide penal e da lide coletiva trabalhista, porque referidas ao mesmo fato.

As hipóteses anteriormente aventadas envolvem lesões criminosas aos direitos coletivos dos trabalhadores, mas em se tratando de violações puramente individuais, a sistemática é a mesma: se determinado empregado sofre assédio sexual por parte do seu empregador e este é condenado criminalmente por tal delito (art. 216-A do CP), a sentença poderá ser liquidada e executada na jurisdição trabalhista.

Outras situações são possíveis. Se a ação coletiva foi julgada improcedente e operou-se o trânsito em julgado do *decisum*(16), o mesmo ocorrendo com reclamatória individual, sendo que em ambas negou-se a materialidade ou mesmo a autoria da ilicitude, e *sobrevém* condenação criminal também com trânsito em julgado, atestando-as, é cabível em tese o corte rescisório na Justiça Laboral das decisões referidas, na forma do art. 485 do CPC, evidentemente preenchidos todos os requisitos legais para tanto.

De todo modo, trata-se de uma via de mão dupla, porquanto se negada a autoria e materialidade delitivas na esfera criminal, não poderá o juízo trabalhista, consequentemente, deliberar em sentido contrário.

Reconheça-se, todavia, que, infelizmente, no Brasil, pouco se avançou no campo do cognominado Direito Penal do Trabalho: as normas penais que tutelam a organização do trabalho e que protegem os direitos fundamentais dos trabalhadores, além de ultrapassadas, são de pouca incidência prática, à exceção do crime de redução a condição análoga à de escravo, em que os reclamos da sociedade civil tem obrigado o Judiciário a agir com maior presteza e rigor, como se constata de algumas decisões proferidas(17).

3. *Os reflexos da sentença condenatória criminal prolatada contra empregado em relação ao empregador*

Estabelece o Código Civil: "Art. 932. São também responsáveis pela reparação civil: [...] III — o empregador ou comitente, por seus empregados, serviçais e prepostos, no exercício do trabalho que lhes competir, ou em razão dele".

Trata-se da responsabilidade por fato de terceiro ou, mais corretamente, de responsabilidade por ato próprio omissivo, já que em foco a omissão do dever de vigilância. Deveras, é mais uma hipótese de responsabilidade civil objetiva. No entanto, de responsabilidade impura, no sentido de que a responsabilidade do empregador é objetiva, mas é preciso, em regra, que haja demonstração da culpa do preposto em relação ao ilícito perpetrado(18). Ou seja, culpa no antecedente e responsabilidade objetiva no consequente.

Indaga-se: havendo condenação criminal do obreiro, com trânsito em julgado, em fato relacionado ao trabalho ou em razão dele, seria possível promover a liquidação e execução contra o seu empregador, à luz do art. 64 do CPP, que estatui que a ação para ressarcimento do dano poderá ser proposta no juízo cível, contra o autor do crime e, se for caso, contra o responsável civil ?

Existem duas teses antagônicas: a primeira sustenta que condenado o empregado no juízo criminal, haveria presunção absoluta da responsabilidade civil do patrão, o que possibilitaria a

(16) Exceto se o pedido for julgado improcedente por insuficiência de provas, hipótese em que qualquer legitimado poderá intentar outra ação com idêntico fundamento, valendo-se de nova prova, conforme art. 16 da LACP.

(17) É digno de registro o notável esforço do professor e magistrado Guilherme Guimarães Feliciano na defesa de uma refundação do Direito Penal do Trabalho em nosso país. Nesta linha, consultar sua obra *Tópicos avançados de direito material do trabalho*. São Paulo: Damásio de Jesus, 2006.

(18) Salvo quando a própria atividade está submetida aos regramentos da responsabilidade civil objetiva, como no CDC ou ainda nos casos abrangidos pelo art. 927, parágrafo único, do CC/2002.

execução deste no juízo cível/trabalhista. Outros defendem, na segunda tese, que a execução somente poderia ser aforada contra o sentenciado, já que só este fez parte do processo penal e a responsabilidade criminal é eminentemente pessoal, caso contrário, haveria ferimento ao devido processo legal, conforme exige o art. 5º, LIV, da Constituição Federal, já que um terceiro não poderia sofrer as consequências de processo em que não foi parte.

Com efeito, esse último entendimento se revela mais consentâneo com os princípios e regras constitucionais: se houve condenação criminal, na ação civil, contra o patrão, não mais se poderá discutir, é óbvio, a autoria e materialidade delitivas. Mesmo assim, ainda sobejaria espaço para debates de questões de extrema importância para a mensuração do *quantum* indenizatório, a exemplo da culpa concorrente da vítima, nos termos do art. 945 do Código Civil[19].

No particular, figure-se situação de prática sistemática de assédio sexual por parte de gerente de empresa tendo como vítimas inúmeras operárias. Após regular instrução no âmbito criminal, o acusado foi definitivamente condenado nas penas do art. 216-A do CP.

As vítimas por certo vão buscar a reparação dos danos no Judiciário Trabalhista, no qual, ademais, a empresa terá a faculdade de promover a denunciação da lide do assediante, para exercer contra este o direito de regresso, nos termos do art. 934 do Código Civil. Como quer que seja, não poderá o referido juízo, reitere-se, admitir a rediscussão sobre a autoria ou materialidade delitivas. No máximo, poderia aceitar o debate acerca da culpa concorrente, cuja demonstração poderia reduzir o valor da quantia reparatória (art. 945 do Código Civil).

4. A possibilidade de suspensão da ação trabalhista para se aguardar o desfecho da ação penal

Acerca do tema abordado, não seria o caso de se determinar a suspensão das ações trabalhistas, para que se evite a possibilidade de decisões conflitantes?

Com base no último exemplo anteriormente exposto, imagine-se que o assediante seja o próprio empregador e que este responda a processo criminal exatamente em razão da prática desse crime. Em sua defesa, nega peremptoriamente a autoria delitiva. Aduz, dentre outros argumentos, ser vítima de estratagema articulado por pessoas inescrupulosas (suas empregadas) que, em verdade, pretendem extorqui-lo.

Suponha-se que as empregadas propuseram reclamatórias trabalhistas, nas quais pleiteiam a reparação por danos morais e materiais, feitos estes que correm em paralelo com a ação penal.

Com fundamento no art. 265, IV, do CPC é cabível, sim, a suspensão do feito, prevendo este dispositivo que tal providência somente pode estender-se por 1 (um) ano. Igualmente, o art. 64 do CPP estatui, no seu parágrafo único, que, intentada a ação penal, o juiz da ação civil poderá suspender o curso desta, até o julgamento definitivo daquela. Ou seja, esta última norma legal não fixou prazo para a referida suspensão.

Ora, diante da celeridade do processo trabalhista — que não pode sofrer os estorvos que lamentavelmente ainda infelicitam e obstaculizam uma expedita prestação jurisdicional no âmbito criminal, deve o magistrado laboral cumprir a regra do art. 265, IV, do CPC e, findo o prazo, sem que o juízo penal defina seu veredicto, é seu dever julgar o feito, deliberando acerca da autoria e materialidade do assédio sexual eventualmente perpetrado.

É claro que o eventual trânsito em julgado da futura decisão penal produzirá impactos na jurisdição trabalhista. Pense-se na hipótese de procedência das reclamatórias aforadas, com o reconhecimento do assédio sexual e a determinação de pagamento de reparação. Sobrevindo

(19) Art. 945. Se a vítima tiver concorrido culposamente para o evento danoso, a sua indenização será fixada tendo-se em conta a gravidade de sua culpa em confronto com a do autor do dano.

absolvição no juízo criminal, com trânsito em julgado, que negue *categoricamente* a autoria e a materialidade delitivas, o provimento jurisdicional trabalhista não poderá manter-se incólume e cederá ante a força da decisão criminal, conforme art. 66 do CPP c/c com art. 935 do Código Civil[20], e o remédio jurídico adequado para afastar seus efeitos será cambiante, conforme a fase processual em que se encontre a demanda reparatória.

De acordo com o que foi afirmado, o inverso também seria possível: a ação trabalhista foi julgada improcedente e sobreveio condenação criminal pelo mesmo fato. Também nesta situação, prevalecerá o julgado penal, com observância, é óbvio, da fase processual em que se encontra a demanda trabalhista, o que exigirá diferentes medidas judiciais adequadas a fazer valer o comando sentencial prolatado no juízo criminal, a exemplo de eventual rescisória da decisão trabalhista, se esta já houver transitado em julgado.

5. A legitimação do Ministério Público do Trabalho para propositura da *actio civilis ex delicto* coletiva

O Código de Processo Penal fixou expressamente a legitimidade do Ministério Público para a propositura da *actio civilis ex delicto*: "Art. 68. Quando o titular do direito à reparação do dano for pobre (art. 32, §§ 1º e 2º), a execução da sentença condenatória (art. 63) ou a ação civil (art. 64) será promovida, a seu requerimento, pelo Ministério Público".

Ocorre que, face aos ditames da Constituição Federal de 1988, questionou-se se este dispositivo fora ou não recepcionado, haja vista as atribuições outorgadas à Defensoria Pública.

O Supremo Tribunal Federal reconheceu a inconstitucionalidade progressiva do art. 68 do CPP, concluindo que "enquanto não criada por lei, organizada — e, portanto, preenchidos os cargos próprios, na unidade da Federação — a Defensoria Pública, permanece em vigor o art. 68 do Código de Processo Penal, estando o Ministério Público legitimado para a ação de ressarcimento nele prevista" (RE n. 135.328-7/SP, Rel. Min. Marco Aurélio, DJ 1º.8.1994)[21].

Com a devida vênia, esta não parece ter sido a interpretação mais adequada, haja vista que é sempre recomendável manter ampliado o leque de legitimados ativos quando se trata da proteção de pessoas hipossuficientes, como de resto ocorre em relação às próprias ações civis públicas, conforme art. 82 do CDC. Ademais, o inc. IX do art. 129 da Constituição confere ao Ministério Público a possibilidade de lhe serem cometidas outras funções, desde que compatíveis com sua finalidade.

De qualquer modo, em relação ao Ministério Público do Trabalho é manifesta sua legitimidade para a propositura da *actio civilis ex delicto* nos casos de crimes contra a organização do trabalho ou delitos que afetem uma coletividade de trabalhadores, mesmo que estruturada, organizada e atuante a Defensoria Pública da União em local onde ocorrente a ilicitude, haja vista que o *parquet* laboral encontra-se amparado constitucionalmente no seu mister de demandar a reparação civil em favor dos trabalhadores[22]: "Art. 129. São funções institucionais do Ministério Público: [...] II — promover o inquérito civil e a ação civil pública, para a proteção do patrimônio público e social, do meio ambiente e de outros interesses difusos e coletivos; [...]".

---

(20) CPP. Art. 66. Não obstante a sentença absolutória no juízo criminal, a ação civil poderá ser proposta quando não tiver sido, categoricamente, reconhecida a inexistência material do fato.

CC/2002. Art. 935. A responsabilidade civil é independente da criminal, não se podendo questionar mais sobre a existência do fato, ou sobre quem seja o seu autor, quando estas questões se acharem decididas no juízo criminal.

(21) A rigor não haveria inconstitucionalidade progressiva, haja vista que o dispositivo é anterior à CF/1988.

(22) No RE n. 163.231 — SP — TP — Rel. Min. Maurício Corrêa, o STF considerou que os direitos ou interesses homogêneos são os que têm a mesma origem comum (art. 81, III, da Lei n. 8.078, de 11 de setembro de 1990), constituindo-se em subespécie de direitos coletivos.

No particular, não há falar-se na aplicação isolada do art. 68 do CPP, destinado a assegurar um específico modelo de substituição processual em favor de vítima pobre, senão da incidência de todo um plexo normativo previsto nos termos do art. 129, III, da CF/1988; do art. 1º, IV, da LACP; do art. 935 do CC; dos arts. 95 e 103, § 4º do CDC e das disposições pertinentes da Lei Orgânica do Ministério Público da União, além de outras normas legais insculpidas no CP e no CPP.

Assim, considerando que a sentença penal em casos tais representa uma condenação genérica do autor dos danos, evidente que, em regra, emergirá a presença de direitos coletivos e individuais homogêneos dos trabalhadores violados com a criminosa conduta patronal, suficientes para manter inabalável a atribuição do *parquet* laboral para demandar o ressarcimento dos danos e a tutela das obrigações de fazer e não fazer, empregando-se, para tanto, a ritualística dos arts. 91 e segs. do CDC.

O referido dispositivo do CPP fora concebido para proteger os interesses de vítima pobre e que, portanto, não teria suporte financeiro para contratar advogado que a assistisse em eventual ação civil indenizatória, pelo que a tarefa fora originariamente cometida ao Ministério Público e hoje à Defensoria Pública, o que é muito diferente das situações de crimes que atingem uma coletividade de pessoas cuja legitimidade para a tutela indiscutivelmente há de ser reconhecida de forma concorrente aos diversos órgãos e entidades, e em especial, aos membros do *parquet*, daí sustentar-se a aplicação de uma *actio civilis ex delicto* coletiva, fundada em outra normatividade distinta do figurino acanhado do art. 68 do CPP.

6. A possibilidade de se promover, na jurisdição laboral, a reclamação do valor mínimo previsto na sentença penal condenatória, conforme art. 387, IV, do CPP

Com redação conferida pela Lei n. 11.719/08, no âmbito do movimento de revalorização do ofendido no processo penal, o art. 387, IV, do CPP, impôs ao magistrado o dever de fixar o valor mínimo da reparação dos danos causados pela infração[(23)]: **"Art. 387.** O juiz, ao proferir sentença condenatória: [...] **IV** — fixará valor mínimo para reparação dos danos causados pela infração, considerando os prejuízos sofridos pelo ofendido".

Doravante caberá ao juiz criminal fixar o valor mínimo para a reparação dos danos causados pela infração penal, com o que o ofendido, a partir do seu trânsito em julgado, disporá de título executivo líquido, sem prejuízo do seu direito de buscar o complemento da indenização, caso não lhe satisfaça o percentual fixado.

Ressalte-se, por oportuno, que esta pena somente pode ser aplicada em relação aos crimes cometidos após sua previsão no ordenamento jurídico, por força da incidência do princípio da irretroatividade da lei desfavorável ao réu, previsto no art. 5º, XL, da Constituição Federal.

Aplaudam-se as boas intenções do legislador, mas, lamentavelmente, os efeitos práticos da alteração poderão ir de encontro aos propósitos almejados com a mudança, em especial o de dar maior celeridade à reparação da vítima.

A indagação inicial é se o juiz deve conceder a reparação mínima de ofício ou mediante pedido expresso[(24)]. Não se pode ter dúvida de

(23) Disposição similar já existia na Lei de Crimes Ambientais.

(24) Alguns precedentes já apontam para a necessidade de pedido expresso: "APELAÇÃO CRIME — HOMICÍDIO CULPOSO — ACIDENTE DE TRÂNSITO — Imprudência bem delineada no processo — Fixação de valor mínimo para reparação de danos (art. 387, IV, do CPP) — Inadmissibilidade, vez que a matéria não restou articulada no processo — Recurso desprovido, com a exclusão, de ofício, da indenização imposta.

(TJPR — 1ª C. Criminal — AC 0571479-0 — Paranavaí — Rel.: Des. Campos Marques — Unânime — J. 30.7.2009). "APELAÇÃO CRIMINAL. AUSÊNCIA DE NULIDADE. REGULARIDADE DA INTIMAÇÃO VIA EDITAL. AUSÊNCIA DE PREJUÍZO. QUESITAÇÃO SIMPLIFICADA. DECISÃO MANIFESTAMENTE CONTRÁRIA À PROVA DOS AUTOS. INOCORRÊNCIA. INDENIZAÇÃO MÍNIMA FIXADA SEM REQUERIMENTO. IMPOSSIBILIDADE. VIOLAÇÃO DO DEVIDO PROCESSO LEGAL. EXCLUSÃO DE OFÍCIO. I — Admite-se a intimação editalícia para comparecimento à sessão de julgamento pelo Tribunal Popular quando frustradas as tentativas de intimação pessoal. II — A quesitação única da tese defensiva decorre da

que é necessária a existência de pleito manifesto, inclusive por se tratar de direitos patrimoniais, para que não se viole o princípio da inércia da jurisdição e do devido processo legal, mesmo porque ninguém pode ser *surpreendido* com uma condenação pecuniária sem conhecer previamente a pretensão formulada nesse sentido e sem que lhe seja propiciado o exercício da ampla defesa e do contraditório[25].

Quem deve pleitear a reparação? Em princípio, o próprio ofendido, por conduto de assistente de acusação.

Terá o Ministério Público legitimidade para fazê-lo?

A resposta há de ser afirmativa[26]. Nos crimes de ação penal pública caberá ao Ministério Público formular postulação nesse propósito. Incumbe-lhe, na qualidade de *dominus litis* da ação penal pública, com base nos elementos apurados na fase de investigação, oferecer a denúncia e nesta acrescentar o pleito reparatório. Em tais casos, sustentar que caberia tão somente à eventual assistente de acusação requerê-lo implicaria negar o próprio desiderato da modificação, que pretendeu concretizar o princípio da celeridade processual e da duração razoável do processo. Ademais, a grande maioria das vítimas no Brasil, por várias razões, não indica assistente de acusação.

Sobre o tema, assim se pronunciou Guilherme de Souza Nucci:

> [...] Admitindo-se que o magistrado possa fixar o valor mínimo para a reparação dos danos causados pela infração penal, é fundamental haver, durante a instrução criminal, um pedido formal para que se apure o montante civilmente devido. Esse pedido deve partir do ofendido, por seu advogado (assistente da acusação), ou do Ministério Público. A parte que o fizer deve indicar valores e provas suficientes a sustentá-los. A partir daí, deve-se proporcionar ao réu a possibilidade de se defender e produzir contraprova, de modo a indicar valor diverso ou mesmo a apontar que inexistiu prejuízo material ou moral a ser reparado. Se não houver formal pedido e instrução específica para apurar o valor mínimo para o dano, é defeso ao julgador optar por qualquer cifra, pois seria nítida infringência ao princípio da ampla defesa [...].[27]

Por outro lado, não seria o caso de atribuí-lo à Defensoria Pública? Ora, nestes casos,

---

alteração no procedimento do Júri promovida pela Lei n. 11.689/08. III — A decisão do Júri encontra-se em conformidade com o arcabouço probatório constante dos autos. IV — *A fixação da indenização mínima de que trata o art. 387, IV, do CPP, pressupõe seja oportunizado às partes, sobretudo ao réu, o direito de discutir acerca do 'quantum' indenizatório a ser fixado, sob pena de violar os princípios do contraditório e da ampla defesa."* (TJMG — Apelação criminal n. 1.0440.05.001829-8/001 — Comarca de Mutum — Apelante(s): Jose Maria Caetano Mendes — Apelado(a)(s): Ministério Público do Estado de Minas Gerais — Relator: Exmo. Sr. Des. Matheus Chaves Jardim, julgamento em 5.8.2010). (Grifamos).

(25) Registre-se que existem autores que consideram possível a fixação de ofício da reparação, sem que haja pedido formal, a exemplo de Andrey Borges de Mendonça: "É relevante notar que a possibilidade de o magistrado criminal fixar o valor mínimo na sentença independe de pedido explícito. E não há violação ao princípio da inércia, segundo pensamos. Isto porque é efeito automático de toda e qualquer sentença penal condenatória transitada em julgado impor ao réu o dever de indenizar o dano causado. Não é necessário que conste na denúncia ou na queixa tal pedido, pois decorre da própria disposição legal o mencionado efeito. É automático, já dissemos. Ou seja, independentemente de qualquer pedido, no âmbito penal, a sentença penal condenatória será considerada título executivo. O mesmo se aplica em relação ao valor mínimo da indenização: decorre da lei, é automático, sem que seja necessário pedido expresso de quem quer que seja" (MENDONÇA, Andrey Borges de. *Nova reforma do código de processo penal*. 2. ed. São Paulo: Método, 2009. p. 232-233).

(26) Nesse sentido, julgado do TJMG: "EMENTA: ROUBO. ART. 157, § 2º, INCISOS II, DO CÓDIGO PENAL. DESCLASSIFICAÇÃO PARA FURTO. GRAVE AMEAÇA. PALAVRA DA VÍTIMA. CONFISSÃO ESPONTÂNEA. IMPOSSIBILIDADE DE REDUÇÃO DA PENA AQUÉM DO MÍNIMO LEGAL. PENALIDADE MANTIDA. REPARAÇÃO DOS DANOS. ART. 387, IV, DO CPP. NECESSIDADE DE REQUERIMENTO EXPRESSO. EXCLUSÃO. (...) *Para que seja fixado o valor mínimo devido a título de reparação dos danos à vítima, causados pela infração, é necessário pedido formal da vítima ou pelo Ministério Público, em se tratando de direito disponível, não podendo o juiz estabelecer tal condenação de ofício."* (TJMG - Apelação criminal n. 1.0470.10.001385-8/001 — Comarca de Paracatu — Apelante(s): William Pereira da Silva — Apelado(a)(s): Ministério Público do Estado de Minas Gerais — Relator: Exmo. Sr. Des. Duarte de Paula, julgado em 2.12.2010). Grifos nossos.

(27) NUCCI, Guilherme de Souza. *Código de processo penal comentado*. 8. ed. São Paulo: RT, 2008. p. 691.

despontaria situação esdrúxula e de provável ocorrência concreta, nas hipóteses em que determinado membro da Defensoria Pública formula pleito reparatório em favor de vítima pobre e outro integrante da entidade, na defesa do réu, promova a impugnação do requerimento, em completo ferimento aos princípios que regem a instituição.

Se o legislador adotou um sistema mitigado de confusão[28], já que se reporta a "valor mínimo" para reparação dos danos, é indiscutível a legitimidade concorrente do órgão ministerial para formulação do pleito ressarcitório, com as ressalvas apontadas. Além disso, em vários delitos a ofensa é a toda coletividade, a exemplo dos crimes ambientais ou crimes contra o Sistema Financeiro Nacional e a ordem econômico-financeira, dentre outros, o que mais reforça a necessidade de se atribuir ao órgão ministerial esta atribuição, pois em tela interesses difusos, coletivos e individuais homogêneos.

Por tais razões, nos crimes de ação pública incondicionada caberá ao Ministério Público ou ao ofendido formular postulação nesse sentido, e deverá fazê-lo com exatidão. Por exemplo, em caso de crime contra o patrimônio que envolva prejuízo facilmente quantificável, bastará que o pedido promova uma estimativa mínima de indenização e que efetivamente se comprove na instrução a ocorrência dos prejuízos, cabendo ao magistrado, de todo modo, na fixação do valor referido, respeitar o contraditório e a ampla defesa[29].

Em outros casos mais complexos, como no crime de homicídio, deverá o membro do *parquet* articular pedido que contenha as prescrições do art. 949 do Código Civil, comprovando os prejuízos durante a instrução do feito: "Art. 948. No caso de homicídio, a indenização consiste, sem excluir outras reparações: I — no pagamento das despesas com o tratamento da vítima, seu funeral e o luto da família; II — na prestação de alimentos às pessoas a quem o morto os devia, levando-se em conta a duração provável da vida da vítima".

A grande dificuldade é a representada pelos crimes que não afetam o patrimônio material, mas, que, atingem direitos da personalidade, devendo-se ressaltar que a lei se reporta a valor mínimo para reparação dos danos, e estes, conforme é sabido, podem ser morais ou materiais (art. 186 do Código Civil)[30].

Em hipóteses de estupro com violência real, qual seria o parâmetro para fixar o valor mínimo da reparação, já que se está diante de dano extrapatrimonial?

Imagine-se, igualmente, hipótese de assédio sexual, em que uma empregada ofereceu queixa-crime contra seu ex-empregador (trata-se de crime de ação privada, em regra). Por certo, ela deve formular pedido de fixação de valor mínimo reparatório. Na eventual sentença condenatória deverá o magistrado assentá-lo a partir de alguns critérios, quais sejam, a natureza da lesão, as consequências do ato, o grau de culpa, as condições financeiras das partes, atendendo a sua dúplice finalidade, de punição ao responsável pelo dano e de compensação ao sofrimento e angústia vivenciados pela parte

---

(28) Pelo sistema da confusão, adotado em alguns países, toda a sentença penal condenatória deve comportar em seu bojo a condenação pela responsabilidade de indenizar.

(29) "APELAÇÃO CRIMINAL. ART. 593, III, 'D', CPP. TRIBUNAL DO JÚRI. DECISÃO DOS JURADOS SUPOSTAMENTE CONTRÁRIA À PROVA DOS AUTOS. INOCORRÊNCIA. REPARAÇÃO DOS DANOS CAUSADOS PELA INFRAÇÃO. ART. 387, IV DO CPP. NECESSIDADE DE OBSERVÂNCIA AO PRINCÍPIO DA AMPLA DEFESA E DO DEVIDO PROCESSO LEGAL. — Em sede de apelação contra a decisão dos jurados, não cabe à instância revisora substituir os membros do Conselho de Sentença e afirmar que o acolhimento da tese acusatória era 'melhor' que a da defesa, mas, apenas, aferir se a versão acolhida pelo júri tem plausibilidade nos autos. — A fixação do valor mínimo para a reparação dos danos causados pela infração também deve observar os princípios do contraditório e ampla defesa, revelando-se imperiosa sua exclusão quando não foi oportunizado aos recorrentes o direito de produzir eventuais provas que pudessem interferir na convicção do julgador no momento da fixação." Apelação criminal n. 1.0145.03.056604-9/001 — Comarca de Juiz de Fora — Apelante(s): Edson Eliziario da Silva, Ubirajara Cipriano Branco Delana — Apelado(a)(s): Ministério Público do Estado de Minas Gerais — Relator: Exmo. Sr. Des. Renato Martins Jacob.

(30) Sem olvidar da denominada *perda de uma chance*, que, para alguns, seria uma terceira espécie de dano.

lesada, sem, contudo, permitir o enriquecimento sem causa(31).

Nesse último caso, como a empregada obteve a fixação da reparação mínima, caber-lhe-á propor no foro trabalhista(32) a execução deste *quantum*, e a liquidação do valor complementar que integralize sua reparação, conforme os termos do art. 63 do CPP(33):

> Art. 63. Transitada em julgado a sentença condenatória, poderão promover-lhe a execução, no juízo cível, para o efeito da reparação do dano, o ofendido, seu representante legal ou seus herdeiros.
>
> **Parágrafo único.** Transitada em julgado a sentença condenatória, a execução poderá ser efetuada pelo valor fixado nos termos do inciso IV do *caput* do art. 387 deste Código sem prejuízo da liquidação para a apuração do dano efetivamente sofrido.

Retome-se o exemplo do empregador que induz ou exige que seus trabalhadores assinem documentos total ou parcialmente em branco, para serem posteriormente por aquele preenchidos e juntados em processos judiciais, com vistas a obter o reconhecimento da quitação de débitos trabalhistas, o que tipifica crime de falsidade ideológica e uso de documento falso.

Suponha-se que se trata de um grande número de trabalhadores prejudicados e que o patrão tenha sido condenado em reparação no valor mínimo.

Em situações tais, poderá o Ministério Público do Trabalho ou mesmo o sindicato da categoria, no juízo trabalhista, executar esta parte líquida da condenação e liquidá-la no remanescente.

O mesmo se pode afirmar em relação ao crime de redução a condição análoga à de escravo e demais crimes que violem uma coletividade de trabalhadores. Comumente, em tais delitos, há ofensa a direitos difusos, coletivos e individuais homogêneos, o que legitima os referidos entes a promoverem a execução da sentença penal condenatória, por esta se constituir em autêntica condenação genérica, similar à prevista no art. 95 do CDC.

Inclusive, no âmbito das medidas assecuratórias previstas no CPP e durante a instrução criminal, com vistas a garantir o ressarcimento dos danos, existe a possibilidade de que sejam adotadas diversas providências contra o ofensor, tais como a hipoteca legal (art. 134 do CPP), o arresto de imóvel (art. 136 do CPP) e o arresto de bens móveis suscetíveis de penhora (art. 137 do CPP), estando o Ministério Público autorizado a promovê-las, se houver interesse da Fazenda Pública, ou se o ofendido for pobre e o requerer.

Em sendo preenchidos tais pressupostos, com o trânsito em julgado da sentença penal condenatória, serão os autos de hipoteca ou arresto remetidos ao juiz do cível (arts. 63 e 144 do CPP), ou trabalhista, nos casos de crimes que provoquem danos a(os) trabalhador(es), como nos vários exemplos trazidos à colação.

Acredita-se que nestes casos, uma ação articulada entre os órgãos ministeriais redundará em maior efetividade na busca pelo ressarcimento das vítimas.

Por fim, uma das vantagens da execução da sentença condenatória penal é superar eventuais óbices que são levantados nestes feitos, quando o devedor alega a impenhorabilidade do imóvel residencial, nos termos da Lei n. 8.009/90:

> **Art. 3º** A impenhorabilidade é oponível em qualquer processo de execução civil, fiscal, pre-

(31) Não se descarta a possibilidade de interpretação restritiva, no sentido de que o valor mínimo referido na norma diria respeito tão somente aos danos materiais, o que, ao nosso juízo, fere a regra hermenêutica de que não cabe ao intérprete distinguir quando a lei não distingue.

(32) Haverá sempre o risco de o magistrado trabalhista entender que o valor mínimo reparatório estatuído na sentença penal excede o "máximo" que costumeiramente defere em suas decisões.

(33) Aplicável, no particular, a seguinte disposição do CPC: Art. 475-I. O cumprimento da sentença far-se-á conforme os arts. 461 e 461-A desta Lei ou, tratando-se de obrigação por quantia certa, por execução, nos termos dos demais artigos deste Capítulo. (...) § 2º Quando na sentença houver uma parte líquida e outra ilíquida, ao credor é lícito promover simultaneamente a execução daquela e, em autos apartados, a liquidação desta. (Artigo acrescentado pela Lei n. 11.232, de 22.12.2005, DOU 23.12.2005, com efeitos a partir de 6 (seis) meses após a publicação).

videnciária, trabalhista ou de outra natureza, salvo se movido:

(...)

VI — por ter sido adquirido com produto de crime ou para execução de sentença penal condenatória a ressarcimento, indenização ou perdimento de bens." (grifamos)

Ou seja, para execução de sentença penal condenatória a ressarcimento ou indenização, não existe óbice à constrição judicial do imóvel residencial do executado, o que demonstra que o legislador, em juízo de ponderação, privilegiou o direito à reparação civil das vítimas dos ilícitos penais.

7. Considerações finais em derredor da temática

O Direito Penal do Trabalho pode contribuir decisivamente para aumentar a eficiência da atuação do *parquet* laboral nas demandas coletivas trabalhistas, conforme as situações expostas, mas, para que isto aconteça, faz-se necessário um permanente diálogo com outros ramos do Ministério Público com atribuições para exercer o *jus persequendi in judicio,* até o dia (quiçá) que venhamos a ostentar tal prerrogativa na órbita da Justiça do Trabalho.

Recentemente, o dono de uma fábrica de fogos na cidade de Santo Antônio de Jesus (Ba) e seus filhos foram condenados criminalmente pelas mortes de 64 trabalhadores ocorridas na fatídica manhã de 11 de dezembro de 1998. Inúmeras crianças e pais de família perderam suas vidas durante a explosão da fábrica clandestina. O julgamento, ocorrido em Salvador (Ba), foi acompanhado inclusive por representantes da Comissão de Direitos Humanos da OEA, tamanha a repercussão internacional do ocorrido.

À luz das ponderações lançadas, quando houver o trânsito em julgado da decisão criminal, não seria o caso de o Ministério Público do Trabalho propor a competente *actio civilis ex delicto,* para beneficiar especialmente aqueles que por alguma razão não propuseram suas ações reparatórias ?

Evoca-se este fato para revelar que a matéria abordada envolve situações de extrema relevância prática, que demandam análise e estudos aprofundados de sua dogmática. Este sintético exame pretendeu apenas abrir uma pequena clareira investigativa em campo tão vasto a ser explorado, na espera que outros possam avançar nesta trilha e assim pavimentar os caminhos de um entendimento mais adequado da questão.

Referências

BARBOSA E SILVA, Érica. *Cumprimento de sentença em ações coletivas*. São Paulo: Atlas, 2009.

BARBOSA MOREIRA, José Carlos. Ação civil pública. *Revista Trimestral de Direito Público*, São Paulo: Malheiros, n. 3, p. 187-203, 3º trim. 1993.

BENJAMIN, Antônio Herman; MARQUES, Claudia Lima; MIRAGEM, Bruno. *Comentários ao código de defesa do consumidor*. São Paulo: Revista dos Tribunais, 2006.

CARELLI, Rodrigo de Lacerda. *Cooperativas de mão de obra*. São Paulo: LTr, 2002.

DIDIER JÚNIOR, Fredie; ZANETI JÚNIOR, Hermes. *Curso de direito processual civil:* processo coletivo. 4. ed. Salvador: JusPodivm, 2009. v. 4.

FAVA, Marcos Neves. *Ação civil pública trabalhista*. São Paulo: LTr, 2005.

FELICIANO, Guilherme Guimarães. *Tópicos avançados de direito material do trabalho.* São Paulo: Damásio de Jesus, 2006.

GONÇALVES, Carlos Roberto, *Responsabilidade civil.* 11. ed. São Paulo: Saraiva, 2009.

GIDI, André. *Coisa julgada e litispendência em ações coletivas*. São Paulo: Saraiva, 1995.

GRINOVER, Ada Pellegrini. *Código brasileiro de defesa do consumidor* — comentado pelos autores do anteprojeto. 5. ed. Rio de Janeiro: Forense Universitária, 2010.

LEITE, Carlos Henrique Bezerra. *Ministério público do trabalho*. Doutrina, jurisprudência e prática. São Paulo: LTr, 2006.

______ . *Liquidação na ação civil pública*. São Paulo: LTr, 2005.

______ . *Ação civil pública na perspectiva dos direitos humanos.* São Paulo: LTr, 2008.

MAZZILLI, Hugo Nigro. *A defesa dos interesses difusos em juízo*. 7. ed. São Paulo: Saraiva, 2005.

MENDONÇA. Andrey Borges de. *Nova reforma do código de processo penal*. 2. ed. São Paulo: Método, 2009.

NUCCI, Guilherme de Souza. *Código de processo penal comentado*. 8. ed. São Paulo: RT, 2008.

STOCO, Rui. *Tratado de responsabilidade civil*. São Paulo: RT, 2007.

VENTURI, Elton. *Processo civil coletivo*. São Paulo: Malheiros, 2007.

______ . *Execução da tutela coletiva*. São Paulo: Malheiros, 2000.

Tutela Judicial dos Direitos Sociais: para Além do Mínimo Existencial na Jurisdição Constitucional Democrática

Sérgio Cabral dos Reis(*)

Resumo: *A força normativa dos direitos sociais, como condição de efetiva liberdade, não limita a tutela judicial à concessão do mínimo existencial.* Ao Poder Judiciário, portanto, impõe-se à garantia das *condições necessárias ao desenvolvimento do cidadão* em relação a fatores que permitam a participação de todos quanto à realização de um projeto razoável de vida (autonomia privada) e à formação da vontade coletiva (autonomia pública). A realização progressiva dos direitos sociais, que inclui a realização de políticas públicas emancipatórias, constitui pressuposto para a consagração pragmática do conceito pós-moderno de democracia, o qual, superando a noção de mera representatividade formal, pressupõe uma participação consciente e com capacidade real de influência nas decisões políticas da comunidade.

Palavras-chave: Direitos sociais; eficácia judicial; desenvolvimento social; emancipação do mínimo existencial; cidadania ativa.

1. Introdução

O presente trabalho tem como escopo apresentar um dos critérios adequados para a solução judicial da crise de efetividade vivenciada em relação aos direitos sociais no Brasil: a superação do paradigma do mínimo existencial, jurisprudencial e doutrinariamente dominante, o qual tem um viés mercadológico e tem sido o único critério utilizado para afastar as críticas

---

(*) Mestre em Direito Processual e Cidadania pela UNIPAR (PR). Máster em *Teoria Crítica en Derechos Humanos y Globalización* pela Universidad Pablo de Olavide (Sevilla, Espanha). Professor da graduação e da pós-graduação *lato sensu* do Centro Universitário de João Pessoa (UNIPÊ). Vice-diretor e professor da Escola Superior da Magistratura Trabalhista da Paraíba (ESMAT XIII). Professor convidado da Escola Superior da Magistratura Trabalhista de Pernambuco (ESMATRA VI). Professor convidado da Escola Superior da Advocacia da Paraíba (ESA-PB). Ex-juiz do trabalho no Paraná e em Sergipe. Juiz do Trabalho na Paraíba. (*E-mail:* sergio.juiz@gmail.com).

relacionadas à *falta de legitimidade democrática do Poder Judiciário* para criar políticas públicas, à *reserva razoavelmente possível* e à questão da *escassez dos recursos*.

Sabe-se que a atuação judicial em políticas públicas é essencial ao desenvolvimento da cidadania, mas, por outro lado, se for ilimitada, pode surtir efeitos deletérios à própria concretização dos direitos sociais, que sabidamente constroem espaços para a promoção da igualdade, base dos direitos humanos, e da inclusão. Não se pode, todavia, partir para uma tutela judicial de direitos sociais tendo como foco apenas a realização do mínimo existencial, já que, além de minimizar a importância jurisdição constitucional na atualidade, a realização progressiva desses direitos, a qual inclui uma política educacional emancipatória e adequados serviços de saúde, é condição para o exercício da liberdade.

A realização progressiva dos direitos sociais constitui pressuposto para a consagração pragmática do conceito pós-moderno de democracia, o qual, superando a ideia de mera representatividade formal, pressupõe uma participação consciente e com capacidade real de influência nas decisões políticas da comunidade. Nessa perspectiva, pretende-se romper com o paradigma da modernidade e firmar posicionamento a respeito do resgate da ética na arena política, a fim de possibilitar a concretização do direito ao desenvolvimento, que pressupõe estimular as potencialidades democráticas e a efetividade dos direitos sociais. Superar o paradigma do mínimo existencial, nesse contexto, é o objetivo deste trabalho.

2. O discurso ideológico neoliberal quanto à tutela judicial dos direitos sociais

Por oportuno, esclarece-se que, não obstante a distinção doutrinária entre direitos *sociais, econômicos* e *culturais*(1), será utilizada quanto a todos eles, neste trabalho, a denominação genérica de "direitos sociais", que podem ser, inclusive, agrupados em algumas categorias(2).

A efetividade dos direitos sociais constitui um objetivo ainda a ser perseguido no Brasil, país de modernidade tardia e arcaica, cujas promessas ainda não se realizaram, pois a maior parte da população sequer tem acesso aos bens mínimos necessários à vida com dignidade, quanto mais os aptos ao desenvolvimento de suas potencialidades(3). Entre o reconhecimento dessa categoria e a vivência concreta dos valores pertinentes ao Estado Social há um espaço gigantesco, o que, na prática, somente amplia as desigualdades que justificaram o aparecimento desses direitos.

A tutela judicial dos direitos sociais, entretanto, recebe as mais diversas críticas por parte da doutrina, as quais, segundo preleciona

---

(1) Para José Adércio Leite Sampaio, "os *direitos sociais* propriamente ditos seriam aqueles necessários à participação plena na vida da sociedade, incluindo o direito à educação, a instituir e manter uma família, à proteção da maternidade e da infância; bem como para permitir o gozo efetivo dos direitos de primeira geração, com o reconhecimento do direito ao lazer e o direito a não haver discriminação. Já os *direitos econômicos* se destinam a garantir um nível mínimo de vida e segurança materiais de modo que a cada pessoa desenvolva suas potencialidades. Estão nessa lista os direitos trabalhistas, a exemplo do direito ao trabalho e a um salario mínimo digno, e previdenciários, direitos de assistência social, do direito à saúde, à alimentação, ao vestuário e o direito à moradia. Por fim, os *direitos culturais* dizem respeito ao resgate, estímulo e à preservação das formas de reprodução cultural das comunidades, bem como se destinam a possibilitar a participação de todos nas riquezas espirituais comunitárias" (*Direitos fundamentais*: retórica e historicidade. 2. ed. Belo Horizonte: Del Rey, 2010. p. 244-245).

(2) A primeira delas diz respeito aos *direitos individuais e coletivos dos trabalhadores*. A segunda refere-se aos direitos decorrentes da *seguridade social*, subdivididos em direito à saúde, à assistência social e à previdência social. A terceira categoria, por sua vez, está relacionada aos direitos de natureza *econômica*, que envolvem todas as prestações positivas do Estado voltadas à busca do pleno emprego, à redução das desigualdades sociais e regionais, à erradicação da pobreza e da marginalização, à defesa do consumidor e da concorrência, inserindo-se nesse contexto a função social da propriedade privada. A quarta categoria, finalmente, correspondente ao direito à cultura, incluindo o direito à educação.

(3) STRECK, Lenio Luiz. *Hermenêutica jurídica e(m) crise:* uma exploração hermenêutica da produção do direito. 4. ed. rev. e atual. Porto Alegre: Livraria do Advogado, 2003. p. 25.

Cláudio Pereira de Souza Neto[4], podem ser agrupadas em *principiológicas*, que questionam a própria legitimidade de o Judiciário atuar na concretização de direitos sociais, e *institucionais*, relacionadas aos problemas práticos decorrentes das decisões judiciais que determinam a entrega de bens e serviços à população. Na primeira categoria, enquadram-se as críticas de índole *liberal* ("a sociedade deve ser governada por leis, não por juízes") e *democrática* ("os juízes não foram eleitos pelo povo"), enquanto que, na segunda, as críticas de ordem *financeira* ("os recursos são escassos para atender todas as necessidades sociais"), *administrativa* ("a atuação judicial desorganiza a Administração Pública, que, ao invés de se preocupar com as políticas públicas, fica sempre na perspectiva de dar cumprimento à próxima liminar"), *técnica* ("falta aptidão técnica aos juízes quanto a políticas públicas"), *econômica* ("os juízes, normalmente, não se levam em conta as consequências da decisão") e da *desigualdade quanto ao acesso à justiça*. São críticas que envolvem questionamentos de ordem jurídica, envolvendo a teoria da Constituição, seu papel e alcance, filosófica e operacional[5].

A questão da eficácia dos direitos sociais, entretanto, não tem cunho científico, é meramente *ideológica*[6]. *Ideologia* é um termo que não possui sentido unívoco, mas, certamente, "está diretamente relacionado à maneira pela qual o Homem apreende a realidade" [7]. Conforme preleciona Willis Santiago Guerra Filho, "o Direito como criação humana, como produção da linguagem, se encontra a todo o momento com a ideologia, e desse encontro cabe uma reflexão filosófica dos contornos e potencialidades do próprio Direito enquanto fenômeno ideológico"[8].

A função da ideologia é fazer com que o pensamento hegemônico apareça como legítimo e, deste modo, aceitável[9]. No caso dos direitos sociais, a premissa básica ou o ponto de partida nesta discussão diz respeito ao fato de que a lógica capitalista deve ser compatibilizada com valores que lhe são estranhos, pois a eficiência econômica não pode prevalecer, a não ser que inclua em sua estrutura a eficiência do desenvolvimento do cidadão[10], característica do Estado Constitucional contemporâneo.

Se "os direitos humanos venceram as batalhas ideológicas da modernidade"[11], uma vez que procuram priorizar o ser humano como valor fundamental da sociedade, precisa-se de uma hermenêutica emancipatória quanto à ideologia neoliberal, que compromete a efetividade dos mesmos, especialmente em matéria de políticas públicas. Em outras palavras, a racionalidade liberal de expansão material capitalista — que reprime, aliena e coisifica o homem — deve ceder espaço à (nova) racionalidade emancipatória, libertadora, um modelo crítico-interdisciplinar de reflexão analítica que não permite engodo, falácia ou pensamento colonizado[12]. Afinal, o respeito à pessoa humana é o valor referencial das ideologias, verdadeira

(4) SOUZA NETO, Cláudio Pereira. A judicialidade dos direitos fundamentais: críticas e parâmetros. *In:* SOUZA NETO, Cláudio Pereira de; SARMENTO, Daniel (coords.). *Direitos sociais:* fundamentos, judicialização e direitos sociais em espécies. Rio de Janeiro: Lumen Juris, 2010. p. 519-534.

(5) BARCELLOS, Ana Paula de. Constitucionalização de políticas públicas em matéria de direitos fundamentais: o controle político-social e o controle jurídico no espaço democrático. *In:* SARLET, Ingo Wolfgang; TIMM, Luciano Benetti (orgs.). *Direitos fundamentais, orçamento e "reserva do possível"*. 2. ed. rev. e ampl. Porto Alegre: Livraria do Advogado, 2010. p. 107.

(6) PIOVESAN, Flávia. A proteção dos direitos sociais nos planos interno e internacional. *In:* CORRIA, Marcus Orione Gonçalves; CORREIA, Érica Paula Barcha (coords.). *Direito previdenciário e constituição:* estudos em homenagem a Wladimir Novaes Martinez. São Paulo: LTr, 2004. p. 16.

(7) SOUZA, Luiz Sergio Fernandes de. *O papel da ideologia no preenchimento das lacunas no direito.* 2. ed. rev. e atual. São Paulo: RT, 2005. p. 10.

(8) GUERRA FILHO, Willis Santiago. *Teoria da ciência jurídica.* 2. ed. São Paulo: Saraiva, 2009. p. 128.

(9) BASTOS, Ronaldo. *O conceito de direito em Marx.* Porto Alegre: SAFE, 2012. p. 118.

(10) SILVEIRA, Wladmir Oliveira da; ROCASOLANO, Maria Mendez. *Direitos humanos*: conceitos, significados e funções. São Paulo: Saraiva, 2010. p. 18-19.

(11) DOUZINAS, Costas. *O fim dos direitos humanos.* Tradução de Luzia Araújo. São Leopoldo: Unisinos, 2009. p. 20.

(12) WOLKMER, Antonio Carlos. *Introdução ao pensamento jurídico crítico.* 5. ed. rev. São Paulo: Saraiva, 2006. p. 2-4.

qualidade de *condição transcendental do processo histórico*, legitimando a atuação estatal[13]. Sem essa noção[14], certamente, corre-se o risco de se adotar uma postura que, na prática, inviabilize a concretização dos direitos sociais[15].

3. Direito ao desenvolvimento e justiça econômico-social: rompendo a lógica neoliberal

Sem a necessária reflexão ética, o capitalismo global caminha gerando riscos socioambientais. Da acumulação primitiva, passando pelo processo industrial até a financialização atual, o capitalismo se reinventa determinando as relações humanas como relações de consumo. Assim, pode-se dizer que a globalização, calcada na competição, nos interesses comerciais e financeiros, na lógica do mercado e no consumismo, ao invés de se basear na cooperação e na solidariedade, está levando a humanidade a um grande desastre social (exclusão, desemprego, baixos salários etc.) e ambiental[16].

Nesse cenário em que "tudo se transforma em mercadoria, mediante uma ordem jurídica que altera a cogência pela negociação, afasta o Estado-legislador do centro dos poderes e intenta limitar o Estado-juiz a retomar-se como *bouche de la loi*"[17], revela-se imperioso redefinir o papel do Estado e superar os entraves ideológicos que comprometem a efetividade dos direitos sociais no Brasil, para se construir um novo paradigma, agora pautado por uma agenda de inclusão social que aponte em direção ao desenvolvimento sustentável[18], mais igualitário e democrático[19].

Como enfatiza Judith Martins-Costa, "tal qual a economia, também o Direito não é neutro.

---

(13) REALE, Miguel. *O estado democrático de direito e o conflito das ideologias*. 3. ed. rev. São Paulo: Saraiva, 2005. p. 99-111.

(14) Observe-se que o discurso ideológico, de pretensões hegemônicas, procura descrever suas ideias de forma aparentemente desconectada da realidade, mas, na verdade, o respectivo contexto histórico e social é que tornam compreensíveis os argumentos pertinentes. O discurso ideológico utiliza uma linguagem valorativa que tem por objeto os próprios valores, seleciona as próprias seleções, estima as estimativas, ao indicar ao interessado como ele deve vê-las, rotula o valor e, ainda que este seja algo aberto, restringe-o, na perspectiva de convencer que a informação é verdadeira. A ideologia dominante compromete a eficácia dos direitos sociais. Ela condiciona e, concomitantemente, é fruto da organização do sistema jurídico, a qual utiliza técnicas de neutralização na busca de consenso, de modo que o Direito funciona como instrumento de dominação, já que é elaborado, de maneira abstrata, por um corpo de especialistas que detêm o monopólio da produção cultural legítima e é recepcionado por uma significativa parcela da sociedade que ignora o que as imposições de sentido têm de arbitrárias.

(15) O discurso ideológico, através do sistema normativo, dissimula as relações de dominação, criando elaborações teóricas que ocultam o afastamento do princípio da legalidade, quando isso é necessário ao exercício do poder, e fórmulas racionais indispensáveis ao ocultamento das desigualdades sob a aparência de uma isonomia jurídica. Incumbe à Teoria Crítica do Direito, nesse contexto, criar condições para a construção de espaços de libertação, a fim de garantir o exercício pleno da cidadania.

(16) A globalização capitalista, que visa apenas à realização do interesse próprio e imediato de cada indivíduo, grupo social ou povo, sem a menor consideração pelo bem comum da coletividade e das gerações futuras, desagrega a humanidade, fato que reclama, atualmente, uma perspectiva de que as relações jurídicas de propriedade e de concorrência empresarial sejam substituídas por relações de uso comum e de cooperação econômica, sob a supervisão do Estado e do próprio povo, na construção de um sistema mundial de direitos humanos.

(17) 17 FACHIN, Luiz Edson. Entre duas modernidades: a constituição da *persona* e o mercado. *In:* COUTINHO, Jacinto Nelson de Miranda; FRAGALE FILHO, Roberto; LOBÃO, Ronaldo (orgs.). *Constituição & ativismo judicial:* limites e possibilidades da norma constitucional e da decisão judicial. Rio de Janeiro: Lumen Juris, 2011. p. 313.

(18) O direito ao desenvolvimento, previsto em Declaração específica adotada pela ONU (1986), demanda uma globalização ética e solidária. Assim, as crises sucessivas do capitalismo, as falhas de mercado, a concentração do poder econômico e a assimetria entre as nações têm deixado clara a necessidade de os Estados atuarem no espaço econômico, não apenas para criar condições para o acúmulo de capital, mas, a fim de superar a sempre crescente exclusão social, para cuidar de valores éticos, pois, sem eles, sem finalidades morais, a economia contemporânea não readquire seu necessário equilíbrio.

(19) É preciso, pois, recuperar a ética no centro das discussões estatais, incentivando o exercício pleno da cidadania, inclusive participativa, em processo permanente de inclusão política e econômica, com ampliação da democracia e reforço do papel prestativo do Estado, e pelo fomento de uma cultura pluralista, tolerante, democrática e centrada nos direitos humanos. E a ética dos direitos humanos é orientada pela afirmação da dignidade e pela prevenção ao sofrimento, notadamente daqueles grupos sociais em posições de vulnerabilidade. Enfim, ao imperativo da eficácia econômica, deve ser conjugada a exigência ética da justiça social, inspirada em uma ordem democrática concretizadora de políticas públicas e planos de desenvolvimento que não garanta apenas o pleno exercício dos direitos civis e políticos, mas também, em decorrência da indivisibilidade dos direitos humanos, os direitos sociais, econômicos e culturais.

Consiste na ruptura da neutralidade, é tecido por humana escolha, é produção de normas e tomadas de decisões"[20]. Assim, em um país "comumente tolerante e cortês com os poderosos, mas insensível com os excluídos e cruel com aqueles que desafiam a estabilidade social baseada na hierarquia e na desigualdade", como é o caso do Brasil, impõe-se exigir justificação jurídica das decisões, inclusive, para reduzir o espaço de pura discricionariedade, no âmbito legislativo, propiciando, em respeito à transparência republicana e ao Estado de Direito, o "reconhecimento de direitos àqueles que são desconsiderados pelo sistema político e pela própria sociedade", os quais devem ser tratados com igual consideração e respeito no desenvolvimento de suas potencialidades[21].

Impõe-se, portanto, demarcar posição no Brasil. O Libertarianismo representado por Robert Nozick[22], que prega um Estado minimalista em todos os setores, sequer deve ser cogitado. O Liberalismo Igualitário de John Rawls[23], embora seja um avanço, também não se revela suficiente, dado o elevado quadro de exclusão e desigualdade sociais, sendo por tudo isso demasiadamente abstrato e teórico[24]. Os cidadãos brasileiros, em sua larga maioria, ainda não têm liberdade efetiva, são carentes, infelizmente, de necessidades básicas, de modo que as instituições por aqui ainda não estão bem ordenadas[25].

A sociedade brasileira, desse modo, tendo em vista o potencial destrutivo da globalização econômica, deve adotar uma teoria tridimensional da justiça, incorporando, com base na lição de Nancy Fraser[26], a dimensão política da *representação* ao lado da dimensão econômica da *distribuição* e da dimensão cultural do *reconhecimento*, evitando, desse modo, má distribuição de riquezas e falso reconhecimento de categorias que se posicionam socialmente em situação de maior vulnerabilidade.

A base da mudança rumo ao desenvolvimento, por certo, está além de instituições abstratas, pois, como preleciona Amartya Sen[27], passa pelo fortalecimento da democracia, corrigindo-se paulatinamente os atuais e notórios déficits de representatividade mediante a ampliação de condições de efetiva participação popular nos destinos do país. Pressupõe a remoção das principais fontes de privação de liberdade, como a pobreza e a tirania, a carência de oportunidades econômicas e a destituição social sistemática, a negligência dos serviços públicos e a intolerância ou interferência excessiva de Estados repressivos[28].

A mudança, portanto, não é automática, exige ativismo de cidadãos politicamente engajados, o que reforça a necessidade de se investir em educação de qualidade no Brasil[29]. Devem-se criar, em outros termos, todos os meios

(20) MARTINS-COSTA, Judith. Mercado e solidariedade social entre *cosmos* e *taxis*: a boa-fé nas relações de consumo. *In:* MARTINS-COSTA, Judith (org.). *A reconstrução do direito privado*. São Paulo: RT, 2002. p. 617.

(21) VIEIRA, Oscar Vilhena. A desigualdade e a subversão do estado de direito. *In:* VIEIRA, Oscar Vilhena; DIMOULIS, Dimitri (orgs.). *Estado de direito e o desafio do desenvolvimento*. São Paulo: Saraiva, 2011. p. 223 e 232.

(22) NOZICK, Robert. *Anarquia, estado e utopia*. Tradução de Fernando Santos. São Paulo: Martins Fontes, 2011. p. IX.

(23) RAWLS, John. *Uma teoria da justiça*. Tradução de Almiro Pisetta e Lenita Maria Rímoli Esteves. São Paulo: Martins Fontes, 2002. p. 12-19.

(24) GARGARELLA, Roberto. *As teorias da justiça depois de Rawls:* um breve manual de filosofia política. Tradução de Alonso Reis Freire. São Paulo: Martins Fontes, 2008. p. 64-65.

(25) VITA, Álvaro de. *A justiça igualitária e seus críticos*. 2. ed. São Paulo: Martins Fontes, 2007. p. 205-215.

(26) FRASER, Nancy. Reenquadrando a justiça em um mundo globalizado. *Revista Lua Nova*, n. 77, p. 17-21, 2009.

(27) SEN, Amartya. *A ideia de justiça*. Tradução de Denise Bottmann e Ricardo Doninelli Mendes. São Paulo: Companhia das Letras, 2011. p. 384-389.

(28) SEN, Amartya. *Desenvolvimento como liberdade*. Tradução de Laura Teixeira Motta. São Paulo: Companhia das Letras, 2000. p. 18.

(29) Esse fortalecimento da democracia e da justiça social, os quais pressupõem a plena realização dos direitos sociais, econômicos e culturais, é componente indispensável à concepção do direito ao desenvolvimento, que, inspirado no valor da solidariedade, há de prover igual oportunidade a todos no acesso a recursos básicos, como educação, saúde, alimentação, moradia, trabalho e distribuição de renda. Demais disso, compreendem, no direito ao desenvolvimento, os princípios da inclusão, igualdade e

para que essa participação não seja meramente formal e simbólica, mas sim com capacidade concreta de influência no processo decisório, tornando, assim, a sociedade mais justa.

4. *A TUTELA JUDICIAL DOS DIREITOS SOCIAIS E O CONCEITO DO MÍNIMO EXISTENCIAL*

Dentre as críticas desferidas contra a tutela judicial dos direitos sociais, enfrentar-se-á, ainda que parcial e resumidamente, a que se refere ao custo desses direitos. Para uma parte da doutrina, a escassez de recursos nao pode impedir a realização do *mínimo existencial* relacionado ao direito social, sob pena de se esvaziar completamente o seu conteúdo, destituindo-o de qualquer sentido prático-jurídico. O ponto central, aqui, é a situação de desrespeito à dignidade da pessoa humana considerada não de forma abstrata, mas concretamente[30] independentemente da universalidade ou não da medida.

Embora na Alemanha não se tenha direitos sociais prestacionais positivados na sua Lei Fundamental (1949), é de lá a concepção originária de que o mínimo existencial configura direito fundamental vinculado à dignidade da pessoa humana, pois integra o conteúdo do princípio do Estado Social de Direito, constituindo uma de suas tarefas e obrigações[31].

O conceito e o conteúdo do mínimo existencial não apresentam uniformidade na doutrina brasileira. Ana Paula de Barcellos, por exemplo, entende que o compõem a educação fundamental, a saúde básica, a assistência em caso de necessidade e o acesso à justiça[32]. Kazuo Watanabe, por sua vez, reconhecendo que o mínimo existencial, "além de variável histórica e geograficamente, é um conceito dinâmico e evolutivo, presidido pelo princípio da proibição de retrocesso", elenca-o nos direitos à educação fundamental, à saúde básica, à assistência social, ao acesso à justiça, à moradia, ao trabalho, ao salário mínimo, à proteção à maternidade e à infância, mas esclarece que essa abrangência pode ser ampliada na medida em que melhorem as condições socioeconômicas do país[33].

Ingo Sarlet observa, corretamente, que não se trata de concepção meramente fisiológica, mas também sociocultural[34]. Assim, pode-se dizer que o mínimo existencial não é um conceito individual ou universal[35], deve ser buscado na convivência social, a partir dos valores consti-

---

não discriminação, especialmente nas questões envolvendo igualdade de gênero e necessidades dos grupos vulneráveis. Para a plena realização do direito ao desenvolvimento, é imperioso reformar as instituições internacionais, especialmente do Banco Mundial e do Fundo Monetário Internacional, quanto ao comércio, à dívida e à transferência, a ponto de se garantir, sempre, um orçamento mínimo e básico aos Estados, para salvaguardar os direitos humanos.

(30) A análise do mínimo existencial, portanto, não pode ignorar a condição específica do titular do direito. Conforme preleciona Daniel Sarmento, "o fornecimento de um medicamento certamente integrará o mínimo existencial para aquele indivíduo que dele necessite para sobreviver, e não possua os recursos suficientes para adquiri-lo. Porém, o mesmo medicamento estará fora do mínimo existencial para um paciente que, padecendo da mesma moléstia, tenha meios próprios para comprá-lo, sem prejuízo da sua subsistência digna. Trata-se, em suma, de saber até que ponto a necessidade invocada é vital para o titular do direito, aferindo quais seriam as consequências para ele da omissão estatal impugnada" (A proteção judicial dos direitos sociais: alguns parâmetros ético-jurídicos. *In:* NOVELINO, Marcelo (org.). *Leituras complementares de direito constitucional:* direitos humanos & direitos fundamentais. 4. ed. ampl. rev. e atual. Salvador: Juspodivm, 2010. p. 417).

(31) 31 SARLET, Ingo Wolfgang. Dignidade (da pessoa) humana, mínimo existencial e justiça constitucional — algumas aproximações e alguns desafios. *In:* LEITE, George Salomão; SARLET, Ingo Wolfgang (coords.). *Jurisdição constitucional, democracia e direitos fundamentais:* estudos em homenagem ao ministro Gilmar Ferreira Mendes. Salvador: Juspodivm, 2012. p. 246-249.

(32) BARCELLOS, Ana Paula de. *A eficácia dos princípios constitucionais:* o princípio da dignidade da pessoa humana. 2. ed. rev. e ampl. Rio de Janeiro: Renovar, 2008. p. 277-333.

(33) WATANABE, Kazuo. Controle jurisdicional das políticas públicas — mínimo existencial e demais direitos fundamentais imediatamente judicializáveis. *Revista de Processo*, São Paulo, ano 36, n. 193, p. 19-20, mar. 2011.

(34) SARLET, Ingo Wolfgang. Dignidade (da pessoa) humana, mínimo existencial e justiça constitucional — algumas aproximações e alguns desafios. *In:* LEITE, George Salomão; SARLET, Ingo Wolfgang (coords.). *Jurisdição constitucional, democracia e direitos fundamentais:* estudos em homenagem ao ministro Gilmar Ferreira Mendes. Salvador: Juspodivm, 2012. p. 253-254.

(35) Segundo esclarece Fernando Facury Scaff, "O mínimo existencial não é uma categoria universal. Varia de lugar para lugar, mesmo dentro de um mesmo país. É a combinação de capacidades para o exercício de liberdades políticas, civis, econômicas e

tucionais da *dignidade da pessoa humana* e da *solidariedade*, da cláusula do Estado Social e do princípio da igualdade, na perspectiva de estabelecer um *padrão mínimo de bem estar*, sem o qual o exercício pleno da cidadania seguramente fica comprometido[(36)]. Em outras palavras, trata-se de um conceito que "possui dependência inegável do grau de desenvolvimento econômico de cada país, do avanço da cooperação internacional entre os Estados e dos laços de solidariedade social para garantia do mais fundamental dos direitos: *a vida*" [(37)].

Esse conceito do mínimo existencial pode ser extraído de algumas normas positivadas (art. 7º, *IV*, da CF; art. 79 da ADCT da CF). O art. XXV da Declaração Universal dos Direitos Humanos (1948) aparenta sustentar o conteúdo mínimo dos direitos sociais, quando preconiza o seguinte: "Toda pessoa tem um direito a um padrão de vida capaz de assegurar a si e à sua família saúde e bem-estar, inclusive alimentação, vestuário, habitação, cuidados médicos e os serviços sociais indispensáveis, o direito à segurança, em caso de desemprego, doença, invalidez, viuvez, velhice e outros casos de perda dos meios de subsistência em circunstâncias fora de seu controle".

Luiz Edson Fachin defende que à noção de patrimônio personalíssimo deve-se associar uma concreta esfera patrimonial mínima, mensurada pela dignidade humana à luz do atendimento de necessidades básicas ou essenciais[(38)]. Nessa perspectiva, importa observar que essa noção de mínimo existencial tem sido defendida também como parâmetro material para a aplicação direito dos direitos sociais no âmbito das relações entre particulares, a exemplo dos contratos firmados com estabelecimentos de ensino e planos de saúde[(39)]. A jurisprudência tem ampliado o objeto de contratos de planos de saúde, fazendo incidir, diretamente, nessas relações particulares o direito fundamental à saúde[(40)] Para assegurar o mínimo essencial para a manutenção da dignidade, não se tem admitido, inclusive para evitar situações de superendividamento, que seja ultrapassado o limite de 30% de margem consignável

---

culturais que determinará este patamar mínimo existencial. Não são apenas os aspectos econômicos os principais envolvidos" (Reserva do possível, mínimo existencial e direitos humanos. *In:* COUTINHO, Jacinto Nelson de Miranda; LIMA, Martonio Mont´Alverne Barreto. *Diálogos constitucionais:* direito, neoliberalismo e desenvolvimento em países periféricos. Rio de Janeiro: Renovar, 2006. p. 150).

(36) CAMBI, Eduardo. *Neoconstitucionalismo e neoprocessualismo:* direitos fundamentais, políticas públicas e protagonismo judicial. São Paulo: RT, 2009. p. 392-393.

(37) OLIVEIRA JUNIOR, Valdir Ferreira de. O estado constitucional solidarista: estratégias para sua efetivação. *In:* MARTINS, Ives Gandra da Silva; MENDES, Gilmar Ferreira; NASCIMENTO, Carlos Valder do (coords.). *Tratado de direito constitucional.* São Paulo: Saraiva, 2010. v. 1.

(38) FACHIN, Luiz Edson. *Estatuto jurídico do patrimônio mínimo.* 2. ed. atual. Rio de Janeiro: Renovar, 2006. p. 3.

(39) SARLET, Ingo Wolfgang. Mínimo existencial e direito privado: apontamentos sobre algumas dimensões da possível eficácia dos direitos fundamentais sociais no âmbito das relações privadas. *Revista Trimestral de Direito Civil,* Rio de Janeiro: Renovar v. 29, p. 85-92, jan./mar. 2007.

(40) Segue uma ementa ilustrativa: "AGRAVO DE INSTRUMENTO. DIREITO PÚBLICO NÃO ESPECIFICADO. FORNECIMENTO DE TRATAMENTO. Tratamento: Uso de Stent Intracraniano. Enfermidade: Aneurisma de Artéria Comunicante Anterior. Custo: R$ 15.890,00. NECESSIDADE DO TRATAMENTO. A ausência do risco de vida, atestada a necessidade do tratamento, não é justificativa para que a Fazenda Pública não forneça o procedimento cirúrgico postulado ou que demore a fazê-lo, pois não é apenas o direito à vida garantia constitucional, mas também o direito à saúde. Ademais, a demora excessiva no fornecimento do procedimento pode acarretar o agravamento do quadro da parte autora. A urgência que autoriza a concessão da liminar é a dor, o desconforto e a gravidade que a enfermidade impõe ao autor. LISTA. RESTRIÇÃO. DESCABIMENTO. MEDICAMENTO INDICADO. FORNECIMENTO. Descabe restringir a responsabilidade do Poder Público ao fornecimento dos medicamentos presentes nas listas do SUS, já que implicaria verdadeira mitigação da garantia constitucional do direito à vida e à saúde, devendo, portanto, ser prestados os medicamentos indispensáveis a preservação do mínimo existencial. TRATAMENTO. COMPROVAÇÃO DE IMPRESCINDIBILIDADE. O médico que atendeu ao paciente é quem tem melhores condições de avaliar seu estado de saúde e de receitar o tratamento mais indicado para o caso, não sendo necessária maior comprovação além do laudo médico. Por fim, restou provada a negativa do plano de saúde privado da parte autora em fornecer o tratamento, permitindo a requisição perante o órgão judiciário. AGRAVO DE INSTRUMENTO PROVIDO. (Agravo de Instrumento n. 70042747139, Primeira Câmara Cível, Tribunal de Justiça do RS, Relator: Jorge Maraschin dos Santos, Julgado em 29.6.2011)."

em contratos bancários de concessão de crédito[41].

Apesar do reconhecimento de que os direitos sociais não se resumem à concessão do mínimo existencial, tem-se defendido, majoritariamente, que somente é possível a tutela judicial daqueles direitos, sem intermediação legislativa, quando estiverem em jogo condições necessárias para uma existência digna[42]. Fora dessa hipótese, tendo em vista o pluralismo político e o princípio democrático, incumbe ao legislador, dentro do seu poder de conformação, concretizar progressivamente os direitos sociais e evitar o retrocesso arbitrário[43].

A cláusula da reserva do possível não pode ser invocada frente ao mínimo existencial, pois essa garantia mínima de direitos consubstancia o núcleo irredutível da dignidade da pessoa humana, de modo que o Estado, e mesmo a sociedade em suas relações particulares, mas neste caso com menor intensidade, pode ser abster de garantir tal patamar existencial mínimo aos cidadãos e aos grupos sociais vulneráveis[44].

Ingo Sarlet defende que, no caso do Brasil, cuja ordem constitucional prevê a normatividade dos direitos sociais, apenas a tese do mínimo existencial permite a concordância prática entre as exigências do princípio democrático (atuação do legislador infraconstitucional) e a garantia e promoção dos direitos sociais, especialmente quando em causa condições materiais mínimas para uma vida condigna[45].

Nessa perspectiva, José Felipe Ledur defende que, enquanto normas gerais, os direitos sociais não conferem direito subjetivo ao cidadão, a não ser para assegurar o mínimo existencial, quando, excepcionalmente, permite-se a interferência do Judiciário no orçamento, sem que esse fato fira a essência da separação dos poderes[46].

Para Rogério Gesta Leal, que reconhece que as funções estatais possuem relação de *coordenação*, e não de hierarquia, é preciso revisar os limites da função jurisdicional no Estado Democrático de Direito, a fim de favorecer a unidade política do sistema, atingindo as estruturas republicanas democráticas e representativas na menor intensidade possível, de modo que, se houver inconstitucionalidades por parte do Legislativo e Executivo, o Judiciário deve garantir no caso concreto, com base no princípio da proporcionalidade, o mínimo existencial que consubstancia a dignidade da pessoa humana[47].

Já Ada Pellegrini Grinover entende que o Poder Judiciário pode intervir em políticas públicas, quer para implementá-las, quer para

---

(41) Ilustrativamente, observe-se: "APELAÇÃO CÍVEL. DIREITO PRIVADO NÃO ESPECIFICADO. LIMITAÇÃO DE DESCONTOS EM FOLHA. DIGNIDADE DA PESSOA HUMANA, MÍNIMO EXISTENCIAL E SUPERENDIVIDAMENTO DO CONSUMIDOR. Consoante entendimento sedimentado no Superior Tribunal de Justiça, revela-se válida a cláusula contratual que prevê o desconto em folha de pagamento. A limitação deste ao percentual máximo de 30% dos rendimentos auferidos pelo consumidor, subtraídos os descontos legais, decorre da eficácia também entre os particulares do princípio da dignidade da pessoa humana (mínimo existencial), bem como objetiva evitar o superendividamento do consumidor. Assim, visa-se a assegurar um mínimo de rendimento para sobrevivência digna deste e de sua família. Precedentes do Superior Tribunal de Justiça e desta Corte. Todavia, *in casu*, as dívidas não ultrapassam o limite de 30%, razão pela qual nega-se provimento ao recurso. APELO IMPROVIDO. (Apelação Cível n. 70037178845, Décima Segunda Câmara Cível, Tribunal de Justiça do RS, Relator: Judith dos Santos Mottecy, Julgado em 14.10.2010)".

(42) BITENCOURT NETO, Eurico. *O direito ao mínimo para uma existência digna*. Porto Alegre: Livraria do Advogado, 2010. p. 157.

(43) BITENCOURT NETO, Eurico. *O direito ao mínimo para uma existência digna*. Porto Alegre: Livraria do Advogado, 2010. p. 180.

(44) FENSTERSEIFER, Tiago. O controle judicial de políticas públicas destinadas à efetivação do direito fundamental das pessoas necessitadas à assistência judiciária integral e gratuita. *Revista de Processo*, São Paulo: RT, ano 36, n. 198, p. 118, ago. 2011.

(45) SARLET, Ingo Wolfgang. Dignidade (da pessoa) humana, mínimo existencial e justiça constitucional — algumas aproximações e alguns desafios. *In:* LEITE, George Salomão; SARLET, Ingo Wolfgang (coord.). *Jurisdição constitucional, democracia e direitos fundamentais:* estudos em homenagem ao ministro Gilmar Ferreira Mendes. Salvador: Juspodivm, 2012. p. 259-260.

(46) LEDUR, José Felipe. *Direitos fundamentais sociais:* efetivação no âmbito da democracia participativa. Porto Alegre: Livraria do Advogado, 2009. p. 83 e 99-100.

(47) LEAL, Rogério Gesta. *O Estado-juiz na democracia contemporânea:* uma perspectiva procedimentalista. Porto Alegre: Livraria do Advogado, 2007. p. 93-97.

corrigi-las quando equivocadas, mas, para se evitar excessos, devem ser observados os seguintes limites: *(I)* a restrição à garantia do mínimo existencial; *(II)* a razoabilidade da pretensão individual/social deduzida em face do poder público e a falta dela em relação à escolha do agente público; *(III)* a reserva do possível[(48)].

Kazuo Watanabe, por sua vez, entende que se deve adotar o conceito de mínimo existencial, que diz respeito ao núcleo básico do princípio da dignidade da pessoa humana, para possibilitar a tutela jurisdicional imediata, sem a necessidade de prévia ponderação das funções legislativa e administrativa por meio de política pública específica, e sem possibilidade de questionamento, em Juízo, das condições práticas de sua efetivação, ou seja, sem invocação da cláusula da reserva do possível[(49)].

5. *A posição de Ricardo Lobo Torres*

Acredita-se que Ricardo Lobo Torres seja o maior defensor da tese do mínimo existencial na doutrina brasileira, inclusive tem uma concepção singular a respeito da força normativa dos direitos sociais, o que reclama uma análise apartada da sua posição em relação ao restante da doutrina.

Inicialmente, este autor defende que, se não houver dotação orçamentária, a abertura dos créditos adicionais não pode ocorrer pelo Judiciário, mas sim pelos poderes políticos (Executivo e Legislativo), reservando-se àquele apenas o reconhecimento da intangibilidade do mínimo existencial e à determinação a estes da prática dos atos orçamentários cabíveis[(50)]. Adverte que "a judicialização das políticas orçamentárias pode conduzir à salvação ou à perdição dos direitos humanos"[(51)]. Sendo assim, para não incorrer em inconstitucionalidade e perigosa desarticulação das finanças públicas, sustenta que o Judiciário não pode sequestrar verbas estatais fora da especialíssima hipótese prevista no art. 100, § 2º, da CF[(52)]. Com efeito, preconiza que "os direitos sociais máximos devem ser obtidos na via do exercício da cidadania reivindicatória e da prática orçamentária, a partir do processo democrático"[(53)].

Para Ricardo Lobo Torres, os direitos sociais só se caracterizam como direitos fundamentais em relação ao mínimo existencial, inclusive em seu duplo aspecto: *(I)* proteção negativa contra a incidência de tributos sobre os direitos sociais mínimos de todas as pessoas; *(II)* proteção positiva consubstanciada na entrega de prestações estatais materiais em favor dos pobres[(54)]. Sustenta que há distinção entre direitos fundamentais e direitos sociais: "aqueles são garantidos até mesmo se não contemplados por políticas públicas; os *direitos sociais*, sujeitos à *reserva do possível*, isto é, à reserva de políticas públicas e de verbas orçamentárias, não justificam a judicialização"[(55)]. Em outras palavras, na opinião de Ricardo Lobo

(48) GRINOVER, Ada Pellegrini. O controle de políticas públicas pelo poder judiciário. *In: O processo*: estudos e pareceres. 2. ed. rev. e ampl. São Paulo: DPJ, 2009. p. 57.

(49) WATANABE, Kazuo. Controle jurisdicional das políticas públicas — *mínimo existencial* e demais direitos fundamentais imediatamente judicializáveis. *Revista de Processo*, São Paulo, ano 36, n. 193, p. 18-19, mar. 2011.

(50) TORRES, Ricardo Lobo. O mínimo existencial, os direitos sociais e os desafios de natureza orçamentária. *In:* SARLET, Ingo Wolfgang; TIMM Luciano Benetti (orgs.). *Direitos fundamentais:* orçamento e "reserva do possível". 2. ed. rev. e ampl. Porto Alegre: Livraria do Advogado, 2010. p. 75-76.

(51) TORRES, Ricardo Lobo. O mínimo existencial, os direitos sociais e os desafios de natureza orçamentária. *In:* SARLET, Ingo Wolfgang; TIMM Luciano Benetti (orgs.). *Direitos fundamentais:* orçamento e "reserva do possível". 2. ed. rev. e ampl. Porto Alegre: Livraria do Advogado, 2010. p. 338.

(52) TORRES, Ricardo Lobo. O mínimo existencial, os direitos sociais e os desafios de natureza orçamentária. *In:* SARLET, Ingo Wolfgang; TIMM Luciano Benetti (orgs.). *Direitos fundamentais:* orçamento e "reserva do possível". 2. ed. rev. e ampl. Porto Alegre: Livraria do Advogado, 2010. p. 77.

(53) TORRES, Ricardo Lobo. Direitos fundamentais. *In:* BARRETO, Vicente de Paulo (coord.). *Dicionário de filosofia do direito.* Rio de Janeiro: Renovar, 2006. p. 245.

(54) *Idem.*

(55) TORRES, Ricardo Lobo. *O direito ao mínimo existencial.* 2. tir. Rio de Janeiro: Renovar, 2009. p. 113.

Torres, "os direitos sociais prestacionais, que excedam o mínimo existencial, não sendo direitos fundamentais, estão abertos às restrições do legislador democrático"[(56)].

Dessa forma, para Ricardo Lobo Torres, "o mínimo existencial constitui uma *regra*, porque se aplica por subsunção, constitui direitos definitivos e não se sujeita à ponderação"[(57)]. Sendo assim, sustenta que "o mínimo existencial não é um valor nem um princípio jurídico, mas o conteúdo essencial dos direitos fundamentais"[(58)].

Ricardo Lobo Torres entende, portanto, que os direitos sociais representam apenas direitos *prima facie*, que necessitam da intermediação do Legislativo para se tornarem definitivos, de modo que a realização progressiva desses direitos depende de políticas públicas até o ponto em que não prejudiquem o processo econômico nacional e não comprometam a saúde das finanças públicas[(59)]. E justifica essa sua tese na superação da primazia dos direitos sociais sobre os direitos de liberdade, "que inviabilizou o Estado Social de Direito, e da confusão entre direitos fundamentais e direitos sociais, que não permite a eficácia desses últimos sequer na sua dimensão mínima" [(60)].

Não se concorda com esses argumentos, conforme se esclarece no tópico conclusivo abaixo.

6. *Superando o paradigma do mínimo existencial na jurisdição constitucional democrática*

A dignidade da pessoa humana não é o núcleo essencial dos direitos fundamentais, especialmente dos direitos sociais, que reclamam contextualização[(61)]. Assim como entende Ana Carolina Lopes Olsen, o mínimo existencial "não parece ser parâmetro jurídico adequado para definir a exigibilidade de um direito fundamental social. A partir da teoria dos princípios, todo direito fundamental social é exigível *prima facie*" [(62)], dependendo apenas de determinados parâmetros ou condicionantes fático-jurídicos.

Como condições da democracia real, os direitos sociais devem ser adequadamente concretizados pela Administração Pública a partir do dirigismo constitucional na área socioeconômica. O mínimo existencial, na concepção aqui adotada, apenas *facilita a argumentação* na ponderação dos valores envolvidos no caso[(63)]. Em outros termos, a ponderação continua sendo exigível, inclusive com maior ônus argumentativo por parte do juiz à medida que a essencialidade da necessidade material em jogo for diminuindo[(64)]. Assim, em princípio, quanto maior a distância do bem jurídico pleiteado

---

(56) TORRES, Ricardo Lobo. O mínimo existencial como conteúdo dos direitos fundamentais. *In:* SOUZA NETO, Cláudio Pereira de; SARMENTO, Daniel (coords.). *Direitos sociais:* fundamentos, judicialização e direitos sociais em espécies. Rio de Janeiro: Lumen Juris, 2010. p. 319.

(57) TORRES, Ricardo Lobo. O mínimo existencial como conteúdo dos direitos fundamentais. *In:* SOUZA NETO, Cláudio Pereira de; SARMENTO, Daniel (coords.). *Direitos sociais:* fundamentos, judicialização e direitos sociais em espécies. Rio de Janeiro: Lumen Juris, 2010. p. 316.

(58) TORRES, Ricardo Lobo. *O direito ao mínimo existencial.* 2. tir. Rio de Janeiro: Renovar, 2009. p. 316.

(59) TORRES, Ricardo Lobo. O mínimo existencial como conteúdo dos direitos fundamentais. *In:* SOUZA NETO, Cláudio Pereira de; SARMENTO, Daniel (coords.). *Direitos sociais:* fundamentos, judicialização e direitos sociais em espécies. Rio de Janeiro: Lumen Juris, 2010. p. 336.

(60) TORRES, Ricardo Lobo. Direitos fundamentais. *In:* BARRETO, Vicente de Paulo (coord.). *Dicionário de filosofia do direito.* Rio de Janeiro: Renovar, 2006. p. 245.

(61) SARLET, Ingo Wolfgang; FIGUEIREDO, Mariana Filchtiner. Direitos fundamentais: orçamento e reserva do possível. *In:* SARLET, Ingo Wolfgang; TIMM Luciano Benetti (orgs.). *Reserva do possível, mínimo existência e direito à saúde:* algumas aproximações. 2. ed. rev. e ampl. Porto Alegre: Livraria do Advogado, 2010. p. 25-26.

(62) OLSEN, Ana Carolina Lopes. *Direitos fundamentais sociais:* efetividade frente à reserva do possível. Curitiba: Juruá, 2008. p. 322.

(63) SARMENTO, Daniel. A proteção judicial dos direitos sociais: alguns parâmetros ético-jurídicos. *In:* NOVELINO, Marcelo (org.). *Leituras complementares de direito constitucional:* direitos humanos & direitos fundamentais. 4. ed. ampl. rev. e atual. Salvador: Juspodivm, 2010. p. 420.

(64) SARMENTO, Daniel. A proteção judicial dos direitos sociais: alguns parâmetros ético-jurídicos. *In:* NOVELINO, Marcelo (org.). *Leituras complementares de direito constitucional:* direitos humanos & direitos fundamentais. 4. ed. ampl. rev. e atual. Salvador: Juspodivm, 2010. p. 419.

em relação ao mínimo existencial, menor é a chance de vitória processual, sendo a recíproca verdadeira.

É certo que a cláusula da reserva do possível não pode ser invocada, pelo Poder Público, com o propósito de fraude, frustração ou inviabilização de políticas públicas definidas na própria Constituição. Ela encontra, no particular, insuperável limitação na garantia constitucional do mínimo existencial, que representa emanação direta do postulado da essencial dignidade da pessoa humana. Por outro lado, não custa insistir, mesmo no campo dos direitos sociais, a tutela judicial não pode se restringir à concessão do mínimo existencial.

A mudança cultural, assim, deve enfatizar um raio de ação para além do mínimo existencial, posição juridicamente possível e desejável constitucionalmente. Não se pode criar hierarquia entre os direitos fundamentais, cuja concepção deve ser formada pela noção de indivisibilidade, de modo que ao Estado, para não incorrer em inconstitucionalidades, incumbe criar condições de efetivo exercício de liberdade, contexto no qual a efetivação dos direitos sociais apresenta-se como inafastável, já que propicia o desenvolvimento integral da cidadania, ou seja, prepara e condiciona o cidadão para a vida democrática, possibilitando o exercício de suas potencialidades.

Em outras palavras, o raciocínio judicial, em princípio, deve ser no sentido de prestar a tutela jurisdicional plena, concedendo a prestação, quando esta não pode ser obtida administrativamente, mas, como os direitos sociais, o que inclui o direito à educação, ante a indeterminação do seu conteúdo, normalmente aparecem sob a forma normativa de princípio, visando à constituição de um estado ideal de coisas ou de um fim relevante, devem ser concretizados ou otimizados dentro das condições fáticas e jurídicas que lhe são impostas(65).

A temática da concretização judicial dos direitos sociais, portanto, termina sendo de justificação ou de argumentação racional(66), levando-se em conta, no caso concreto, os limites fático-jurídicos que são impostos à realização desses fins constitucionalmente relevantes(67). Dito de outro modo, no momento de decidir, tanto por influência da ideologia conservadora quanto por uma perspectiva utópica de transformação da realidade(68), o juiz deve levar em consideração os valores jurídicos impostos pelos textos normativos eventualmente colidentes com a prestação social (que se desejar concretizar), o que indica que, afinal, trata-se de tarefa de ponderação ou sopesamento entre os princípios envolvidos.

Observe-se que, a não ser quanto ao mínimo existencial, não se reconhece direitos sociais

---

(65) Robert Alexy, em lição acompanhada majoritariamente na doutrina brasileira, esclarece que "o ponto decisivo na distinção entre regras e princípios é que *princípios* são normas que ordenam que algo seja realizado na maior medida possível dentro das possibilidades jurídicas e fáticas existentes. Princípios são, por conseguinte, *mandamentos de otimização*, que são caracterizados por poderem ser satisfeitos em graus variados e pelo fato de que a medida devida de sua satisfação não depende somente das possibilidades fáticas, mas também das possibilidades jurídicas. O âmbito das possibilidades jurídicas é determinado pelos princípios e regras colidentes". E conclui sua clássica lição: "Já as *regras* são normas que são sempre ou satisfeitas ou não satisfeitas. Se uma regra vale, então, deve se fazer exatamente aquilo que ela exige; nem mais, nem menos. Regras contêm, portanto, *determinações* no âmbito daquilo que é fática e juridicamente possível. Isso significa que a distinção entre regras e princípios é uma distinção qualitativa, e não uma distinção de grau. Toda norma é ou uma regra ou um princípio" (*Teoria dos direitos fundamentais*. 2. ed. Tradução de Virgílio Afonso da Silva. São Paulo: Malheiros, 2011. p. 90-91).

(66) FEITOSA, Enoque. *O discurso jurídico como justificação:* uma análise marxista do direito a partir da relação entre verdade e interpretação. Recife: UFPE, 2009. p. 217.

(67) Como esclarece Virgílio Afonso da Silva, "o conteúdo essencial de um direito social, portanto, está intimamente ligado, a partir da teoria relativa, a um complexo de fundamentações necessárias para a justificação de eventuais não realizações desse direito. Em outras palavras: tanto quanto qualquer outro direito, um direito social também deve ser realizado na maior medida possível, diante das condições fáticas e jurídicas presentes. O conteúdo essencial, portanto, é aquilo realizável nessas condições. Recursos a conceitos como o "mínimo existencial" ou a "reserva do possível" só fazem sentido diante desse arcabouço teórico. Ou seja, o mínimo existencial é aquilo que é possível realizar diante das condições fáticas e jurídicas, que, por sua vez, expressam a noção, utilizadas às vezes de forma extremamente vaga, de reserva do possível" (*Direitos fundamentais:* conteúdo essencial, restrições e eficácia. São Paulo: Malheiros, 2009. p. 205).

(68) FREITAS, Lorena. *Além da toga:* uma pesquisa empírica sobre ideologia e direito. Recife: Bagaço, 2009. p. 65-68.

definitivos[69]. Em outros termos, os direitos sociais, como princípios, não se submetem a lógica do tudo-ou-nada[70], "são normas imediatamente finalísticas, já que estabelecem um estado de coisas cuja promoção gradual depende dos efeitos decorrentes da adoção de comportamentos a ela necessários" [71].

Dessa forma, para que não haja retrocesso quanto à dimensão transformadora da realidade social inerente à jurisdição contemporânea, revela-se imprescindível uma postura emancipatória em relação ao mínimo existencial, de viés neoliberal, assegurando aos membros da coletividade, *na maior medida do razoável e juridicamente possível*, um considerável acesso igualitário aos bens necessários ao desenvolvimento de suas habilidades, para poder participar, com capacidade real de influência, dos debates democráticos travados na arena pública.

Assim, como a efetivação dos direitos fundamentais e a proibição de sua proteção insuficiente são compromissos do Estado Democrático Constitucional de Direito, a *ofensa ao mínimo existencial*, apesar de ser um parâmetro argumentativo de destaque, não é o único meio de controle judicial de políticas públicas[72]. Deve-se criar, enfim, uma cultura argumentativa para além do mínimo existencial, de modo que as promessas constitucionais venham a se tornar realidade, potencializando o exercício da cidadania ativa, tudo sem prejuízo à democracia representativa e à separação dos poderes.

Para finalizar, cumpre enfatizar que são necessárias *técnicas processuais adequadas* à concretização da ordem judicial. Observados certos parâmetros, a Administração Pública pode ser condenada, primeiramente, a incluir no orçamento a verba necessária ao adimplemento progressivo de um direito social, bem como, em um segundo plano, a aplicar essa verba corretamente, mas isso sempre considerando a comprovação inequívoca da reserva do possível[73].

Embora o entendimento doutrinário e jurisprudencial seja contrário, entende-se que a multa coercitiva dirigida não ao Estado, mas sim ao agente público responsável, é uma medida extremamente eficaz. Se a multa coercitiva for dirigida apenas ao Estado, pessoa jurídica, a coletividade resta punida duplamente, pois, além de não ver imediatamente aplicados os recursos públicos de forma constitucionalmente adequada, tem que pagar, com outros recursos públicos, pela má-gestão do governante[74]. O agente representa fisicamente o Estado, e em matéria de proteção social em muitos casos não se pode trabalhar abstratamente, de modo que, se a decisão ainda se encontra dotada de eficácia, deve ser cumprida, para não haver intervenção executiva. A efetividade da decisão depende da eficácia da técnica processual adotada.

Demais disso, se persistir o descumprimento, também produz o mesmo efeito a responsabilização por improbidade administrativa (art. 37, § 4º, da CF; Lei n. 8.429/1992),

---

(69) Para facilitar a libertação quanto ao mínimo existencial, revela-se oportuna a seguinte lição de Robert Alexy: "De acordo com essa fórmula, a questão acerca de quais direitos fundamentais sociais o indivíduo definitivamente tem é uma questão de sopesamento de princípios. De um lado está, sobretudo, o princípio da liberdade fática. De outro lado estão os princípios formais da competência decisória do legislador democraticamente legitimado e o princípio da separação dos poderes, além de princípios materiais, que dizem respeito sobretudo à liberdade jurídica de terceiros, mas também a outros direitos fundamentais sociais e a interesses coletivos" (*Teoria dos direitos fundamentais*. 2. ed. Tradução de Virgílio Afonso da Silva. São Paulo: Malheiros, 2011. p. 512).

(70) ALEXY, Robert. *Teoria dos direitos fundamentais*. 2. ed. Tradução de Virgílio Afonso da Silva. São Paulo: Malheiros, 2011. p. 502.

(71) ÁVILA, Humberto. *Teoria dos princípios:* da definição à aplicação dos princípios jurídicos. 11. ed. rev. São Paulo: Malheiros, 2010. p. 183-184.

(72) ZANETE JR., Hermes. A teoria da separação de poderes e o estado democrático constitucional: funções de governo e funções de garantia. *In:* GRINOVER, Ada Pellegrini; WATANABE, Kazuo (coords.). *O controle jurisdicional de políticas públicas*. São Paulo: Saraiva, 2011. p. 66-67.

(73) GRINOVER, Ada Pellegrini. O controle de políticas públicas pelo poder judiciário. *In: O processo:* estudos e pareceres. 2. ed. rev. e ampl. São Paulo: DPJ, 2009. p. 48.

(74) CAMBI, Eduardo. *Neoconstitucionalismo e neoprocessualismo:* direitos fundamentais, políticas públicas e protagonismo judicial. São Paulo: RT, 2009. p. 430.

a tipificação de crime de responsabilidade (art. 35, III, da CF; Lei n. 1.079/1950) e a intervenção federal ou estadual (arts. 34, VII, *e*, e 35, III, da CF). Não basta reconhecer a atuação do Judiciário, é preciso que essa atuação seja concretizada, produza efeitos na vida dos cidadãos, transforme a realidade social em aproximação com as promessas do Estado Social e Democrático de Direito.

7. Considerações finais

Para romper com o plano meramente formal, deve-se ter como premissa que os direitos humanos constituem um reflexo dinâmico de valores relativos aos bens essenciais ao desenvolvimento de uma vida digna, construídos a partir de um espaço simbólico de luta e ação social. Importa compreender, nesse contexto, que os direitos sociais não estão nos textos normativos, são concretizados, normalmente através de uma racionalidade de resistência contra hegemônica, a partir deles, emancipando o cidadão dos processos de dominação e dependência.

Cumpre, assim, reafirmar a principal conclusão deste trabalho: a força normativa dos direitos sociais, como condição de efetiva liberdade, não limita a tutela judicial à concessão do mínimo existencial. Ao Poder Judiciário, portanto, como sujeito essencial neste processo, impõe-se à garantia das *condições necessárias ao desenvolvimento do cidadão* em relação a fatores que permitam a participação de todos quanto à realização de um projeto razoável de vida (autonomia privada) e à formação da vontade coletiva (autonomia pública), concretizando, desse modo, a Constituição.

Ao Estado, em matéria de políticas públicas, não incumbe apenas concretizar o mínimo inerente à vida digna, especialmente em matéria de educação emancipatória, trabalho decente e serviços adequados de saúde, mas sim, considerando as limitações fático-jurídicas porventura existentes, estabelecer *progressivamente* a melhoria de condições de desenvolvimento do ser humano, sendo essa a função do Estado pós-moderno.

Em relação ao mínimo existencial, certamente, o Poder Judiciário, no exercício de sua função típica, não pode ser escusar da tutela, mas, em contrapartida, só se pode falar em mínimo existencial em uma análise comparativa quanto às condições fático-jurídicas que condicionam ou restringem a concessão da medida. Se, eventualmente, não existem maiores restrições, inclusive quanto aos limites orçamentários, deve-se conceder o máximo (possível), já que as normas de direitos sociais também são imperativas.

8. Referências bibliográficas

ALEXY, Robert. *Teoria dos direitos fundamentais*. 2. ed. Tradução de Virgílio Afonso da Silva. São Paulo: Malheiros, 2011.

ÁVILA, Humberto. *Teoria dos princípios:* da definição à aplicação dos princípios jurídicos. 11. ed. rev. São Paulo: Malheiros, 2010.

BARCELLOS, Ana Paula de. Constitucionalização de políticas públicas em matéria de direitos fundamentais: o controle político-social e o controle jurídico no espaço democrático. *In:* SARLET, Ingo Wolfgang; TIMM, Luciano Benetti (orgs.). *Direitos fundamentais, orçamento e "reserva do possível"*. 2. ed. rev. e ampl. Porto Alegre: Livraria do Advogado, 2010.

______ . *A eficácia dos princípios constitucionais:* o princípio da dignidade da pessoa humana. 2. ed. rev. e ampl. Rio de Janeiro: Renovar, 2008.

BASTOS, Ronaldo. *O conceito de direito em Marx*. Porto Alegre: SAFE, 2012.

BITENCOURT NETO, Eurico. *O direito ao mínimo para uma existência digna*. Porto Alegre: Livraria do Advogado, 2010.

CAMBI, Eduardo. *Neoconstitucionalismo e neoprocessualismo:* direitos fundamentais, políticas públicas e protagonismo judicial. São Paulo: RT, 2009.

DOUZINAS, Costas. *O fim dos direitos humanos*. Tradução de Luzia Araújo. São Leopoldo: Unisinos, 2009.

FACHIN, Luiz Edson. Entre duas modernidades: a constituição da *persona* e o mercado. *In:* COUTINHO, Jacinto

Nelson de Miranda; FRAGALE FILHO, Roberto; LOBÃO, Ronaldo (orgs.). *Constituição & ativismo judicial:* limites e possibilidades da norma constitucional e da decisão judicial. Rio de Janeiro: Lumen Juris, 2011.

______. *Estatuto jurídico do patrimônio mínimo*. 2. ed. atual. Rio de Janeiro: Renovar, 2006.

FEITOSA, Enoque. *O discurso jurídico como justificação*: uma análise marxista do direito a partir da relação entre verdade e interpretação. Recife: UFPE, 2009.

FENSTERSEIFER, Tiago. O controle judicial de políticas públicas destinadas à efetivação do direito fundamental das pessoas necessitadas à assistência judiciária integral e gratuita. *Revista de Processo*, São Paulo: RT, ano 36, n. 198, p. 118, ago. 2011.

FRASER, Nancy. Reenquadrando a justiça em um mundo globalizado. *Revista Lua Nova*, n. 77, 2009.

FREITAS, Lorena. *Além da toga:* uma pesquisa empírica sobre ideologia e direito. Recife: Bagaço, 2009.

GARGARELLA, Roberto. *As teorias da justiça depois de Rawls:* um breve manual de filosofia política. Tradução de Alonso Reis Freire. São Paulo: Martins Fontes, 2008.

GRINOVER, Ada Pellegrini. O controle de políticas públicas pelo poder judiciário. *In: O processo:* estudos e pareceres. 2. ed. rev. e ampl. São Paulo: DPJ, 2009.

GUERRA FILHO, Willis Santiago. *Teoria da ciência jurídica*. 2. ed. São Paulo: Saraiva, 2009.

LEAL, Rogério Gesta. *O estado-juiz na democracia contemporânea*: uma perspectiva procedimentalista. Porto Alegre: Livraria do Advogado, 2007.

LEDUR, José Felipe. *Direitos fundamentais sociais:* efetivação no âmbito da democracia participativa. Porto Alegre: Livraria do Advogado, 2009.

MARTINS-COSTA, Judith. "Mercado e solidariedade social entre *cosmos* e *taxis*: a boa-fé nas relações de consumo. *In:* MARTINS-COSTA, Judith (org.). *A reconstrução do direito privado*. São Paulo: RT, 2002.

NOZICK, Robert. *Anarquia, estado e utopia*. Tradução de Fernando Santos. São Paulo: Martins Fontes, 2011.

OLIVEIRA JUNIOR, Valdir Ferreira de. O estado constitucional solidarista: estratégias para sua efetivação. *In:* MARTINS, Ives Gandra da Silva; MENDES, Gilmar Ferreira; NASCIMENTO, Carlos Valder do (coords.). *Tratado de direito constitucional*. São Paulo: Saraiva, 2010. v. 1.

OLSEN, Ana Carolina Lopes. *Direitos fundamentais sociais:* efetividade frente à reserva do possível. Curitiba: Juruá, 2008.

PIOVESAN, Flávia. A proteção dos direitos sociais nos planos interno e internacional. *In:* CORRIA, Marcus Orione Gonçalves; CORREIA, Érica Paula Barcha (coords.). *Direito previdenciário e constituição:* estudos em homenagem a Wladimir Novaes Martinez. São Paulo: LTr, 2004.

RAWLS, John. *Uma teoria da justiça*. Tradução de Almiro Pisetta e Lenita Maria Rímoli Esteves. São Paulo: Martins Fontes, 2002.

REALE, Miguel. *O estado democrático de direito e o conflito das ideologias*. 3. ed. rev. São Paulo: Saraiva, 2005.

SAMPAIO, José Adércio Leite. *Direitos fundamentais:* retórica e historicidade. 2. ed. Belo Horizonte: Del Rey, 2010.

SARLET, Ingo Wolfgang. Dignidade (da pessoa) humana, mínimo existencial e justiça constitucional — algumas aproximações e alguns desafios. *In:* LEITE, George Salomão; SARLET, Ingo Wolfgang (coords.). *Jurisdição constitucional, democracia e direitos fundamentais:* estudos em homenagem ao ministro Gilmar Ferreira Mendes. Salvador: Juspodivm, 2012.

______. Mínimo existencial e Direito Privado: apontamentos sobre algumas dimensões da possível eficácia dos direitos fundamentais sociais no âmbito das relações privadas. *Revista Trimestral de Direito Civil*, Rio de Janeiro: Renovar, v. 29, p. 85-92, jan./mar. 2007.

______; FIGUEIREDO, Mariana Filchtiner. Direitos fundamentais: orçamento e reserva do possível. *In:* SARLET, Ingo Wolfgang; TIMM Luciano Benetti (orgs.). *Reserva do possível, mínimo existência e direito à saúde:* algumas aproximações. 2. ed. rev. e ampl. Porto Alegre: Livraria do Advogado, 2010.

SARMENTO, Daniel. A proteção judicial dos direitos sociais: alguns parâmetros ético-jurídicos. *In:* NOVELINO, Marcelo (org.). *Leituras complementares de direito constitucional:* direitos humanos & direitos fundamentais. 4. ed. ampl. rev. e atual. Salvador: Juspodivm, 2010.

SCAFF, Fernando Facury. Reserva do possível, mínimo existencial e direitos humanos. *In:* COUTINHO, Jacinto Nelson de Miranda; LIMA, Martonio Mont´Alverne Barreto. *Diálogos constitucionais:* direito, neoliberalismo e desenvolvimento em países periféricos. Rio de Janeiro: Renovar, 2006.

SEN, Amartya. *A ideia de justiça*. Tradução de Denise Bottmann e Ricardo Doninelli Mendes. São Paulo: Companhia das Letras, 2011.

______. *Desenvolvimento como liberdade*. Tradução de Laura Teixeira Motta. São Paulo: Companhia das Letras, 2000.

SILVA, Virgílio Afonso da. *Direitos fundamentais:* conteúdo essencial, restrições e eficácia. São Paulo: Malheiros, 2009.

SILVEIRA, Wladmir Oliveira da; ROCASOLANO, Maria Mendez. *Direitos humanos*: conceitos, significados e funções. São Paulo: Saraiva, 2010.

SOUZA, Luiz Sergio Fernandes de. *O papel da ideologia no preenchimento das lacunas no direito*. 2. ed. rev. e atual. São Paulo: RT, 2005.

SOUZA NETO, Cláudio Pereira. A judicialidade dos direitos fundamentais: críticas e parâmetros. *In:* SOUZA NETO, Cláudio Pereira de; SARMENTO, Daniel (coords.). *Direitos sociais:* fundamentos, judicialização e direitos sociais em espécies. Rio de Janeiro: Lumen Juris, 2010.

STRECK, Lenio Luiz. *Hermenêutica jurídica e(m) crise:* uma exploração hermenêutica da produção do direito. 4. ed. rev. e atual. Porto Alegre: Livraria do Advogado, 2003.

TORRES, Ricardo Lobo. O mínimo existencial, os direitos sociais e os desafios de natureza orçamentária. *In:* SARLET, Ingo Wolfgang; TIMM Luciano Benetti (orgs.). *Direitos fundamentais:* orçamento e "reserva do possível". 2. ed. rev. e ampl. Porto Alegre: Livraria do Advogado, 2010.

______. O mínimo existencial, os direitos sociais e os desafios de natureza orçamentária. *In:* SARLET, Ingo Wolfgang; TIMM Luciano Benetti (orgs.). *Direitos fundamentais:* orçamento e "reserva do possível". 2. ed. rev. e ampl. Porto Alegre: Livraria do Advogado, 2010.

______. *O direito ao mínimo existencial*. 2. tir. Rio de Janeiro: Renovar, 2009.

______. Direitos fundamentais. *In:* BARRETO, Vicente de Paulo (coord.). *Dicionário de filosofia do direito*. Rio de Janeiro: Renovar, 2006.

VIEIRA, Oscar Vilhena. A desigualdade e a subversão do estado de direito. *In:* VIEIRA, Oscar Vilhena; DIMOULIS, Dimitri (orgs.). *Estado de direito e o desafio do desenvolvimento*. São Paulo: Saraiva, 2011.

VITA, Álvaro de. *A justiça igualitária e seus críticos*. 2. ed. São Paulo: Martins Fontes, 2007.

WATANABE, Kazuo. Controle jurisdicional das políticas públicas — *mínimo existencial* e demais direitos fundamentais imediatamente judicializáveis. *Revista de Processo*, São Paulo, ano 36, n. 193, p. 18-19, mar. 2011.

WOLKMER, Antonio Carlos. *Introdução ao pensamento jurídico crítico*. 5. ed. rev. São Paulo: Saraiva, 2006.

ZANETE JR., Hermes. A teoria da separação de poderes e o estado democrático constitucional: funções de governo e funções de garantia. *In:* GRINOVER, Ada Pellegrini; WATANABE, Kazuo (coords.). *O controle jurisdicional de políticas públicas*. São Paulo: Saraiva, 2011.

A Tutela Antecipada e o Prejuízo Remuneratório em Face do Valor do Benefício Acidentário Auferido

Zéu Palmeira Sobrinho(*)

A importância do assunto

O presente artigo tenta discutir a possibilidade de concessão da tutela judicial com a finalidade de antecipar a reparação para atenuar os prejuízos sofridos pelo obreiro que, em face do acidente de trabalho, em sentido amplo, passa a perceber o auxílio-doença ou a aposentadoria por invalidez com renda mensal inicial inferior ao salário da ativa. Trata-se, portanto, de compreender até que ponto torna-se cabível estancar de imediato os efeitos nefastos do decréscimo patrimonial remuneratório advindo com o afastamento do trabalhador que entra em gozo do benefício previdenciário.

No cotidiano laboral, quando o empregado sofre um acidente ou adoece, incumbe ao empregador pagar o salário integralmente ao segurado durante os primeiros 15 dias consecutivos ao do afastamento da atividade. Ocorre que a partir do 16º dia de afastamento cessa ordinariamente a responsabilidade patronal de continuar pagando o salário, tendo em vista que o trabalhador passa a receber o benefício previdenciário, que pode ser — conforme o caso — o auxílio-doença ou a aposentadoria por invalidez.

Geralmente, o valor referente ao benefício previdenciário, a ser pago ao segurado-trabalhador, tende a ser inferior ao valor da remuneração que o obreiro percebia do empregador enquanto estava em atividade em proveito deste.

Exemplifique-se com o caso em que o trabalhador passa a receber a prestação de auxílio-doença, benefício este que enseja uma RMI (renda mensal inicial) correspondente a 91% (noventa e um por cento) do salário de benefício. Registre-se que o valor do salário de benefício não se confunde com o valor do benefício. O salário de benefício para todos os segurados, na hipótese em debate, corresponderá à média aritmética simples dos maiores salários de contribuição correspondentes a 80% (oitenta por cento) de todo o período contributivo.

Assim, ainda hipoteticamente, se um trabalhador ganhava na ativa uma remuneração de

(*) Juiz do trabalho, professor da UFRN e autor de várias obras jurídicas, dentre as quais se destacam: "Acidente do trabalho: crítica e tendências"; Prescrição trabalhista e previdenciária; Terceirização e reestruturação produtiva; Estabilidade; e Contrato coletivo de trabalho.

R$ 1.800, mas o seu salário de benefício (média dos maiores salários de contribuição de 80% do período contributivo) é de R$ 1.000,00, tem-se que o mencionado segurado perceberá a prestação do auxílio-doença no valor mensal de R$ 910,00 (R$ 1.000,00 x 91%). Em tal hipótese resta patente o sensível prejuízo com a redução dos rendimentos mensais do trabalhador, situação somente existente — destaque-se — em razão do acidente de trabalho sofrido.

A PLURALIDADE DE ALTERNATIVAS REPARATÓRIAS E A TUTELA ANTECIPADA

Algumas categorias pactuam em sede de convenção ou acordo coletivo que o empregado acidentado fará jus, durante o seu afastamento, a um plus salarial equivalente à diferença entre o valor da sua última remuneração e a quantia atinente ao benefício de auxílio-doença ou de aposentadoria por invalidez.

Os benefícios de auxílio-doença e aposentadoria por invalidez são conhecidos por serem substitutivos da remuneração do segurado, tanto que por exigência constitucional nenhum deles pode ser pago em valor inferior ao salário mínimo. Embora essa equivalência seja jurídica, e não estritamente econômica, ambos têm por finalidade servirem de meio para assegurar a subsistência do segurado e dos seus dependentes econômicos.

Em face desse caráter de premência e correlatividade, entre a subsistência e o benefício substitutivo da remuneração, é que na esfera protetiva laboral vem se tornando uma necessidade a prática isonômica da integralização remuneratória por parte dos empregadores. Sob esse aspecto, o legislador fornece aos empregadores o estímulo de não considerar tal complementação como salário de contribuição, desde que tal direito seja estendido a todos os trabalhadores, isto é, desde que não haja discriminação patronal. Nesse sentido dispõe a alínea "n", do § 9º, do art. 28, da Lei n. 8.212:

> § 9º Não integram o salário de contribuição para os fins desta Lei, exclusivamente:
>
> n) a importância paga ao empregado a título de complementação ao valor do auxílio-doença, desde que este direito seja extensivo à totalidade dos empregados da empresa.

Alguns empregadores firmam convênio com a seguridade social para antecipar o pagamento do benefício previdenciário e complementá-lo. Outros firmam tal possibilidade em norma do contrato individual de trabalho ou mesmo em Regulamento de Empresa. Sob tal aspecto, a jurisprudência vem entendendo que o direito de complementação, uma vez chancelado em ato regulamentar, não poderá ser suprimido, haja vista que se integra ao direito patrimonial do empregado, ainda que venha alteração posterior na norma *interna corporis*, conforme se depreende da Súmula n. 51, inciso I, do TST.(1)

Na prática, os textos coletivos exigem que o empregador, em prazo razoável, ao tomar conhecimento do demonstrativo de concessão do benefício, providencie o pagamento da diferença aludida. Em tese, há a possibilidade de o patrão contratar um seguro privado para fazer face as despesas decorrentes de tal complementação.

As categorias que seguem essa tradição, de compensar o acidentado, assim procedem por vários motivos: por reconhecerem o duplo prejuízo sofrido pelo segurado, primeiro no tocante à saúde e segundo sob o aspecto econômico; pelo aspecto ético; pela repercussão para a política de recursos humanos e para a imagem externa da empresa, etc. Apesar das evoluções apontadas em matéria de responsabilidade civil, permanece ainda o desafio de avançar na superação do restricionismo da visão contratualista, segundo a qual os direitos somente emergem do acordo de vontades. Em sede de reparação

(1) Súmula n. 51, TST: "NORMA REGULAMENTAR. VANTAGENS E OPÇÃO PELO NOVO REGULAMENTO. ART. 468 DA CLT. I — As cláusulas regulamentares, que revoguem ou alterem vantagens deferidas anteriormente, só atingirão os trabalhadores admitidos após a revogação ou alteração do regulamento".

acidentária, os meios processuais devem ser dinâmicos e hábeis a viabilizarem não somente a reposição mais ampla possível, mas sobretudo a mais eficaz, o que significa dizer de forma mais célere.

A TUTELA ANTECIPADA E A CONSERVAÇÃO DO PODER AQUISITIVO DO ACIDENTADO

Além de injurídico, reputa-se desumano cumular de prejuízo, fazendo loas a um direito impiedosamente antiético, quem já se encontra em estado de atribulação. É contra essa postura de banalização do mal, como falara Hannah Arendt, que exsurge a necessidade de um direito vivo e inoculado pela compaixão, armadura capaz de separar a civilização da barbárie.

O art. 950 do CCB, diz que há o dever de indenizar se da ofensa resultar depreciação ao patrimônio da vítima. O ressarcimento deve ser não só o mais completo, mas também o mais eficaz possível, mormente se há a prova inequívoca de que o acidente do trabalho provocou diretamente uma baixa da remuneração do trabalhador. Isso significa que a prestação efetiva da tutela independe de previsão em texto coletivo da categoria, haja vista que, por um lado, trata-se de responsabilidade extracontratual, o que dispensa a vontade das partes como condição para o ressarcimento e, por outro lado, é o próprio legislador quem autoriza a reparação *in integrum*.

Nem se argumente que na hipótese em apreço há risco de irreversibilidade, posto que — além da extrema relevância do bem da vida envolvido — a prova inequívoca e a verossimilhança do direito já alicerçam a sustentabilidade da antecipação da tutela. Nesse sentido vem se alinhando a jurisprudência nacional:

> TUTELA ANTECIPADA. IRREVERSIBILIDADE. IRREPARABILIDADE DO DANO. COMPLEMENTAÇÃO DE AUXÍLIO-DOENÇA. I — "A exigência da irreversibilidade inserta no § 2º, do art. 273 do CPC não pode ser levada ao extremo, sob pena de o novel instituto da tutela antecipatória não cumprir a excelsa missão a que se destina" (STJ, 2ª Turma, RESP. 144-656 — ES, Rel. Ministro Adhemar Maciel, unânime, pub. DJU 27.10.1997, p. 54778, *Apud* Theotonio Negrão, em *CPC e legislação processual em vigor*. 30. ed. 1999. p. 337). II — A irreparabilidade do dano iminente autoriza a superação da irreversibilidade, não se podendo chancelar o risco à saúde do trabalhador. Agravo Regimental improvido. (TRT 1ª R., MS 00607-97, Ac. Unânime, julg.: 15.4.1999, DORJ 13.5.1999, p. III, S. II, Relator: Juiz Azulino Joaquim de Andrade Filho).

A causa da complementação, em tal hipótese, visa cobrir a depressão remuneratória provocada pelo afastamento acidentário e que, em consequência, leva o segurado ao recebimento de uma prestação social cujo valor não é equivalente ao salário pago pelo empregador. Sobre o elemento causal autorizador da complementação, Amauri Mascaro (1994, p. 88) explicita:

> "A causa das complementações está na insuficiência dos valores das prestações previdenciárias. Fundamenta-se a natureza não salarial não diante da diversidade de causa com o salário, mas, também, segundo o princípio da acessoriedade. O acessório segue o principal. O principal, no caso, é o benefício previdenciário. A sua complementação pela empresa não a desnatura."

Inspirando-se na posição da doutrina e da jurisprudência, urge ressaltar que a expressão remuneração em seu sentido técnico, amplíssimo, com nítido perfil de gênero, compreende as diferentes espécies de contraprestações, englobando tudo quanto o trabalhador recebe em razão do vínculo laboral, seja a verba paga pelo empregador ou por terceiros, etc. A propósito, a relação entre remuneração, salário e benefício previdenciário é a mesma que se estabelece entre o gênero e as espécies. Sob tal aspecto urge apresentar a oportuna lição de Arnaldo Marmitt (p. 76):

> "O vocábulo remuneração aí significa vencimentos, ordenados, salários, proventos, comissões, soldos, estipêndios, ou qualquer outro rendimento. Não abrange rendas derivadas de bens ou capitais, mas

toda a espécie de retribuição ou compensação advinda de atividade laborativa do ofendido, atividade essa, que tenha caráter permanente."

O prejudicado poderá exigir que o valor da indenização seja arbitrado e pago de uma só vez. Terá, ainda, a alternativa de exigir, se for o caso, o pensionamento. Porém, em qualquer caso, é lícito pedir a antecipação da reparação em relação aos danos que sofreu, desde que existam de plano a prova inequívoca do direito e a verossimimilhança das alegações. Nesse sentido, não é fora de propósito a tutela antecipada como via para se outorgar ao segurado o direito às diferenças entre o quantum do benefício previdenciário e o valor médio dos ganhos auferidos durante o tempo em que esteve em atividade. Em tal hipótese, a reparação em relação ao prejuízo de remuneração suportado pelo acidentado constitui autêntica antecipação do ressarcimento por danos materiais.

O cabimento da tutela antecipatória, em tal hipótese, compatibiliza-se com os princípios da dignidade da pessoa humana e o postulado da inafastabilidade da jurisdição (art. 5º, XXXV, CF/88), segundo o qual ninguém poderá ser tolhido de pedir a proteção jurisdicional para amparar o seu direito diante de uma efetiva lesão. Cuida-se, portanto, de uma via instrumental e política que o legislador encontrou tanto para resguardar a aplicação do princípio da razoável duração do processo quanto para chancelar a proteção ao direito fundamental de sustento da vítima. Nesse sentido também é a lição de Marinoni (2008, p. 229):

> "Há casos, de fato, em que a realização do direito de crédito é imprescindível para permitir a realização de um direito fundamental, como o direito à saúde ou o direito à educação. A vítima de ato ilícito que precisa realizar urgentemente despesas médicas obviamente não pode esperar o tempo do procedimento ordinário e, portanto, quando desde logo pode evidenciar o seu direito e a sua necessidade tem direito à antecipação do pagamento. Vale o mesmo para a mulher do falecido em acidente automobilístico que fica impossibilitada de atender às suas necessidades e às dos seus filhos."

O benefício previdenciário não pode servir de salvo-conduto para os empregadores que concorreram para a produção do evento acidentário, nem tampouco pode servir de salvatério legal para se chancelar o prejuízo material de quem já se encontra em estado menos favorável. Recorde-se aqui a velha lição do jurista Carlos Maximiliano no sentido de que se deve sempre atribuir ao direito um sentido que resulte numa situação mais favorável a quem ele visa proteger.

Consigne-se, ainda, que a concessão da tutela de urgência está calcada na materialização dos fins da jurisdição, a qual se compatibiliza com o direito de acesso à justiça e com a pronta atuação do Estado-Juiz para evitar que a morosidade da justiça sirva de agravamento da jurisdicionado. Sob esse aspecto é sempre oportuna a lição de Humberto Theodoro Junior (2009, p. 391):

> "Via de regra, a justificativa para a tutela de urgência é dada pela necessidade de evitar que o direito subjetivo material da parte sofra dano imediato e de difícil reparação, caso se tenha de aguardar toda a longa trajetória do procedimento comum (CPC, art. 273, inc. I). Antecipa-se, provisoriamente, a tutela porque afinal, quando ultrapassadas todas as etapas de tal modo mutilado e inutilizado, em sua função natural, que não se poderia considerá-lo tutelado pela justiça estatal. O processo legal teria fracassado no seu propósito tutelar, e é por isso que se pretende evitar por meio do provimento urgente e provisório autorizado pelo art. 273."

Não se pode entender que as justificativas política e ideológica que autorizam a celeridade da prestação jurisdicional estejam separadas do imperativo jurídico. Não sem razão, o sentido de existência do direito processual vem dependendo cada vez mais da capacidade e da vocação que este tem para estimular ou preservar o complexo de direitos fundamentais. Expressando-se de outra forma, o direito processual não cumpre seu escopo enquanto instrumento para se permitir que o Estado-juiz diga apenas o direito, mas sobretudo para fazer valer a efetividade da cidadania e do gozo racional dos direitos que chancelam e promovem a dignidade humana. Com isso não basta apenas o Judiciário decidir, mas julgar com eficácia e justiça, pois sem tais componentes a decisão torna-se apenas um simulacro de tentativa da pacificação social. A rigor, a paz social não se constrói com a argamassa da injustiça. A injustiça, como diz Barringthon Moore Jr. (1987), produz várias disfuncionalidades dentre as quais a violência, além da deslegitimação do direito e de suas instituições.

Destaque-se ainda o conteúdo democratizante e ético da medida que antecipar a tutela, haja vista que o direito de amparo e o direito de reparação são expressões do escopo democrático de uma sociedade que tem por missão disseminar a solidariedade e combater o desequilíbrio das relações sociojurídicos. Isso significa que ter um compromisso ético profundo com a justiça desafia a existência de atores diretamente responsáveis pela objetivação da cidadania. Por isso todos os aplicadores do direito devem ser os agentes pedagógicos e mobilizadores de uma prática promotora da convivência respeitosa e humanescente. É nesse contexto que as alternativas para a promoção do equilíbrio das relações sociais reclamam a efetividade da Justiça, exigindo do Estado-Juiz a postura que leve a assegurar o maior conforto possível para aquele que teve o desconforto de ser triplamente afetado em sua saúde, em sua dignidade e em seu patrimônio material.

Considerações finais

Na hipótese em apreço tende a ser plausível a tutela antecipada se, além de evidenciado o prejuízo da vítima em decorrência da exploração da atividade patronal, houver nos autos, por exemplo, a comprovação de que foi concedido o benefício acidentário laboral ou um laudo médico reconhecendo, por exemplo, o nexo entre a doença do trabalhador e os fatores ocupacionais. Ante o imperativo crítico depreendido a partir do caso concreto, o teor de presunção de veracidade das provas reputadas inicialmente como inequívocas, ainda que passíveis de desconstituição ante uma perícia judicial ou outros meios de prova, autorizam a atuação urgente do Estado-Juiz. Desde a instauração da demanda reparatória, configurada na pretensão resistida, o primeiro devedor da sociedade é o Judiciário, do qual se espera o cumprimento de sua missão com efetividade e justiça.

Os requisitos autorizadores da tutela antecipada devem ser sopesados ante a imperatividade crítica de o Judiciário dar respostas tempestivas para reparar prontamente aqueles que são vítimas de violações de direito, dando aplicabilidade ao preceito da razoável duração do processo (art. 5º, XXVIII, CF). A rigor, quanto maior a urgência da providência jurisdicional postulada e a evidência da prova apresentada pelo trabalhador, menor deve ser a exigência de aguardo da finalização da fase de instrução para a antecipação dos efeitos da tutela requerida.

Em suma, a imperiosidade da antecipação de tutela em situações de complementação previdenciária, uma vez presentes os requisitos legais, justifica-se como superação de um paradigma contratualista e como manifestação de prioridade è dignidade do trabalhador, porquanto a remuneração é aquilo que serve de parâmetro de segurança para a manutenção da estabilidade da economia doméstica do segurado. Ademais, não deve o acidentado ter o seu sofrimento agravado pela espera de um complexo procedimento judicial que pode perdurar por tempo imprevisto. Se as ofensas à sua saúde e à integridade são inadmissíveis, por retratarem um retrocesso social, por igual razão o prejuízo econômico sofrido com a redução remuneratória tende a comprometer o bem-estar do segurado e dos seus dependentes.

Referências

ARENDT, Hannah. *A condição humana*. Rio de Janeiro: Forense Universitária, 1987.

MARINONI, Luiz Guilherme. *Antecipação de tutela*. 10. ed. São Paulo: RT, 2008.

MARMITTI, Arnaldo. *Perdas e danos*. Rio de Janeiro: Aide, 1999.

MASCARO NASCIMENTO, Amauri. *Teoria jurídica do salário*. São Paulo: LTr, 1994.

MOORE JÚNIOR, Barringthon. *Injustiça:* as bases sociais da obediência e da revolta. São Paulo: Brasiliense, 1987.

THEODORO JÚNIOR, Humberto. Tutela antecipada. Evolução. Visão comparatista. Direto brasileiro e direito europeu. *In:* CARNEIRO, Athos Gusmão. *Bases científicas para um renovado direito processual*. 2. ed. Salvador: JusPodivm, 2009.